会计学系列精品教材

财务管理学

胥朝阳 主　编
卢　军　刘睿智　孙　命　副主编

经济科学出版社

图书在版编目（CIP）数据

财务管理学/胥朝阳主编．—北京：经济科学出版社，2012.1（2014.1重印）

会计学系列精品教材

ISBN 978-7-5141-1449-2

Ⅰ．①财… Ⅱ．①胥… Ⅲ．①财务管理-教材 Ⅳ．①F275

中国版本图书馆CIP数据核字（2011）第277071号

责任编辑：侯晓霞　侯加恒
责任校对：王苗苗
技术编辑：李　鹏

财务管理学

胥朝阳　主　编

卢　军　刘睿智　孙　命　副主编

经济科学出版社出版、发行　新华书店经销

社址：北京市海淀区阜成路甲28号　邮编：100142

教材分社电话：88191345　发行部电话：88191540

网址：www.esp.com.cn

电子邮件：houxiaoxia@esp.com.cn

北京密兴印刷有限公司印装

787×1092　16开　20.5印张　470000字

2012年1月第1版　2014年1月第3次印刷

ISBN 978-7-5141-1449-2　定价：39.00元

（图书出现印装问题，本社负责调换）

（版权所有　翻印必究）

编委会

主　　任：杜国良

执行主任：胥朝阳

委　　员：（以姓氏笔画为序）

王珍义　刘圣妮　李甫斌　张耀武
杨　洪　祝建军　胡星辉　曾洁琼
简东萍

序

三十年多来，武汉纺织大学会计学院在高质量建设会计学省级本科品牌专业，充实财务管理、会计信息系统、中级财务会计等省级精品或优质课程的过程中，在教学与科研方面取得了显著进展。近年来，会计学院先后获得全国会计知识大赛三等奖、湖北省会计信息化大赛高校组第一名、湖北省大学生优秀科研成果奖等突出成绩，已成为高素质会计人才培养的重要基地。同时，随着经济全球化的演进，我国社会主义市场经济体制下会计改革的深入与发展，以及互联网的普及、可扩展企业报告语言（XBRL）的开发，为会计领域的国际协调与趋同提供了有力的政策及技术支持。

在以上背景下，为及时反映与跟踪国内外会计领域出现的重大变化，武汉纺织大学会计学院组织业务能力强、教学实践经验丰富的教师撰写了这套"会计学系列精品教材"。该套教材包括《会计学原理》、《中级财务会计》、《高级财务会计》、《成本会计》、《管理会计》、《政府与非营利组织会计》、《会计信息系统》、《会计模拟实验》、《审计学》、《财务管理学》和《财务报表分析》等11部会计专业主干课程的教科书，每部书的主编均为该课程主讲人或负责人。在书稿杀青之际，编委会邀我作序，我欣然为之。综观这套系列丛书，我认为它具有下列特点：

一是科学性——本系列教材以马克思主义经济学及现代管理学为指导，在深入阐明会计学科基本理论的基础上，展开对企业等经济活动主体具体业务的探讨。尤其是在阐明各种会计方法、技术和手段时，既注意从理论上进行解释，也注意案例分析与实务操作，达到了引导学生从源头上加以认识和把握会计学、审计学和财务管理学的目的。

二是系统性——本系列教材立足对企业经营活动作逻辑性的系统处理，对课程及教材之间的相关性进行充分论证，最大限度降低教材之间的重叠，较好实现了教材内容之间的合理划分与关联性对接。

三是实用性——本系列教材在力求构建理论框架的同时，紧贴当代经济活动，着重通过实例对专业知识点进行阐述，以方便学生理解、掌握或应用，体现出鲜明的时代特征。

四是前瞻性——本系列教材在一定程度上把握住了精品教材的创新力度，如教材中对产权经济学与法学原理的引入等，吸收了会计及相关交叉领域前沿的学术研究成果。

我相信这套教材不仅将受到会计专业学生的欢迎，而且也能得到实际工作部门的好评，成为实际工作者的必读参考书。

中南财经政法大学　郭道扬
2011 年 12 月 25 日于竹苑

前　言

财务信息是企业决策的基础和依据，缺乏必要财务训练的职业经理人很难把握企业发展的脉搏，做出正确的决策。随着经济全球化、知识化时代的来临，企业的经营和理财环境发生着重大变化，网络化、柔性化和个性化的企业理财特色凸显，财务管理教材的内容也需要充实与更新。

本教材主要以现代企业为例阐述财务管理的基本理论与方法。为达到融理论于实践、激发学习兴趣、增强学习实效的目标，教材的写作遵循了以下指导思想：一是以案例为导引，以现金及其流转为主线，围绕经济主体价值最大化这一理论逻辑起点，依次阐述资金投放、资金筹集、资金分配等财务管理的主要内容，形成财务管理理论的基本框架；二是结合实例解析财务预、决策、财务预算、财务控制与财务分析等财务管理活动链接，达到财务管理理论与财务管理实践的有机融合；三是适时吸收资本运营等现代财务管理实践中的新成果，把握时代理财脉搏。

本教材每章以学习目的开始，列示需要了解、理解、掌握或熟练运用的知识点，由典型案例导出主体内容。每章结束均进行小结，附有中英文专业词汇，并通过思考题引导读者"开动思想机器"。其中，首章和尾章附有延伸案例，用于拓展学生的专业思维；中间各章附有基本练习题，覆盖各章需要熟练掌握的主要知识点。通过与教材配套的课程学习手册中的实训题进行深度实战演练，自省是否真正融会贯通，借以增加未来职场上的实力，成为步入财务殿堂的最佳向导。

本教材的写作由武汉纺织大学会计学院的胥朝阳等10位理论基础扎实、教学及实际从业经验丰富的教师合作完成。具体写作分工如下：胥朝阳教授负责写作大纲的草拟及全书的统稿、定稿工作，并承担第一章的写作任务；刘睿智副教授负责第二章的写作；谢良安副教授负责第三章的写作；杜炜副教授负责第四章的写作；卢军副教授负责第五章的写作；邹彩芬博士负责第六章的写作；杨金键老师负责第七章的写作；阮班鹰副教授负责第八章的写作；杨洁博士负责第九章的写作；孙命博士负责第十章的写作。

本教材是华中科技大学兼职博士生导师胥朝阳教授主持的"财务管理"

湖北省精品课程的配套教材，适用于本科经济管理类专业财务管理课程的教学，尤其适合作为应用型本科经济管理类专业的财务管理教材；亦可作为高职高专及相关职业培训的财务管理教材，或作为MBA、MPAcc等学员及各类经营管理人员的阅读文献。

  本书的写作与出版得到了经济科学出版社的大力支持和协助，在此表示感谢。由于时间仓促，书中难免存在不妥之处，请读者批评指正，以便再版时进一步完善。

编　者

2012年1月

目　录

第一章　财务管理导论 \ 1
  第一节　财务管理的对象 \ 2
  第二节　财务管理的目标 \ 6
  第三节　财务管理的假设与原则 \ 13
  第四节　财务管理的体制 \ 17
  第五节　财务管理的环境 \ 19
  第六节　财务管理理论的演进 \ 23
  复习思考题 \ 27
  案例　合作生财案例 \ 27

第二章　财务价值观 \ 28
  第一节　货币时间价值 \ 29
  第二节　风险价值观 \ 40
  第三节　证券估价 \ 50
  复习思考题 \ 62
  练习题 \ 63

第三章　项目投资管理 \ 65
  第一节　项目投资概述 \ 66
  第二节　现金流量的估测 \ 69
  第三节　评价指标的选择 \ 75
  第四节　评价指标的应用 \ 86
  第五节　风险投资评价 \ 93
  复习思考题 \ 99
  练习题 \ 99

第四章　营运资金管理 \ 101

　　第一节　营运资金概述 \ 101
　　第二节　现金及短期投资管理 \ 103
　　第三节　应收账款管理 \ 111
　　第四节　存货管理 \ 121
　　复习思考题 \ 128
　　练习题 \ 128
　　案例　应收账款管理分析 \ 129

第五章　企业筹资管理 \ 130

　　第一节　企业筹资概述 \ 131
　　第二节　资金需求量预测 \ 139
　　第三节　资本成本 \ 144
　　第四节　资本结构 \ 149
　　复习思考题 \ 165
　　练习题 \ 166
　　案例　默多克的债务危机 \ 167

第六章　利润分配管理 \ 170

　　第一节　利润分配概述 \ 171
　　第二节　股利分配管理 \ 176
　　第三节　留存收益管理 \ 191
　　复习思考题 \ 194
　　练习题 \ 195

第七章　财务预算 \ 197

　　第一节　财务预算的概念 \ 198
　　第二节　全面预算的编制 \ 200
　　第三节　不同类型预算的比较 \ 211
　　复习思考题 \ 219
　　练习题 \ 220
　　案例　华润集团的全面预算管理体系 \ 221

第八章　财务控制 \ 223

　　第一节　财务控制概述 \ 223
　　第二节　责任中心财务控制 \ 226

    第三节　责任预算与业绩考核 \ 237
    复习思考题 \ 243
    练习题 \ 243

第九章　财务报表分析 \ 245

    第一节　财务报表分析概述 \ 246
    第二节　基本财务比率分析 \ 252
    第三节　财务综合分析 \ 272
    复习思考题 \ 278
    练习题 \ 278

第十章　资本运营 \ 281

    第一节　资本运营概述 \ 282
    第二节　企业兼并与收购 \ 284
    第三节　企业剥离与分立 \ 291
    第四节　企业上市与回购 \ 295
    复习思考题 \ 301
    案例　惠普兼并康柏案 \ 301

附表A　复利终值系数表（F/P，i，n）\ 309

附表B　复利现值系数表（P/F，i，n）\ 311

附表C　普通年金终值系数表（F/A，i，n）\ 312

附表D　普通年金现值系数表（P/A，i，n）\ 314

参考文献 \ 315

第一章
财务管理导论

【本章学习目的】 通过本章的学习，了解财务管理活动及财务理论的演进过程，理解财务管理的知识架构及其逻辑关系，掌握财务管理的对象、目标、环境等主要知识点的基本内涵。

【案例导引】 理财小故事

你不理财，财不理你

多多少少，现在人们的手中都有点富余的钱。这一时不花的钱，怎么能"钱生钱"，成为大家都感兴趣的话题。

上学时花的是父母亲的钱，知道父母亲挣钱不容易，能省一点是一点，大一第一学期结束，我居然省下200元。在20世纪80年代，200元可不是一顿饭钱。我想拿这钱干点惊天动地的事。琢磨来琢磨去，买了一架相机，一是我喜欢摄影，二是想着给人拍照赚点钱。等到下一学年新生开学，我去了大学附近的几所高校，在同学朋友的帮助下，在对方学校的宣传栏里张贴海报，自诩自己为学生摄影师，竭诚为新生服务。那个年代，绝大多数学生都没有相机，新生刚到校，在学校门口拍张照片寄回家也是个惯例。可给新生拍照的老生不只我一个，生意没有想象中的那么好，不过买相机的钱算是赚回来了。这是我平生第一次做了件与理财有关的事。

工作后，前几年我没存下什么钱，一是本来工资就不高，二是人来客往多，一高兴就胡吃海喝了，这可能是快乐单身汉的通病。成家了，有了养家的压力，我慢慢开始有了些积蓄。2001年，举一家之力，我买了住房。想买大点的，算来算去也没那么多钱，最后只能将就着手中的钱买了个两室一厅。2010年，我所在社区的房子升值270%，远高于同期CPI累计上涨的幅度。

小结：凭借微薄的资金，个人理财便产生神奇的效果；拥有雄厚资金的企业，其理财的重要性更是不言而喻。

第一节 财务管理的对象

财务管理是基于经济主体运行过程中客观存在的财务活动和财务关系产生的，是其组织财务活动、处理与各方面财务关系所形成的一项经济管理工作。财务活动包括资金的筹集、投放、使用、回收及分配等流转行为，财务关系也是资金流转过程中相关各方所形成的经济利益关系。即财务管理是主要借助资金、成本、收入、利润等价值衡量指标，运用财务预测、财务决策、财务预算、财务控制、财务分析等手段实现企业价值形成和分配的经济活动。按照经济主体的不同，财务管理分为宏观财务管理、部门财务管理、公司财务管理、非盈利组织财务管理、个人财务管理等类型。本教程以现代企业为例阐述财务管理的理论与方法。

一、经济活动中的现金流转

资金是经济主体的"血液"，经济活动过程也是资金流转的过程。其中，资金流转的起点和终点是现金，其他资产都是现金在流转中的转化形式。因此，现金及其流转可视作财务管理的对象。按照流转的特点及预期所经历时间的长短，可以将现金流转分为现金的短期流转与长期流转；根据资金流转所处的阶段，企业的财务活动可大致分为筹资活动、投资活动、经营活动和利润分配活动。

（一）按照现金流转的特点划分

1. 现金的短期流转。图1-1以制造业企业为例，描述了现金短期流转的基本状况。

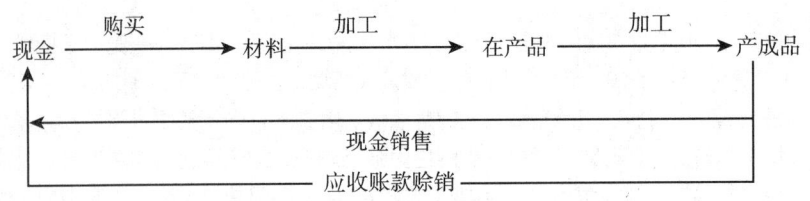

图1-1 现金短期流转

图1-1省略了两个重要情况：(1)只描述了现金的运用，没有反映现金的来源。股东最初投入的现金，在后续的经营中经常不够使用，需要补充。补充的来源包括增发股票、向银行借款、发行债券或利用商业信用等。(2)只描述了流动资产的相互转换，没有反映经营过程中现金的耗费。例如，用现金支付人工成本和其他营业费用等。企业不可能把全部现金都投资于非现金资产，必须拿出一定数额用于发放工资、支付管理费用等。这些现金被耗费了，而不是投入非现金资产。它们要与原料成本加在一起，成为制定产品价格的基础并通过出售产品收回最初支付的现金。

若把上述两种情况补充进来，现金短期流转则如图1-2所示。

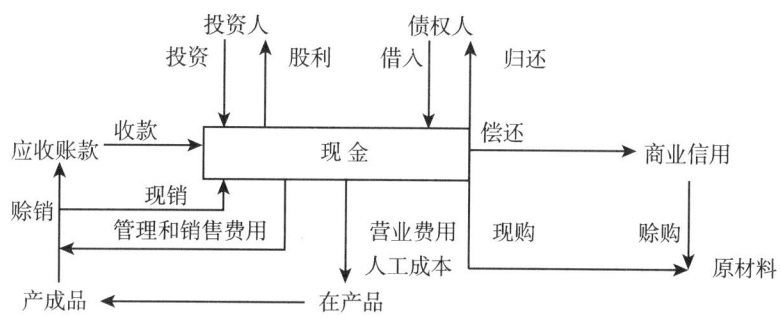

图 1-2 现金短期流转

2. 现金的长期流转。企业用现金购买固定资产,固定资产的价值在使用中逐步减少,减少的价值称为折旧费。折旧费和人工费、材料费构成产品成本。出售产品时可以逐步收回投在固定资产上的现金。出售固定资产也可以收回现金,但不经常发生。

现金长期流转是一个缓慢的过程,房屋建筑物的成本往往要几十年才能得到补偿。图 1-3 是现金长期流转的基本方式。

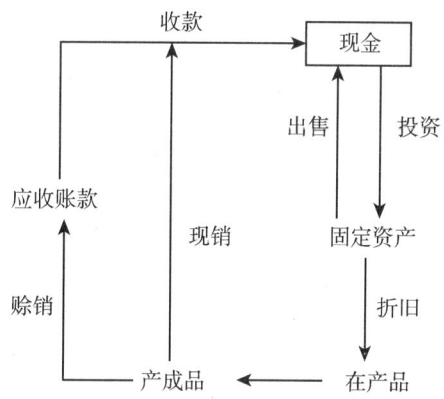

图 1-3 现金长期流转

在现金长期流转中,固定资产的现金流出发生在购置期,而不是计提折旧的使用期。例如,ABC 公司 2010 年 12 月购置了一台价格为 200 000 元的设备,使用期限为 10 年,残值为 0,2011 年投入使用。

按照权责发生制,机器的购置支出 200 000 元不构成 2010 年抵减收入的成本,而需要在 2011~2020 年的期间内计提折旧。这样可以均衡计量各期的经营业绩,避免不合理地缩小 2010 年的利润,夸大 2011~2020 年的利润。

例如:2011 年 ABC 公司简化的损益表如下:

营业收入　　　　　　　　　　　　200 000
减:制造成本(不含折旧)　　　　　100 000
　　销售和管理费用(付现)　　　　　10 000

折旧	20 000
税前营业利润	70 000
减：所得税（25%）	17 500
税后营业利润	52 500

简化损益表表明，2010年ABC公司200 000元的真实现金流出，将于2011~2020年陆续通过销售收回。该公司2011年获利52 500元，现金却增加了72 500元：

营业现金净流量 = 营业现金流入 – 营业现金流出
  = 200 000 – （100 000 + 10 000 + 17 500）
  = 72 500（元）

ABC公司2011年营业利润与现金流量的差异是计提折旧20 000元引起的，折旧是本期的费用，但不是本期的现金流出。

如果ABC公司本年亏损，情况又会怎样呢？假设其损益表如下：

营业收入	200 000
减：制造成本（不含折旧）	180 000
销售和管理费用（付现）	10 000
折旧	20 000
营业亏损	（10 000）

该公司虽然亏损10 000元；但现金的余额并未比年初减少。因为，本期现金收入是200 000元，现金支出也是190 000元（180 000 + 10 000）。在企业不添置固定资产并且没有其他非现金项目的情况下，只要亏损额不超过折旧额，企业的现金余额并不减少。

3. 长期流转和短期流转的联系。现金是长期流转和短期流转的共同起点，在换取非现金资产时分开，分别转化为各种长期资产和短期资产，当其被使用时分别计入成本费用账户并物化到商品上，待商品出售后又同步转化为现金。转化为现金以后，不论其原来流转状态如何，企业均可以视需要重新分配。提取折旧基金形成的现金可以购买材料，原来用于短期流转的现金收回后也可以投资于固定资产或无形资产。

（二）按照现金流转所处的阶段划分

1. 筹资中的现金流转。筹资是资金流转的起点。所谓筹资是指企业为了满足投资和经营的需要，筹措和集中所需资金的过程。按照资金的性质，企业资金分为两类：一是权益资金，它是企业通过向投资者吸收直接投资、发行投票、企业内部留存收益等方式取得的自有资金；二是负债资金，它是企业通过向银行借款、发行债券、应付款项等各种方式取得债务资金。企业通过吸收直接投资、发行股票、向银行借款、发行债券筹集资金，表现为企业资金的流入。企业偿还借款、支付利息、投资以及付出各种筹资费用等，则表现为企业资金的流出。这种因为资金筹集而产生的资金收支，是由企业筹资引起的财务活动。

2. 投资中的现金流转。投资是指企业将筹集的资金投入使用的过程，是资金流转的中继站。企业筹集来的资金，若投入到生产经营性资产上，便会形成企业的对内投资，如购置设备、兴建厂房、购进原材料、支付工资等；企业若把资金投放于金融性资产，便形成对外投资，如购买其他企业的股票、其他企业的债券、政府公债、投资基金或与其他企业联营等。无论是购买内部所需要的各种资产，还是购买各种证券，企业都需要支付相应的资金。当运用这些资产从事经营活动，把商品售出或收回对外投资时，便可取得收入收回资金。

3. 分配中的现金流转。企业投资（内部使用和对外投放）获得的现金收入要按规定的程序补偿成本并进行分配，成为资金流转的终点站。根据相关法律规定及现代企业制度的内在要求，企业投资获得的现金回报，首先要补偿投资经营活动中的成本费用，其次要依法缴纳税款，最后要向投资者分配利润。这些活动均会导致资金流出企业。

二、经济活动中的经济利益关系

财务关系是指经济主体在组织财务活动过程中与有关各方所形成的经济利益关系，也是现金在不同流转阶段相关各方所形成的经济利益关系。企业经营活动过程中所形成的财务关系可概括为以下几个方面：

（一）企业与投资者之间的财务关系

企业（由经营控制人代理）与投资者之间的财务关系是指企业的投资者向企业投入资金，企业向投资者支付投资报酬所形成的经济关系。企业的投资者主要包括国家、法人、个人和其他组织。投资者按照投资合同、协议、章程的约定履行出资义务形成企业的资本，企业通过资金运用产生收益。投资者的出资额不同，对企业承担的责任不同，享有的权力和利益也不相同。

（二）企业与债权之间的财务关系

企业与债权之间的财务关系是指企业向债权人借入资金，并按借款合同的规定按时支付利息和归还本金所形成经济关系。企业的债权人主要有债权持有人、贷款机构、商业信用提供者、其他向企业出借资金的单位和个人。企业利用债权人的资金，要及时向债权人支付利息；债务到期时，要按时向债权人归还本金。

（三）企业与政府之间的财务关系

企业的发展通常会导致经营规模的扩大、雇员人数的增加，可以为政府解决公民就业排忧解难。政府作为社会管理者，通过依法行使行政职能、营造良好的市场环境，为企业合法的经济活动保驾护航。企业在接受政府提供公共服务的同时，必须按照税法规定向中央和地方政府依法缴纳各种税款。

（四）企业与受资者之间的财务关系

企业与受资者之间的财务关系是指企业通过购买股票等形式向其他企业投资所形成的经济关系。企业向其他单位投资，应按约定履行义务，并依据其出资份额参与受资者的经营管理和利润分配。企业与受资者之间的财务关系是一种所有权性质的投资与受资关系。

(五) 企业与债务人之间的财务关系

企业与债务人之间的财务关系是指企业将其资金以购买债券、提供借款或商业信用等形式出借给其他单位所形成的经济关系。企业将资金借出后，有权要求债务人按约定的条件支付利息和归还本金。企业同债务人的关系体现的是债权与债务关系。

(六) 企业内部各单位之间的财务关系

企业内部各单位之间的财务关系是指企业内部各单位之间在生产经营各环节中提供产品或劳务所形成的经济关系。企业内部各职能部门和生产单位之间既分工又合作，形成企业系统这一经济单元。在实行内部经营责任制的条件下，企业各个部门以及各个生产单位都有相对独立的经济利益，各个部门以及各个生产单位之间相互提供的劳务和产品也要计价结算。这种在企业内部形成的资金结算关系，体现了企业内部各单位之间的利益关系。

(七) 企业与员工之间的财务关系

企业与员工之间的财务关系是指企业向员工支付劳动报酬过程中所形成的经济关系。员工是企业的劳动者，凭借自身提供的劳动参加企业增值的分配。企业根据员工提供的劳动数量与质量，用其收入支付工资、津贴及福利。这种企业与员工之间的财务关系，体现了员工个人与企业在劳动成果上的分配关系。企业为了获利，必须处理好员工的薪资福利等诉求，才能提高劳动生产率，取得良好经济效益；员工个人只有脚踏实地，以贡献促发展，才能获得期望的经济利益。

(八) 企业与其他相关者的经济利益关系

企业的相关者如供应商、客户等，与企业的根本利益是一致的。例如，企业为了生存，必须生产出符合社会需要的产品，满足消费者（客户）的需求；企业为了发展，扩大经营规模，需要与供应商建立良好的关系；企业既要在竞争中立于不败之地，还要善于利用金融资本市场，实施并购重组及其他形式的对外投资等。

第二节 财务管理的目标

财务管理的目标又称理财目标，是在特定的理财环境中，经济主体组织财务活动、处理财务关系所要达到的根本目的，决定着经济主体财务管理的基本原则和基本手段。在充分认识财务活动客观规律的基础上，根据实际情况和未来变动趋势确定财务管理目标，是财务管理的重要任务。以企业为例，财务管理的目标取决于企业的总目标，并受限于财务管理具体对象及自身特点的制约。

一、企业目标及其对财务管理的要求

作为企业整个运行链条中的重要一环,企业财务管理直接受制于企业的经营目标。换句话说,企业的经营目标不仅是企业财务管理活动的方向,而且是评价各项财务决策是否可行或有效的标准。

企业是以盈利为目的经济组织,其出发点和归宿是盈利。企业一旦成立,就会面临市场竞争,自始至终处于生存和倒闭、发展和萎缩的矛盾之中。企业只有发展,才能长期生存;只有获利,才能可持续发展。因此,企业目标可以归纳为生存、发展和获利。

(一) 生存目标对财务管理的要求

市场是企业赖以生存的"土壤"。企业在市场中生存下去的基本条件有两个:一个是以收抵支;另一个是到期偿债。相应地,企业生存的威胁主要来自两个方面:一个是长期亏损,它是企业终止的根本原因;另一个是不能偿还到期债务,它是企业终止的直接原因。为此,力求保持以收抵支和偿还到期债务的能力,降低破产风险,使企业能够长期、稳定地生存下去,是对财务管理的第一个要求。

(二) 发展目标对财务管理的要求

企业是在发展中求生存的,企业的发展集中表现为扩大收入。扩大收入的根本途径是提高产品质量,扩大产品销售数量。这就要求企业不断更新设备、技术和工艺,努力提高各类人员的素质。即要投入更多、更好的物质资源、人力资源,并努力改进技术和管理。在市场经济中,各种资源的取得,都需要付出资金;企业的发展更离不开资金。因此,及时足额筹集企业发展所需要的资金,是对财务管理的第二个要求。

(三) 获利目标对财务管理的要求

从财务角度看,盈利是使资产获得超过其投资成本的回报。在市场经济中,没有"免费使用"的资金。资金的每项来源都有其成本,每项资产都是投资的载体,都应获得相应的报酬。财务人员必须有效地使用企业正常经营活动产生的资金和从外部获得的资金。因此,通过合理、有效地使用资金使企业获利,是对财务管理的第三个要求。

二、财务管理目标的取向

从根本上说,企业财务目标取于企业生存目的或企业目标,取决于特定的社会经济模式。社会经济体制、经济模式和企业所采用的组织制度在很大程度上决定企业财务目标的取向。在现代企业财务管理理论的发展及实践过程中,形成了以下代表性的财务管理目标观。

(一) 利润最大化

利润是企业按照收入与费用配比原则计算的、一定期间全部收入扣除全部费用后的差额,在一定程度上体现了经济效益的高低。利润代表了企业新创造的财富,是投资者获得红利的来源，也是企业补充资本、扩大经营规模的源泉。因此，以利润最大化作为财务管理目标有其合理性。追求利润最大化，要求企业合理配置经济资源，严格经济核算，加强经营管理，改进生产技术，提高劳动生产率，降低产品成本，提高经济效益。但是，由于利润指标自身的局限性，以利润最大化作为财务管理目标存在以下缺点：

1. 利润最大化没有考虑利润取得的时间，没有考虑资金的时间价值。例如，今年获利100万元和明年获利100万元对企业的影响是不同的，更不同于后年获利100万元对企业造成的影响。

2. 利润最大化中的利润额是一个绝对数，没有考虑所获利润和投入资本额的匹配关系。例如同样获利100万元，一个企业投入资本500万元，另一个投入5 000万元就是明显的例子。显然，若利润不与投入资本额联系起来，就不能合理地说明企业经济效益水平的高低，不便于在不同时期、不同企业之间进行比较。

3. 没有考虑获取利润所承担风险的大小。例如同样投入500万元，本年获利100万元的两个企业，一个获利已全部转化为现金，不存在发生坏账的风险；另一个则有账龄半年以上的应收账款，可能发生坏账损失。显然，若不考虑风险，则难以做出正确判断。一般而言，报酬越高，风险越大。追求利润最大化，往往会增加企业经营风险。

利润最大化目标具有简明、易于操作的特点。但由于利润最大化使企业财务决策带有短期化倾向，忽视企业的长远发展，因此将利润最大化作为企业财务管理目标存在片面性。

（二）资本利润率最大化或每股盈余最大化

资本利润率是税后净利润与权益资本的比率。每股盈余是税后净利润与普通股股数的比值。这两个指标把企业实现的利润同投入的资本或股本数进行对比，反映企业的盈利水平，可用于对不同资本规模企业的横向比较，或同一企业不同期间的纵向比较。但该指标存在以下两个缺陷：

（1）资本利润率和每股盈余没有考虑风险因素；

（2）资本利润率或每股盈余没有考虑时间差异。

（三）股东财富最大化

股东是公司的所有者，股东投资的目的就是为了取得尽可能大的投资收益。股东财富由其所拥有的股票数量和股票市场价格决定。由于股票价格的变动决定了股东财富的多少，所以在正常成熟的市场环境中，上市公司可以用每股市价最大化作为其财务管理目标。

股东财富最大化考虑了取得报酬的时间因素，均衡了风险与报酬之间的联系，能有效地克服财务管理人员不顾风险大小，片面追求利润的错误倾向。该目标仍然存在着以下不足：

（1）适用范围上有限制。股东财富最大化目标适用于上市公司，用于非上市企业存在一定困难。由于上市公司在全部企业中所占的比重通常较低，因此该目标在实际中很难普遍采用。

（2）过分强调公司股东的利益。在股东财富最大化目标下，企业为了短期内提升股价，可能过于关注收益高风险也高的项目，忽视或损害债权人等与公司相关的其他利益集团的利益，影响公司的长期稳定发展及战略目标的实现。

（四）相关者利益最大化

企业的本质是利益相关者的契约集合体，是各方经过博弈在利益均衡基础上达成的经济共同体，并非仅仅是所有者（股东）一方的企业。利益相关者是所有在公司真正拥有某种形式的投资并且处于风险之中的人，企业利益相关者包括股东、经营者、员工、债权人、政府等。由于契约的不完备性，使得利益相关者共同拥有企业的剩余索取权或剩余控制权，进而共同拥有企业的所有权。对所有权的拥有是利益相关者参与公司治理的基础，也是利益相关者权益得到应有保护的理论依据。

在利益相关者框架下，企业是一个多边企业的结合体，它不仅仅由单纯的股东或单一的利益相关者构成，而是由所有的利益相关者通过契约关系组成。也就是说，企业是使许多冲突目标在合约关系中实现均衡的结合点。对众多利益相关者专用性资源进行组合，其目的是为了获取单个组织生产所无法达到的合作盈余和组织租金。各产权主体在合作过程中，由于向企业提供了专用性资源并承担着企业的经营风险，因此有权获得相对独立于其他利益相关者的自身利益。但财务主体不是利益相关者，更不是利益相关者的简单相加，因而财务目标并不等于其各个利益相关者的目标之和。因此，相关者利益最大化的指标构成及比例关系不易确定，操作难度较大。

（五）企业价值最大化

企业价值是指企业的市场价值，它是社会公众对企业总价值的市场评价，它取决于企业潜在和未来的获利能力。企业价值最大化目标就是通过充分发挥财务管理的职能，促进企业长期稳定发展，不断提高盈利能力，实现企业资产总价值最大。该目标实质上也体现了相关权益主体利益最大化的思想，是现代企业财务管理目标的现实选择。然而，以企业价值最大化作为企业的财务目标也有其明显不足：企业价值的度量及控制存在困难。

企业价值最大化具有深刻的内涵，其宗旨是把企业长期稳定发展放在首位，着重强调必须正确处理各种财务关系，最大限度地兼顾企业各利益主体的利益。较之其他几种财务目标观，企业价值最大化目标在理论上比较完善，是现代企业财务管理目标的现实选择。现代市场经济条件下，股份公司是典型的企业存在形态，上市公司是股份公司的代表，股票价格是上市公司价值的市场货币表现，也是市场对企业的最客观的评价。因此，为减轻企业价值度量上存在的困难，本教程采用企业价值最大化（即股价最大化）的财务目标观。

三、财务管理目标的特征

无论财务管理目标的取向如何，企业具体的财务目标均应当具备以下特征：

（一）稳定性

财务管理目标具有相对稳定性。随着经济发展水平的提升、市场环境的变迁和企业经营方式的变化，财务管理目标也可能发生变化。但是，市场环境的变迁和经济发展方式的转变是渐进的，经过一定时期的积累、发展到一定阶段以后才会产生质变；对资金活动的认识在达到一定的高度后，也需要有一个渐进达成共识、为人们所普遍接受的过程。因此，财务管理目标作为对资金活动客观规律性的一种概括，总体上是相对稳定的。

（二）可操作性

财务管理目标具有可操作性。财务管理目标是实行财务目标管理的前提，它要能够起到组织动员的作用，要能够据以制定经济指标并进行分解，实现职工的自我控制，进行科学的绩效考评，这样财务管理目标就必须具有可操作性。具体包括：可计量、可追溯、可控制。

（三）层次性

财务管理目标具有层次性。各种各样的理财目标构成了一个网络，这个网络反映着各个目标之间的内在联系。财务管理目标的层次性，是由企业财务管理内容和方法的多样性以及它们相互关系上的层次性决定的。

四、财务管理目标的影响因素

企业价值的大小取决于企业的报酬率和风险的高低，而企业的报酬率和风险的高低，又是由企业的投资项目、资本结构和股利政策决定的。因此，这五个因素影响企业的价值。财务管理正是通过投资决策、筹资决策和股利决策来提高报酬率，降低风险，实现其目标的。

（一）投资报酬率

由于公司规模的差异，公司利润总额不能有效地反映股东财富的实现程度，投资报酬率（每股盈余）成为重要的衡量指标。例如，某公司有1亿股普通股，税后净利2亿元，每股盈余为2元。假设你持有该公司股票1 000股，因而分享到2 000元利润。如果企业为增加利润拟扩大规模，再发行1亿股普通股，预计增加盈利1亿元。对此项财务决策你会赞成吗？你的财富会增加吗？由于总股数增加到2亿股，利润增加到3亿元，每股盈余反而降低到1.5元，你分享的利润将减少到1 500元。可见，投资报酬率比公司利润总额更有效地反映股东财富的实现程度。

（二）投资风险

任何决策都是面向未来的，并且会有或多或少的风险。决策时需要权衡风险和报酬，才能获得较好的结果。例如，你持股的公司有两个投资机会，第一方案可使每股盈余增加1元，其风险极低，几乎可以忽略不计；第二方案可使每股盈余增加2元，但是有一定风险，若方案失败则每股盈余不会增加。你应该赞成哪一个方案呢？回答是要看第二方案的风险有多大，如果成功的概率大于50%，则它是可取的；反之则不可取。由此可见，财务决策不能不考虑风险，风险和冒险可望得到的额外报酬相称时，方案才是可取的。

（三）投资项目

投资项目是决定企业报酬率和风险的首要因素。被企业采纳的投资项目，都会增加企业的报酬，否则企业就没有必要为它投资。与此同时，任何项目都有风险，区别只在于风险大小不同。因此，企业的投资计划会改变其报酬率和风险，并影响股票的价格。

（四）资本结构

资本结构是指所有者权益与负债的比例关系。一般情况下，企业借债的利息低于其投资的预期报酬率，可以通过借债取得短期资金而提高公司的预期每股盈余，但也会同时扩大预期每股盈余的风险。因为一旦情况发生变化，如销售萎缩等，实际的报酬率低于利率，则负债不但没有提高每股盈余，反而使每股盈余减少，企业甚至可能因不能按期支付本息而破产。资本结构不当是公司破产的一个重要原因。

（五）股利政策

股利政策是指公司赚得的当期盈余中，有多少作为股利发放给股东，有多少保留下来准备再投资用，以便使未来的盈余源可继续下去。股东既希望分红，又希望每股盈余（EPS）未来不断增长。两者有矛盾，前者是当前利益，后者是长远利益。加大保留盈余，会提高未来的报酬率，但再投资的风险比当期分红要大。因此，股利政策会影响公司的报酬率和风险。

五、财务管理目标的协调

企业财务活动涉及不同的利益主体，其中最主要的是股东、经营者和债权人，这三者构成了企业最重要的财务关系，企业是所有者即股东的企业，也是经营者和债权人等利益相关者的企业；财务管理目标是股东的目标，也应当兼顾经营者和债权人的目标，但经营者、债权人与股东的目标并不完全一致，企业只有协调好这三个方面的矛盾，才能实现"企业价值最大化"的目标。

表1-1　　　　　　　　　　　财务管理目标的协调

关系人	目标	与股东冲突的表现	协调方法
经营者	报酬、闲暇、风险	道德风险、逆向选择	解聘、接收、激励
债权人	到期收回本金、利息	违约投资高风险项目 发新债使旧债券贬值	契约限制、终止合作
社会公众	经济社会可持续发展	生产伪劣产品、污染环境	法律规范、道德约束 行政监督、舆论监督

（一）股东和经营者的矛盾与协调

股东为企业提供资本金，目标是使其财富最大化。经营者则希望在提高企业价值或股东财富的同时，提高自己的报酬、声誉和社会地位，增加闲暇时间，降低劳动强度。经营者有可能为了自己的目标而背离股东目标，如借口工作需要乱花股东的钱，装修豪华的办公室，买高档汽车，增加享受成本等；或者蓄意压低股票价格，以自己的名义借款买回，导致股东财富受损，自己则从中渔利。为了解决或弱化这一矛盾，股东通常可以采取监督和激励两种办法来协调自己和经营者的目标。监督是通过公司的监事会来检查公司财务，当经营者的行为损害股东利益时，要求董事和经理予以纠正，解聘有关责任人员；另外，股东也可以支付审计费，聘请注册会计师审查企业财务情况，监督经营者的财务行为。激励是把经营者的报酬同其绩效挂钩，通过"股票选择权"、"绩效股"等形式，使经营者自觉自愿地采取各种措施提高股票市价，从而达到股东财富最大化的目标。

（二）股东和债权人的矛盾与协调

债权人把资金交给企业，其目标是到期收回本金，并获得约定的利息收入。企业借款的目的是用它扩大经营规模，投入到有风险的经营项目。资金一旦到了企业手里，债权人就失去了控制权，股东可能通过经营者为自身谋求利益而伤害债权人利益。如不经过债权人同意，投资于比预期风险高的新项目，若侥幸成功，超额利润会被股东独吞；若不幸失败，债权人不得不与股东一道承担风险。债权人一方面可以寻求立法保护，如破产时优先接管，优先于股东分配剩余财产等；另一方面还可以在借款合同中加入限制性条款，如规定资金用途，规定不得发行新债的数额，当发现公司有意侵蚀其债权价值时，可提前收回借款，拒绝进一步合作等。

（三）企业与其他利益相关者的矛盾与协调

企业财务管理目标与社会目标在许多方面是一致的，企业在追求自己的目标时，必然为社会提供服务，自然会使社会受益。例如，企业为了生存，必须生产出符合社会需要的产品，满足消费者（顾客）的需求；企业为了发展，要扩大经营规模，自然会增加职工人数，解决社会就业问题，为政府排忧解难；企业为了获利，必须处理好职工的诉求，提高劳动生产率，改进产品与服务质量，提升社会生产效率和公众的生活质量；企业要在竞争中立于不败之地，还要善于利用金融资本市场，实施并购重组及其他形式的对外投资。但企业财务管理目标与社会目标也有不一致的地方。如企业为了获利，可能生产伪劣产品；可能不顾工人的健康和利益；可能造成环境污染；可能损害其他企业的利益等。国家要保护所有公民的正当权益，要求股东在谋求自己利益的时候，不能损害他人利益。为此，国家颁布一系列保护公众利益的法律法规，如《反暴利法》、《环境保护法》、《消费者权益保护法》和《产品质量法》等。通过这些法律法规强制企业承担社会责任，调节股东和社会公众的利益。

第三节 财务管理的假设与原则

作为价值管理活动,财务管理服务于经济主体的产生与发展。以企业为例,其资金运动渗透至企业生产管理、技术管理、人事管理、设备管理、销售管理、质量管理、关系管理等各个环节。即企业的财务活动具有综合性强、涉及面宽的特点。网络经济时代的来临,企业依靠网络财务软件完成财务与业务的协同管理,实现事中动态会计核算与在线经济资源管理,实现对分支机构的远程财务管理、物资管理及审计等远程控制行为,财务管理活动呈现出网络化、虚拟化的特征,对财务管理工作提出了新的挑战与要求。

一、财务管理假设

财务管理假设,是人们根据财务活动的内在规律和理财环境的要求所提出的具有一定事实依据的假定或设想,是研究财务管理理论和实践问题的基本前提。财务管理假设包括理财主体假设、持续经营假设、有效市场假设、资金增值假设和理性理财假设。

(一)理财主体假设

理财主体是指财务管理为之服务的特定单位,通常是指具有独立或相对独立利益的经济实体。财务管理不是漫无边际的,应限制在每一个经济上具有独立性的组织之内。理财主体假设明确了财务管理的空间范围,将一个主体的理财活动同另外一个主体的理财活动相区分。在现代公司制企业中,客观上要求将公司的财务活动与股东等经济主体的财务活动划分清楚。理财主体假设,可以将公司与股东、债权人、企业职工等经济主体分开,为确立财务管理目标、科学划分权责关系奠定了理论基础。

财务主体具有独立性,财务主体能够在不受外界直接干扰的情况下,自主地从事财务活动。这主要体现在两个方面:第一,财务主体有自己所能控制的资金,这种控制虽然不一定是法律上的所有权,但它可以保证主体活动对象的存在,并且主体对其财务活动的结果承担责任;第二,财务主体能够自主地进行融资、投资、分配等一系列财务活动,财务主体的决策始终立足于自身的实际情况,满足于自身的需要。独立性是财务主体最主要的特征,财务主体若缺乏独立性,不仅会使财务决策过程混乱,而且会使财务活动结果的责任无法明确,导致财务主体管理秩序混乱、责权不明,最终使财务主体解体。

财务主体具有目的性。财务主体从事财务活动都有自己的目标,并根据目标行动。作为经济管理活动的一部分,财务活动面临着外界无情的竞争。如果财务主体理财目的不明确,必将分散财务主体的力量,最终导致财务主体在竞争中失败。作为一个完整的经济组织,财务主体不仅有行动的总目标,而且有不同的具体目标。在融资阶段,其具体目标是筹集足够资金,优化资本结构,降低资金成本;在投资阶段,其目标是做好投资决策,实现净收益最大化;在分配阶段,其目标是通过分配决策,既使投资者满意,又保证公司具有发展后劲。

财务主体具有层次性,不同层面理财主体的视野及目的存在差异。如集团公司、子公司及子公司内部不同层面的差异,不应当忽视。

(二) 持续经营假设

持续经营假设是指理财主体持续存在且能够执行预计的经济活动,即理财主体在可以预见的未来会无限期地经营下去。持续经营假设明确了财务管理活动的时间范围。

由于绝大多数正常经营的企业都能持续下去,即使破产、清算,也难以预计发生的时间。因此,在财务管理上,除非有证据表明企业将破产、关闭,否则都假定企业在可以预见的将来持续经营下去。因为只有在持续经营状态下,企业的投资才能在未来产生效益,企业才会根据其财务状况和对未来现金流量的预测、业务发展的要求安排借款的期限。如果没有持续经营假设,这一切都无从谈起。

事实上,不论一家企业规模大小,它总是一个"有限生命"的经济组织,真正做成"百年老店"的企业凤毛麟角。因此,持续经营假设并非亘古不变。一旦有迹象表明企业经营失常,财务状况恶化,不能偿还到期债务,持续经营假设就失去了存在的客观基础,财务管理活动应改为在清算假设下进行。例如,在企业破产清算过程中,债务期限的长短及是否到期是没有区别的,在持续经营的条件下却有实质性的差异。

持续经营假设除衍生出分期理财外,还含有以下寓意:在确定筹资方式时,要注意合理安排短期资金和长期资金的关系;在进行投资时,要合理确定短期投资和长期投资的关系;在进行收益分配时,要正确处理各个利益集团短期利益和长期利益的关系。

(三) 有效市场假设

有效市场假设是指财务活动所依托的资金市场是健全和有效的。只有在有效市场上,财务管理活动才能正常进行,财务管理理论体系才能建立。1970年美国财务学者法马(Fama)将有效市场划分为三类:一是弱式有效市场。即当前的证券价格完全反映了已蕴含在证券历史价格中的全部信息。其含义是,任何投资者仅仅根据历史的信息进行交易,均不会获得额外盈利。二是次强式有效市场。即证券价格完全反映所有公开的可用信息。这样,根据一切公开的信息如公司的年度报告、投资咨询报告、董事会公告等,都不能获得额外的盈利。三是强式有效市场。即证券价格完全地反映一切公开的和非公开的信息。投资者即使掌握内幕信息也无法获得额外盈利。实证研究表明,美国等发达国家的证券市场均已达到次强式有效市场。中国股票市场已接近弱式有效。

法马的有效市场假设是建立在高度发达的证券市场和股份制占主导地位的理财环境的基础之上的。从理财环境和企业特点分析,中国的有效市场应具备以下特点:当企业需要资金时,能以合理的价格在资金市场上筹集到所需资金;当企业有闲置的资金时,能在市场上找到有效的投资方式;企业理财上的任何成功和失误,都能在资金市场上得到反映。

依据有效市场假设可以推断:各理财主体应当在公平竞争的市场环境中进行活动。有效市场假设是确立财务管理原则、确定筹资组合的理论基础。如果理财活动所依托的市场无效,财务管理理论无法建立。

（四）理性理财假设

理性理财假设是指从事财务管理工作的人员会在众多的方案中选择最有利的方案。在实际工作中，财务管理人员都认为自己是理性的，做出的决策是正确的，否则就不会如此决策。尽管实践中存在部分非理性的理财活动，但从财务管理研究的视角，只能假设所有的理财行为都是理性的，因为盲目的理财行为是没有规律的，而没有规律的东西无法上升到理论的高度。

理性理财的第一个表现是理财是一种有目的的行为，即企业的理财活动都有一定的目标。当然，在不同的时期与理财环境中，理性理财行为的标准不同。因此，理性理财假设的理性是相对的，是相对于具体理财环境而言的。无论事后证明这种理财行为正确与否，其行为的基本前提和出发点都是理性的。理性理财的第二个表现是财务管理人员能够通过比较、判断、分析等手段，从若干个备选方案中选择一个有利于财务管理目标实现的最佳方案。理性理财的第三个表现是当理财人员发现执行的方案存在缺陷时，会及时采取措施纠正，使损失降至最低。

二、财务管理原则

财务管理原则是企业在自觉认识和掌握财务活动规律的基础上，组织财务活动，处理财务关系的行为准则，是国家财务管理政策和企业财务管理基本特征的综合反应。财务管理原则从企业理财实践中概括出来，并体现理财活动规律的行业规范，反映了人们对财务管理的基本认识、理财环境对财务管理的内在要求。美国爱默瑞（Emery）与芬尼特（Finnerty）所著的《公司财务管理》阐述了与竞争环境、创造价值、财务交易有关的12项财务管理原则。

（一）有关竞争环境的原则

有关竞争环境的原则是对资本市场中人的行为规律的基本认识。

1. 自利行为原则。指人们在进行决策时按照自己的财务利益行事，在其他条件相同的条件下人们会选择对自己经济利益最大的行动。自利行为原则的理论依据是理性经济人假设。自利行为原则在经济活动中的重要应用，一是形成委托—代理链；二是重视机会成本和机会损失。

2. 双方交易原则。指每一项交易都至少存在两方，在一方根据自己的经济利益决策时，另一方也会按照自己的经济利益决策行动，并且对方和你一样聪明、勤奋和富有创造力。因此在决策时要正确预见对方的反应，不能"以我为中心"，并且关注税收等因素的影响。

3. 信号传递原则。指行动可以传递信息，并且比公司的声明更有说服力。信号传递原则是自利行为原则的延伸。信号传递原则要求根据公司的行为判断它未来的收益状况，"不但要听其言，更要观其行"；公司在决策时，不仅要考虑行动方案本身，还要考虑该项行动可能给人们传达的信息。

4. 引导原则。指当所有办法都失败时，寻找一个可以信赖的榜样作为自己的引导。引导原则是行动传递信号原则的一种运用。引导原则不会帮你找到最好的方案，却常常可以使你避免采取最差的行动，它是一个次优化准则。引导原则的重要应用是行业标准与"自由跟庄"概念。

（二）有关创造价值的原则

有关创造价值的原则是对增加企业财富基本规律的认识。

1. 价值创意原则。指新创意能获得额外报酬，有价值的创意原则主要应用于直接投资项目和公司日常经营活动。即创意不仅体现在产品设计上，还体现在市场开发、公共关系活动等各个方面，企业应树立创新观念，求新、求变。

2. 比较优势原则。指专长能创造价值，在市场上要想赚钱，必须发挥你的专长。比较优势原则的依据是分工理论，让每一个人去做最适合他做的工作，让每一个企业生产最适合它生产的产品，社会的经济效率才会提高。比较优势原则的应用是"人尽其才、物尽其用"与优势互补。比较优势原则要求企业把主要精力放在自己的比较优势上，而不是日常运行及盲目扩张上。

3. 期权原则。期权是指不附带义务的具有经济价值的权利。广义的期权不限于财务合约，任何不附带义务的权利都属于期权。许多资产都存在隐含的期权，有时一项资产附带的期权比该资产本身更有价值。作为未来可以行使的一种选择权，期权可能通过行权给企业带来价值。当然也可能因放弃行权不能带来价值，但不会给企业带来损失。例如，投资项目被执行了是一种期权，投资项目被停止执行也是一种期权。因此，企业在估价时要考虑期权的价值。

4. 净增效益原则。指财务决策建立在净增效益的基础上，一项决策的价值取决于它和替代方案相比所增加的净收益。净增效益原则的应用领域：一是差额分析法，也就是在分析投资方案时只分析它们有区别的部分，而省略其相同的部分；二是在分析决策方案时应将沉没成本排除。如投资管理中计算的现金净流量是指特定项目引起的增量现金流量的概念。

（三）有关财务交易的原则

有关财务交易的原则是人们对于财务交易基本规律的认识。

1. 风险报酬权衡原则。指风险和报酬的对等原则，投资人必须对报酬和风险做出权衡，为追求较高报酬而承担较大风险，或者为减少风险而接受较低的报酬。所谓"对等关系"，是指高收益的投资机会必然伴随巨大风险，风险小的投资机会必然只有较低的收益。

2. 分散化原则。指不要把全部财富都投资于一个公司或一个项目，而要分散投资。投资分散化原则的理论依据是投资组合理论。投资组合理论认为，若干种股票组成的投资组合，其收益是这些股票的加权平均数，但其风险要小于这些股票的加权平均风险。

3. 资本市场效率原则。指在资本市场上频繁交易的金融资产的市场价格反映了其所有可获得的信息，而且面对新信息完全能迅速地做出调整。资本市场有效原则要求理财时重视市场对企业的估价，理财时慎重使用金融工具。如果资本市场是有效的，购买或出售金融工具的交易的净现值就为0。即在资本市场上，只获得与投资风险相称的报酬，也就是与资本成本相同的报酬，不会增加股东财富。企业要增加股东财富，只能靠生产经营活动，因为只有生产经营活动才能获得持续稳定的收益。

4. 货币时间价值原则。按照生产要素说，资金是生产资源要素之一，是财富增长的源泉。因此，资金不能无偿使用。资金或货币具有时间价值，是指货币资金在投资和再投资过程中所发生的价值增加。在财务管理活动过程中，长期投资项目通常时间跨度大，等量的货币在不同时点其价值量不具有可比性，需要将不同时点的资金按照一定的方法折算到相同时点。可见，在对待长期项目时，财务管理主体必须坚持货币时间价值原则。

第四节 财务管理的体制

财务管理体制是指划分经济主体财务事项权责利关系的一种制度，是财务关系的具体表现形式。企业财务管理体制通常包括出资者与经营者之间的财务管理体制和经济主体内部的财务管理体制两个层次，是明确企业各财务层级财务权限、责任和利益的基本规范，其核心问题是如何配置财务管理权限。财务管理体制属于企业财务管理工作的"上层建筑"，对处在"经济基础"地位的企业理财活动发挥引导与促进作用。

一、财务管理体制的类型

企业财务管理体制按其集权化的程度，通常划分为集权式财务管理体制、分权式财务管理体制和混合式财务管理体制。

（一）集权式财务管理体制

所谓集权制就是指财务决策权集中在总公司，总公司对分公司等所属经营活动单位采取严格控制和统一管理的财务管理体制。在此体制下，总公司整合企业财务资源，建立一级集中的会计核算体系，统一的信息平台，统一的管理流程，从而实现财务集约化管理。集权制主要适用于部分业务单一的大型企业及中小型企业。

集权制的优点：（1）由公司最高管理层统一决策，有利于规范分公司等所属经营主体的行动，推动企业政策的实施；（2）充分发挥企业整体资源的复合优势，集中力量实现企业的整体目标；（3）有利于发挥企业财务专家的作用，降低所属单位的财务风险和经营风险；（4）有利于统一调度企业资金，保证资金头寸，降低资金成本。

集权制的缺点：（1）集权制要求企业高层具有极高的素质与能力，能够高效率地汇集起各方面详尽的信息资料，否则可能导致主观臆断，以致出现重大的决策错误；（2）财务管理权限高度集中总公司容易挫伤分公司等所属经营主体的积极性和创造性；（3）集权制下，由于信息传递时间长，可能延误财务决策时机，减弱市场的应变力与灵活性。

（二）分权式财务管理体制

分权制是指一般财务决策权归属分公司，总公司对分公司等所属经营活动单位以间接管理方式为主的财务管理体制。分权制主要适用于部分业务面宽的大型企业及企业集团。

分权制的优点是：（1）可以调动分公司等各层次管理者的积极性；（2）市场信息反应

灵敏，决策快捷，易于捕捉商业机会，增加创利机会；（3）总公司高层管理人员能够将有限的时间和精力集中于企业的战略决策。

分权制的缺点有：（1）难以统一指挥和协调，分公司可能因追求自身利益而忽视甚至损害公司整体利益；（2）弱化总公司财务调控功能，不能及时发现分公司面临的风险和重大问题；（3）难以有效约束经营者，易造成分公司"内部控制人"问题。

（三）混合式财务管理体制

混合制即集权与分权相结合的财务管理体制。恰当的集权与分权相结合既能发挥总公司的财务统筹优化职能，激发分公司的积极性和创造性，又能有效控制分公司风险。所以适度的集权与分权相结合的混合制是大部分企业财务管理体制所追求的目标。但是如何把握其中的"度"，则是一大难题，不同的企业有不同探索，企业内部银行就是混合式财务管理体制的重要体现。

二、财务管理体制的选择

企业内部财务管理体制是构建企业财务运行机制的基础和前提，合理选择企业内部财务管理体制有重要意义。《企业财务通则》要求："企业实行资本权属清晰、财务关系明确、符合法人治理结构要求的财务管理体制。企业应当按照国家有关规定建立有效的内部财务管理级次。"

（一）有利于建立稳健高效的财务运行机制

反映现代企业制度的企业内部财务管理体制的构建，目的在于引导企业建立"自主经营、自负盈亏、自我发展、自我约束"的财务运行机制，从而形成一套完整的自我控制、自我适应的系统。由于财务机制是财务管理体制最直接、最灵敏的反应，其有效运行是财务体制构建的重要目标，因此在构建财务管理体制时，关键是看其是否有利于财务管理机制的有效运行。

（二）有利于加强企业的内部管理

财务管理是企业管理各项工作的综合反映，与企业管理的各项工作密切相关，彼此相互制约、相互促进，财务管理本质上是处理企业同企业内外各种经济利益的关系。同时，企业的生产技术特点和经营规模的大小不尽相同，内部的经营组织形式存在差异，内部各财务单位所承担的经济责任不同，财务管理体制必然存在差异。因而，合理的企业内部财务管理体制应当有助于强化企业内部管理。

（三）有利于促进企业经济效益的提高

经济效益是衡量企业管理好坏的标志，是判断一种体制优劣的根本，而且企业内部财务管理体制构建的目的是为企业管理服务并有利于经济效益的提高。因此，企业能否成功地构建其内部财务管理体制，很大程度上取决于是否把各级经营者、管理者的积极性调动起来，使企业内部各级管理者、经营者出于对自身利益的追求，自觉地把个人利益与企业利益、个人目标与企业目标有效地结合起来，从而形成一股强大的凝聚力，推动企业经济效益的提升。

第五节　财务管理的环境

财务管理环境也称理财环境，是指对企业财务活动和财务管理产生影响作用的内外部条件或因素。企业只有在所处环境中各种因素的综合作用下，实现财务活动的协调平衡，才能更好地生存和发展。

理财环境按其所涉及的范围，可分为宏观理财环境和微观理财环境。宏观理财环境中的各种因素，通常存在于企业外部，如国家经济发展水平、社会稳定性、产业政策和金融市场状况等，一般对各类企业的财务管理都会产生影响；微观理财环境中的各种因素，有的存在于企业外部，有的存在于企业内部，如企业组织形式、产品销售状况和材料供应情况等，一般只对特定企业的财务管理产生影响。

财务管理的宏观环境涉及面较宽，影响较直接的主要包括法律环境、经济环境和金融市场环境。

一、法律环境

财务管理的法律环境是指企业理财活动所应遵守的各种法律、法规和规章。国家管理经济活动和经济关系的手段包括行政手段、经济手段和法律手段三种。随着经济改革的不断深化，行政手段逐渐减少，经济手段特别是法律手段日益增多，建立一个完整的法律体系来维护市场秩序很有必要。企业的各项理财活动，无论是筹资、投资还是利润分配，都应当遵守有关的法律规范。

（一）企业组织法规

企业必须依法成立，才能合法经营，获得良好的法律环境。企业组织法规是规范、调整企业相关经济关系的依据和规范。组建不同类型的企业，要依照不同的法律规范，包括《公司法》、《企业法》、《合伙企业法》、《个人独资企业法》等法律；《登记管理条例》等法规规章。其中，《公司法》对公司的设立条件、设立程序、组织机构、组织变更和终止的条件、程序都作了明确的规定，包括股东人数、法定资本最低限额和资本筹集方式等。只有按其规定的条件和程序设立的企业，才能成为公司。《公司法》还对公司生产经营的主要方面做出了规定，包括股票的发行和交易、债券的发行和转让、公司的财务会计要求和利润分配等。公司一旦成立，其主要活动包括财务管理活动都要按照《公司法》的规定来进行。《公司法》是公司财务管理最主要的法律规范，其他企业也应按照相应的法律来开展其理财活动。

（二）税收法规

税收法规主要包括法、条例、细则、规定等形式，在我国分别由全国人民代表大会常务委员会、国务院、财政部或税务总局发布。税收制度特别是工商税收制度，是企业财务管理重要的外部条件。正在实施的工商税收法规主要包括：《企业所得税法》、《税收征收管理法》等法律；《进出口关税条例》、《企业所得税法实施条例》、《税收征收管理法实施条例》等法规；《进出口关税条例实施细则》等规章。国家各税种的设置及税率的调整，对生产经营具有调节作用。企业财务决策应当主动适应税收政策导向，通过精心安排和筹划，在不违反税法的前提下，尽可能地降低企业的税收负担。

（三）财务法规

财务法规是国家立法和行政机关制定、颁布的有关企业、事业等单位在财务活动中必须遵守的各种法律、条例、规章制度等规范性文件的总称。它体现国家管理国民经济的要求，具有强制性，是企业、事业等单位进行财务收支活动的准则和国家依法进行财政监督的准绳。我国已颁布的适用于企业的财务法规有：《中华人民共和国会计法》、《企业财务通则》、《企业财务会计报告条例》、《国有资本金效绩评价规则》及《证券法》、《合同法》等法律法规的颁布，给企业的财务活动带来了重大影响。其中，《企业财务通则》是各类企业开展财务活动、实施财务管理的基本规范；具体行业财务制度则是根据财务通则的规定，为适应不同行业特点和管理要求所制定的行业规范。企业财务管理人员应当认真研究相关财务管理法规制度的精神和具体要求，在守法的前提下充分行使法规制度所赋予的理财自主权，改善企业的经营管理，实现企业的财务目标。

二、经济环境

经济环境主要指企业从事财务活动的宏观经济环境，具体包括经济政策、经济状况、市场竞争等几个方面。

（一）经济政策

政府具有调控宏观经济的职能。社会经济发展规划、政府产业政策、经济体制改革措施及财经法规，对企业的生产经营和财务活动都有重大影响。国家的各项经济政策都是用以促进国民经济发展的，但对不同地区和不同行业的政策存在着一定的差异。企业在财务决策时要认真研究国家的经济政策，按照政策导向行事，趋利除弊，做到既有利于国民经济发展，又有利于增强企业自身的经济实力。

（二）经济状况

经济发展状况对企业理财有重大影响。社会经济发展存在着周期性是人所共知的现象，我国的经济发展与运行也呈现出周期性的波动现象。过去曾经历过若干次投资膨胀、生产高涨，以至于国家不得不采取控制投资、紧缩银根等措施。在经济快速发展时期，为企业扩大规模、调整方向、打开市场以及拓宽财务活动领域带来了机遇。同时，经济的快速发展与资金紧张又是一对客观存在的矛盾，这又给企业的财务管理带来了严峻的挑战。此外，由于国际经济交流与合作的发展，全球经济活动日趋融合，西方经济周期的影响不同程度地波及我国的一些企业。因此,企业财务管理人员应熟悉国内外经济环境,把握经济发展周期,为实现企业经营目标和经营战略服务。

(三) 市场竞争

竞争广泛存在于市场经济之中,任何企业都无法回避。市场经济竞争不仅最终体现为产品和劳务的竞争,而且表现为人才竞争、技术竞争、资金竞争、信息竞争和管理竞争。市场经济是一种竞争经济,竞争是市场经济系统得以运行的动力,并由此推动经济发展。但对企业来说,竞争既是机会,也是威胁。作为企业财务人员应认真研究本企业及竞争对手的特点,弄清自身的优势和劣势,分析造成这种情况的原因,探求对策,为企业进行财务决策、制定财务策略提供可靠的依据,使企业在竞争中立于不败之地。

三、金融市场环境

金融市场是资金融通的场所,即资金供应者和资金需求者双方通过某种形式融通资金的场所。金融市场按照交易对象可以分成以下不同的类型,如图1-4所示。

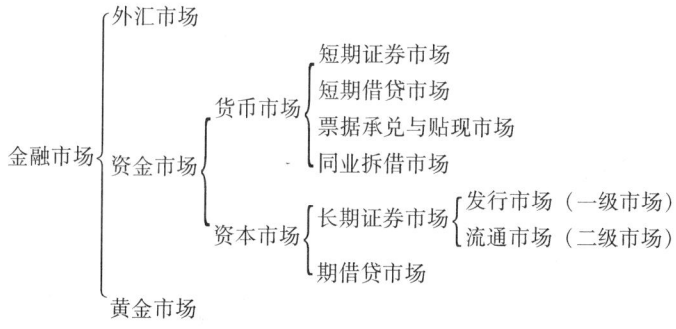

图1-4 金融市场的类型

(一) 金融市场的组成

金融市场由金融市场主体、金融市场工具和调节融资活动的市场机制等三要素组成。

1. 金融市场主体。指资金供应者、资金需求者及金融中介机构,包括政府部门、金融机构、企事业单位、城乡居民和其他组织。金融中介是连接筹资人和投资人的桥梁,分为银行和非银行金融机构。银行金融机构主要包括:中国人民银行、国有商业银行、国家政策性银行、股份制银行和外资银行等;非银行金融机构主要有保险公司、信托投资公司、信用合作社、邮政储蓄机构、证券公司及证券交易所等。不同的金融中介机构进行资金交易,所需法律手续不同,交易条件不同,交易成本不同,交易的数量和完成交易的时间也有差别。因此,企业必须选择适合自身情况的主要交易机构和场所,以相对节省交易费用,加快交易进程。

2. 金融市场工具。指资金供应者将资金让渡给资金需求者的凭证和证明,包括各种债券、股票、票据、可转让存单、借款合同、抵押契约等。不同金融工具用于不同的资金供求场合,具有不同的法律效力和流通功能,企业为此承担风险和付出的成本不同,必须选择适合自身情况的金融工具,以相对降低风险和成本。

3. 调节融资活动的市场机制。在金融市场上，从资金的借贷关系看，利率是一定时期运用资金这一资源的交易价格。利率作为资金这种特殊商品的价格标准，实质上是资源的再分配。因此，利率在资金分配及企业财务决策中起着重要作用。可按照不同的标准对利率进行分类：

（1）按利率之间的变动关系，分为基准利率和套算利率。基准利率是指在多种利率并存条件下起决定作用的利率。所谓起决定作用的利率是指该种利率变动，会导致其他利率发生相应的变动。因此，了解基准利率水平的变化趋势，就可了解全部利率的变化趋势。基准利率在西方通常是中央银行的再贴现率，在我国是中国人民银行对商业银行的贷款利率。套算利率是指在基准利率确定后，各金融机构根据基准利率和借贷款项的特点而换算出来的利率。例如，某商业银行规定，向信用分别为AAA级、AA级、A级的企业贷款，实际利率（套算利率）应分别在基准利率基础上浮动0.5%、1%、1.5%。

（2）按债权人取得的报酬情况，分为实际利率和名义利率。实际利率是指在物价不变即货币购买力不变条件下的利率；或者是在物价有变化时，扣除物价变动效应后的利率。名义利率则包含物价变动因素。两者之间的关系是：

$$名义利率 = 实际利率 + 预计物价变动率$$

（3）按利率与市场资金供求关系，分为固定利率和浮动利率。固定利率是指在借贷期内固定不变的利率。若在借贷期内发生通货膨胀，实行固定利率会使债权人的利益受到损害。浮动利率是指在借贷期内可以随物价变动加以调整的利率。在通货膨胀条件下采用浮动利率，可减少债权人的损失。

（4）按利率变动与市场的关系，分为市场利率和法定利率。市场利率是指根据资金市场上的供求关系，随着市场变化而自由变动的利率。法定利率是指由政府金融管理部门或者中央银行确定的利率。

正如任何商品的价格均由供应和需求两方面来决定一样，资金这种特殊商品的价格——利率，也主要是由供给与需求来决定的。除这两个因素外，经济周期、通货膨胀、国家金融财政政策、国际经济政治关系、国家利率管制程度等，对利率的变动均有不同程度的影响。因此，资金的利率通常由纯利率、通货膨胀补偿与风险报酬等三部分组成。计算公式可表示如下：

$$利率 = 纯利率 + 通货膨胀补偿率 + 风险报酬率$$

纯利率是指没有风险和通货膨胀情况下的均衡点利率；通货膨胀补偿率是指由于持续的通货膨胀会不断降低货币的实际购买力，为补偿其购买力损失而要求提高的利率；风险报酬率是指借款人无法按时支付利率或偿还本金给投资人带来风险，投资人为了弥补这些风险而要求提高的利率。

（二）金融市场与企业理财的关系

1. 金融市场是企业投资和筹资的场所。金融市场上有许多种融通资金的方式，且比较灵活。企业需要资金时，可以到金融市场选择适合自己需要的方式筹资。企业有了剩余资金，也可以灵活选择投资方式，为其资金寻找出路，以求增加企业收益。

2. 企业通过金融市场使长、短期资金互相转化。企业持有的股票和债券是长期投资，在金融市场上可以随时抛售变现，成为短期资金；远期票据则通过贴现变为现金。大额可转让定期存单，可以在金融市场卖出，成为短期资金。同样，短期资金也可以在金融市场上转变为股票、债券等长期资产。

3. 金融市场为企业理财提供有意义的信息。金融市场的利率变动，反映资金的供求状况，有价证券市场的行情反映投资人对企业经营状况和盈利水平的评价，是企业经营和理财的重要依据。金融环境对企业理财活动影响极大。金融市场的发育程度，各种融资方式的开放情况，各种有价证券等金融手段的利用情况，承兑、抵押、转让、贴现等各种票据业务的开展程度，对企业资金能否正常流通有极大的影响。企业财务管理人员应该熟悉各种类型金融市场的管理规则，有效地利用金融市场来组织资金供应；同时还要遵守国家金融主管机关对于金融市场的宏观调控和指导，发挥金融市场的积极作用，限制其消极作用。

第六节 财务管理理论的演进

财务管理理论是根据财务管理假设所进行的科学推理或对财务管理实践的科学总结而建立的概念体系，其目的是用来阐释、评价、指导、完善和拓展财务管理实践。财务管理实践已有较长历史，财务管理理论的形成则较晚。

一、财务管理理论发展的回顾

公司理财学在20世纪初期成为一门科学，尽管当时关于财务理论的部分，大多是对实际经验的描述和总结，但是已具有自己的学科内容。从20世纪30年代开始，对公司理财理论的研究逐步展开，在针对公司财务的各种分析方法以及理论研究的各种不同观点中，以实践引导理论发展的规范研究占据了主导地位。

20世纪50年代以前的公司财务理论，是以定性的逻辑推理和语言描述为主，同时也采用定量化和财务决策模型化的研究和分析方法，所处理的是在确定性条件下的财务决策问题。对资本的控制需要借助于各种定量方法，在此阶段，各种计量模型逐渐应用于存货、应收账款、固定资产管理上，财务计划、财务控制、财务分析的基本理论和方法逐渐形成，并在实践中得到了普遍应用。在这一阶段，财务管理的主要职能从预测企业资金的需要量和筹集企业所需要的资金，转向企业内部的财务决策。因此，又称资产管理理财阶段。

1952年，马科维茨发表《证券投资组合选择》一文成为现代公司财务理论的开端。1958年，莫迪格利安尼和米勒发表的《资本成本、公司财务和投资理论》一文成为现代财务理论和应用微观经济学的事实分界点。马科维茨、莫迪格利安尼和米勒的开创性贡献为现代公司财务理论的发展找到了发展方向。公司财务研究逐步形成一套完整的、建立在新古典经济学理论框架下的公司财务理论体系，这套理论以投资者理性、无套利和完全市场假设为出发点、以一般均衡分析为手段、以价值最大化为目标、以资产定价为核心，逐步构建了一个比较科学的现代公司财务理论体系。此阶段，资金运用日趋复杂，市场竞争更加激烈，使投资风险不断加大，投资管理受到空前重视，又称投资理财阶段。

从 20 世纪 70 年代中后期开始，企业跨国经营迅速发展，国际企业财务管理越来越重要。公司财务理论的研究逐渐突破了新古典经济学的理论框架。通过引入"信息不对称"、"逆向选择"、"信号理论"等信息经济学概念以及"道德风险"、"委托代理"等代理理论概念，计量研究方法逐渐普及，以理论创新与融合发展为特征的新财务理论研究占据了主导地位。此阶段又称综合理财阶段。

自 20 世纪 50 年代开始将近半个世纪的发展历程中，财务理论研究取得了显著成果，许多重要理论成果经过反复辩驳和大量的实证检验，形成了完整的逻辑体系、理论框架和学科体系，产生了大量的理论模型、实证检验结果和一批应用模型，其中几项重要成果获得了诺贝尔经济学奖，财务学科的发展对金融市场发展和金融财务商业实践产生了重大而深远的影响，深受业界重视和尊重。

计划经济时期，我国基本上无独立的财务理论及财务体系，企业财务（即国有企业财务）是国家财政的组成部分。改革开放以来，我国的财务管理实践发生了重大变化，财务管理理论发展迅速，呈现以下特点：一是对基本财务理论的研究，如财务的概念、本质、对象、假设、目标等探讨较多，而对实用性较强的业务理论研究相对较少，尤其是特殊业务中的并购、破产、国际财务管理、集团财务管理等领域的研究不够深入。二是理论解释多，理论创新少。近些年，国内的财务理论研究活跃，较多的青年学者尝试实证方法的财务研究。但现代财务理论精髓来自西方，国内学者主要用于国内现象的解释，而从国内丰富的财务实践活动中提炼出新的理论并用于推动国内的财务实践的创新研究需要加强。

二、财务管理理论发展趋势展望

英国的理查德·A·布雷利（Richard A Brealey）与美国斯图尔特·C·迈尔斯（Stewart C. Myers）在合著的《公司财务原理》一书中，对现代财务理论的发展趋势作了前瞻性预测。结合我国财务理论研究的现状及学者们的研究成果，以下领域将成为未来关注的重点。

（一）委托代理理论

委托代理理论是制度经济学契约理论的主要内容之一，倡导所有权和经营权分离，企业所有者保留剩余索取权，而将经营权利让渡。委托代理关系是指一个或多个行为主体根据一种明示或隐含的契约，指定、雇佣另一些行为主体为其服务，同时授予后者一定的决策权利，并根据后者提供的服务数量和质量对其支付相应的报酬。授权者就是委托人，被授权者就是代理人。

委托代理关系是随着生产力大发展和规模化大生产的出现而产生的。其原因一方面是生产力发展使得分工进一步细化，权利的所有者由于知识、能力和精力的原因不能行使所有的权利了；另一方面专业化分工产生了一大批具有专业知识的代理人，他们有精力、有能力代理行使好被委托的权利。但在委托代理的关系当中，由于委托人与代理人的效用函数不一样，委托人追求的是自己的财富最大化，而代理人追求自己的工资津贴收入、奢侈消费和闲暇时间最大化，这必然导致两者的利益冲突。在没有有效的制度安排下代理人的行为很可能最终损害委托人的利益。

就企业而言，产权理论明确了企业的股东是企业的所有权人，对企业享有所有权。股东可能没有相应的能力或时间来管理企业，便把企业委托给有相应能力的经理层管理。股东仍享有所有权，经理层则依法行使企业财产的占有权、使用权等，并要求股东支付其报酬。因此，委托代理理论是现代企业财务的重要基石。

（二）利益相关者理论的发展及影响

一切与企业存在交易关系的个人和团体都有可能成为该企业的利益相关者，包括股东、债权人、雇员、供应商、消费者、政府部门、相关的社会组织和社会团体、周边的社会成员等。如果所有的交易契约都是完备的，则所有利益相关者的利益都会得到完备性契约的保护。但是，企业资本要素提供者之外的契约方很难与企业之间建立起完备的契约关系，无法避免其他利益相关者的利益与股东之间的财务冲突、企业与社会的冲突等，因而遇到了利益相关者理论的最大挑战。利益相关者理论认为，企业契约边界遍及包括政府、供应商、顾客等在内的所有利害关系人。认为任何一个公司的发展都离不开各种利益相关者的投入或参与，比如股东、政府、债权人、雇员、消费者、供应商，甚至是社区居民。企业不仅要为股东利益服务，同时也要保护其他利益相关者的利益。如果采纳利益相关者理论观点，公司财务决策应该是关注所有利益相关者的利益，而不仅仅是股东的利益。企业的生存和发展依赖于有效率的利益相关者财务支持网络，该网络的稳定性和强度是企业财务效率的重要影响因素之一，公司财务研究不能忽视企业的利益相关者财务网络。

（三）衍生证券理论的发展及冲击

公司财务理论研究成果落后于实践发展的一个重要领域是公司证券类型的迅速增加，虽然对于衍生证券的一般性认识和研究已经有了一定的成果，但是对这些证券品种和其他特制证券的利益本质进行系统的研究。20世纪50年代中期，"MM理论"提出以后，基本上建立了一套传统的公司财务理论框架。该框架以建立在比较理想的完备市场条件下的公司定价理论为基础，来分析公司的投资活动、筹资活动、经营活动及风险管理。20世纪70年代中期以来，随着互联网、电子信息等新兴产业的快速发展及金融市场的日趋成熟，新的衍生金融品种不断面市，衍生金融市场影响不断扩大，推动该框架在企业筹资及内部激励机制的设计方面取得新进展。传统框架认为这些东西并不重要，因此未从此方面对企业的约束和激励机制加以考虑，导致企业在解决激励问题时采用新的工具，并提出了对传统理论的挑战。现在的研究已逐步从演绎推理向实证定量分析发展并取得积极进展，但涉及整个企业机制的设计和实证分析是一个非常复杂的问题，迄今尚无完整的框架。

（四）行为财务理论的发展及影响

传统财务理论是建立在理性经济人假定基础之上的。由于公司财务活动所赖以存在的环境是非理性的，所以难以通过现实检验。有关研究已经证实，社会经济和文化的差异是影响财务主体决策的因素之一，在财务问题国际化进程加速的背景下，决策心理和理财行为的研究成为一个很重要的课题。行为财务学试图解释决策心理对公司财务决策的影响，注重从投资者的心理特征、资本市场的条件、政府行为等来分析财务问题，以更好地解释和预测财务主体的实际行为。目前，行为财务还没有成为研究公司财务理论和实践公认的范式。行为财务理论的发展得益于心理学、社会学等研究成果，充分吸收这些学科的有关知识，有利于丰富和完善行为财务的理论体系。但是，目前的研究尚缺乏系统性。

总之，超前预测财务理论未来发展的细节问题是一件困难的事情，但未来财务理论的研究发展呈现多维趋势是可期的。随着网络经济的兴起，网络财务等将成为财务理论的未来发展方向。

【本章小结】

本章阐述了企业财务管理的对象、目标、假设、原则、体制与环境，概述了财务管理理论的发展过程及趋势，构建了财务管理理论的基本框架。

企业财务活动即企业资金运动过程，包括资金的筹集、运用、耗费、收回及分配等一系列环节。企业财务关系是指企业在组织财务活动过程中与有关各方所发生的经济利益关系。企业财务的对象即是企业资金运动及反映的经济关系。

财务管理是一项综合性的价值管理活动，依附于企业的总目标。企业价值最大化或股东财富最大化是其追求的理想目标。对股东、经营者和债权人等利益相关者的协调是实现财务管理目标的重要基础工作。

财务管理假设是根据财务活动的内在规律和理财环境的要求所提出的具有一定事实依据的假定，可以概括为理财主体假设、持续经营假设、有效市场假设、理性理财假设。财务管理原则是企业处理财务关系的行为准则，主要包括与竞争环境、价值创造及财务交易有关的12项原则。

财务管理环境是指对企业财务管理活动产生影响作用的内外部条件或因素。法律、经济和金融市场是影响企业财务活动的重要外部因素。其中，金融市场为企业的投融资行为提供了极大的便利，是企业财务活动的主要外部环境。

财务管理体制是指划分经济主体财务方面的权责利关系的一种制度，是财务关系的具体表现形式。企业财务管理体制通常包括出资者与经营者之间的财务管理体制和经济主体内部的财务管理体制两个层次。

财务管理理论是根据财务管理假设所进行的科学推理或对财务管理实践的科学总结而建立的概念体系，其目的是用来阐释、评价、指导、完善和拓展财务管理实践。网络财务正逐渐成为财务管理理论研究的新热点。

【中英文对照专业名词及术语】

财务管理	Financial Management
利润最大化	Profit Maximization
财富最大化	Wealth Maximization
金融市场	Financial Market

社会责任	Social Responsibility
资金流转	Fund Flow

复习思考题

1. 什么是财务及财务活动？
2. 什么是财务管理及对象？
3. 企业的财务管理目标与企业目标有何关系？
4. 如何理解财务管理的原则？
5. 简述金融市场与企业财务活动的关系。
6. 简述企业财务管理体制的类型。
7. 经济走出低谷时，为什么企业需要大量资金？
8. 简述财务管理与财务会计的关系。

案例

合作生财案例

某省会城市一条街上 100 米的范围内坐落着 3 家普通的女装店。2009 年年初开业伊始，相互之间势同"敌手"，采取压价、摸黑等"小动作"排挤对方，巴不得对手关门倒闭。不到 1 个月，消费者看到商家互相诋毁，对其信誉和商品质量均产生了怀疑，导致 3 家女装店生意日渐冷落。加之压价减少收入、摸黑抬高成本，3 家女装店入不敷出，资金几近枯竭。

苦闷了一个星期后，在市场管理员的热心撮合下，3 个店主别别扭扭地坐在了一起，在 5 天的时间内，先后经历了从相互试探到坦诚协商的心路历程，最终签订了《合作经营协议》。按照"合作共赢，引导消费"的协议原则：3 家女装店协商采购以减少进货成本，协同策划节日促销等活动以扩大在当地的声势，科学定价以引导女装消费。半年后，3 家价格合理、经营规范的女装店逐渐得到女装消费者的青睐，实现扭亏为盈；1 年后的 2010 年规模扩大、利润翻番；2 年后的 2011 年受到当地政府的关注，获得政府 180 万元的扶持资金。

3 家店铺的"合作共赢"揭示了经商理财的道理："合"招财入、"抗"逼财出。财务管理目标的实现离不开科学的理财理念与有效的理财手段，并与所处的经营理财环境相匹配；商家不仅要处理好与顾客、供应商、债权人及政府相关部门等之间的关系，还要学会与竞争对手合作共处。产业集群（或店铺扎堆）的普遍存在就是例证。

第二章
财务价值观

【本章学习目的】 通过本章的学习，深入理解时间价值和风险价值的含义，熟练掌握时间价值与风险价值的计量方式，合理估计股票、债券等有价证券的内在价值。

【案例导引】

建设银行龙卡购车分期付

龙卡购车分期付：指持卡人同意支付首付款（首付款为净车价减去审批通过金额）情况下，向建行申请用其龙卡信用卡（不包括商务卡、学生卡、附属卡和担保办卡），在建行指定经销商购买家用汽车。建行核准后，将实际分期金额平均分成若干期，由持卡人在约定期限内按月还款，并支付一定手续费的业务。

举例说明：张先生计划购买一辆家用轿车，在获知龙卡信用卡可办理零利息、低手续费率购车分期付款业务后，他决定使用龙卡购车分期付，帮助自己尽快实现购车梦想。第一步，张先生到指定经销商处选择喜爱的车型，商定车价为12万元。第二步，张先生向经销商出示身份证、龙行信用卡、工作证明（或房产证明），并填写申请表，申请8万元36期购车分期业务。第三步，经销商向建设银行递交张先生的申请材料。3个工作日后张先生接到8万元分期申请审批通过的电话，前往经销商处支付4万元首付款，并办理保险等相关手续。第四步，经销商向建设银行递交张先生办理好的首付、保险等相关材料。张先生接到通知去经销商处刷卡支付购车分期款8万元并提车。第五步，张先生按照每月账单列示金额还款。

资料来源：中国建设银行网站，龙卡购车分期付的业务介绍与流程，http://creditcard.ccb.com/installment/in-car-intro.html。

上述业务的实质是张先生向建行申请了80 000元的贷款，然后从取得贷款的下个月开始，分36个月偿还，每月的还款金额为2 222.22（80 000/36）元。表面上看张先生没有支付任何利息，但手续费为贷款金额的12%，共9 600元，按照建行的规定，这笔手续费在取得贷款后的第一个月支付，即首月分期还款金额为11 822.22（9 600＋80 000/36）元，所以张先生贷款80 000元，实际还款89 600，贷款数额和还款数额并不相等。9 600元是张先生贷款80 000元而承担的利息。那么张先生该笔贷款的年利率是多少呢？有人说用12%除以3，就是张先生该笔贷款的年利率，这样算下来只有4%（12%/3），并认为比银行存款利率还低，很划算。你是否认同"很划算"的说法？你能计算张先生实际承担的贷款利率是多少吗？

货币的时间价值和投资的风险价值是现代财务管理的两个基础观念，贯穿于企业理财活动的始终。有人说"时间价值和风险价值是财务管理中最重要的两个基本原则"；也有人说"时间价值是理财的第一原则，风险价值是理财的第二原则"。可见，时间价值和风险价值在企业财务管理中非常重要。

第一节 货币时间价值

一、货币时间价值的含义

货币的时间价值，是指货币经历一定时间的投资和再投资所增加的价值，也称为资金的时间价值。具体表现为同一数量的货币在不同的时点上有不同的价值。众所周知，在商品经济条件下，即使不存在通货膨胀，等量资金在不同时点上的价值也不相等。现在的1元钱和将来的1元钱不等值，前者要比后者的经济价值大。资金在使用过程中随时间推移而发生的增值，即为资金的时间价值。例如，在物价稳定及银行稳健经营的环境下，将100元钱存入银行，假设存款利率是5%，则1年后的本利和为105元。随着时间的延续，产生了5元钱的增值，这5元钱就是100元在1年时间里产生的时间价值。可见，货币时间价值所代表的是没有投资风险和没有通货膨胀情况下的货币随时间的增值。

二、货币时间价值的来源

在商品经济中，货币的所有权和经营权相分离是一种普遍存在的经济现象。当货币的所有者将货币的使用价值让渡给货币的经营者时，货币的经营者将使用货币所获得的利润拿出一部分，作为报酬分配给货币的所有者，这种报酬就是货币的时间价值。也就是说，货币时间价值产生的前提是货币的所有权与经营权的分离。

值得注意的是，货币虽然具有带来价值增值的使用价值，但它不能自行增值。事实上，货币本身不能创造价值，时间也不能创造价值，只有劳动才能创造价值。马克思的劳动价值论认为，一切价值都是劳动创造的，货币之所以具有时间价值，根源于其在再生产过程中的运动和转化，它是生产的产物，是劳动的产物。企业资金循环和周转的起点是投入的货币资金，企业用它来购买所需的资源，然后生产出新的产品，产品出售时得到的货币量大于最初投入的货币量。资金循环和周转以及因此实现的货币增值，需要或多或少的时间。每完成一次循环，货币就增加一定的数额，周转的次数越多，增值额越大。因此，随着时间的延续，货币总量在循环和周转中按几何级数增长，使得货币具有时间价值。假如不将货币投入生产经营，放在保险柜里闲置起来，货币不但不会增值，还很有可能因通货膨胀等原因而发生贬值。所以，只有将货币作为资本投入到生产经营活动中才能产生时间价值，即货币的时间价值产生于货币的周转过程。

三、货币时间价值的表示方法

货币的时间价值是其在周转使用中产生的,是货币的所有者让渡货币经营权而参与社会财富分配的一种形式。那么,是不是货币转化为资本投入生产过程后,所获得的所有报酬都是货币的时间价值呢?回答是否定的。投资者进行投资所获得的报酬可分解为三部分:社会平均资金利润率、通货膨胀补偿、风险报酬。社会平均资金利润率由资金的供求关系所决定,不同类型的投资都大致相同;通货膨胀补偿是对因通货膨胀造成的资金贬值进行的补偿;风险报酬是指投资者冒风险进行投资而要求获得的额外报酬。通常情况下,货币的时间价值被认为是在没有风险和通货膨胀条件下的社会平均资金利润率,这是利润平均化规律作用的结果。所以,货币的时间价值通常有两种表示方式,一种是用绝对数表示,即货币时间价值总额,指的是货币在生产经营过程中产生的增值额;另一种是相对数表示,即货币时间价值率,是指不包括风险价值和通货膨胀因素的平均投资利润率或平均投资报酬率。实务中,常常用相对数即银行存款利率、贷款利率、各种债券利率、股票的股利率表示,但值得注意的是这些利率与货币的时间价值是有区别的。因为,这些利率除了包括货币时间价值外,还包含了通货膨胀因素和投资风险价值,因而不能将货币时间价值与利率混为一谈。只有在购买国库券等政府债券时,由于几乎没有风险,如果通货膨胀率很低,则政府债券利率可视同货币的时间价值。

四、货币时间价值的计算

在财务决策分析中,应用货币时间价值,首先要理解两个基本的财务术语:终值和现值。所谓终值,就是指现在的一定量货币在将来某一特定时间的价值,它包括本金和时间价值,即通常所说的"本利和";而现值是指将来某一特定时间的一定量的货币相对于现在的价值是多少,即未来价值扣除时间价值后剩下的"本金"。

货币时间价值的大小取决于货币数量的多少、占用时间的长短、收益率的高低等因素。其中按利息部分是否计息,货币时间价值的计算分为单利和复利两种。

(一) 单利终值和现值的计算

单利是指只按本金计算利息而利息部分不再计息,即每期计算利息时都以本金作为计算的基础,前期的利息不计入下期的本金的一种方法。

1. 单利终值的计算。单利终值指的是一定数量的货币在若干计息期后按单利计算利息的本利和。其计算公式为:

$$F = P \times (1 + i \times n) \qquad 式(2-1)$$

式中:F 为单利终值(本利和);P 为现值(本金);i 为利率;n 为计息期数。

【例题 2-1】假设现值(本金)为 10 000 元,年利率为 5%,试分别计算第一、第二、第三年末的终值(本利和)。

计算如下:

一年后的终值（本利和）：10 000 ×（1 + 5% × 1）= 10 500（元）
二年后的终值（本利和）：10 000 ×（1 + 5% × 2）= 11 000（元）
三年后的终值（本利和）：10 000 ×（1 + 5% × 3）= 11 500（元）

2. 单利现值的计算。单利现值指的是未来时间收到或付出的货币按单利法求出此项货币的现在价值（本金）。由终值求现值称为折现，折现利率称为折现率。单利现值的计算公式可从单利终值的计算公式推导得出：

$$P = F \times \frac{1}{1 + i \times n} \quad\quad 式（2-2）$$

式中：P 为现值（本金）；F 为单利终值（本利和）；i 为利率；n 为计息期数。

【例题 2-2】当年利率为 4%，试分别计算第一、第二、第三年末的 100 元的现值。
计算如下：
第一年末 100 元的现值　100 ×［1 ÷（1 + 4% × 1）］= 96.15（元）
第二年末 100 元的现值　100 ×［1 ÷（1 + 4% × 2）］= 92.59（元）
第三年末 100 元的现值　100 ×［1 ÷（1 + 4% × 3）］= 89.29（元）

（二）复利终值和现值的计算

复利是指按本金计算利息，每期产生的利息并入本金一起参与计算下一期利息，即每期计算利息时都以前一时期的本利和作为计息的基础，前期的利息计入下期本金的一种方法。按照这种方法，要将所生利息加入本金再计算利息，逐期滚利，俗称"利滚利"。根据国际惯例，现代财务管理中一般用复利方式计算终值和现值。

1. 复利终值的计算。复利终值是指现在一定数量的本金（现值）按复利计算将来若干期后的本利和（终值）。

复利终值的计算公式是：

$$F = P \times (1 + i)^n \quad\quad 式（2-3）$$

式中：F 为复利终值（本利和）；P 为现值（本金）；i 为利率；n 为计息期数。

式（2-3）中，$(1+i)^n$ 是利率为 i，计息期数为 n 的复利终值系数，或称为 1 元的复利终值，用 $(F/P, i, n)$ 表示。所以，复利终值的计算公式又可表示为：

$$F = P \times (F/P, i, n) \quad\quad 式（2-4）$$

在实际工作中，复利终值系数并不需要每次都重新计算，而是可以利用事先编制好的复利终值系数表，根据利息率和期数从表中直接查找使用。复利终值系数见本书附表 A。

【例题 2-3】某企业于 2011 年 1 月 1 日从银行获得贷款 50 万元，贷款年利息率 9%，按年计算复利，该贷款满 3 年后一次还本付息。要求计算 3 年后应偿还的本利和。

计算复利制下的本利和就是求复利终值。
已知 P = 50，i = 9%，n = 3，求 F_3 = ?
$F_3 = 50 \times (F/P, 9\%, 3)$

查利息率为9%、期限为3的复利终值系数,得到的复利终值系数为1.295。

$F_3 = 50 \times 1.295 = 64.75$(万元)

通过计算可知,3年后应偿还的本利和为64.75万元。

【例题2-4】某企业从银行取得200万元的贷款额度,第一年初取得贷款100万元,第二年初取得贷款50万元,第三年初取得贷款50万元。该贷款年利息率为8%,按年计算复利,第四年末一次还本付息。要求计算第四年应偿还的本利和。

此问题是求3笔贷款的复利终值,第一年初贷款100万元要计算4年的利息,第二年初贷款50万元要计算3年的利息,第三年初贷款50万元要计算2年的利息。

查复利终值系数表可知:利息率8%的4期复利终值系数为1.360;利息率8%的3期复利终值系数为1.260;利息率8%的2期复利终值系数为1.166。

$F = 100 \times (F/P, 8\%, 4) + 50 \times (F/P, 8\%, 3) + 50 \times (F/P, 8\%, 2)$
$= 100 \times 1.36 + 50 \times 1.26 + 50 \times 1.166 = 257.3$(万元)

第四年末应偿还的本利和为257.3万元。

2. 复利现值的计算。复利现值是复利终值的逆运算,它是指以后某一特定的时间收到或付出的一笔款项按复利折现率计算的现在价值(即本金)。或者说是将来某一时间特定的本利和所对应的现在价值(本金)。

复利现值的计算公式是:

$$P = F \times \frac{1}{(1+i)^n} \qquad 式(2-5)$$

式中:P为复利现值;F为期后收到或付出的货币量(终值);i为折现率;n为折现期数。

式(2-5)中,$\frac{1}{(1+i)^n}$是复利现值系数,或称为1元的复利现值,用(P/F, i, n)表示。因此复利现值的计算公式又可表示为:

$$P = F \times (P/F, i, n) \qquad 式(2-6)$$

同样,为了简化计算,可事先编制复利现值系数表以供查找相应的复利现值系数。

【例题2-5】某企业准备在4年后投资280万元建一条生产线,现在拟存入银行一笔钱,4年后连本带利恰好能取出280万元,银行年利息率5%,每年计一次复利。要求计算现在需一次存入银行的本金。

此例就是求复利现值,已知:$F_n = 280$,$i = 5\%$,$n = 4$,求 $P = ?$

$P = 280 \times (P/F, 5\%, 4)$

查利息率5%、4期的复利现值系数为0.823。

$P = 280 \times 0.823 = 230.44$(万元)

现在应一次存入银行的本金为230.44万元。

【例题2-6】某企业于第一年至第三年每年初分别投资200万元、100万元和180万元,投资来自银行贷款,年利息率8%,每年计一次复利。要求按银行贷款利息率折现每年的投资额，计算折现为第一年初时的总投资额。

此例是系列款项现值计算的问题。第一年初投资的 200 万元不需要折现，第二年初投资 100 万元的折现期为一年，第三年初投资 180 万元的折现期为 2 年。

P = 200 + 100 × (P/F，8%，1) + 180 × (P/F，8%，2)

查复利现值系数表：年利息率 8%，1 期的复利现值系数为 0.926；年利息率 8%，2 期的复利现值系数为 0.857。

P = 200 + 100 × 0.926 + 180 × 0.857 = 446.86（万元）

折现为第一年初时的总投资额为 446.86 万元。

3. 名义利率与实际利率。复利的计息有时不一定是 1 年，有可能是按季度、月度或日来计息的。当利息在 1 年内要复利几次时，给出的年利率为名义利率，将给出的年利率换算成复利计息期的年利率为实际利率。

假设 i 表示名义利率，r 表示实际利率，N 表示每年复利次数，则名义利率和实际利率之间的关系可表示为：

$$1 + r = \left(1 + \frac{i}{N}\right)^N$$

即

$$r = \left(1 + \frac{i}{N}\right)^N - 1$$

【例题 2-7】本金为 1 000 元，投资期为 5 年，年利率是 4%，按每季度复利一次，计算 5 年后的复利终值。

年利率 $i = 4\%$；每年复利次数 $N = 4$，实际利率为：

$$r = \left(1 + \frac{4\%}{4}\right)^4 - 1 = 4.06\%$$

F = 1 000 × (1 + 4.06%)^5 = 1 000 × 1.220 2 = 1 220.2（元）

或 $F = 1\,000 \times \left(1 + \frac{4\%}{4}\right)^{4 \times 5}$

= 1 000 × 1.220 2 = 1 220.2（元）

（三）年金终值和现值的计算

在现实经济生活中，除一次性收付款项之外，还存在一定时期内多次收付的款项，即系列收付的款项，如果每次收付的间隔时间和金额相等，则这样的系列收付款项便称为年金。简言之，年金是指定期等额的系列收支，是每隔一定相同时期（1 年、半年、1 季等）收入或支出相等金额的款项，通常记作 A。

年金的年是指收到或付出款项的期次，并非一定是 1 年，也可以是 1 个月或 1 个季度。年金在企业财务管理和个人的日常生活中都很常见，如企业分期付款赊购、分期偿还贷款、发放养老金、零存整取或整存零取等，都属于年金收付形式。

年金按其每次收付发生的时点不同，可分为普通年金、预付年金、永续年金和递延年金等几种形式。

1. 普通年金。普通年金又称后付年金，是指在一定时期内每期期末等额收付的系列款项。

（1）普通年金终值。普通年金的终值是指一定期间内每期期末等额的系列收付款项的复利终值之和。假设每期等额收款或付款额为 A，利率为 i，年金终值为 F，则普通年金终值的计算如图 2-1 所示。

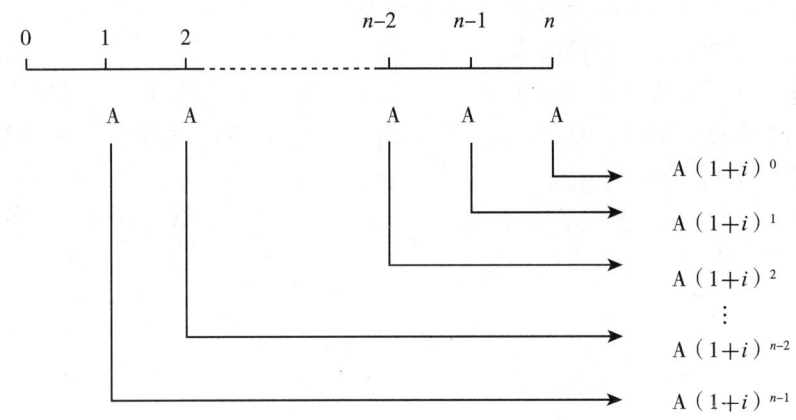

图 2-1　普通年金终值计算过程

$$F = A(1+i)^0 + A(1+i)^1 + A(1+i)^2 + \cdots + A(1+i)^{n-2} + A(1+i)^{n-1} \quad (\text{I})$$

式（I）左右两边同时乘上 $(1+i)$。

$$(1+i)F = A(1+i)^1 + A(1+i)^2 + A(1+i)^3 + \cdots + A(1+i)^{n-1} + A(1+i)^n \quad (\text{II})$$

式（II）- 式（I）

$$[(1+i)-1]F = A(1+i)^n - A(1+i)^0$$

整理后得到：

$$F = A \times \frac{(1+i)^n - 1}{i} \quad \text{式（2-7）}$$

式中，F 为普通年金终值；A 为普通年金；i 为利率；n 为期数。

$\frac{(1+i)^n - 1}{i}$ 称为普通年金终值系数，记为 (F/A, i, n)，因此，普通年金终值的计算公式又可表示为：

$$F = A \times (F/A, i, n) \quad \text{式（2-8）}$$

为了简化计算，可事先编制年金终值系数表用以查找相应的年金终值系数。

【例题 2-8】某公司每年年末存款 100 万元，连续 5 年，若年利率为 4%，则第 5 年末的年金终值如下：

$$F = A \times \frac{(1+i)^n - 1}{i} = 100 \times \frac{(1+4\%)^5 - 1}{4\%} = 541.6 \text{（万元）}$$

或查年金终值系数表，计算如下：

$$F = A \times (F/A, i, n) = 100 \times (F/A, 4\%, 5)$$
$$= 100 \times 5.416 = 541.6 \text{（万元）}$$

（2）偿债基金的计算。偿债基金的计算是已知年金终值求年金，它是年金终值的逆运算。

根据年金终值的计算公式，可推导出偿债基金的计算公式如下：

$$A = \frac{F}{\frac{(1+i)^n - 1}{i}} = F \times \frac{1}{(F/A, i, n)} \qquad \text{式（2-9）}$$

【例题 2-9】某企业准备 3 年后做一项投资，投资额预计 150 万元，打算今后 3 年每年末等额存入银行一笔资金，恰好第 3 年末一次取出本利和 150 万元。银行存款利息率 4%，每年计一次复利。要求计算今后 3 年每年末应等额存入银行的资金。

此例是已知年金终值求年金，也就是求偿债基金。

已知：$F = 150$，$i = 4\%$，$n = 3$，求 $A = ?$

$$A = \frac{150}{\frac{(1+4\%)^3 - 1}{4\%}} = 150 \times \frac{1}{(F/A, 4\%, 3)}$$

查年金终值系数表，可知利息率 4%、3 期的年金终值系数为 3.122。

$$A = \frac{150}{3.122} \approx 48.046 \text{（万元）}$$

今后 3 年每年末应存入 48.046 万元，就能够保证在第 3 年末一次取出 150 万元。

（3）普通年金现值。指为在每期期末取得相等金额的款项，现在需要投入的金额。普通年金没有第一期期初的收付款，而有期末的收付款。普通年金现值用 P 表示，计算如图 2-2 所示。

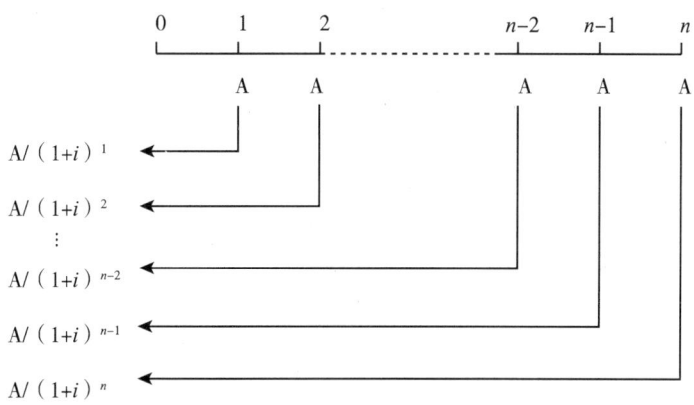

图 2-2 普通年金现值的计算过程

$$P = A/(1+i)^1 + A/(1+i)^2 + \cdots + A/(1+i)^{n-2} + A(1+i)^{n-1} + A/(1+i)^n \quad (\text{I})$$

式（I）左右两边同时乘上$(1+i)^{-1}$。

$$(1+i)^{-1}P = A/(1+i)^2 + A/(1+i)^3 + \cdots + A/(1+i)^{n-1} \\ + A(1+i)^n + A/(1+i)^{n+1} \quad (\text{II})$$

式（I）－式（II）

$$[1-(1+i)^{-1}]P = A/(1+i)^1 - A/(1+i)^{n+1}$$

整理后得到：

$$P = A \times \frac{(1+i)^n - 1}{i(1+i)^n} = A \times \frac{1-(1+i)^{-n}}{i} \quad \text{式}(2-10)$$

式中：P为普通年金现值；A为普通年金；i为利率；n为期数。

式（2－10）中，$\frac{1-(1+i)^{-n}}{i}$为普通年金现值系数，记为$(P/A, i, n)$，因此普通年金现值的计算公式又可表示为：

$$P = A \times (P/A, i, n) \quad \text{式}(2-11)$$

为了简化计算，可事先编制年金现值系数表用以查找相应的年金现值系数。

【例题2－10】 某企业今后4年每年年末投资65万元，假定折现率为10%，每年计1次复利。要求计算投资额的现值。

这是求年金现值问题。

已知：A＝65，i＝10%，n＝4，求 P＝？

P＝65×(P/A, 10%, 4)

查年金现值系数表，可知利息率10%，4期的年金现值系数为3.17。

P_A＝65×3.17＝206.05（万元）

2. 预付年金。指在每期期初支付的年金，又称即付年金或先付年金。预付年金与普通年金的区别仅在于收付时间的不同：前者是在期初收付款项；而后者则是期末收付款项。因此，预付年金终值和现值的计算，是在普通年金终值和现值的基础上进行的。

（1）预付年金终值的计算。预付年金终值是指一定期间内每期期初等额的系列收付款项的复利终值之和。

n期预付年金终值和n期普通年金终值之间的关系如图2－3所示。从图2－3可以看出，n期预付年金终值与n期普通年金终值的收付款项的期数相同，但收付款项的时间不同。

由于预付年金较普通年金提前"1期"，所以将普通年金终值系数乘以（1＋i），即可得到预付年金终值系数。

$$\frac{(1+i)^n - 1}{i} \times (1+i) = \frac{(1+i)^{n+1} - 1 - i}{i} = \frac{(1+i)^{n+1} - 1}{i} - 1$$

可以看出，将普通年金终值系数的期数加1，而系数减1，则得到预付年金终值系数，并可以利用"普通年金终值系数表"查 n+1 期的值，减去 1 后得到预付年金终值系数。

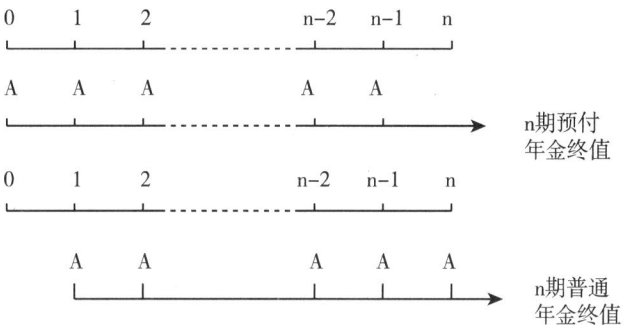

图 2-3　n 期预付年金终值与 n 期普通年金终值的关系

所以，预付年金的计算公式如下：

$$F_{预} = A_{预} \times \left[\frac{(1+i)^{n+1} - 1}{i} - 1 \right]$$
　　　　式（2-12）

式中：$F_{预}$ 为预付年金的终值；$A_{预}$ 为预付年金；i 为利率；n 为期数。

式（2-12）中，$\left[\frac{(1+i)^{n+1} - 1}{i} - 1 \right]$ 为预付年金终值系数，记作 $[(F/A, i, n+1) - 1]$。因此，预付年金的终值的计算公式又可表示为：

$$F_{预} = A_{预} \times [(F/A, i, n+1) - 1]$$
　　　　式（2-13）

【例题 2-11】某公司每年的年初存款 10 万元，连续 5 年，若年利率是 4%，则第 5 年年末取得的终值（本利和）是多少？

首先查 i=4%，n=6 的普通年金终值系数表为 6.6330，在此基础上减 1，则得 i=4%，n=5 的即付年金终值系数等于 5.6330，所以：

$F_{预} = A_{预} \times [(F/A, i, n+1) - 1] = 10 \times [(F/A, 4\%, 6) - 1]$
　　　$= 10 \times 5.6330 = 56.33$（万元）

（2）预付年金现值的计算。预付年金现值是指一定期间内每期期初等额的系列收付款项的复利现值之和。

n 期预付年金的现值与 n 期普通年金的现值的关系如图 2-4 所示。

从图 2-4 可以看出，预付年金和普通年金收付次数相同，但由于收付款项的时间不同，n 期普通年金比 n 期预付年金现值要多折现 1 期。所以，可先求出 n 期普通年金现值，然后再乘以（1+i），就可以求出 n 期预付年金的现值。

$$P_{预} = A \times \frac{1 - (1+i)^{-n}}{i} \times (1+i)$$

$$= A \cdot \frac{(1+i) - (1+n)^{-(n-1)}}{i}$$

$$= A \cdot \left[\frac{1 - (1+i)^{-(n-1)}}{i} + 1 \right]$$

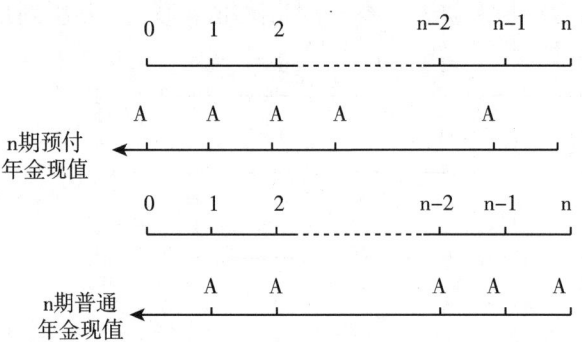

图 2-4 n 期预付年金现值与 n 期普通年金现值的关系

可以看出,将普通年金终值系数的期数减 1,而系数加 1,则得到预付年金现值系数 [(P/A, i, n-1)+1],并可以利用"普通年金现值系数表"查 n-1 期的值,加上 1 后得到预付年金现值系数。

所以,预付现金现值的计算公式如下:

$$P_{预} = A_{预} \times \left[\frac{1-(1+i)^{-(n-1)}}{i} + 1 \right] \qquad 式(2-14)$$

式中:$P_{预}$为预付年金的现值;$A_{预}$为预付年金;i 为利率;n 为期数。

式(2-14)中,$\left[\frac{1-(1+i)^{-(n-1)}}{i} + 1 \right]$为预付年金现值系数,记作[(P/A, i, n-1)+1]。因此,预付年金现值计算公式又可表示为:

$$P_{预} = A_{预} \times [(P/A, i, n-1)+1] \qquad 式(2-15)$$

【例题 2-12】某企业从现在开始每年初投资 50 万元,连续投资 4 年,假定折现率为 10%,每年计 1 次复利。要求计算总投资额现值。

查年金现值系数表,可知年利息率 10%、3 期的年金现值系数为 2.478。

$P_{预} = 50 \times (2.487 + 1) = 174.35$(万元)

按第一年初价值的总投资额为 174.35 万元。

3. 递延年金的计算。递延年金是指第一次收付款发生时间不在第一期期末,而是隔若干期后才开始发生的系列等额收付款项。它是普通年金的特殊形式,凡不是从第一期开始的普通年金都是递延年金。递延年金的支付示意图如下:

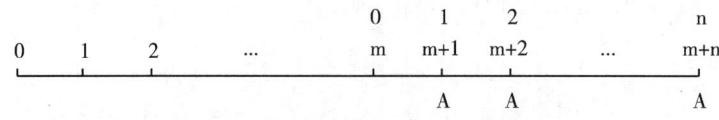

图 2-5 递延年金的支付示意

(1)递延年金终值的计算。递延年金终值的大小与递延期无关,因此其计算方法和普

通年金终值相同。如果用 m 表示递延期数,共发生了 n 期,则普通年金终值的计算为:

$$F = A \times (F/A, i, n) \quad \text{式}(2-16)$$

(2) 递延年金现值的计算。用 m 表示递延期数,共发生了 n 期,第一次发生在 m+1 期期末,递延年金现值的计算有如下两种方法:

第一种方法,是假设递延期中也发生相同金额的款项,现求出(m+n)期的年金现值,然后扣除实际并未发生的递延期,就可得到递延年金的现值。用公式表示如下:

$$P_n = A \times [(P/A, i, m+n) - (P/A, i, m)] \quad \text{式}(2-17)$$

式中:P_n 为递延期为 m,共发生了 n 期的递延年金现值;(P/A, i, m+n)是利率为 i,(m+n)期的年金现值系数;(P/A, i, m)是利率为 i,m 期的年金现值系数。

第二种方法,则是把递延年金视为 n 期普通年金,求出递延期末的现值,然后再将此现值贴现到第一期期初的现值。用公式表示如下

$$P_n = A \times (P/A, i, n) \times (P/F, i, m) \quad \text{式}(2-18)$$

【例题 2-13】某企业准备在第一年初存入银行一笔资金,设立一笔奖励基金,预计要在第三年末到第九年末每年的年末取出 50 000 元用于奖励,银行存款年利息率 5%,每年计 1 次复利。要求计算第一年初应一次存入银行多少钱?

第一种方法:

因为总期数为 9 年,前面间隔期为 2 年,因此,其递延年金现值系数应是用 9 期普通年金现值系数减去 2 期普通年金现值系数。

递延年金现值计算如下:

$P_A = 50\,000 \times (7.10782 - 1.85941) = 50\,000 \times 5.24841 = 262\,420.5$(元)

第一年初应一次存入银行 262 420.5 元。

第二种方法:

用 7 期(9-2)的年金现值系数乘以 2 期的复利现值系数求得。

递延年金现值计算如下:

$P_A = 50\,000 \times (5.78637 \times 0.90703) = 50\,000 \times 5.24841 = 262\,420.5$(元)

计算结果与第一种方法结果完全相同,即第一年初应一次存入银行 262 420.5 元。

4. 永续年金的计算。永续年金是指无期限定额收付的年金。如优先股的股利,应该无期限地按时等额发放,这就是一种永续年金。

永续年金没有终止的时间,因而计算其终值没有意义。永续年金的现值可以通过年金现值的计算公式推导。

$$P = A \times \frac{1 - (1+i)^{-n}}{i}$$

当 n→∞时,$\lim_{n \to \infty}(1+i)^{-n} \to 0$,所以,上式可写为:

$$P = A \times \frac{1}{i} \qquad \text{式}(2-19)$$

【例题 2-14】假设某慈善机构拟建立一项慈善基金,以便以后能无期限地于每年年末提取利息 10 万元用于慈善活动的开支。若存款利率为 4%,则现在应存入银行多少钱?

$$P = A \times \frac{1}{i} = 10 \times \frac{1}{4\%} = 250(\text{万元})$$

第二节 风险价值观

货币的时间价值是在没有考虑通货膨胀和风险情况下的投资收益率。现实中企业所处的环境是非常复杂且极易变化的,各种不确定因素总是客观存在的。因此,投资者要求的必要报酬率的高低还取决于投资风险的高低,如何评价和衡量风险价值就显得非常重要。

一、风险的概念

人们在日常生活中所讲的"风险",实际上是指危险,即遭遇损失或失败的可能性,是一种不好的事情。但人们在对风险进行深入研究以后发现,风险不仅可以带来超出预期的损失,也可能带来超出预期的收益。于是出现了一个更科学的定义:风险是预期结果的不确定性。风险不仅包括负面效应的不确定性,还包括正面效应的不确定性。而危险专指负面效应的不确定性,是损失发生及其程度的不确定性。人们对于危险,需要识别、衡量、防范和控制,即对危险进行管理。风险的概念比较广泛,包括了危险,危险只是风险的一部分。风险的另一部分即正面效应,可以称为"机会"。人们对于机会,需要识别、衡量、选择和获取。理财活动不仅要管理危险,还要识别、衡量、选择和获取增加企业价值的机会。所以,风险准确地反映了人们对财务现象更深刻的认识,即危险与机会并存。

理解风险概念时要注意两点:一是与收益相关的风险才是财务管理中所说的风险。财务管理创造"风险"这一专业概念的目的是为了明确风险和收益之间的权衡关系,并在此基础上给风险定价。二是在使用风险概念时,不要混淆投资对象本身固有的风险和投资人需要承担的风险。投资对象的风险具有客观性。例如,无论是谁,投资于国库券的收益的不确定性要小于投资于股票收益的不确定性。这种不确定性是客观存在的,不以投资人的意志为转移。因此,我们才可以用客观尺度来计量投资对象的风险。但投资者是否去冒风险及冒多大风险,是可以选择的,是主观决定的。在什么时间、投资于什么样的资产,投资多少,风险是不一样的。

二、单项资产的风险与报酬

(一)单项资产风险的衡量

风险的衡量,需要使用概率和统计方法。

1. 概率及其分布。经济活动中，某一事件在相同的条件下可能发生也可能不发生，通常这类事件称为随机事件。对于事件可能出现的结果，数学上称之为随机变量，而概率就是随机变量可能发生的程度。若用 P_i 表示概率，通常，把必然发生的事件的概率定为1，把不可能发生事件的概率定为0。概率越大就表示事件发生的可能性越大。任何事件的概率分布都必须满足两个条件：

（1） $0 \leq P_i \leq 1$；

（2） $\sum_{i=1}^{n} P_i = 1$。

如果把所有的随机变量都列示出来，对应每个随机变量给予一定的概率，则可构成概率分布。

【例题2-15】假设某公司有一投资项目，在未来的经营状况有好、一般、差等三种情况，三种经营状况对应可实现的投资收益率（随机变量）的概率分布如表2-1所示。

表2-1　　　　　　　三种情况下的投资收益率及概率分布

经营状况	经营状况出现的概率	投资收益率（%）
好	0.3	40
一般	0.5	30
差	0.2	25

在这里，概率表示每一种经营状况出现的可能性，又是各种不同预期收益率出现的可能性。投资收益率作为一种随机变量，会受到多种因素的影响。但在实际中，为了便于分析，通常假设其他因素相同，只分析一种变量的影响。

概率分布越集中，实际可能的结果就会越接近预期收益，实际收益率低于预期收益率的可能性就越小，投资的风险程度也就越小；反之，概率分布越分散，投资的风险程度也就越大。

2. 期望值。随机变量的各个取值，以相应的概率为权数的加权平均数，叫做随机变量的期望值。期望报酬率是指各种预期报酬率，是按其概率计算出来的加权平均报酬率，是加权平均的中心值，其计算公式如下：

$$\overline{E} = \sum_{i=1}^{n} x_i \times P_i \qquad 式（2-20）$$

式中：$\overline{E}$ 为预期收益（收益期望值）；x_i 为第 i 种可能结果的收益；P_i 为第 i 种可能结果的概率；n 为可能结果的个数。

【例题2-16】某公司有两个可供选择的投资方案 A、B。经预测在不同经济状况下两个投资方案的投资报酬率的概率分布如表2-2所示。

表 2-2　　　　　　　　　投资方案及其收益率的概率分布

经济状况	出现的概率	报酬率 x_i（%）	
		A	B
繁荣	0.3	25	30
一般	0.6	15	15
衰退	0.1	5	-10

根据表 2-2，可以分别计算出 A、B 两个投资方案的期望报酬率为：

$\overline{E}_A = 25\% \times 0.3 + 15\% \times 0.6 + 5\% \times 0.1 = 17\%$

$\overline{E}_B = 30\% \times 0.3 + 15\% \times 0.6 - 10\% \times 0.1 = 17\%$

由上述计算结果可知，A、B 两个投资方案的期望报酬率均为17%，但 A 方案的期望报酬率比较集中，而 B 方案的报酬率的分布则比较分散，所以 A 方案的风险要比 B 方案小。即在期望报酬率相同的情况下，投资的风险程度应结合报酬率的概率分布来加以判断。为了清晰地观察概率的离散程度，可根据概率分布表绘制概率分布并进行分析。如图 2-6、图 2-7 所示。

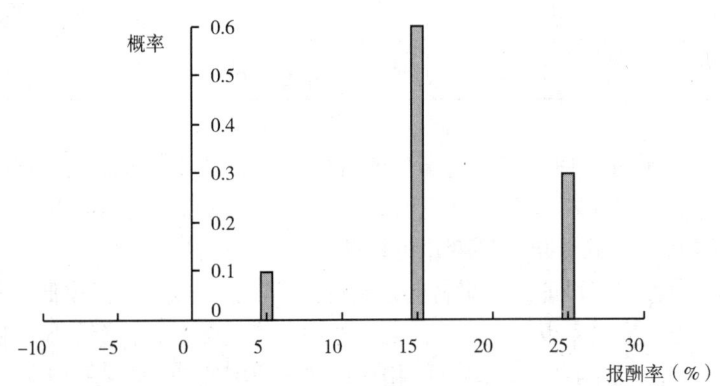

图 2-6　A 方案投资报酬率的概率分布

从概率分布图上可以看出，A 方案报酬率的分布比较集中，而 B 方案的则比较分散。这说明两个项目的期望报酬率相同，但风险不同。为了定量地衡量风险大小，还要使用统计学中衡量概率分布离散程度的指标。

3. 标准离差。标准离差是反映各种随机变量对期望值的综合偏离程度，即是对离散程度的一种度量。对投资项目而言，标准离差反映了投资报酬率偏离期望报酬率的绝对程度，即以绝对数衡量决策方案的风险。在期望值相同的情况下，标准离差越大，说明离散程度越大，从而风险也就越大；反之，标准离差越小，说明离散程度越小，从而风险也就越小。

标准离差用 σ 表示，计算公式如下：

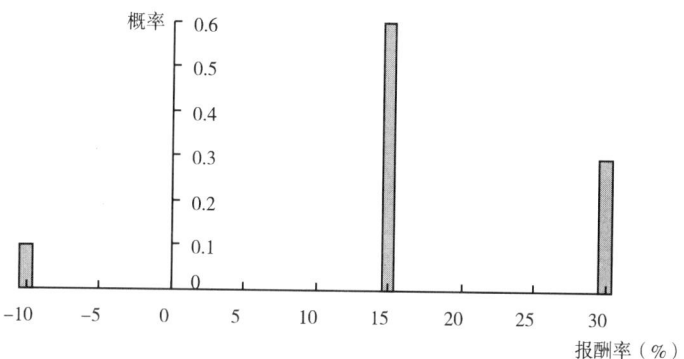

图 2-7 B 方案投资报酬率的概率分布

$$\sigma = \sqrt{\sum_{i=1}^{n}(x_i - \overline{E})^2 \times P_i} \qquad 式（2-21）$$

式中：σ 为标准离差；$\overline{E}$ 为预期收益（收益期望值）；x_i 为第 i 种可能结果的收益；P_i 为第 i 种可能结果的概率；n 为可能结果的个数。

【例题 2-17】根据表 2-2 中的数据，分别计算［例题 2-16］中 A、B 两个投资方案的标准离差。

A、B 两个方案的标准离差为：

$\delta_A = \sqrt{(0.25-0.17)^2 \times 0.3 + (0.15-0.17)^2 \times 0.6 + (0.05-0.17)^2 \times 0.1} = 6.00\%$

$\delta_B = \sqrt{(0.30-0.17)^2 \times 0.3 + (0.15-0.17)^2 \times 0.6 + (-0.1-0.17)^2 \times 0.1} = 11.22\%$

由计算结果可知，A 方案的标准离差小于 B 方案，说明其预期报酬率偏离期望报酬率的可能性较小，其风险也较小，在期望值相同的情况下，选择 A 方案的投资风险较小。

4. 标准离差率。标准离差率也称为变异系数。它是标准离差与期望报酬率（或期望值）的比值。标准离差率是一个相对数指标，以相对数反映决策方案的风险程度。标准离差作为绝对数只适用于相同期望值决策方案风险程度的比较，对于期望值不同的决策方案，评价和比较其各自的风险程度只能借助于标准离差率这一相对数值。在期望值不同的情况下，标准离差率越大，风险程度就越大；反之，标准离差率越小，风险程度就越小。

标准离差率用 Q 表示，其计算公式如下：

$$Q = \frac{\sigma}{\overline{E}} \times 100\% \qquad 式（2-22）$$

式中：Q 为标准离差率；σ 为标准离差；$\overline{E}$ 为预期收益（收益期望值）。

【例题 2-18】根据公式分别计算［例题 2-16］中 A、B 两个投资方案的标准离差率。

A 方案的标准离差率：

$Q_A = \dfrac{\sigma_A}{\overline{E}} \times 100\% = \dfrac{0.06}{0.17} \times 100\% = 35.3\%$

B 方案的标准离差率：

$$Q_B = \frac{\sigma_B}{E} \times 100\% = \frac{0.11}{0.17} \times 100\% = 64.7\%$$

由以上计算结果可知 A 方案的标准离差率小于 B 方案的标准离差率，说明 A 方案的投资风险小于 B 方案的投资风险，故应选择 A 投资方案。

(二) 单项资产的风险报酬

为了正确判断一个投资方案在某种风险程度下取得的投资报酬率是否值得，就需要计算投资的风险价值。投资风险价值是指投资者由于冒着风险进行投资而获得的超过货币时间价值的额外收益，又称为投资风险收益或投资风险报酬。投资风险价值可以有两种表示方式：一是用绝对数表示，即风险报酬额，是投资者冒着风险投资而获得的超过货币时间价值的那部分收益额；二是用相对数表示，即风险报酬率（风险收益率），是指风险报酬额占原投资额的比率。在实务中，通常用相对数——风险报酬率表示。

在不考虑通货膨胀的情况下，投资报酬率由两部分组成：一部分是资金时间价值，由于它是不经过风险而得到的价值，故又叫无风险价值，即无风险投资报酬率；另一部分是风险价值，即风险报酬率。其计算公式可以表示如下：

$$期望投资报酬率 = 无风险报酬率 + 风险报酬率$$

1. 无风险报酬率的计算。无风险报酬率是考虑通货膨胀贴水以后的货币时间价值。在财务管理实际中，通常把政府发行的债券，如国库券的利率，视为无风险报酬率。因为在购买国库券等政府债券时，由于几乎没有风险，如果通货膨胀率很低，则政府债券利率可视同货币的时间价值。

2. 风险报酬率的计算。投资者冒险进行投资，其目的就是为了获得超出货币时间价值以外的风险价值（风险收益），而且风险越大则要求的报酬越高。也就是说，从理论上讲风险报酬应该与反映风险大小的标准离差率成正比关系。收益的标准离差率要转化为投资的风险报酬率还要借助一个参数——风险报酬系数。用公式表示如下：

$$K_R = b \times Q \qquad 式（2-23）$$

式中：K_R 为风险报酬率；b 为风险报酬系数；Q 为标准离差率。

如果考虑风险的必要报酬率，便可按下列公式计算：

$$K = K_F + K_R = K_F + b \times Q \qquad 式（2-24）$$

式中：K 为投资报酬率；K_F 为无风险报酬率；K_R 为风险报酬率。

风险报酬率、风险报酬系数、标准离差率三者之间的关系可以用图 2-8 表示。

风险报酬系数是将标准离差率转化为风险收益的一种系数。此系数越大，表示风险越大，投资者要求获得的风险报酬率也就越高。风险报酬系数的确定，在财务管理实务中非常重要。由以下几种方法确定。

（1）由投资者主观确定。风险报酬系数由企业投资者或企业组织有关专家来确定。如

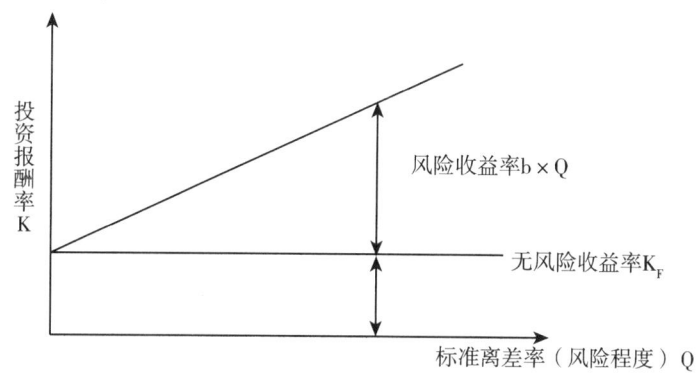

图 2-8 风险与报酬的关系

果投资者是风险喜好者,愿意冒较大的风险以追求较高的投资收益率,可把风险系数定得小一些;反之,如果是风险规避者不愿冒较大的风险,则可以定得大些。具体操作中可以由企业领导根据经验加以确定。实际上,风险报酬系数的确定,在很大程度上取决于各公司对风险的态度。那些风险意识强、比较稳健的企业,往往是把风险报酬系数定得大些,以便引起足够的重视。

(2) 根据相关资料确定。即根据本企业或同行业同类项目的历史资料,运用高低点法或线性回归法求出风险收益率系数。例如某企业计划进行一项投资,经测算该项目的标准离差率为 100%。考虑风险的必要报酬率为 18%,当时市场的无风险报酬率为 10%。由 $K = K_F + bQ$,得到 $b = \dfrac{K - K_F}{Q} = \dfrac{18\% - 10\%}{100\%} = 8\%$

(3) 由国家有关部门确定风险报酬系数。国家有关部门如财政部、中央银行等为了宏观调控以及良好的经济运行环境,有时根据各行业的条件和有关因素,确定各行业的风险报酬系数,由国家定期公布,供投资者参考。

【例题 2-19】某公司用 10 万元资金投资某一项目,有 A、B 两个投资方案。其中 A 方案的风险报酬系数为 5%,B 方案的风险报酬系数为 8%。A 方案的标准离差率为 64%,B 方案的标准离差率为 155%。当时市场的无风险报酬率为 4%。试计算出 A、B 两个投资方案的风险报酬率和必要报酬率。

A 方案:
$K_R = b \times Q = 5\% \times 64\% = 3.20\%$
$K = K_F + b \times Q = 4\% + 5\% \times 64\% = 7.2\%$
B 方案:
$K_R = b \times Q = 8\% \times 155\% = 12.4\%$
$K = K_F + b \times Q = 4\% + 8\% \times 155\% = 16.4\%$

由以上计算结果可知,A 方案的风险小于 B 方案的风险,因而 A 方案的风险报酬率也小于 B 方案的风险报酬率。

3. 风险报酬额的计算。风险价值的另一种表示方式为风险报酬额,利用风险报酬率,可以进一步计算得到风险收益额。

$$P_R = C \times K_R \qquad \text{式}（2-25）$$

式中：P_R 为风险报酬额；C 为投资额；K_R 为风险报酬率。

【例题 2-20】 在［例题 2-14］中，投资额为 10 万元，试计算出 A、B 两个投资方案的风险报酬额。

A 方案：
$P_R = C \times K_R = 10 \times 3.20\% = 0.32$（万元）

B 方案：
$P_R = C \times K_R = 10 \times 12.4\% = 1.24$（万元）

由以上计算结果可知，A 方案的风险小于 B 方案的风险，相应的 A 方案的风险收益额小于 B 方案的风险收益额。

（三）证券组合的风险与报酬

不论是企业，还是普通投资者，在进行证券投资时，一般并不把所有资金投资于一种证券，而是同时持有多种证券。这种同时投资于多种证券的方式，称为证券的投资组合，简称证券组合或投资组合。投资组合的收益是所投资证券收益的加权平均数，但是其风险不是这些证券风险的加权平均风险。投资组合通常能降低风险。

1. 证券组合的预期收益。证券组合的预期收益，是指组合中单项证券预期收益的加权平均值，权重为整个组合中投入各项证券的资金占总投资额的比重。

$$r_p = \sum_{i=1}^{m} r_i \cdot w_i \qquad \text{式}(2-26)$$

式中：r_p 为证券组合的预期收益；r_i 为第 i 项证券的预期收益；w_i 为第 i 项证券在全部投资额中的比重；m 为组合中证券种类总数。

【例题 2-21】 某公司对外进行证券投资，准备投资于 4 只股票建立一个证券组合，这 4 只股票的预期收益率分别为 10%、20%、30%、40%。假设每只证券投资额均为 100 万元，该证券组合的预期收益为多少？

由于对每只证券的投资额相等，每只证券的权重为 25%。

$$r_p = \sum_{i=1}^{n} r_i \cdot w_i = 10\% \times 25\% + 20\% \times 25\% + 30\% \times 25\% + 40\% \times 25\% = 25\%$$

1 年以后，该证券组合的实际收益率为 10%，不等于 25%，也就是说证券组合也存在风险。

2. 证券组合的风险。证券组合的风险，并不是组合内部单项资产标准差的简单加权平均。证券组合的风险不仅取决于组合内部单项资产的标准差，还取决于组合内部单项资产之间的相关关系。

（1）两种证券组合的风险。证券组合理论的定量分析研究是从研究由两种证券所组成的投资组合开始，然后推广到 n 种证券的组合，最终得出一般的结论。先来看由两种证券构成的投资组合。

假设投资者投资于 A、B 两种证券,其投资额占总投资额的比重分别为 w_A、w_B,那么有 $w_A + w_B = 1$。由 A、B 两种证券构成的投资组合的方差为:

$$\sigma_P^2 = w_A^2 \sigma_A^2 + 2 w_A w_B \sigma_{AB} + w_B^2 \sigma_B^2 \qquad 式(2-27)$$

组合的标准差:

$$\sigma_P = \sqrt{w_A^2 \sigma_A^2 + 2 w_A w_B \sigma_{AB} + w_B^2 \sigma_B^2} \qquad 式(2-28)$$

式中的 σ_{AB} 为协方差,也可记作 $\text{Cov}(R_A, R_B)$,是常用的可以衡量两种证券之间收益变动的相互关系的指标,其计算公式为:

$$\sigma_{AB} = \sum_{i=1}^{n} (R_{Ai} - \bar{R}_A)(R_{Bi} - \bar{R}_B) P_i \qquad 式(2-29)$$

式(2-26)表明,证券组合的方差取决于组合中每种证券的方差和两种证券之间的协方差。每种证券的方差度量的是该种证券的收益的变动程度,两种证券之间的协方差度量两种证券之间收益的相互关系。在证券的方差给定的情况下,协方差为正,则组合的方差上升;如果协方差为负,则组合的方差下降。这一结论与实际经验相符。在投资者所持有的两种证券中,当其中某一种的收益上升时,若另一种证券的收益下降,则这两种证券的收益的变动彼此相互抵消,证券组合的风险下降。

两种证券的收益之间的相互关系也可以用二者收益的相关系数 ρ_{AB} 来表示,相关系数和协方差之间的关系是:

$$\rho_{AB} = \text{Corr}(R_A, R_B) = \frac{\text{Cov}(R_A, R_B)}{\sigma_A \times \sigma_B} \qquad 式(2-30)$$

从上式可见,协方差实际上是 A 和 B 两种证券的相关系数与它们各自标准差的乘积。即协方差包括两个部分:两种证券的相关系数;以标准差度量的两种证券各自收益的变动程度。

将式(2-30)代入式(2-27)得到:

$$\sigma_P^2 = w_A^2 \sigma_A^2 + 2 w_A w_B \rho_{AB} \sigma_A \sigma_B + w_B^2 \sigma_B^2 \qquad 式(2-31)$$

组合的标准差可以表示为:

$$\sigma_P = \sqrt{w_A^2 \sigma_A^2 + 2 w_A w_B \rho_{AB} \sigma_A \sigma_B + w_B^2 \sigma_B^2} \qquad 式(2-32)$$

由式(2-32)可知,如果 $\rho_{AB} = +1$,投资组合收益的标准差正好等于组合中各证券收益标准差的加权平均数。此外,当相关系数小于 1 时,组合的标准差和方差都会随之下降。因此,可以得出如下结论:当由两种证券构成投资组合时,只要 $\rho_{AB} < 1$,组合的标准差就小于这两种证券各标准差的加权平均数。换言之,只要两种证券之间收益的相关系数小于1,即只要 $\rho_{AB} < 1$,组合的多元化的效应就会发生。此时,证券组合的整体风险下降。

(2)多种证券组合的风险。设证券组合由 N 种证券构成,证券组合的风险仍然用组合的方差和标准差来衡量，其计算公式如下：

$$\delta_p = \sqrt{\sum_{i=1}^{m}\sum_{j=1}^{m} w_i w_j \delta_{ij}}$$ 式（2-33）

式中：δ_p 为证券组合的标准差；w_i、w_j 分别表示第 i、j 项证券在投资总额中的比重；δ_{ij} 为第 i、j 项证券收益率的协方差。

由此可见，证券组合的方差，不仅取决于组合中单个证券方差的大小，还取决于各证券之间协方差的大小。证券组合中证券的数量越多，协方差起的作用越大。只要有价证券组合中两两之间的收益的相关系数小于1，组合的标准差一定小于组合中各种证券的标准差的加权平均数，投资者将获得投资组合的多元化效应。

3. 证券组合的风险报酬。投资者进行证券组合投资与进行单项投资一样，都要求对承担的风险进行补偿，股票的风险越大，要求的收益越高。但是，与单项投资不同，由于证券组合投资可以分散一部分风险，因此证券组合投资要求补偿的只有不可分散的那部分风险。假如可分散风险也要求补偿，善于科学地进行投资组合的"精明型"投资者将会购买这部分股票，最终将其价格抬高，直到收益率只反映不可分散风险，"精明型"投资者才会停止购买。因此，证券组合的风险是投资者因承担不可分散风险而要求的、超过时间价值的那部分额外收益。

（1）单个证券不可分散风险的衡量。证券的风险可以分为可分散风险和不可分散风险。可分散的风险是由某些随机事件引起的，例如个别公司的工人罢工、新产品开发的失败、失去重要的销售合同等，这些事件只影响个别公司，不会对整个市场产生太大影响。这种风险可通过组合进行分散，即发生于一个公司的不利事件可以被其他公司的有利事件所抵消。不可分散的风险是市场风险，是对所有的证券都产生影响的风险。比如经济危机、通货膨胀、战争等因素，对所有的证券都产生影响。虽然影响的程度有所区别，但是影响的方向是一样的，使证券价格朝同一个方向变动，证券收益在一定程度上正相关，因此无法通过证券组合分散市场风险。由此可见，证券组合中，单个证券的不可分散风险，其实就是该证券面临的市场风险。

市场风险的程度通常用 β 系数来衡量，β 系数的计算公式如下：

$$\beta_i = \frac{COV(r_i, r_m)}{\delta_m^2} = \frac{\rho_{im}\delta_i\delta_m}{\delta_m^2} = \rho_{im}\frac{\delta_i}{\delta_m}$$ 式（2-34）

式中，$COV(r_i, r_m)$ 是 i 种证券的收益和市场组合收益之间的协方差，它等于该证券收益的标准差 δ_i、市场组合收益的标准差 δ_m，以及两者相关系数 ρ_{im} 的乘积。

从式（2-34）可以看出，证券 β 系数的大小取决于三个因素，即自身收益的标准差、整个证券市场的相关性，以及整个市场收益的标准差。若这三个因素已知，或能确定这三个因素，就可以计算出该证券的 β 系数。

也可以使用回归分析的方法计算证券的 β 系数。利用同一时期内证券收益和市场收益的历史数据，求解回归方程 $r_i = \alpha + \beta \times r_m$，其回归系数 β 即 β 系数。

β 系数的经济意义在于，它告诉我们相对于市场组合而言特定证券的市场风险是多少。

如果证券的β系数等于1,表明其收益率的变动和市场收益的变动相等;如果证券的β系数小于1,其收益率的变动将小于市场收益的变动,当市场较大幅度的上涨时,它只有较小幅度的上涨,反之市场下跌较大幅度时,它只有较小幅度的下跌;如果证券的β系数大于1,其收益率的变动将大于市场收益的变动,当市场上涨时,它比市场涨得更多,反之市场下跌时,它比市场下跌得更多。由此可见,证券的β系数越大,风险越大,投资者要求的风险补偿也就相对较多。

(2) 证券组合不可分散风险的衡量。证券组合不可分散风险的衡量用证券组合的β系数来衡量,证券组合的β系数用β_p表示,等于组合内各证券β系数的加权平均数,用公式可表达为:

$$\beta_p = \sum_{i=1}^{n} w_i \cdot \beta_i \qquad 式(2-35)$$

如果一个高β系数的证券被加入到一个平均风险组合中,则组合的风险将会提高;反之一个低β系数的证券被加入到一个平均风险组合中,则组合的风险将会降低。所以,一种证券的β系数可以度量该证券对整个组合风险的贡献。

【例题2-22】一个投资者用10万元共投资10种证券,每种证券投1万元。如果这10种证券的β系数都为1.5,计算该证券组合的风险。如果完全出售一种证券并以另一种β系数为0.5的证券取代,证券组合的风险有何变化?

显然,该证券组合的风险$\beta_p = 1.5$。

当完全出售一种证券并以另一种β系数为0.5的证券取代时,证券组合的风险:

$\beta_p = 0.1 \times 0.5 + 0.9 \times 1.5 = 1.4$

此时,整个证券组合的风险有所降低。

(3) 证券组合的风险收益。证券组合投资的风险收益可以由下列公式计算:

$$R_p = \beta_p(R_m - R_F) \qquad 式(2-36)$$

式中,R_p表示证券组合的风险收益率;β_p表示证券组合的β系数;R_m表示证券市场的平均收益率,也就是由市场上所有证券组成的证券组合的收益率,简称市场收益率;R_F无风险收益率,一般由政府债券的利息率来衡量。

【例题2-23】在[例题2-22]中,如果证券市场的平均收益率为15%,无风险收益率为5%,请确定这种证券组合的风险收益率。

当每一种证券的β系数都为1.5时,组合的风险β_p等于1.5,组合的风险收益率为:

$R_p = \beta_p (R_m - R_F) = 1.5 (15\% - 5\%) = 15\%$

当完全出售一种证券并以另一种β系数为0.5的证券取代时,证券组合的风险$\beta_p = 1.4$,组合的风险收益率为:

$R_p = \beta_p (R_m - R_F) = 1.4 (15\% - 5\%) = 14\%$

从以上的计算可以看出,风险收益取决于证券组合的β_p,β_p越大,组合的风险收益越大,反之则相反。同时,改变证券组合中各种证券的比重,也可以改变证券组合的风险与风险收益。

第三节 证券估价

当公司发展缺少必要的资金时,既可以通过发行金融证券进行融资,也可以通过出售持有的其他公司的金融证券进行融资。不管是发行,还是出售金融证券,都有必要对该种证券进行估价,以确保发行价格或出售价格是合理的。当公司发行金融证券时,合理的估价能够避免定价偏高带来的发行不成功的风险、定价偏低带来的不能筹集到足够资金的风险。当公司出售金融证券时,合理的估价有助于公司选择合适的交易时机,获得更高的投资回报。因此,证券估价是财务管理中一个十分重要的基本理论问题。

一、债券的估价

债券是由公司和金融机构或政府发行的、表明发行人对其承担还本付息义务的一种债务性证券,一般包含票面价值、票面利率、到期日三个基本要素。债券的价值是发行人按照合同规定,从现在起至到期日所支付给持有人的款项的现值。

(一) 债券估价的基本模型

典型债券的特点是票面利率固定、每年计算并支付利息、到期归还本金。按照这种模式,债券价值计算的基本模型是:

$$V = \frac{I}{(1+i)} + \frac{I}{(1+i)^2} + \cdots + \frac{I}{(1+i)^n} + \frac{F}{(1+i)^n} \quad \text{式 (2-37)}$$
$$= I \times (P/A, i, n) + F \times (P/F, i, n)$$

式中:i 为债券的市场利率,这是计算债券现金流现值的折现利率,也是投资者投资债券所要求的报酬率;n 为债券到期前的年数,债券发行以后,n 逐年减少,假如发行时到期年限为 15 年的债券,初始到期时间为 $n=15$,1 年以后 $n=14$,2 年以后 $n=13$,依此类推;I 为每年的利息额,等于票面价值×票面利率;F 为面值,即到期的本金。

【例题 2-24】A 公司拟发行面值为 100 元的 5 年期公司债券,票面利率为 10%,按年计息并支付,当前市场利率为 8%。A 公司应按什么价格发行该债券?

$V = 100 \times 10\% \times (P/A, 8\%, 5) + 100 \times (P/F, 8\%, 5)$
$\quad = 10 \times 3.9927 + 100 \times 0.6806 = 107.99$(元)

即 A 公司应该按照 107.99 元发行债券,这是该债券的公平价格。

(二) 其他模型

不同种类债券利息的支付方式不同,需要对债券估价的基本模型进行一定的变换,才能计算其他种类的债券价值。

1. 贴现债券的估价。贴现债券通常以低于面值的价格发行,承诺在未来某一确定的日期作某一单笔的支付。债券发行者支付最后一笔款项的日期称为债券的到期日，到期支付的金额叫债券的面值。由于债券持有人在到期前不能得到任何现金支付，所以又称为零息债券。由于贴现债券的未来现金流入量只有债券的面值部分，其估值公式可以表示为：

$$V = \frac{F}{(1+i)^n} \qquad \text{式}（2-38）$$
$$= F \times (P/F, i, n)$$

【例题 2-25】 某债券面值 100 元，期限 5 年，不计利息，到期时按面值偿还，假如市场利率为 10%，该债券的价值为多少时才值得购买？

$V = 100 \times (P/F, 10\%, 5) = 62.09$（元）

即该债券的发行价格等于或低于 62.09 元时才值得购买。

2. 永久债券的估价。永久债券是一种没有最后到期日，也从不停止支付票面利息，永不到期的债券。债券持有人可以定期、持续地获得固定的收益。英国在拿破仑战争以后为了还债而发行了这种债券，英国政府无限期地向这种债券持有人支付固定利息。永久债券可以用永续年金的计算公式来定价。

$$V = \frac{I}{i} \qquad \text{式}（2-39）$$

【例题 2-26】 假定投资者购买了一种永久债券，该债券每年向投资者支付 100 元，且无限期支付，假定市场利率为 10%，计算该债券的价值。

$V = \frac{100}{10\%} = 1\,000$（元）

3. 一次还本付息债券的估价。若此债券不是一年付息一次，而是到期后一次还本付息。在这种情况下，债券价格的计算模型为：

$$V = \frac{I \times n + F}{(1+i)^n} \qquad \text{式}（2-40）$$
$$= (I \times n + F) \times (P/F, i, n)$$

【例题 2-27】 某企业准备于 2011 年 11 月 1 日购买面值 100 元，票面利率为 8%，期限 5 年，到期一次还本付息的债券。当时市场利率为 10%，债券市值为 92 元。请决定应否投资于此债券。

$V = (100 \times 8\% \times 5 + 100) \times (P/F, 8\%, 5) = 86.93$（元）

可见，其价值明显低于其市价，企业不应该投资该债券。

二、股票的估价

股票是股份有限公司发行的、表示股东按照其持有的股份享有权益和承担义务的可转让凭证。股票投资是企业进行证券投资的一个重要方面，并且随着股票市场的发展，在公司财务管理中的地位变得越来越重要。

股票按照股东拥有的权利不同可以划分为两种基本的类别，普通股和优先股。普通股股东是公司的所有者,他们可以参与选举公司的董事,但是当公司破产时,普通股股东只能最后得到偿付。普通股股东可以从公司分得股利,但是发放股利并不是公司必须履行的义务。因此,普通股股东和公司债权人相比,要承担更大的风险,收益具有较大的不确定性。

优先股相对于普通股而言,具有一定的优先权,即在公司清算时具有优先求偿权,现金股利是固定的,并且先于普通股股利发放。这种优先权的获得使优先股股东通常不具备普通股股东具有的投票权从而限制了其参与公司事务的能力。优先股与债券具有类似的地方,每期支付的股利类似于债券发放的利息。不同的是,虽然企业可以对优先股进行回购,但企业对优先股股东不承担法定的还本义务;另外,当公司无力支付优先股股利时,优先股股东不能向法院提请公司破产。

(一)优先股的估值

优先股的支付义务很像债券,每期支付的股利与债券每期支付的利息类似,因此债券的估值方法也可用于优先股估价。

如果优先股有到期期限,到期后发行公司对优先股进行回购,存续期内每年支付固定的股利,则优先股的价值为:

$$V = D \times (P/A, i, n) + F \times (P/F, i, n) \quad \text{式}(2-41)$$

式中:D 为优先股股利;i 为折现率,也即优先股股东要求的必要报酬率;n 为优先股的存续期限。

【例题 2-28】 假设 A 公司发行优先股,存续期 10 年,期满后 A 公司以每股 10 元的价格回购,存续期内每年固定分红 1 元,优先股股东要求的必要报酬率为 8%,计算优先股的价格低于多少时值得投资?

$V = 1 \times (P/A, 8\%, 10) + 10 \times (P/F, 8\%, 10) = 6.7101 + 10 \times 0.4632 = 11.34$(元)

即当价格低于 11.34 元,该优先股才是值得投资的。

如果优先股没有到期期限,只要企业不破产,则永远按固定的股利对优先股股东进行支付。这是国外大多数企业发行优先股的做法。在这种情况下,优先股的估值可简化为永续年金的估值,计算公式为:

$$V = \frac{D}{i} \quad \text{式}(2-42)$$

【例题 2-29】 B 公司发行在外的优先股每年支付现金股利 2 元,投资人要求的必要报酬率为 10%,B 公司优先股的价值是多少?

$V = \frac{D}{i} = \frac{2}{10\%} = 20$(元)

(二)普通股的估值

普通股的估值在本质上也是未来现金流的折现,但是由于普通股的未来现金流具有不确定性,股利是否支付,以及支付多少依赖于公司的股利政策。因此,普通股的估值不同于债券与优先股。

1. 股票估价基本模型。股票的价值等于投资者预期所得的未来现金流入的现值。股票带给持有者的现金流入包括两部分，股利收入和出售时的售价。所获取的现金流量包括每期的预期现金股利和出售股票得到的现金收入，股票的价值也就是未来所得现金收入折合为现值的金额。计算公式为：

$$P_0 = \frac{D_1}{(1+i)} + \frac{D_2}{(1+i)^2} + \cdots + \frac{D_n}{(1+i)^n} + \frac{P_n}{(1+i)^n}$$

$$= \sum \frac{D_t}{(1+i)^t} + P_n \times (P/F, i, n)$$

式（2-43）

式中：P_0 为股票的价格；D_t 为第 t 期期末的现金股利；i 为折现率，也是权益资本的必要报酬率或资金成本率；P_n 为该股票在第 n 期期末的价值，也就是出售时的售价。

【例题 2-30】某企业购入一种股票，预计 3 年后出售可能得到 220 元，该股票 3 年中每年获得股利收入 16 元，根据分析，该笔股票投资的必要报酬率为 16%，该股票的价格应为多少？

$P_0 = 16 \times (P/A, 16\%, 3) + 220 \times (P/F, 16\%, 3) = 176.88$（元）

如果投资者永远持有股票，他只获得股利，是一个永续的现金流入。这个现金流入的现值就是股票的价值。

$$P_0 = \frac{D_1}{(1+i)} + \frac{D_2}{(1+i)^2} + \frac{D_3}{(1+i)^3} + \cdots = \sum_{t=1}^{\infty} \frac{D_t}{(1+i)^t}$$

式（2-44）

上述两个计算股票价值的公式，表现形式不一样，但实质是一样的。

2. 零增长股利估价模型。采用不同的股利支付政策时，投资者预期的未来股利收入有很大的差别，在应用贴现现金流量模型进行估价时应当作适当的调整，使其与实际情况更加接近。

零增长股利即公司每年发放给股东的股利相等，亦即预期股利的增长率为零，其支付过程是一个永续年金。该类股票的估价模型为：

$$P_0 = \frac{D}{(1+i)} + \frac{D}{(1+i)^2} + \cdots + \frac{D}{(1+i)^n} + \cdots = \frac{D}{i}$$

式（2-45）

【例题 2-31】某企业购入一种股票并预期长期持有该股票，预计每年股利为 2 元，购入该股票应获得的报酬率为 10%，则此股票的价格为：

$P_0 = 2/10\% = 20$（元）

3. 固定增长股利估价模型。对多数公司来说，盈利和股利并不是固定不变的，可能是持续增长的，这种股票的估价模型比较复杂。

设某一公司最近一期支付的股利为 D_0，预期股利以后每年以一个固定的增长率 g 持续增长，且投资者打算长期持有。那么在第 t 年末时，股利增加到：

$D_t = D_0(1+g)^t$

利用股票估价的基本模型，股价的推导过程如下：

$$P_0 = \frac{D_1}{(1+i)} + \frac{D_2}{(1+i)^2} + \frac{D_3}{(1+i)^3} + \cdots$$

$$= \frac{D_0(1+g)^1}{(1+i)} + \frac{D_0(1+g)^2}{(1+i)^2} + \frac{D_0(1+g)^3}{(1+i)^3} + \cdots$$

$$= \sum \frac{D_0(1+g)^t}{(1+i)^t}$$

当 $i > g$ 时，将上式左右两边同时乘以 $\frac{1+g}{1+i}$，用所得到的等式再减去上式，即可推出：

$$P_0 = \frac{D_0(1+g)}{i-g} = \frac{D_1}{i-g} \qquad \text{式（2-46）}$$

【例题 2-32】某公司发行股票的预期报酬率为 10%，最近一期股利为每股 2.4 元，估计股利会以每年 5% 的速度增长，该种股票的价格为多少？

$$P_0 = \frac{D_0(1+g)}{i-g} = \frac{2.4 \times (1+5\%)}{10\% - 5\%} = 48 \text{（元）}$$

4. 非固定增长股票估价模型。公司的股利不是绝对固定的，可能一段时期内成长较快，另一段时期内成长较慢，甚至固定不变。在此情况下，只有分段计算，才能确定该股票的投资价值。

设前 m 期股利按 g_1 的比例快速增长，而从 m+1 期开始以增长率 g_2 的比例持续增长，且 $g_1 > g_2$，则股票的理论价值为：

$$P_0 = \sum_{t=1}^{m} \frac{D_0(1+g_1)^t}{(1+i)^t} + \frac{D_{m+1}}{(i-g_2) \times (1+i)^m} \qquad \text{式（2-47）}$$

【例题 2-33】某股票投资的期望报酬率为 16%，估计前 3 年是高速增长，增长率 $g_1 = 30\%$，之后开始慢速增长，增长率 $g_2 = 10\%$，$D_0 = 1.82$。试确定该股票的投资价值。

首先，计算前 3 年的股利现值：
第 1 年的股利现值为：$1.82 \times (1+30\%) \times 0.8621 = 2.040$（元）；
第 2 年的股利现值为：$1.82 \times (1+30\%)^2 \times 0.7432 = 2.286$（元）；
第 3 年的股利现值为：$1.82 \times (1+30\%)^3 \times 0.6407 = 2.562$（元）。
前 3 年快速成长股利现值之和为 $2.040 + 2.286 + 2.562 = 6.888$（元）。
然后，计算第 3 年底的股票价值：

$$P_3 = \frac{D_3 \times (1+g_2)}{i-g_2} = \frac{1.82 \times (1+30\%)^3 \times (1+10\%)}{16\% - 10\%} = 73.32 \text{（元）}$$

再求其第 3 年年底股票价值的现值：

$$73.32 \times \frac{1}{(1+16\%)^3} = 46.98 \text{（元）}$$

将上述两步骤计算的现值相加，便能计算出目前该股票的投资价值为：

V = 6.89 + 46.98 = 53.87（元）

以上计算表明，要保证该股票投资的期望报酬率达16%，则目前购入股票价格必须在53.87元以下。

如果投资者进行普通股投资的目的是为了获取被投资单位的控制权时，股票投资的现金流量除了前面所说的持有期间的股利收入和未来股票出售的收入以外，还应该包括因控制权的获得而产生的相关经济利益。例如，原材料采购成本的节约、资产转让和重组的收入。这时股票投资的价值理论上仍然等于持有股票未来所有可能现金流量的现值之和。

当然，上述研究的股票预期股价与报酬率可能会与日后实际的情况有差异。这是因为这些数据都是预计的，不可能十分精确，同时股票还受社会各种因素的影响。但要认识到，此种方法在股票投资决策中仍有重要意义，因为它是根据股票投资价值的差别来进行决策的，预测误差只影响绝对值，并不影响其股票投资的优先次序。因为不可预见的和被忽略的因素对所有股票都是相同的，而不是只对个别股票起作用。所以，此类方法对于股票投资的选择决策具有相当大的参考价值。

三、衍生证券的估价

（一）金融期权的估价

金融期权是指其持有者能在规定的期限内按交易双方商定的价格购买或出售一定数量的某种金融工具的权利。具体地说，其购买者在向出售者支付一定费用后，就获得了能在规定期限内以某一特定价格向出售者买进或卖出一定数量的某种金融工具的权利。

金融期权是一种权利的交易。在期权交易中，期权的买方为获得期权合约所赋予的权利而向期权的卖方支付的费用就是期权的价格。期权的价格受多种因素的影响，但从理论上说，由两个部分组成，即内在价值与时间价值。

1. 金融期权的内在价值。金融期权的内在价值也称履约价值，是期权合约本身所具有的价值，也就是期权的买方如果立即执行该期权所能获得的收益。一种期权有无内在价值以及内在价值的大小取决于该期权的协定价格与标的物市场价格之间的关系。协定价格是指期权的买卖双方在期权成交时约定的、在期权合约被执行时交易双方实际买卖标的物的价格。根据协定价格与标的物市场价格的关系，可将期权分为实值期权、虚值期权和平价期权三种类型。

对看涨期权而言，若市场价格高于协定价格，期权的买方执行期权将有利可图，此时为实值期权；市场价格低于协定价格，期权的买方将放弃执行期权，此时为虚值期权。对看跌期权而言，市场价格低于协定价格为实值期权；市场价格高于协定价格为虚值期权。若市场价格等于协定价格，看涨期权和看跌期权均为平价期权。

从理论上说，实值期权的内在价值为正，虚值期权的内在价值为负，平价期权的内在价值为0。但实际上，无论是看涨期权还是看跌期权，也无论期权标的物的市场价格处于什么水平，期权的内在价值都必然大于0或等于0，不可能为负值。这是因为期权合约赋予买方执行期权与否的选择权，而没有规定相应的义务，当期权的内在价值为负时，买方可以选择放弃期权。

如果以 EV_t 表示期权在 t 时点的内在价值，x 表示期权合约的协定价格，S_t 表示该期权标的物在 t 时点的市场价格，m 表示期权合约的交易单位，则每一看涨期权在 t 时点的内在价值可表示为：

$$EV_t = \begin{cases} (S_t - x) \cdot m & S_t > x \\ 0 & S_t \leq x \end{cases} \qquad 式（2-48）$$

每一看跌期权的内在价值可表示为：

$$EV_t = \begin{cases} 0 & S_t \geq x \\ (x - S_t) \cdot m & S_t < x \end{cases} \qquad 式（2-49）$$

2. 金融期权的时间价值。金融期权的时间价值也称外在价值，是指期权的买方购买期权而实际支付的价格超过该期权内在价值的那部分价值。在现实的期权交易中，各种期权通常是以高于内在价值的价格买卖的，即使是平价期权或虚值期权，也会以大于 0 的价格成交。期权的买方之所以愿意支付额外的费用，是因为希望随着时间的推移和标的物市场价格的变动，该期权的内在价值得以增加，使虚值期权或平价期权变为实值期权，或使实值期权的内在价值进一步提高。

【例题 2-34】投资者 A 和投资者 B 分别是看涨期权的买方与卖方，并就 X 股票达成看涨期权交易，期权协议价格为 50 元/股，期权费 3 元/股，试分析未来 3 个月中该期权的执行情况。

分析：此题没有明确告知未来 3 个月中股价走势，对此假定未来 3 个月中，股价走势有几种情况：①X 股票股价 < 50 元/股，买方弃权，损失期权费 3×100 = 300 元，卖方收入 300 元；②X 股票股价 = 50 元/股，买方弃权，损失期权费 300 元，卖方收入 300 元；③50 元/股 < X 股票股价 < 53 元/股，买方可执行权利弥补期权费损失，卖方收入 < 300 元；④X 股票股价 = 53 元/股，买方执行权利，买卖双方盈亏相抵；⑤X 股票股价 > 53 元/股，买方执行权利，并有获利，卖方亏损；⑥若期权费上涨，如 4.5 元/股，股价 54 元/股，买方可将此权利卖给他人，获得收入 150 元。

这里分 5 种情况就买方和卖方的操作进行分析。第一种情况，未来 3 个月中，每股股价是小于 50 元的，那么证明看涨期权买方判断失误，因为价格并未超过协定价格，因此买方必定不执行期权，放弃权利，损失期权费 300 元。因为每个期权对应的股票是 100 股，300 元的期权费是买方最大的亏损值。卖方希望以此稳收期权费，实现盈利最大化。第二种情况，若股价停滞不前，依然在每股 50 元，期权的执行与不执行对买方而言无太大意义，执行与不执行的结果都是亏损全部期权费，而卖方收入全部期权费。第三种情况，股价在 3 个月中的确上升了，但是没有超过协定价格加上期权费即 53 元每股，那么只要后市朝买方的预计发展，买方就会执行权利。例如股价等于 52 元每股，买方先以协定价格 50 元/股的价格向卖方买入股票，然后再到股票市场以 52 元/股的市价出售，获得 200 元的赢利，除去期权费300元，亏损缩小到100元，也就是买方行使权利可以部分弥补期权费损失。

（二）可转换证券的估值

可转换证券是指在一定时期内，按一定比例或价格转换成一定数量的另一种证券——标的证券的特殊公司证券。因此，可转换证券的价值与标的证券的价值有关。假设标的证券为公司普通股股票。发行可转换证券时，发行人一般都明确规定"一张可转换证券能够兑换的标的股票的股数"或"一张可转换证券按面值兑换成标的股票所依据的每股价格"。前者称为转换比例，后者被称为转换价格。转换比例和转换价格，只要规定了其中的一个，另一个也就随之确定了。两者的关系可用公式表示为：

$$转换比例 = \frac{可转换证券面值}{转换价格} \quad\quad 式（2-50）$$

由于可转换证券实际上赋予它的持有者具有按发行时规定的转换比例或转换价格将其转换成普通股的选择权，因此可转换证券的价值有投资价值、转换价值、理论价值及市场价值之分。

1. 可转换证券的投资价值。指当它作为不具有转股选择权的一种证券的价值。估计可转换证券的投资价值，首先应估计与它具有同等资信和类似投资特点的不可转换证券的必要收益率，然后利用这个必要收益率折算出它未来现金流量的现值。

【例题2-35】以可转换债券为例，假定该证券的面值为1 000元，票面利率为8%，剩余期限为5年，同类债券的必要收益率为9%，到期时要么按面值还本付息，要么按规定的转换比例或转股价格转股，那么该可转换债券当前的投资价值为多少？

$$P = \sum_{t=1}^{5} \frac{80}{(1+9\%)^t} + \frac{1\,000}{(1+9\%)^5} = 961.11 \text{（元）}$$

2. 可转换证券的转换价值。指实施转换时得到的标的股票的市场价值，等于标的股票每股市场价格与转换比例的乘积，即：

转换价值 = 标的股票的市场价格 × 转换比例

【例题2-36】若假定［例题2-35］中可转换债券的转换比例为40，实施转换时的股票市场价格为每股26元，那么该可转换债券的转换价值（CV）为多少？

CV = 26 × 40 = 1 040 （元）

3. 可转换证券的理论价值。可转换证券的理论价值，也称内在价值，是指将可转换证券转股前的利息收入和转股时的转换价值按适当的必要收益率折算的现值。例如，假定投资者当前准备购买可转换证券，并计划持有该可转换证券到未来某一时期，且在收到最后一期利息后便立即实施转股，那么可用下述公式计算该投资者准备购买的可转换证券的当前理论价值：

$$p = \sum_{t=1}^{n} \frac{C}{(1+r)^t} + \frac{CV}{(1+r)^n} \quad\quad 式（2-51）$$

式中：P为可转换证券的当前理论价值；t为时期数；n为持有可转换证券的时期总数；

r 为必要收益率；C 为可转换证券每期支付的利息；CV 为可转换证券在持有期期末的转换价值。

4. 可转换证券的市场价值。可转换证券的市场价值也就是可转换证券的市场价格。可转换证券的市场价值一般保持在可转换证券的投资价值和转换价值之上。如果可转换证券市场价值在投资价值之下，购买该证券并持有到期，就可获得较高的到期收益率；如果可转换市场价值在转换价值之下，购买该证券并立即转换为标的股票，再将标的股票出售，就可获得该可转换证券转换价值与市场价值之间的差价收益。因此，无论上述两种情况中的哪一种情况发生，投资者的踊跃购买行为都会使该可转换证券的价格上涨，直到可转换证券的市场价值不低于投资价值和转换价值为止。

(三) 权证的估值

1. 权证概述。权证是指标的证券发行人或其以外的第三人发行的，约定持有人在规定期间内或特定到期日，有权按约定价格向发行人购买或出售标的证券，或以现金结算方式收取结算差价的有价证券。标的证券可以是个股、基金、债券、一篮子股票或其他证券，是发行人承诺按约定条件向权证持有人购买或出售的证券。

权证实质上反映的是发行人与持有人之间的一种契约关系，持有人向权证发行人支付一定数量的金额之后，就从发行人那获取了一个权利。这种权利使得持有人可以在未来某一特定日期或特定期间内，以约定的价格向权证发行人购买/出售一定数量的资产。购买股票的权证称为认购权证，出售股票的权证叫作认售权证（或认沽权证）。权证分为欧式权证、美式权证和百慕大式权证三种。所谓欧式权证，就是只有到了到期日才能行权的权证。所谓美式权证，就是在到期日之前随时都可以行权的权证。所谓百慕大式权证，就是持有人可在设定的几个日期或约定的到期日有权买卖标的证券。持有人获取的是一个权利而不是责任，其有权决定是否履行契约，而发行者仅有被执行的义务，因此为获得这项权利，投资者需付出一定的代价（权利金）。权证（实际上所有期权）与远期或期货的区别在于前者持有人所获得的不是一种责任，而是一种权利，后者持有人需有责任执行双方签订的买卖合约，即必须以一个指定的价格，在指定的未来时间，交易指定的相关资产。

从上面的定义就容易看出，根据权利的行使方向，权证可以分为认购权证和认沽权证，认购权证属于期权当中的"看涨期权"，认沽权证属于"看跌期权"。认沽权证可以让投资者构建多种投资组合，而认购权证在市场上缺乏做空机制的条件下，只能成为投机者炒作的工具。

2. 权证的价值。权证价值由两部分组成，一是内在价值，即标的股票与行权价格的差价；二是时间价值，代表持有者对未来股价波动带来的期望与机会。在其他条件相同的情况下，权证的存续期越长，权证的价格越高；美式权证由于在存续期可以随时行权，比欧式权证的相对价格要高。

认购权证和认沽权证的价值类似于看涨期权和看跌期权的价值，一般来说，可由下述公式进行估计：

$$认购权证价值 = (证股股价 - 行权价) \times 行权比例$$
$$认沽权证价值 = (行权价 - 证股股价) \times 行权比例$$
式 (2-52)

四、证券投资基金

（一）证券投资基金的概念

证券投资基金是指一种利益共享、风险共担的集合证券投资方式，就是通过发行基金单位，集中投资者的资金，由基金托管人托管，由基金管理人管理和运用资金，从事股票、债券等金融工具投资，并将投资收益按基金投资者的投资比例进行分配的一种间接投资方式。

从这个定义中可以看出证券投资基金当事人有三方：一是基金持有人，即投资者；二是基金管理人，这是负责基金具体投资操作和日常管理的机构。在我国，按照《证券投资基金管理暂行办法》规定，基金管理人由基金管理公司担任，如华安基金管理公司等。一个基金管理公司可能管理几个基金。还有一方就是基金托管人。为充分保障基金投资者的权益，防止基金资产被挪用，各国证券投资信托法规都规定要由基金托管人对基金管理机构的投资操作进行监督和保管基金财产，即基金的管理与财产保管是分开的，基金资产的保管是由托管人负责的。一般的基金托管人由有实力的商业银行或信托投资公司担任，如我国的工商银行、交通银行都担任了基金的托管人。

（二）证券投资基金与股票、债券的区别

证券投资基金与股票、债券是不相同的。首先，是反映的关系不同。债券反映的是债权债务关系，股票反映的是所有权关系；基金反映的则是基金投资者和基金管理人之间的一种委托代理关系。其次，投向不同，股票和债券作为融资工具，所筹集的资金主要是投向实业；基金主要投向其他有价证券等金融工具。最后，风险水平不同。股票风险最高，收益最不稳定，债券收益稳定，风险较小；基金主要投资于有价证券，投资选择灵活多样，从而使基金收益可能高于债券，投资风险小于股票，因此基金能满足那些不能或不宜直接参与股票、债券投资的个人或机构的需要。

近几年，基金发展非常迅速，这与基金本身的特点有关。首先，基金对投资的最低限额要求不高，投资者可以根据自身经济实力决定购买数量，基金能够将零散的资金汇集起来，交给专业投资机构投资于各种金融工具，以谋取资产的增值。因此，基金能够最广泛地吸收社会闲散资金。在参与证券投资时，资本越雄厚，优势越明显，这就是规模收益的特点。其次，以科学的投资组合降低风险，提高收益，是基金的另一大特点。实现投资资产的多样化需要一定的资金实力，基金可以帮助中小投资者做到这一点。因为它具有庞大的资产规模，可以分散投资于多种证券。一方面使每个投资者的风险变小，另一方面又利用不同投资对象之间的互补性，达到分散风险的目的。最后，基金实行的都是专家管理制度，这些专业的管理人员都经过专门训练，具有丰富的证券投资和其他项目投资经验，对于那些没有时间，或对市场不太熟悉的中小投资者而言，专家们在市场信息、投资经验、金融知识和操作技术等方面所体现的优势，可以最大限度地避免盲目投资带来的失败。

(三) 封闭型基金和开放型基金的主要区别

封闭式基金和开放式基金的划分，是以可否自由赎回为标志的。

封闭式基金是指基金的发起人在设立基金时，限定了基金单位的发行总额，当筹集到这个数额后，基金即宣告成立，并在一定时期内不再接受新的投资。基金单位的流通就如同股票在证券交易所上市一样，投资者要买卖基金单位，都必须通过证券经纪商在二级市场进行竞价交易。基金的交易价格也按照市场供求来决定。封闭式基金是有期限的，这个期限就是基金的存续期，基金期限届满基金就终止运作。而开放式基金是基金发起人在设立基金时，基金单位的总数是不固定的，可视投资者的需求追加发行。由基金管理公司公布净资产值并在此基础上确定投资者的申购价和赎回价。

封闭式与开放式基金的主要区别：

第一，两者的期限不同。封闭式基金有固定的封闭期；开放式基金没有固定期限，投资者可随时向基金管理人要求赎回基金单位。第二，发行规模不同。封闭式基金一旦成立，则规模就确定下来，以后也不再追加发行；开放式基金没有规模限制，基金规模随投资者的认购或赎回而相应增加或减少。第三，基金单位的交易方式不同。封闭式基金投资者要转让基金单位，只能在证券交易所进行；开放式基金的投资者可以随时到基金管理公司的交易柜台提出购买或赎回申请。第四，基金单位交易价格的计算标准不同。需要注意的是，封闭式基金与开放式基金的基金单位除了首次发行价都是按面值加一定百分比的销售费，如1.01元，以后的交易计价方式就不相同了。封闭式基金的买卖价格受市场供求的影响，价格既可以高于基金净值，表现为溢价，也可以低于基金净值，表现为折价，并且大部分时候表现为折价；开放式基金的交易价格取决于基金每单位净资产值的大小，其申购价就是净资产值加上一定的申购费，赎回则是基金单位净资产值减去一定的赎回费。第五，两者的投资策略也不相同。因为封闭式基金的基金单位数不变，资本不会减少，因此基金可进行长期投资，基金资产的投资组合能有效地在预定计划内进行；开放式基金可随时赎回基金单位，为应付投资者随时兑现，基金资产不能全部用来投资，为保持基金资产的流动性，在投资组合上需保留一部分现金和高流动性的金融工具。

(四) 证券投资基金估值

投资基金的估价涉及三个概念：基金的价值、基金单位净值、基金报价。

基金的价值取决于基金净资产的现在价值。由于投资基金不断变换投资组合，未来收益较难预测，再加上资本利得是投资基金的主要收益来源，变幻莫测的证券价格使得对资本利得的准确预计非常困难，因此基金的价值主要由基金资产的现有市场价值决定。

基金单位净值也称为单位净资产值或单位净资产值，是指在某一时点每1基金单位（或基金股份）所具有的市场价值，是评价基金价值的最直观指标。基金单位净值的计算公式为：

$$基金单位净值 = \frac{基金净资产价值总额}{基金单位总份额} \quad \text{式}(2-53)$$

式中：基金净资产价值总额等于基金资产总值减基金负债总额；基金负债包括以基金名义对外融资借款以及应付给投资者的分红、应付给基金管理人的经理费等。基金的报价理论上是由基金的价值决定的。基金单位净值高，基金的交易价格也高。具体而言，封闭式基金在二级市场上竞价交易，其交易价格由供求关系和基金业绩决定，围绕基金单位净值上下波动；开放式基金的柜台交易价格则完全以基金单位净值为基础，通常采用两种报价形式：认购价（卖出价）和赎回价（买入价）。

$$基金认购价 = 基金单位净值 + 首次认购费 \qquad 式（2-54）$$
$$基金赎回价 = 基金单位净值 - 基金赎回费 \qquad 式（2-55）$$

【例题2-37】某基金公司发行的是开放式基金，2011年的相关资料如表2-3所示。

表2-3　　　　　　　　　　某开放式基金的相关资料

项　目	年初	年末
基金资产账面价值（亿元）	100	150
负债账面价值（亿元）	30	40
基金资产市场价值（亿元）	150	200
基金单位（亿单位）	50	60

假设公司收取首次认购费，认购费为基金净值的5%，不再收取赎回费。

要求：

（1）计算年初的下列指标：基金净资产价值总额、基金单位净值、基金认购价、基金赎回价；

（2）计算年末下列指标：基金净资产总额、基金单位净值、基金认购价、基金赎回价。

解：

（1）计算年初的有关指标：

基金净资产价值总额 = 150 - 30 = 120（亿元）

基金单位净值 = 120 ÷ 50 = 2.4（元）

基金认购价 = 2.4 + 2.4 × 5% = 2.52（元）

基金赎回价 = 2.4 - 0 = 2.4（元）

（2）计算年末的有关指标：

基金净资产价值总额 = 200 - 40 = 160（亿元）

基金单位净值 = 160 ÷ 60 = 2.67（元）

基金认购价 = 2.67 + 2.67 × 5% = 2.8（元）

基金赎回价 = 2.67 - 0 = 2.67（元）

【本章小结】

本章主要讲解货币的时间价值和风险价值两个基本价值观念，以及债券、普通股、金融衍生工具等内在价值的估计问题。在介绍相关概念的基础上，着重阐述了复利终值和现值、各种年金终值和现值的计算方法以及风险的衡量、风险和报酬之间的关系、债券与普通股估值模型等基本理论问题。

货币的时间价值，是指货币经历一定时间的投资和再投资所增加的价值。是在没有投资风险和通货膨胀情况下的货币随时间的增值，也是货币的所有者让渡货币经营权而参与社会财富分配的一种形式。实务中，如果通货膨胀率很低的话，通常可将政府债券利率视同货币的时间价值。

风险是预期结果的不确定性。风险不仅包括负面效应的不确定性，还包括正面效应的不确定性。这种不确定性是客观存在的，不以投资人的意志为转移，因此是可以衡量的。但投资者是否去冒风险及冒多大风险，是可以选择的，是主观决定的。

风险价值是指投资者由于冒着风险进行投资而获得的超过货币时间价值的额外收益。可以用绝对数表示，即风险报酬额；也可以用相对数表示，即风险报酬率。在实务中，通常用相对数——风险报酬率表示。风险和报酬的基本关系是风险越高要求的报酬率越高。

债券的价值应等于持有债券期间未来可能获得的现金流量的现值。债券的估值公式因债券支付利息的方式和方法不同而各不相同。普通股的估值在本质上也是未来现金流的折现，但是由于普通股的未来现金流具有不确定性，股利是否支付，以及支付多少依赖于公司的股利政策，因此普通股的估值不同于债券与优先股。

本章的重点在于熟练掌握复利终值和现值、各种年金终值和现值的计算以及风险的衡量、风险价值的计算等方法。本章的难点在于如何深刻理解货币时间价值和风险价值的作用，牢固树立起时间价值和风险价值观念并将其贯穿于企业理财活动的始终。

【中英文对照专业名词及术语】

货币时间价值	Time Value of Money
终值	Future value
现值	Present value
普通年金	Ordinary Annuity
预付年金	Annuity Due
递延年金	Defered Annuity
永续年金	Perpetuity
终值系数	Future value Interest Factor
现值系数	Present value Interest Factor
风险报酬	Risk Premium
证券组合	Portfolio

复习思考题

1. 什么是货币的时间价值？货币的时间价值是怎样产生的？
2. 简述单利、复利、终值和现值的含义。

3. 什么是年金？如何分类？怎样计算？
4. 什么是风险？如何衡量？
5. 简述风险和报酬的关系。
6. 如何理解"时间价值和风险价值是财务管理中最重要的两个基本原则"？
7. 证券组合的作用是什么，如何计算证券组合的预期收益率和风险收益率？
8. β系数的定义是什么，它用来衡量什么性质的风险？
9. 债券的价值由什么决定？
10. 股利固定增长情况下，现金股利的增长率g能否大于贴现率r？

练习题

1. 某人在2008年1月1日存入银行1 000元，年利率为3%。
要求计算：
（1）每年复利一次，2010年1月1日存款账户余额是多少？
（2）每季度复利一次，2010年1月1日存款账户余额是多少？
（3）若1 000元，分别在2008年、2009年和2010年1月1日存入250元，仍按3%利率，每年复利一次，求2010年1月1日的余额？
（4）假定分4年存入相等金额，为了达到第一问所得到的账户余额，每期应存入多少金额？
（5）假定第三问为每季度复利一次，2010年1月1日余额是多少？
（6）假定第四问改为每季度复利一次，每年应存入多少金额？

2. 某公司拟购置一处房产，房主提出两种方案：
（1）从现在起，每年年初支付20万元，连续支付10次，共200万元。
（2）从第5年开始，每年年初支付25万元，连续支付10次，共250万元。
要求计算：
假设该公司的资金成本率（即最低报酬率）为8%，你认为该公司应选择哪个方案？

3. 甲投资者准备从证券市场购买A、B、C、D四种股票组成投资组合。已知A、B、C、D四种股票的β系数分别为1.5、1.8、2.5、3。现行国库券的收益率为5%，市场平均股票的收益率为12%。
要求：
（1）分别计算这四种股票的必要收益率；
（2）假设该投资者准备长期持有A股票。A股票当前的每股股利为6元，预计年股利增长率为5%，当前每股市价为35元。是否应该投资A股票？
（3）若该投资者按2:3:5的比例分别购买了A、B、C三种股票，计算该投资组合的β系数和预期收益率。
（4）若该投资者按1:2:2的比例分别购买了B、C、D三种股票，计算该投资组合的β系数和预期收益率。
（5）根据上述（3）和（4）的计算结果，如果该投资者想降低风险，应选择哪一投资组合？

4. 甲企业计划利用一笔长期资金投资购买股票。现有 M、N、L 公司股票可供选择，甲企业只准备投资一家公司股票。已知 M 公司股票现行市价为每股 3.5 元，上年每股收益为 0.2 元，股利支付率为 75%，假设留存收益均用于投资，新增投资报酬率为 24%；N 公司股票现行市价为每股 7 元，上年每股收益为 0.6 元，股利支付率为 100%，预期未来不增长；L 公司股票现行市价为 4 元，上年每股收益 0.4 元，股利支付率为 50% 不变，预计该公司未来 3 年净利润第 1 年增长 14%，第 2 年增长 14%，第 3 年增长 5%，第 4 年及以后将保持每年 2% 的固定增长率水平。甲企业所要求的投资必要报酬率为 10%。

要求：
（1）利用股票估价模型，分别计算 M、N、L 公司股票价值；
（2）代甲企业做出股票投资决策。

第三章
项目投资管理

【本章学习目的】通过本章学习,了解项目投资的概念及特点;理解现金流量的估算方法,掌握各种静态评价指标和动态评价指标的含义、计算、优缺点及其决策标准;熟练运用静态评价指标和动态评价指标进行项目投资决策。

【案例导引】

年产 400 万条子午线轮胎项目投资决策

海南有丰富的天然橡胶资源,随着中国汽车工业的迅速发展,轮胎工业成为海南特区重要的资源性支柱产业,当地政府在政策和土地使用等方面给予诸多优惠。金融机构看好轮胎项目,项目融资渠道宽广。在此背景下海南某公司拟上马年产 400 万条子午线轮胎项目。

决策小组首先分析了项目投资环境与建设条件;其次预测了国内外市场需求状况,认为子午线轮胎市场需求潜力巨大;再次根据市场需求结构特征确定了产品方案及生产规模;就生产工艺流程、设备选型、总体布局等技术工艺方案进行了论证,认为子午胎生产加工技术工艺在国外已处于成熟阶段,引进国外设备和技术难度不大。最后要对项目投资进行财务可行性论证,有关资料如下:

1. 项目计算期。项目计算期 20 年。其中,建设期 3 年,运营期 17 年。
2. 项目总投资估算。
(1) 建设投资总额为 161 723 万元,其中①建设期第一年发生建筑工程费 13 970 万元;②建设期第二年发生设备购置费 114 230 万元;③建设期第二年发生安装工程费 9 360 万元;④建设期第三年发生其他费用 15 203 万元;⑤建设期第三年发生预备费 8 960 万元。
(2) 流动资金投资:依据经营成本构成和生产经营周期,用分项详细估算法估算为 17 800 万元。其中,经营期第一年投入 10 800 万元,经营期第二年投入 7 000 万元。
(3) 资金筹措方案:本项目建设所需资金总额较大,拟通过申请贷款和项目业主单位自筹途径筹措解决。建设期资本化利息为 15 798.6 万元。
3. 正常生产经营年份每年销售收入 157 358 万元。
4. 正常生产经营年份项目每年营业税金及附加总额为 12 362.3 万元。海南特区优惠政策规定,企业的所得税税率为15%，且新办企业从获利年度起，享受"免二减三"优惠待遇。

5. 经营成本估算为每年 89 579 万元，固定资产运营期采用直线法折旧。流动资金投资在项目终结点一次收回。

6. 公司确定的财务基准收益率为15%。

请在学完本章内容后，为该公司编制项目投资现金量表，并从财务角度评价该投资项目是否可行。

第一节　项目投资概述

一、项目投资的概念

从特定企业角度看，投资就是企业为获取收益而向一定对象投放资金的经济行为。项目投资，是一种以特定建设项目为投资对象，直接与新建项目或更新改造项目有关的长期投资行为。它是对企业内部生产经营所需要的各种资产的投资，其目的是保持企业生产经营过程的连续及经营规模扩大。在企业的整个投资中，项目投资具有十分重要的地位。企业能否把筹集到的资金投放到收益高、回收快、风险小的项目上去，对企业的稳定与发展、未来盈利能力、长期偿债能力都有着重大影响。项目投资管理是通过分析与编制投资预算对投资项目进行的评价与决策。

二、项目投资的特点

项目投资一般具有以下特点：

（一）投资内容独特

项目投资与新建项目有关，新建项目按其内容可分为固定资产投资项目和完整工业投资项目。固定资产投资的特点是：在投资中只包括为取得固定资产而投入的垫支资本；完整工业投资项目则通常包括固定资产投资、无形资产投资、开办费投资和流动资金投资等内容。因此，每个项目投资都至少涉及一项形成固定资产的投资，但不能将项目投资简单地等同于固定资产投资。

（二）投资金额大

项目投资，特别是战略性投资一般都需要较多资金，百万元、千万元的项目已经比较常见，数亿元甚至数十亿元的项目也不足为奇，会耗费企业及其投资人多年的资金积累，在企业总资产中占有相当大的比重。

（三）影响时间长

项目投资发挥作用的时间长达几年、十几年甚至几十年，因此对企业未来长期的现金流量、财务状况和经济效益都将产生深远的影响，甚至对企业的前途和命运有着决定性的影响。

（四）变现能力差

长期投资项目一旦付诸实施，会在较长的期限发挥作用，改变其存在状态或功能相当困难。这是因为厂房和机器设备等固定资产及其他长期资产的用途不易改变，很难在一年或超过一年的一个营业周期内变现，往往需要几年、十几年甚至几十年才能收回投资。

（五）发生频率低

项目投资一般发生频次较低，特别是大规模的具有战略意义的扩大生产能力投资一般要几年甚至十几年才发生一次，这就要求企业财务管理人员对此进行慎之又慎的可行性研究。

（六）投资风险高

由于项目投资的金额大、影响时间长、变现能力差，投资活动会受到多种不确定因素的影响，未来盈利就具有不确定性，因此其投资风险比较大。再加上固定资产本身存在着有形损耗和无形损耗，其使用效益逐年递减，也加大了项目投资的风险性。项目的风险包括三个层次：项目的特有风险（指项目本身成功或失败的风险；预期收益率波动的风险）、项目的公司风险（指项目给公司带来的风险）、项目的市场风险（指新项目给股东带来的系统风险）。

三、项目投资的一般程序

项目投资作为企业重要决策的组成部分，其制定和实施需要经过一个完整的过程。项目投资的程序一般应包括以下步骤：

（一）提出投资项目

企业各个部门、各个级别的管理人员都可以提出新的投资项目。通常，企业的高层领导提出战略性投资项目，由生产、市场、财务、物资等部门参与共同论证；企业各级管理部门和相关部门领导提出战术性投资项目，由提出部门进行可行性论证。

（二）评价投资项目

企业投资项目评价的主要步骤有：
1. 对提出的投资项目进行适当分类，为分析评价做好准备；
2. 确定项目计算期，预测项目的现金流入量、现金流出量和现金净流量；
3. 评估项目风险，根据风险的大小确定对期望未来现金流量进行折现时的必要报酬率；
4. 运用各种投资评价指标，把各项投资按可行程度进行排序；
5. 写出详细的评价报告，呈递有关部门批准。

(三) 对投资项目进行决策

评价投资项目后，公司决策当局要做出接受项目或拒绝项目或要求重新论证的决策。一般来讲，投资额较小的项目，中层经理拥有决策权；投资额较大的项目一般由企业高层管理人员做出决策；特别重大的项目投资还需要报董事会或股东大会批准。

(四) 执行投资项目

即具体实施项目投资。在投资项目的执行过程中，要对工程进度、工程质量、施工成本和工程概预算进行监督、控制和审核，确保工程质量，保证按时完成。

(五) 再评价投资项目

在投资项目的执行过程中，应注意原来做出的投资决策是否合理、是否正确。一旦出现新的情况，就要随时根据变化后的情况做出新的评价和调整。如果情况发生重大变化，原来投资决策已变得不合理，那么就要考虑是否终止投资或怎样终止投资，以避免更大的损失。

四、项目投资决策的影响因素

项目投资决策是指特定投资主体根据其经营战略和方针，由相关管理人员确定投资目标、拟订投资方向、选择投资方案的过程。一般而言，项目投资决策主要考虑以下因素：

(一) 需求因素

需求情况可以通过考察投资项目投产后预计产品的各年营业收入的水平来反映。如果项目的产品不适销对路，或质量不符合要求，或产能不足，都会直接影响其未来的市场销路和价格的水平。其中，产品是否符合市场需求、质量应达到什么标准，取决于对未来市场的需求分析和工艺技术所达到水平的分析；而产能情况则直接取决于工厂布局是否合理、原材料供应是否有保证，以及对生产能力和运输能力的分析。

(二) 时期因素（项目计算期的构成）

项目计算期是指投资项目从投资建设开始到最终清理结束整个过程的全部时间，包括建设期和运营期。其中建设期是指项目资金正式投入开始到项目建成投产为止所需要的时间，建设期的第一年年初称为建设起点，建设期的最后一年年末称为投产日。从投产日到终结点之间的时间间隔称为运营期，运营期一般应根据项目主要设备的经济使用寿命期确定。项目计算期的最后一年年末称为终结点，如图3-1所示。

(三) 时间价值因素

项目投资决策涉及不同时点上的货币收支，要考虑时间价值因素，将项目计算期不同时点上的货币量，按照一定的折现率换算成某一共同时点上的货币量，计算出相关的动态评价指标，才便于比较分析。折现率可以是拟投资项目所在行业的权益资本必要收益率、加权平

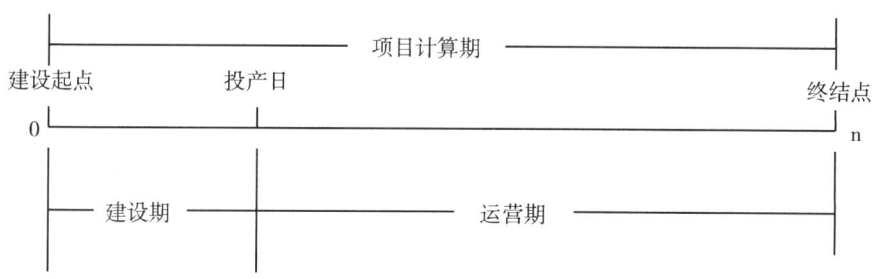

图 3-1 项目计算期示意

均资金成本、社会的投资机会成本、国家或行业主管部门定期发布的行业基准资金收益率。

（四）成本因素

企业需综合考虑项目的工艺、技术、生产和财务等条件，通过开展相关的专业分析确定项目投资的成本因素。成本因素包括投入和产出两个阶段的广义成本费用。投入阶段的成本是由建设期和运营期初期所发生的原始投资所决定的。原始投资（又称初始投资）等于企业为使该项目完全达到设计生产能力、开展正常经营而投入的全部现实资金，包括建设投资和流动资金投资两项内容。原始投资与建设投资期资本化利息之和就是项目总投资额，项目总投资反映了项目投资的总体规模。产出阶段广义的成本费用还包括运营期发生的经营成本、营业税金及附加和企业所得税。

（五）风险因素

项目投资决策涉及的时间较长，面临的不确定性因素较多，因而也不同程度上存在着"风险"，如何处置风险是一个很复杂的问题，必须小心谨慎，周密考虑，并采用一定的方法对可能包含的风险程度进行估量。

第二节 现金流量的估测

一、现金流量的概念

现金流量是指由于投资某一项目所引起的现金流入量和现金流出量的总称。这里的"现金"是广义的现金，它既可以是各种货币资金，也可以是项目所需的非货币资源的变现价值。

现金流入量是指由于投资项目而引起的企业现金收入的增加额；现金流出量是指由于投资项目而引起的企业现金支出的增加额；净现金流量则是一定时期内现金流入量减去现金流出量的差额。

项目投资决策中的现金流量，从时间特征上看包括"初始现金流量"、"营业现金流量"、"终结现金流量"三个组成部分。

初始现金流量是指开始投资时发生的现金流量，一般包括固定资产投资、无形资产投资、开办费投资、流动资金投资等。

营业现金流量指投资项目投入使用后，在其寿命周期内由于生产经营所带来的现金流入和流出的数额。

终结现金流量是指投资项目完成时所发生的现金流量，主要包括：固定资产的残值收入或变价收入、收回垫支的流动资金等。

二、现金流量的内容

在项目投资决策中，要站在项目投资者的立场上分析建设项目的现金流出量和现金流入量。

（一）现金流出量

现金流出量主要包括以下五个部分：

1. 建设投资。指建设期内按一定生产经营规模和建设内容进行的投资，是建设期发生的主要现金流出量。主要包括固定资产投资、无形资产投资和其他资产的投资及预备费。

建设投资＝形成固定资产的费用＋形成无形资产的费用＋形成其他资产的费用＋预备费

其中：形成固定资产的费用是项目直接用于购置或安装固定资产发生的投资，具体包括：建筑工程费、设备购置费、安装工程费和固定资产其他费用。

形成无形资产的费用是指项目直接用于取得专利权、商标权、非专利技术、土地使用权和特许权等无形资产而发生的投资。

形成其他资产的费用包括生产准备费和开办费两项内容。生产准备费是指新建项目为确保投产初期进行必要生产准备而应发生的费用；开办费是指在企业筹建期发生的、不能计入固定资产和无形资产、也不属于生产准备费的各项费用。

预备费又称不可预见费，是指在可行性研究中难以预料的投资支出。包括基本预备费和涨价预备费。

2. 流动资金投资。指项目投产后分次或一次投放于营运资金项目的投资增加额，又称垫支流动资金。包括对原材料、在产品、产成品和货币资金等流动资产的垫支。这些资金投入使用后，便随着企业的生产经营活动进行周而复始地循环周转，直到项目终结时才能收回。

3. 经营成本。经营成本又被称为付现的营运成本，简称付现成本，指为满足正常生产经营需要而付出现实货币资金的成本费用，是生产经营阶段上最主要的现金流出量项目。由于与固定资产、无形资产和开办费等长期资产的价值转移有关的项目，不需要动用现实的货币资金，是非现金流出的部分，因此投资项目某年的经营成本是当年的总成本费用（不含财务费用）扣除该年折旧额、无形资产的摊销额后的差额。具体包括外购原材料、燃料动力费、职工薪酬费、修理费以及从管理费用和销售费用中进行相关扣除以后的剩余部分。

某年经营成本＝该年外购原材料、燃料和动力费＋该年职工薪酬费
＋该年修理费＋该年其他费用

或： 某年经营成本＝该年不包括财务费用的总成本费用－该年折旧额
－该年无形资产和其他资产的摊销额

注意：总成本费用不包括固定性的财务费用，也不包括变动性的财务费用。因为利息属于筹资活动需要考虑的因素，不视作经营活动中经营成本的构成部分，所以将财务费用排除在计算考虑之外。

4. 各项税款。指项目投产后依法缴纳的单独列示的营业税金及附加、所得税等。营业税金及附加包括营业税、消费税、土地增值税、资源税、城市维护建设税和教育费附加。

5. 其他现金流出。指不包含在上述内容中的现金流出项目。如为维持正常运营而需要在运营期追加的投资额，即维持运营投资。

（二）现金流入量

现金流入量是指投资项目在整个投资和回收过程中发生的各项现金收入。其主要包括以下三个部分：

1. 营业收入。指项目投产后每年实现的全部销售收入或业务收入，它是投资项目主要的现金流入量。一般根据产品的预计销量与预计单价进行计算。

2. 固定资产报废时回收的残值。即投资项目终结点所收回的固定资产清理净值，它通常是一次性收入，其金额等于该主要固定资产的原值与法定净残值率的乘积。

3. 回收的流动资金。主要指新建项目在项目计算期终结点回收的原垫付的全部流动资金投资额。当项目处于终结点时，所有垫付的流动资金都将退出周转，收回移作他用，因而构成企业在当年的一项重要的现金流入。终结点一次回收的流动资金等于各年垫支的流动资金投资额的合计数。

4. 其他现金流入。指不包含在上述内容中的现金流入项目，如运营期按政策退还的增值税，按销量或工作量分期计算的定额补贴和财政补贴等。

（三）净现金流量（NCF）

净现金流量是指一定时期某投资项目每年现金流入量与同年现金流出量之间的差额。其计算公式为：

某年净现金流量(NCF)＝该年现金流入量－该年现金流出量

建设期的净现金流量一般为负或等于0；运营期内，既会发生现金流入，也会发生现金流出，并且一般流入大于流出，净现金流量多为正。

三、净现金流量的确定

确定建设项目净现金流量的方法有列表法和简化方法。列表法是指企业无论在什么情况下都通过编制现金流量表来确定项目净现金流量的方法，又称一般方法；公式法是指在特定

条件下直接利用公式来确定项目净现金流量的方法。

(一) 列表法

项目投资现金流量表要根据项目计算期内每年预计发生的具体现金流入量与同年现金流出量逐年编制。同时还要具体、详细列示各年所得税前净现金流量、累计所得税前净现金流量、各年所得税后净现金流量和累计所得税后净现金流量。

项目投资决策中的现金流量表与财务会计中的现金流量表相比，在形式上存在一些差别，见表3-1。

表3-1　　　　　　　　　　两种现金流量表的区别

不同点	项目投资决策中的现金流量表	财务会计中的现金流量表
反映对象	反映特定投资项目的现金流量	反映某一企业的现金流量
期间特征	在时间上横跨整个项目计算期，包括建设期和运营期	一个会计年度
表格结构	包括表格部分和指标部分，其中表格部分只包括现金流入量、现金流出量和净现金流量三大项内容	包括主表和补充资料，其中主表包括经营活动、筹资活动、投资活动产生的现金流量等六大项，补充资料包括三部分
勾稽关系	表现在各年现金流量具体项目与现金流量合计之间的关系上	现金及现金等价物净增加额 = 现金流入小计 - 现金流出小计 = 三项活动产生的现金流量净额与汇率变动影响之和 = 现金及现金等价物的期末、期初余额之差
信息属性	信息数据多为预计的未来数据	必须是真实的历史数据

(二) 公式法 (新建投资项目)

1. 建设期某年净现金流量 = - 该年原始投资额

原始投资 = 建设投资 + 流动资金投资

2. 运营期某年所得税前净现金流量的计算。先假设不考虑流动资金投资和回收额，则：

运营期某年所得税前净现金流量

= 该年营业收入 - 该年经营成本 - 该年营业税金及附加

= 该年营业收入 - (该年不含财务费用的总成本费用 - 该年折旧额 - 该年摊销额)

 - 该年营业税金及附加 = 该年营业收入 - 该年不含财务费用的总成本费用

 - 该年营业税金及附加 + 该年折旧额 + 该年摊销额 = 该年息税前利润 + 该年折旧额

 + 该年摊销额

其中：息税前利润 = 该年营业收入 - 该年不含财务费用的总成本费用

－该年营业税金及附加

再将流动资金投资和回收额考虑进去，则有：

运营期某年所得税前净现金流量＝该年息税前利润＋该年折旧额＋该年摊销额
＋该年回收额－该年流动资金投资

3. 运营期某年所得税后净现金流量
＝该年所得税前净现金流量－该年调整所得税

投资项目一般应站在企业角度计算"项目投资现金流量"，因此，在计算税后净现金流量时，应在税前净现金流量的基础上减除"调整所得税"（息税前利润×所得税税率），而不是减除"企业所得税"（利润总额×所得税税率）。

下面举例说明这两种计算方法。

【例题 3 – 1】 企业拟建 A 项目，建设期 2 年，在建设起点投入固定资产 600 万元，在建设期末投入无形资产 80 万元，并垫支流动资金 100 万元。预计项目使用寿命为 8 年，期末固定资产净残值为 40 万元，按直线法计提折旧。无形资产投资在运营期内平均摊销，流动资金于终结点一次收回。项目投产后第 1～5 年每年预计外购原材料、燃料和动力费为 100 万元，职工薪酬费为 75 万元，修理费 10 万元，其他费用 15 万元；第 6～8 年每年不包括财务费用的总成本费用为 300 万元。投资项目投产后第 1～5 年每年预计营业收入（不含增值税）为 430 万元，第 6～8 年每年预计营业收入（不含增值税）为 610 万元，投产后第 1～5 年每年的营业税金及附加 50 万元，第 6～8 年每年的营业税金及附加为 75 万元，A 企业适用的所得税税率为 25%。

要求：采用列表法计算该项目各年的净现金流量。

解：项目使用寿命为 8 年，即运营期 8 年，项目计算期 ＝ 2 ＋ 8 ＝ 10（年）。

第一步，列表计算所得税前净现金流量，见表 3 – 2。

第二步，列表计算调整所得税，见表 3 – 3。

其中：固定资产年折旧额 $= \dfrac{600-40}{8} = 70$（万元）

无形资产摊销额 $= \dfrac{80}{8} = 10$（万元）

第三步，列表计算各年税后净现金流量，见表 3 – 2。

表 3 – 2　　　　　　　　　　　　项目投资现金流量　　　　　　　　　单位：万元

项　目	建设期			运营期							
	0	1	2	3	4	5	6	7	8	9	10
现金流入量											
营业收入				430	430	430	430	430	610	610	610
回收固定资产残值											40
回收垫支流动资金											100

续表

项 目	建设期			运营期							
	0	1	2	3	4	5	6	7	8	9	10
现金流出量											
建设投资	600		80								
流动资金投资			100								
付现成本				200	200	200	200	200	220	220	220
营业税金及附加				50	50	50	50	50	75	75	75
所得税前净现金流量	-600	0	-180	180	180	180	180	180	315	315	455
调整所得税				25	25	25	25	25	58.75	58.75	58.75
所得税后净现金流量	-600	0	-180	155	155	155	155	155	256.25	256.25	396.25

表3-3　　　　　　　　　　　调整所得税的计算　　　　　　　　　　单位：万元

项 目	年 份							
	3	4	5	6	7	8	9	10
营业收入（1）	430	430	430	430	430	610	610	610
付现成本（2）	200	200	200	200	200	220	220	220
折旧额（3）	70	70	70	70	70	70	70	70
摊销额（4）	10	10	10	10	10	10	10	10
不含财务费用的总成本费用（5）=(2)+(3)+(4)	280	280	280	280	280	300	300	300
营业税金及附加（6）	50	50	50	50	50	75	75	75
息税前利润（7）=(1)-(5)-(6)	100	100	100	100	100	235	235	235
调整所得税(8)=(7)×25%	25	25	25	25	25	58.75	58.75	58.75

【例题3-2】 资料见［例题3-1］。

要求：采用公式法计算项目计算期内各年净现金流量。

解：(1) 计算原始投资额。

原始投资额 = 建设投资 + 流动资金投资

＝(形成固定资产的费用 + 形成无形资产的费用 + 形成其他资产的费用 + 预备费) + 流动资金投资

＝(600 + 80 + 0 + 0) + 100 = 780（万元）

（2）计算投产后各年的经营成本。

投产后第 1~5 年每年经营成本 = 该年外购原材料燃料和动力费 + 该年职工薪酬 + 该年修理费 + 该年其他费用 = 100 + 75 + 10 + 15 = 200（万元）

投产后第 6~8 年每年的经营成本 = 该年不包括财务费用的总成本费用 – 该年折旧额 – 该年无形资产和其他资产的摊销额 = 300 – 70 – 10 = 220（万元）

（3）计算投产后各年息税前利润。

已知投产后第 1~5 年每年的营业税金及附加为 50 万元

投产后第 6~8 年每年的营业税金及附加为 75 万元

投产后各年息税前利润 = 该年营业收入 – 该年不含财务费用的总成本费用 – 该年营业税金及附加

投产后第 1~5 年每年的息税前利润 = 430 –（200 + 70 + 10）– 50 = 100（万元）

投产后第 6~8 年每年的息税前利润 = 610 – 300 – 75 = 235（万元）

（4）计算投产后各年的调整所得税。

某年调整所得税 = 该年息税前利润 × 所得税税率

投产后第 1~5 年每年的调整所得税 = 100 × 25% = 25（万元）

投产后第 6~8 年每年的调整所得税 = 235 × 25% = 58.75（万元）

（5）计算项目计算期内各年所得税前的净现金流量（NCF）。

建设期净现金流量 = – 原始投资额

运营期净现金流量 = 该年息税前利润 + 该年折旧额 + 该年摊销额 + 该年回收额

NCF_0 = –600 万元　NCF_1 = 0　NCF_2 = –（80 + 100）= –180（万元）

$NCF_{3~7}$ = 100 + 70 + 10 + 0 = 180（万元）

$NCF_{8~9}$ = 235 + 70 + 10 + 0 = 315（万元）

NCF_{10} = 235 + 70 + 10 +（40 + 100）= 455（万元）

（6）计算项目计算期内各年所得税后的净现金流量。

NCF_0 = –600（万元）　NCF_1 = 0　NCF_2 = –（80 + 100）= –180（万元）

某年所得税后净现金流量 = 该年所得税前净现金流量 – 该年调整所得税

$NCF_{3~7}$ = 180 – 25 = 155（万元）

$NCF_{8~9}$ = 315 – 58.75 = 256.25（万元）

NCF_{10} = 455 – 58.75 = 396.25（万元）

第三节　评价指标的选择

在财务管理的项目投资决策中，独立方案是一组互相分离、互不排斥的方案，即选择某一方案并不排斥选择另一方案。互斥方案是互相关联、互相排斥的方案。即采纳某一方案，会自动排斥一组方案中的其他方案，只能选其一。用于评价项目投资方案的财务可行性，作为多种方案比较与决策的量化标准与尺度，称为评价指标。

评价指标按其是否考虑货币时间价值,可分为静态评价指标和动态评价指标。前者是指在计算过程中不考虑资金时间价值因素的指标,包括投资收益率和静态投资回收期;后者是指在计算过程中充分考虑和利用货币时间价值因素的指标,包括动态投资回收期、净现值、净现值率、现值指数和内含报酬率。

评价指标按其性质不同,可分为正指标和反指标。正指标是在一定范围内越大越好的指标,反指标是在一定范围内越小越好的指标。投资收益率、净现值、净现值率、现值指数和内含报酬率属于正指标,静态投资回收期属于反指标。

评价指标按其在决策中的重要性,可分为主要指标、次要指标和辅助指标。净现值、现值指数、内含报酬率等为主要指标;静态投资回收期为次要指标;投资收益率为辅助指标。

一、静态评价指标

(一) 静态投资回收期

静态投资回收期是指在不考虑货币时间价值的情况下,收回全部投资额所需要的时间,通常以年来表示。在确定投资回收期时以净现金流量作为偿还金额,当累计净现金流量为 0 时,投资予以回收。

在计算投资回收期的过程中有下列情况:

1. 列表计算"累计净现金流量",在"累计净现金流量"栏上可以直接找到 0,那么该 0 所对应的年份即为所求的包括建设期的投资回收期。

【例题 3-3】如果某项目的净现金流量如表 3-4 所示。

表 3-4　　　　　　　　　　某项目现金流量　　　　　　　　　　单位:万元

年　份	0	1	2	3	4	5
净现金流量	-120	-30	75	75	60	50
累计净现金流量	-120	-150	-75	0	60	110

从表中可知,从建设起点开始计算累计净现金流量,使累计净现金流量为 0 的时间是第 3 年,那么,静态投资回收期为 3 年。注意这里的投资回收期包含了建设期。

2. 列表计算"累计净现金流量",在"累计净现金流量"一栏找不到 0,那么采用下列公式计算:

$$投资回收期 = 最后一项为负值的累计净现金流量对应的年份 + \frac{最后一项为负值的累计净现金流量的绝对值}{下一年净现金流量}$$

【例题 3-4】根据[例题 3-1]项目的所得税后净现金流量如表 3-5 所示。

表 3-5　　　　　　　　　　　某项目现金流量　　　　　　　　　单位：万元

年份	0	1	2	3	4	5	6	7	8	9	10
净现金流量	-600	0	-180	155	155	155	155	155	256.25	256.25	256.25
累计净现金流量	-600	-600	-780	-625	-470	-315	-160	-5	251.25	507.5	763.75

从表中可知，使累计净现金流量为 0 的时间在第 7 年与第 8 年之间，最后一项为负值的累计净现金流量所对应的年份是第 7 年。

包括建设期的静态投资回收期（所得税后）= $7 + \frac{|-5|}{256.25} = 7.02$（年）

不包括建设期的静态投资回收期（所得税后）= $7.02 - 2 = 5.02$（年）

3. 如果某投资项目满足以下条件：投资集中发生在建设期内；投产后前若干年每年的净现金流量相等；这些年内的经营净现金流量之和大于或等于原始总投资，则可以直接用公式：

$$静态投资回收期（P_s）= \frac{原始投资额}{每年相等的净现金流量}$$

注意这里的投资回收期是不含建设期的投资回收期。

【例题 3-5】 根据［例题 3-1］项目的所得税前净现金流量如表 3-6 所示。

表 3-6　　　　　　　　　　　某项目现金流量　　　　　　　　　单位：万元

年份	0	1	2	3	4	5	6	7	8	9	10
净现金流量	-600	0	-180	180	180	180	180	180	315	315	455

试计算该项目的静态投资回收期。

从该公司净现金流量可知，该项目运营期前 5 年的经营净现金流量相等，并且 $180 \times 5 > 780$，所以可以采用公式计算其静态投资回收期：

不包括建设期的静态投资回收期（所得税前）= $780 \div 180 = 4.33$（年）

包括建设期的静态投资回收期（所得税前）= $4.33 + 2 = 6.33$（年）

决策标准：

（1）对于独立方案，将计算的项目投资回收期与预先确定的基准投资回收期比较，当项目的投资回收期≤基准投资回收期时，方案可行；当项目的投资回收期＞基准投资回收期时，方案不可行。

（2）对于互斥的投资方案，其决策过程分两步进行：首先将计算的项目投资回收期与基准投资回收期比较，若项目的投资回收期≤基准投资回收期，方案可行；若项目投资回收期＞基准投资回收期，方案不可行。然后，在各可行方案中，选择投资回收期最短的方案。

静态投资回收期的优点是：计算简便，易于理解。其缺点是：没有考虑货币的时间价值；没有考虑回收期满后的现金流量的状况，可能导致决策者优先考虑急功近利的投资项目。例如，目前有 A、B 两个投资项目。A 项目的初始投资是 100 万元，寿命期总共 4 年，每年的现金流量都是 50 万元，A 的回收期是 2 年。B 项目的初始投资也是 100 万元，假设寿命期也是 4 年，前 2 年每年的现金流量是 50 万元，后两年每年的现金流量是 100 万元。两个方案静态投资回收期一样，但明显 B 项目要比 A 项目好，因为 B 项目回收期满后的净现金流量高于 A 项目，但静态投资回收期无法揭示回收期以后继续发生的现金流量的变动情况，它考虑的净现金流量只是小于或等于原始投资额的部分，没有考虑其大于原始投资额的部分，不能完全反映投资的盈利程度，无法说明项目的投资收益率。

静态投资回收期一般只适用于对几个备选方案的初步评价，不宜据此做出决策。在实际工作中，它通常与净现值、内含报酬率等动态评价指标结合起来加以应用。

（二）投资收益率

投资收益率又称投资报酬率，是指投资项目正常生产年份每年平均的息税前利润与投资额之间的比率。该指标反映每 100 元投资所带来的年均息税前利润。一般而言，投资收益率越高，说明投资效果越好；投资收益率越低，说明投资效果越差。投资收益率一般以百分比表示，其公式为：

$$投资收益率 = \frac{年均息税前利润}{投资总额} \times 100\%$$

决策标准：投资收益率是一个非折现的正指标，采用投资收益率评价投资项目可行性的判断标准是：（1）对于独立方案，只需将计算的投资收益率与预先确定的基准投资收益率进行比较：若计算的投资收益率大于基准投资收益率，则该投资方案可行；若计算的投资收益率小于基准投资收益率，则该投资方案不可行。（2）对于互斥投资方案，首先将各方案所计算的投资收益率与预先确定的基准投资收益率进行比较，选出各可行方案，然后在各可行方案中，选择投资收益最高者。

【例题 3-6】某公司拟建一条生产线，有 A、B 两个投资方案，基本情况如表 3-7 所示，假设无风险投资收益率为 3%，该公司应该选择哪个方案？

表 3-7　　　　　　　　　　　　投资方案资料　　　　　　　　　　　　单位：万元

项目 年度	A 方案		B 方案	
	投资额	息税前利润	投资额	息税前利润
第一年	3 000	126	4 000	140
第二年		126		136
第三年		126		135
第四年		126		125
第五年		126		122

A 方案的投资收益率 = 126 ÷ 3 000 = 4.2%

B 方案年均息税前利润 = (140 + 136 + 135 + 125 + 122) ÷ 5 = 131.6（万元）

B 方案的投资收益率 = 131.6 ÷ 4 000 = 3.29%

通过计算可知，A、B 两方案的投资收益率都大于 3%，因此均属可行方案。其中 A 方案的投资收益率大于 B 方案的投资收益率。如果该企业采用投资收益率进行决策，则应该选择 A 方案。

投资收益率的优缺点：投资收益率与投资回收期一样具有简明、易于计算的优点；以息税前利润作为计算基础，所需资料易于收集。但它没有考虑货币时间价值，不能反映建设期长短、现金流量大小及投资方式差异对项目的影响，忽略了现金流量的时间分布，也不能说明投资项目的可能风险。

基于上述局限性，投资收益率只能用于投资项目经济效益的初步评估，或者用于投资后项目间经济效益的比较，而不宜作为投资决策的主要依据。

二、动态评价指标

（一）动态投资回收期

动态投资回收期是在考虑货币时间价值的情况下，收回全部投资额所需要的时间。首先要将各年的净现金流量进行折现，然后采取前述投资回收期的计算方法计算该项目的折现投资回收期。

【例题 3-7】根据 [例题 3-4] 的有关资料，假设折现率为 10%，要求计算动态投资回收期。

解：计算该项目折现的现金流量如表 3-8 所示。

表 3-8　　　　　　　　　折现现金流量计算表　　　　　　　　　单位：万元

年　份	净现金流量	复利现值系数	折现现金流量	累计折现现金流量
0	-120	1.000	-120	-120
1	-30	0.9091	-27.273	-147.273
2	75	0.8264	61.98	-85.293
3	75	0.7513	56.3475	-28.9455
4	60	0.6830	40.98	12.0345
5	50	0.6209	31.045	43.0795

根据投资回收期的计算公式有：

$$动态投资回收期 = 3 + \frac{|-28.9455|}{40.98} = 3.71（年）$$

决策标准：动态投资回收期的择优原则与静态投资回收期相同。

动态投资回收期考虑了货币时间价值，能反映各期净现金流量高低的影响，有助于促使企业压缩建设期，提前收回投资，所以它优于静态投资回收期指标。但它仍然无法揭示回收期以后现金流量的变动情况，有一定的局限性。动态投资回收期只适用于项目优劣的初步判断。

（二）净现值

由于项目投资方案未来的现金流入量和现金流出量发生在不同时期，根据货币时间价值的观念，不同时期的货币具有不同的价值，只有将它们统一在同一个"时点"上（即原始投资的时间）才可相互对比。净现值（Net Present Value，NPV）是投资方案在项目计算期内，未来各年净现金流量按照折现率折算的现值之和。其计算公式为：

$$NPV = \sum_{t=0}^{n}（第 t 年的净现金流量 \times 第 t 年的复利现值系数）$$

净现值法所依据的原理是：假定项目的原始投资是按资金成本率借入的，当净现值为正数时，项目的收益在偿还本息后还有剩余；当净现值为零时，该项目的收益只能偿还本息；当净现值为负数时，该项目的收益不足以偿还本息。资金成本率是投资人要求的最低报酬率，净现值为正数表明项目可以满足投资人的最低要求。

在实际工作中，由于长期投资方案的未来报酬往往会出现一些复杂情况，故其"净现值"（NPV）的计算一般可按以下步骤进行：

(1) 计算出各年净现金流量。

(2) 将各年的"净现金流量"折成现值。若各年净现金流量相等，按年金现值系数折算成现值；如各年净现金流量不等，则需分别按普通复利现值系数折算成现值。

(3) 最后加总各期净现金流量的现值，即得到该投资项目的净现值。

【例题3-8】和平公司有两个投资方案可供选择（见表3-9），其原始投资额均为400万元，但建设期不同，正的净现金流量均为750万元，但分布情况不同。企业以行业基准资金收益率10%为折现率。要求采用净现值法进行决策。

表3-9　　　　　　　　　投资方案净现金流量表　　　　　　　　　单位：万元

方案	年份					
	0	1	2	3	4	5
甲方案净现金流量	-300	-100	230	160	200	160
乙方案净现金流量	-400	150	150	150	150	150

解：甲方案各年净现金流量不等，则需分别按普通复利折成现值。先按企业设定的折现率，将投资项目各期所对应的复利现值系数通过查表确定下来，用各期净现金流量与其对应的复利现值系数相乘计算出现值，然后加总（见表3-10）。

表 3-10　　　　　　　　　　折现现金流量计算　　　　　　　　　　单位：万元

年　份	净现金流量	复利现值系数（10%）	折现现金流量
0	-300	1.000	-300
1	-100	0.9091	-90.91
2	230	0.8264	190.072
3	160	0.7513	120.208
4	200	0.6830	136.6
5	160	0.6209	99.344

$NPV_甲 = -300 - 100 \times 0.9091 + 230 \times 0.8264 + 160 \times 0.7513 + 200 \times 0.683 + 160 \times 0.6209$
$= 155.314$（万元）

乙方案可运用年金的方法计算净现值。

$NPV_乙 = -400 + 150 \times (P/A, 10\%, 5)$
$= -400 + 150 \times 3.7908 = 168.62$（万元）

甲、乙方案的净现值均为正数，说明两方案的报酬率均超过10%，因而两方案均有可行性。但甲方案的净现值小于乙方案的净现值，若它们为互斥方案，在没有资金限制的情况下，应选择乙方案。

净现值是折现的绝对值正指标，其经济意义是投资方案折现后的净收益。采用净现值评价投资项目的标准如下：

（1）独立方案，若净现值为大于0，说明该投资项目的报酬率大于预定的折现率，则项目可行；如净现值为负数，说明投资项目的报酬率小于预定的折现率，则项目不可行。

（2）对多项互斥方案进行决策时，如果没有资金方面的限制，应以净现值最大者为最优。

净现值指标的优点：

（1）考虑了货币时间价值，增强了投资经济评价的实用性；
（2）完整考虑项目计算期内全部现金流量，体现了流动性与收益性的统一；
（3）考虑了投资风险，可以通过提高折现率控制投资项目的风险。

净现值指标的缺点：

（1）净现值是一个绝对数，不能从动态的角度直接反映投资项目的实际收益率。在选择互斥性投资方案时，若投资额相差悬殊，仅用净现值有时无法判断投资项目的优劣；因为，投资额大、净现值也大的方案不一定是最优方案。所以，在各方案原始投资不同的情况下，单纯考察净现值的绝对量不一定能够做出正确的评价。

（2）净现值的计算需要准确的预测净现金流量，合理选择折现率，而实际上净现金流量的预测和折现率的选择都比较困难。

（3）净现值的计算量较大。

（三）净现值率

净现值率是指投资项目的净现值占原始投资现值总和的百分比指标（可以记作 NPVR）。计算公式为：

$$NPVR = \frac{投资项目的净现值}{原始投资的现值合计} \times 100\%$$

决策的判断标准：当净现值率 NPVR≥0，则项目可行；当净现值率 NPVR<0，则项目不可行。

净现值率指标的优点是：考虑了货币时间价值；可以动态反映投资项目的资金投入与产出之间的关系；如果已知净现值，净现值率的计算过程比较简单。净现值率的缺点是不能直接反映投资项目的实际收益率。

【例题3-9】根据表3-9的数据和［例题3-8］的计算结果，确定甲、乙方案的净现值率。

$$NPVR_{甲} = \frac{155.314}{300 + 100 \times 0.9091} = 0.397$$

$$NPVR_{乙} = \frac{168.62}{400} = 0.422$$

甲、乙方案的净现值率均大于0，均可以投资，如果它们是互斥方案，乙方案略好一些。

（四）现值指数

现值指数亦称获利指数（Profitability Index，PI），是指未来现金流入量的现值之和与现金流出量的现值的比率，用公式表示为：

$$PI = \frac{现金流入量的现值}{现金流出量的现值}$$

从净现值率和现值指数的定义可知这两个指标存在以下关系：PI = 1 + NPVR。

【例题3-10】根据表3-9的数据，计算甲、乙方案的现值指数。

$$PI_{甲} = \frac{230 \times 0.8264 + 160 \times 0.7513 + 200 \times 0.683 + 160 \times 0.6209}{300 + 100 \times 0.9091} = 1.397$$

$$PI_{乙} = \frac{150 \times (P/A, 10\%, 5)}{400}$$

$$= \frac{150 \times 3.7908}{400} = 1.422$$

投资方案的现值指数可以看成是1元原始投资可望获得的现值净收益。甲方案现值指数1.397，说明甲方案1元投资获得0.397元现值净收益；或者说甲方案用股东1元钱为他们创造了0.397元财富。乙方案1元投资获得0.422元现值净收益；或者说乙方案用股东1元钱为他们创造了0.422元财富。如果某投资方案的现值指数为0.75，则表示1元投资净损失

0.25元。

现值指数的判断标准：如果 PI≥1，则该投资项目可行；如果 PI<1，则该投资项目不可行。如果几个投资项目的现值指数都大于1，那么现值指数越大，投资项目越好。

本例中，甲、乙方案的现值指数均大于1，根据判断标准，甲、乙均可行。如果它们是互斥方案，比较而言，乙方案略好一些。

现值指数的优点：现值指数是相对数，反映投资的效率，可以从动态的角度反映投资项目的资金投入与总产出之间的关系，可以解决净现值在投资额不同的项目之间缺乏可比性的问题，便于不同投资额的项目之间的比较。

现值指数的缺点：不能直接反映投资项目的实际收益率；比净现值率的计算过程复杂。在实务中通常并不要求直接计算现值指数，可在净现值率的基础上推算出来。

（五）内含报酬率

内含报酬率（Internal rate of return，IRR）又叫内部收益率，指投资方案在项目计算期内，各年净现金流量的现值之和等于0时的折现率，其实质就是使投资方案的净现值等于0的折现率。即：

$$NPV = \sum_{t=0}^{n} \frac{NCF_t}{(1+IRR)^t} = 0$$

内含报酬率是项目本身的投资报酬率，可以反映投资方案的实际收益率。当投资方案未来的净现金流入量之和等于原投资额时，内含报酬率等于0，说明投资刚好收回但没有带来任何盈利；当投资方案未来的净现金流入量之和小于原投资额时，内含报酬率小于0，说明资金投入以后，不仅没有盈利，而且还使原投资额亏蚀了一部分；当投资方案未来的净现金流入量之和大于投资额时，内含报酬率大于0，说明除收回原投资额外，还取得一定的利润。取得盈利越多，内含报酬率越大；同样的利润额，取得的时间越早，内含报酬率越大；取得的时间越迟，内含报酬率越小。

决策标准：对于独立方案，应将投资方案的内含报酬率与部门或行业的基准收益率比较，当内含报酬率大于或等于基准收益率时，方案可行，否则方案不可行。对于互斥投资方案，首先将各投资方案与部门或行业的基准收益率比较，选择内含报酬率大于或等于基准收益率的可行方案，然后在各可行方案中，选取内含报酬率最大的投资方案。

内含报酬率的计算较为复杂，根据投资方案现金流量的发生情况，可以采用以下两种计算方法：

1. 当建设期为0，全部投资于建设起点一次性投入，运营期间各年净现金流量相等，可采用年金计算方法。具体计算过程如下：

（1）计算年金现值系数：

$$(P/A，IRR，n) = \frac{原始投资额}{各年相等的净现金流量} = \alpha$$

（2）查"1元年金现值系数表"，如果在期数 n 所在行中找到恰好等于上述数值 α 的年金现值系数,则该系数所对应的折现率即为所求的内含报酬率。

(3) 如果在年金现值系数表中无法找到与 α 相等的年金现值系数,则可在期数 n 所在行中找出最接近 α 的两个临界系数值 β_1 和 β_2 及其对应的两个折现率 i_1 和 i_2,然后采用插值法计算该投资项目的内含报酬率。计算公式为:

$$IRR = i_1 + \frac{\beta_1 - \alpha}{\beta_1 - \beta_2} \times (i_2 - i_1)$$

其中要求 i_1、i_2 相差不能太大,否则误差就会较大。

【例题 3-11】乙方案的现金流量如表 3-9 所示。已知 $NCF_0 = -400$,$NCF_{1\sim5} = 150$,如果该项目的资本成本为 10%,试用内含报酬率判断该投资项目的可行性。

从投资项目的现金流量表可知,各年的营业净现金流量均相等,可以采用年金方法计算该项目的内含报酬率:

$$(P/A, IRR, 5) = \frac{400}{150} = 2.6667$$

查 "1 元年金现值系数表",在 n = 5 所在的行查找与 2.6667 邻近的年金现值系数及其对应的折现率:

查表得:当 $i_1 = 28\%$ 时,$(P/A, 28\%, 5) = 2.5320$;当 $i_2 = 24\%$ 时,$(P/A, 24\%, 5) = 2.7454$

用插值法确定乙方案的内含报酬率:

折现率	年金现值系数
28%	2.5320
IRR = ?	2.6667
24%	2.7454

$$\frac{28\% - 24\%}{2.5320 - 2.7454} = \frac{IRR - 24\%}{2.667 - 2.7454}$$

$$IRR = 24\% + \frac{2.7454 - 2.6667}{2.7454 - 2.5320} \times (28\% - 24\%) = 25.48\%$$

通过计算可知,乙方案的内含报酬率 25.48% > 资本成本 10%,该投资项目可行。

2. 各年净现金流量不相等时,可用逐次测试法。该方法(也称为试误法)的计算步骤如下:先估计一个折现率,并用其计算投资项目的净现值。若净现值等于 0,则该折现率即为投资项目的内含报酬率,计算结束;若净现值大于 0,即表明原先估计的折现率低于该方案的内含报酬率,应提高折现率,再进行测算(折现率提高的幅度应该视已经计算出的净现值而定,即已经计算出的净现值越大,则折现率提高的幅度就应该越大);反之,若净现值小于 0,则表明原先估计的折现率高于该项目的内含报酬率,应降低折现率,再进行测算(折现率降低的幅度也应该视计算出的净现值而定),经过若干次的重复,最终一定会找到与 0 相邻近一个正的净现值与一个负的净现值及所对应的折现率。以 i_1、i_2 分别表示这两个折现率,以 NPV_1 和 NPV_2 分别表示它们所对应的净现值。则该项目的内含报酬率可用以下公式计算:

$$IRR = i_1 + \frac{NPV_1}{NPV_1 - NPV_2} \times (i_2 - i_1)$$

其中，一般要求 i_1 和 i_2 的差不能大于 5%。

【例题 3-12】 甲方案每年的净现金流量如表 3-9 所示，行业基准资金收益率为 10%，试用内含报酬率法评价该投资项目的可行性。

从现金流量表可知，该投资项目每年的净现金流量均不相同，所以只能采用试误法计算其内含报酬率。其具体的计算过程如表 3-11 所示。

表 3-11　　　　　　　　投资项目现金流量现值计算　　　　　　　　单位：万元

年度	每年 NCF	测试（28%）		测试（24%）		测试（20%）	
		复利现值系数	现值	复利现值系数	现值	复利现值系数	现值
0	-300	1.00	-300	1.00	-300	1.00	-300
1	-100	0.7813	-78.13	0.8065	-80.65	0.8333	-83.33
2	230	0.6104	140.392	0.6504	149.592	0.6944	159.712
3	160	0.4768	76.288	0.5245	83.92	0.5787	92.592
4	200	0.3725	74.5	0.4230	84.6	0.4823	96.46
5	160	0.2910	46.56	0.3411	54.576	0.4019	64.304
NPV			-40.39		-7.962		29.738

经过三次测算，找到了符合条件的两个折现率，即当折现率为 20% 时，净现值为正，当折现率为 24% 时，净现值为负，说明该投资项目的内含报酬率一定在 20%～24% 之间。

用插值法求内含报酬率：

折现率　　　净现值
20%，　　　29.738
IRR = ?　　0
24%，　　　-7.962

$$\therefore IRR = 20\% + \frac{29.738 - 0}{29.738 - (-7.962)} \times (24\% - 20\%) = 23.16\%$$

由于 IRR = 23.16% > 10%，所以该投资项目可行。

内含报酬率的优点：①考虑了货币时间价值；②可以反映出投资项目的真实报酬率，且不受行业基准收益率高低的影响，比较客观；③可按内含报酬率从大到小排列各备选方案的优先顺序，克服了比较基础不一致时，无法评价备选方案优劣的困难，有利于对投资额不同项目之间的抉择。

内含报酬率的缺点：①计算复杂，尤其对每年净现金流量不相等的投资项目，一般要经过多次测算才能求得；②当运营期大量追加投资时，有可能出现多个内含报酬率，会给决策带来困难。

三、运用相关指标评价投资项目的财务可行性

在应用上述指标评价投资项目的财务可行性时，要注意发挥主要评价指标的主导作用，并应用辅助评价指标完善评价和决策体系。

（一）判断方案完全具备财务可行性的条件

如果某一投资方案同时满足以下条件时，则可以断定该投资方案完全具备可行性。这些条件是：

净现值≥0；净现值率≥0；内含报酬率≥基准折现率；包括建设期的静态投资回收期≤项目计算期的一半；不包括建设期的静态投资回收期≤运营期的一半；投资收益率≥基准投资收益率。

（二）判断方案是否完全不具备财务可行性的条件

如果某一投资项目同时满足以下条件时，则可以断定该投资项目完全不具备财务可行性，应当彻底放弃该投资方案。这些条件是：净现值<0；净现值率<0；内含报酬率<基准折现率；包括建设期的静态投资回收期>项目计算期的一半；不包括建设期的静态投资回收期>运营期的一半；投资收益率<基准投资收益率。

（三）判断方案是否基本具备财务可行性的条件

如果在评价过程中发现某项目的主要指标处于可行区间（如净现值≥0；净现值率≥0；内含报酬率≥基准折现率），但次要或辅助指标处于不可行区间（如包括建设期的静态投资回收期>项目计算期的一半；不包括建设期的静态投资回收期>运营期的一半；投资收益率<基准投资收益率），则可以断定该项目基本上具有财务可行性。

（四）判断方案是否基本不具备财务可行性的条件

如果在评价过程中发现某项目出现净现值<0；净现值率<0；内含报酬率<基准折现率的情况，即使有包括建设期的静态投资回收期≤项目计算期的一半；不包括建设期的静态投资回收期≤运营期的一半；投资收益率≥基准投资收益率发生，也可断定该项目基本上不具有财务可行性。

第四节 评价指标的应用

上节详细阐述了项目投资评价指标的内涵及特点，企业可以据此评估各种投资方案的优劣并从中做出选择。为了在实际工作中更好地应用上述项目投资评价指标，本节将引入几种

项目投资决策分析中的典型案例。

一、设备购置决策

企业为了增加产品产量，提高产品质量，降低产品成本，往往需要购置机器设备等固定资产，这就需要企业管理者运用项目投资决策的评价方法，对是否应购置设备、购置何种设备等问题做出决策。

（一）应否购置设备的决策

购置某项设备，一般来说对企业会有两种影响：第一，企业的收益增加，或变动费用减少；第二，投资支出增加，因而使固定成本增加。因此，在进行决策分析时，必须考虑购置设备所需的投资，以及该投资给企业带来的经济利益。

企业是否应购置机器设备以增加产量、降低成本，取决于购置设备的资金耗费同其经济效果的比较，一般可运用净现值进行决策分析。当购置设备的净现值为正值时，应该购置设备；反之，则不应购置设备。

【例题3-13】假定长城公司准备在计划年度用自有资金添置一台设备，需款50 000元，可使用5年，期满有残值5 000元。使用该项设备每年为长城公司带来销售收入80 000元，设备折旧每年按直线法计提，每年折旧以外付现的经营成本与营业税金及附加为30 000元，所得税税率为25%。若折现率为8%。

要求：根据上述资料对应否购置这套设备进行决策分析。

解：本例用自有资金添置设备，无利息费用发生。
（1）计算使用该项设备每年增加的税前利润。

每年折旧额 $= \dfrac{50\,000 - 5\,000}{5} = 9\,000$（元）

每年税前利润 $= 80\,000 - 9\,000 - 30\,000 = 41\,000$（元）

（2）计算设备所得税后各年的净现金流量。

$NCF_0 = -50\,000$

$NCF_{1-4} = 41\,000 \times (1 - 25\%) + 9\,000 = 39\,750$（元）

$NCF_5 = 41\,000 \times (1 - 25\%) + 9\,000 + 5\,000 = 44\,750$（元）

（3）计算投资的经济效果，即净现值。

净现值 $= -50\,000 + 39\,750 \times (P/A, 8\%, 4) + 44\,750 \times (P/F, 8\%, 5)$

　　　$= -50\,000 + 39\,750 \times 3.3121 + 44\,750 \times 0.6806$

　　　$= 112\,112.83$（元）

因为购置设备的方案其净现值大于0，表明投资经济效果较好，所以企业应当购置该项设备。

（二）购置何种生产设备的决策

购置何种生产设备的决策是指在已经决定要购买生产设备的前提下，在几种购置生产设备的方案中，通过对比分析进行最优方案的选择。一般运用净现值率、现值指数进行互斥方案的决策。

【例题 3-14】 某企业生产某产品，需要用一种设备进行加工，该产品销路有保障，预定投资报酬率为 14%，企业所得税税率 25%。目前市场上有甲、乙两种型号的设备可供选购，有关资料如表 3-12 所示。

表 3-12　　　　　　　　　　　　　基本资料

项　目	甲设备	乙设备
购建成本（元）	25 000	40 000
使用年限（年）	10	10
残值收入（元）	1 000	1 800
预计息税前利润（元）	18 000	34 000

根据上述资料对该企业应选用哪种设备进行决策分析。

(1) 计算购买甲、乙设备的净现金流量

甲设备年折旧额 $= \dfrac{25\,000 - 1\,000}{10} = 2\,400$（元）

乙设备年折旧额 $= \dfrac{40\,000 - 1\,800}{10} = 3\,820$（元）

甲设备的所得税后净现金流量：

$NCF_0 = -25\,000$（元）　　$NCF_{1-9} = 18\,000 \times (1 - 25\%) + 2\,400 = 13\,500 + 2\,400$
　　　　$= 15\,900$（元）

$NCF_{10} = 15\,900 + 1\,000 = 16\,900$（元）

乙设备的所得税后净现金流量：

$NCF_0 = -48\,000$（元）　　$NCF_{1-9} = 34\,000 \times (1 - 25\%) + 3\,820 = 25\,500 + 3\,820$
　　　　$= 29\,320$（元）

$NCF_{10} = 29\,320 + 1\,800 = 31\,120$（元）

(2) 计算甲、乙设备使用期内全部现金流入的现值

甲设备全部现金流入的现值 $= 15\,900 \times (P/A, 14\%, 9) + 16\,900 \times (P/F, 14\%, 10)$
　　　　　　　　　　　　$= 15\,900 \times 4.9164 + 16\,900 \times 0.2697 = 82\,728.69$（元）

乙设备全部现金流入的现值 $= 29\,320 \times (P/A, 14\%, 9) + 31\,120 \times (P/F, 14\%, 10)$
　　　　　　　　　　　　$= 29\,320 \times 4.9164 + 31\,120 \times 0.2697 = 152\,541.91$（元）

(3) 计算甲、乙型机床购置方案的现值指数。

甲设备的现值指数 $= 82\,728.69 \div 25\,000 = 3.31$

乙设备的现值指数 $= 152\,541.91 \div 40\,000 = 3.81$

以上计算结果表明，购买甲设备的现值指数小于购买乙设备的现值指数，所以应选择购买乙型机床的方案。

二、设备更新决策

设备更新是用生产效率更高、性能更好的新设备更换技术上或经济上不宜继续使用的旧设备，或用先进的技术对原有设备进行局部改造，以改善设备质量，提高设备效率。设备更新决策面临继续使用旧设备与购置新设备的选择，着重解决生产设备应否更新、生产设备何时更新等问题，以选择最佳方案。

（一）旧设备与新设备未来使用年限不同时的更新决策

更新决策的现金流量主要是现金流出。由于没有现金流入的资料，不能通过计算其净现值和内含报酬率进行分析。当旧设备与新设备未来使用年限不相同时，也不能用差额分析法，而只能采用平均年成本法进行是否更新设备的决策。平均年成本法是把继续使用旧设备和购置新设备看成是两个互斥方案，通过比较新旧设备的平均年成本的高低，决定是否更新旧设备的方法。其假设前提是将来设备更换时，可以按原来的平均年成本找到可代替的设备。设备的平均年成本，是指该资产引起的现金流出的年平均值。如果考虑货币的时间价值，它是未来使用年限内现金流出总现值与年金现值系数的比值，即平均每年等额的现金流出。

这里的现金流出包括设备投资额和运行成本。运行成本主要有设备的维修成本、因效率降低而增加的材料、能源消耗和残次品损失等。残值在投资初期投入而在使用期末收回，把残值视为支出抵减。

【例题 3-15】 某企业目前生产中正在使用的一台设备原值 80 000 元，已使用 4 年，预计还可使用 6 年，最终残值为 1 500 元，每年运行成本为 3 200 元，若目前出售可作价 40 000 元。现在市场上有一同类性能优良的新机器，售价 62 000 元，预计使用 10 年，最终残值 3 000 元，每年运行成本为 2 100 元。企业要求的投资报酬率至少要达到 15%。要求进行是否更新旧设备的决策。

本例中旧设备的原值 80 000 元属于沉没成本，与本决策无关。旧设备目前的出售价相当于企业要花 40 000 元购置旧设备继续使用 6 年，因此，把 40 000 元看成是旧设备的投资额。

方法一：用现金流出总现值除以年金现值系数，得到平均每年等额的现金流出，即为设备的平均年成本。关键是要计算现金流出的总现值。本例中运行成本每年相等，按年金现值系数折算成现值；残值在使用期末收回，按复利现值系数折算成现值。

$$\text{旧设备平均年成本} = \frac{40\,000 + 3\,200 \times (P/A, 15\%, 6) - 1\,500 \times (P/F, 15\%, 6)}{(P/A, 15\%, 6)}$$
$$= 13\,598 \text{（元）}$$

$$\text{新设备平均年成本} = \frac{62\,000 + 2\,100 \times (P/A, 15\%, 10) - 3\,000 \times (P/F, 15\%, 10)}{(P/A, 15\%, 10)}$$
$$= 14\,306 \text{（元）}$$

方法二：将原始投资和残值摊销到每年，再加上每年相等的运行成本，求出每年等额的平均成本。注意，原始投资为投资开始时支付的价值，具有现值的性质；残值为使用期末才能收回的价值，具有终值的性质。计算公式如下：

$$平均年成本 = 投资摊销额 + 年平均运行成本 - 残值摊销额$$

$$旧设备平均年成本 = \frac{40\ 000}{(P/A,15\%,6)} + 3\ 200 - \frac{1\ 500}{(F/A,15\%,6)}$$
$$= 13\ 598（元）$$

$$新设备平均年成本 = \frac{62\ 000}{(P/A,15\%,10)} + 2\ 100 - \frac{3\ 000}{(F/A,15\%,10)}$$
$$= 14\ 306（元）$$

上述计算结果表明，继续使用旧设备的平均年成本（13 598 元）要比新设备的平均年成本（14 306 元）少 708 元（14 306 - 13 598）。因此，应继续使用旧设备，可以在 6 年的有效期内节约 4 248 元（708×6），在经济上是有利的。

承 [例题 3-15] 资料，现在考虑所得税的影响。所得税税率 25%，税法规定该类设备采用直线法折旧，折旧年限 10 年，预计残值为原值的 10%，要求进行是否更新旧设备的决策。

（1）使用旧设备的平均年成本：

旧设备的变现价值 40 000 元

变现损失减税 [40 000 - (80 000 - 7 200×4)] ×25% = -2 800（元）

每年运行成本的现值 = 3 200×(1-25%)×(P/A,15%,6)
$$= 3\ 200×(1-25\%)×3.7845 = 9\ 082.8$$

年折旧额 = (80 000 - 8 000) ÷ 10 = 7 200（元）

每年折旧抵税的现值 = 7 200×25%×(P/A,15%,6)
$$= 7\ 200×25\%×3.7845 = 6\ 812.1（元）$$

残值收益的现值 = [1 500 - (1 500 - 8 000)×25%] ×(P/F,15%,6)
$$= [1\ 500 - (1\ 500 - 8\ 000)×25\%] ×0.4323$$
$$= 1\ 350.9（元）$$

使用旧设备的现金流出总现值 = 40 000 - 2 800 + 9 082.8 - 6 812.1 - 1 350.9
$$= 38\ 119.8（元）$$

使用旧设备的平均年成本 = 38 119.8 ÷ (P/A,15%,6) = 10 072.6（元）

（2）更换新设备的平均年成本：

购置成本 = 62 000（元）

每年运行成本的现值 = 2 100×(1-25%)×(P/A,15%,10)
$$= 2\ 100×(1-25\%)×5.0188 = 7\ 904.6（元）$$

年折旧额 = (62 000 - 6 200) ÷ 10 = 5 580（元）

每年折旧抵税的现值 = 5 580×25%×(P/A,15%,10)
$$= 5\ 580×25\%×5.0188 = 7\ 001.3（元）$$

残值收益的现值 = [3 000 - (3 000 - 6 200)×25%] ×(P/F,15%,10)

$$= [3\,000 - (3\,000 - 6\,200) \times 25\%] \times 0.2472$$
$$= 3\,800 \times 0.2472 = 939.4 \text{（元）}$$

更换新设备的现金流出总现值 = 62 000 + 7 904.6 − 7 001.3 − 939.4 = 61 963.9（元）

更换新设备的平均年成本 = 61 963.9 ÷ (P/A, 15%, 10) = 12 346.5（元）

因为更换新设备的平均年成本（12 346.5 元）高于继续使用旧设备的平均年成本（10 072.6 元），故不应更换新设备。

注意：

（1）由于新旧设备方案只有现金流出，而没有现金流入，且未来使用年限不同，只能用固定资产的年平均成本进行决策。

（2）残值引起的现金流动问题：首先应将最终的残值全部作为现金流入，然后将最终残值与税法残值作比较，如果最终残值高于税法残值，则需补交所得税，应作为流出。否则，如果最终残值低于税法残值，则可以抵减所得税，即减少现金流出，应视为现金流入。所以，残值引起了两项现金流动，即最终的残值流入和最终残值高于或低于税法残值引起的所得税流动。

（3）如果考虑所得税影响，折旧可以抵减所得税，因此折旧抵减的所得税应视同现金流入。此时的折旧是指税法规定的折旧，而不是会计中的折旧。

（二）生产设备何时更新的决策

在通常情况下，生产设备使用初期运行成本比较低，以后设备逐年陈旧，性能变差，其能源消耗、保养和维修费用等运行成本会逐步增加；与此同时，固定资产的价值逐渐减少。随着时间的递延，运行成本和资本成本呈反方向变化，必然存在一个使两者之和最低的使用年限。

某项固定资产从开始投入使用起到其丧失应有功能而无法修复为止的期限，称为固定资产自然寿命。在保持同等功效的条件下，某项固定资产的平均年成本达到最低的使用期限，则称为固定资产的经济寿命。譬如某固定资产使用的时间不到 10 年或超过 10 年的平均年成本，均高于使用 10 年的平均年成本，而且它们的功效相同，则 10 年就是该项固定资产的经济寿命。生产设备的经济寿命就是其最佳的更新时间。

设：C 为固定资产原值；S_n 为 n 年后固定资产余值；C_t 为第 t 年运行成本；n 为预计使用年限；i 为最低投资报酬率。

$$\text{现金流出总现值} = C - \frac{S_n}{(1+i)^n} + \sum_{t=1}^{n} \frac{C_t}{(1+i)^n}$$

如前所述，如果考虑货币时间价值，设备的平均年成本是未来使用年限内现金流出总现值与年金现值系数的比值，即平均每年的现金流出。

$$UAC = \left[C - \frac{S_n}{(1+i)^n} + \sum_{t=1}^{n} \frac{C_t}{(1+i)^n} \right] \div (P/A, i, n)$$

其中：UAC 为设备的平均年成本。

设备最佳更新期决策就是找出能够使上式的得数最小的年数,其方法通常是:首先按照设备的不同使用年数,逐个计算它们的年平均使用成本,然后通过比较,从中找出最小的平均年成本及其年限。为了便于比较和选择,可列表计算。

【例题3-16】设某企业购入一台设备,原价为6 000元,有效使用期为8年,第一年的使用及维修费用为300元,自第二年开始,每年递增200元,该种设备的余值随使用时间的延长而不断降低,如表3-13所示。企业期望的投资报酬率至少要达到15%,要求:估测固定资产的经济寿命。

表3-13　　　　　　　　　　　　相关资料　　　　　　　　　　　　单位:元

更新年限(年数)	1	2	3	4	5	6	7	8
余值	5 000	4 000	3 500	3 000	2 500	2 000	1 500	1 000
运行成本	300	500	700	900	1 100	1 300	1 500	1 700

设 UAC 为某年使用该设备的平均年成本

$$UAC_1 = \left[6\,000 - \frac{5\,000}{1+15\%} + \frac{300}{1+15\%}\right] \div (P/A, 15\%, 1)$$

$$= [6\,000 - 5\,000 \times 0.8696 + 300 \times 0.8696] \div 0.8696 = 2\,199 (元)$$

$$UAC_2 = \left[6\,000 - \frac{4\,000}{(1+15\%)^2} + \frac{300}{1+15\%} + \frac{500}{(1+15\%)^2}\right] \div (P/A, 15\%, 2)$$

$$= [6\,000 - 4\,000 \times 0.7561 + 300 \times 0.8696 + 500 \times 0.7561] \div 1.6275 = 2\,224 (元)$$

$$UAC_3 = \left[6\,000 - \frac{3\,500}{(1+15\%)^3} + \frac{300}{1+15\%} + \frac{500}{(1+15\%)^2} + \frac{700}{(1+15\%)^3}\right] \div (P/A, 15\%, 3)$$

$$= [6\,000 - 3500 \times 0.6575 + 300 \times 0.8696 + 500 \times 0.7561 + 700 \times 0.6575] \div 2.2832$$

$$= 2\,101 (元)$$

$$UAC_4 = \left[6\,000 - \frac{3\,000}{(1+15\%)^4} + \frac{300}{1+15\%} + \frac{500}{(1+15\%)^2} + \frac{700}{(1+15\%)^3} + \frac{900}{(1+15\%)^4}\right] \div$$

$$(P/A, 15\%, 4)$$

$$= [6\,000 - 3\,000 \times 0.5718 + 300 \times 0.8696 + 500 \times 0.7561 + 700 \times 0.6575 + 900$$

$$\times 0.5718] \div 2.8550$$

$$= 2\,066 (元)$$

以此类推,有关计算结果见表3-14。

表3-14　　　　　　　　　　　　平均年成本的计算　　　　　　　　　　　　单位:元

更新年限(年数)	1	2	3	4	5	6	7	8
原值	6 000	6 000	6 000	6 000	6 000	6 000	6 000	6 000
$(1+15\%)^{-n}$	0.8696	0.7561	0.6575	0.5718	0.4972	0.4323	0.3759	0.3269

续表

更新年限（年数）	1	2	3	4	5	6	7	8
余值 S_n	5 000	4 000	3 500	3 000	2 500	2 000	1 500	1 000
$S_n(1+15\%)^{-n}$	4 348	3 024	2 301	1 715	1 243	864	564	327
运行成本 C_n	300	500	700	900	1 100	1 300	1 500	1 700
$C_n(1+15\%)^{-n}$	261	378	460	515	547	562	564	556
$\sum C_n(1+15\%)^{-n}$	261	639	1 099	1 614	2 161	2 723	3 287	3 843
现金流出总现值	1 913	3 615	4 798	5 899	6 918	7 859	8 723	9 516
(P/A, 15%, n)	0.8696	1.6257	2.2832	2.8550	3.3522	3.7845	4.1604	4.4873
平均年成本	2 199	2 224	2 101	2 066	2 063	2 076	2 096	2 121

由此可见，该设备第 5 年的年平均成本最低，所以该项设备的经济寿命期为第 5 年末。

第五节 风险投资评价

项目投资涉及的时间比较长，因此任何项目未来的现金流量总会具有某种程度的不确定性。不确定性来自以下原因：（1）在整个项目期内，未来销售数量、价格、成本和费用波动，经营现金流量发生非预期的变化；（2）在整个项目期内，资本市场供求关系改变，公司资本结构调整，筹资成本会发生变化；（3）项目的相关产品的寿命可能短于预测，项目转产其他产品或提前结束；（4）政府修改现行法律，颁布新的强制性规定，导致公司发生额外的投资和费用；（5）通货膨胀、经济衰退可能影响现金流量的实际价值；（6）国际政治、经济和金融市场的变动可能影响项目的现金流量。

总之，由于各种原因，项目投资方案在未来各个时期内往往存在许多不确定因素，因而也不同程度地存在着"风险"。在投资决策中，企业需要全面考虑各种可能出现的情况，采用一定方法对可能包含的风险进行测算。项目投资的风险评价方法有风险调整折现率法和肯定当量法。

一、风险调整折现率法

风险调整折现率法是根据项目的风险程度调整折现率，然后根据调整后的折现率计算项目的净现值并判断项目是否可行的一种决策分析方法。计算公式为：

$$调整后净现值 = \sum_{t=0}^{n} \frac{预期现金流量}{(1+风险调整折现率)^t}$$

风险调整折现率法的基本原理是：风险和报酬之间存在一种关系：高风险，高收益。项目的风险越大,投资者所要求的报酬就越高。折现率是投资者所要求的最低报酬率,当项目投资的风险增大时,投资者所要求的报酬率就上升;反之,当项目投资的风险减少时,投资者所要求的报酬率就下降。所以,对于高风险的项目采用较高的折现率,低风险的项目用较低的折现率,然后根据调整后的折现率计算净现值。风险调整折现率法通过调整净现值公式的分母,将折现率调整为包括风险因素的折现率,然后再进行项目的评价。

风险调整折现率法的决策规则:独立方案,若净现值为正数,则项目可行,如净现值为负数,则项目不可行;多项互斥投资方案,应优选净现值最大的项目。

风险调整折现率法的关键在于根据项目风险的大小确定风险调整折现率。风险调整折现率的确定,通常有以下方法:

(一) 按风险报酬率模型确定风险调整折现率

考虑项目的风险后,调整的折现率高于原来的折现率,折现率提高,使项目现金净流量的现值变小,可行项目随之减少。风险调整折现率包括无风险报酬率和风险报酬率两部分,即计算公式为:

$$K = i + bQ$$

式中:K 为风险调整折现率;i 为无风险折现率;b 为风险报酬斜率;Q 为风险程度

风险投资报酬率 b 的高低反映风险投资报酬率的影响程度;b 越大,风险变化对投资报酬率的影响越大;b 越小,风险变化对投资报酬率的影响越小。其值一般为经验数据,可根据历史资料用高低点法或回归直线法求出。而且该值的大小与企业对待风险的态度有关,比较稳健的企业,b 可定得高些;敢于冒风险的企业,b 可定得低一些。投资项目的标准离差率(又叫投资项目的综合变化系数)可根据投资项目的现金流量可能的数据及其概率分布计算。

【例题 3-17】已知无风险报酬率为 4%,某项目投资的标准离差率为 0.15,风险报酬斜率为 0.2,要求计算项目投资的风险调整折现率。

风险调整折现率 = 4% + 0.15 × 0.2 = 7%

(二) 用资本资产定价模型确定风险调整折现率

100% 权益资本的企业,可以用资本资产定价模型确定风险调整折现率,其计算公式为:

$$风险调整折现率 = 无风险报酬率 + \beta(市场平均报酬率 - 无风险报酬率)$$

预期股权现金流量风险大,β 可定得高些;预期股权现金流量风险小,β 可定得低一些。

【例题 3-18】某企业有两个投资机会:A 项目年初投资 60 000 元,未来 7 年内的净现金流量均为 18 000 元;B 项目年初投资 75 000 元,未来 7 年内的净现金流量均为 20 000 元。已知无风险报酬率为 4%,市场平均报酬率为 9%,A 项目的预期股权现金流量风险大,其 β 值为 1.2;B 项目的预期股权现金流量风险小,其 β 值为 0.4。要求用风险调整折现率法评价方案的优劣。

解：A 项目的风险调整折现率 = 4% + 1.2 × (9% - 4%) = 10%
B 项目的风险调整折现率 = 4% + 0.4 × (9% - 4%) = 6%
A 项目用风险调整折现率 10% 计算的净现值 = 18 000 × (P/A, 10%, 7) - 60 000
　　　　　　　　　　　　　　　　　　　= 18 000 × 4.8684 - 60 000
　　　　　　　　　　　　　　　　　　　= 27 631（元）
B 项目用风险调整折现率 6% 计算的净现值 = 20 000 × (P/A, 6%, 7) - 75 000
　　　　　　　　　　　　　　　　　　　= 20 000 × 5.5824 - 75 000
　　　　　　　　　　　　　　　　　　　= 36 648（元）

考虑了投资风险后，方案选优次序为 B > A。
如果不考虑投资风险，方案的优劣次序为 A > B，计算如下：
A 方案净现值 = 18 000 × (P/A, 4%, 7) - 60 000
　　　　　　= 18 000 × 6.0021 - 60 000 = 48 038（元）
B 项目净现值 = 20 000 × (P/A, 4%, 7) - 75 000
　　　　　　= 20 000 × 6.0021 - 75 000 = 45 042（元）

风险调整折现率法认为风险大的投资方案应采用较高的折现率进行折现，风险小的投资方案应采用较低的折现率进行折现，比较符合逻辑，得到广泛的认可和使用。但风险调整贴现率在理论上遭到批评，因其用单一的折现率同时完成风险调整和时间调整。这种做法意味着风险随时间推移而加大，可能与事实不符，夸大了远期现金流量的风险。

二、肯定当量法

肯定当量法的基本思路是先用一个系数把不确定的现金流量调整为确定的现金流量，然后用无风险的折现率计算净现值，最后以净现值的评价标准选择投资方案。其计算公式为：

$$净现值 = \sum_{t=0}^{n} \frac{\alpha_t \times 现金流量期望值}{(1 + 无风险报酬率)^t}$$

式中，α_t 是 t 年现金流量的肯定当量系数，它在 0~1 之间。

肯定当量系数，是指不肯定的 1 元现金流量期望值相当于使投资者满意的肯定的金额的系数。它可以把各年不肯定的现金流量换算为肯定的现金流量。

肯定当量法的基本原理：一般来讲，在肯定的 1 元和不肯定的 1 元之间，人们往往会选择前者，因为不肯定的 1 元，只相当于不足 1 元的金额，两者之所以有差额，是因为现金流量客观存在风险或不确定性。风险越高，未来现金流量贬值的可能性越大。为此，在按净现值法判断投资方案是否可行时，在未来现金流量上乘以一个系数（即折扣率），相当于把含有风险或不确定性因素的现金流量换算成肯定的现金流量，去掉了现金流量中有风险的部分，使之成为"安全"的、无风险的现金流量。由于现金流量中已消除了全部风险，相应的折现率应当是无风险的报酬率。无风险的报酬率可以根据国库券的利率确定。

肯定当量法的决策规则：独立方案，若净现值为正数，则项目可行；如净现值为负数，则项目不可行；多项互斥投资方案，应优选净现值最大的项目。

肯定当量法的操作步骤如下：

1. 计算投资方案各年现金流量的风险程度系数，即标准离差率。标准离差率是标准离差与期望值之比，用公式表示为：

$$q = \frac{\sigma}{\overline{E}}$$

其中：期望值 $\overline{E} = \sum_{t=1}^{n} X_i P_i$

标准离差 $\sigma = \sqrt{\sum_{i=1}^{n} (X_i - \overline{E})^2 \cdot P_i}$

2. 查风险程度系数与肯定当量系数的经验关系表（见表3-15），得到肯定当量系数。

表3-15　　　　　　风险程度系数与肯定当量系数的经验关系

风险程度系数	肯定当量系数
0～0.07	1
0.08～0.15	0.9
0.16～0.23	0.8
0.24～0.32	0.7
0.33～0.42	0.6
0.43～0.54	0.5
0.55～0.70	0.4

3. 计算投资方案的净现值。

【例题3-19】已知无风险报酬率为4%，某企业的项目投资现有两个方案，有关数据如表3-16所示，要求用肯定当量法评价方案的优劣。

表3-16　　　　　　　　　两个方案有关数据

年数	甲方案		乙方案	
	现金流量（万元）	概率	现金流量（万元）	概率
0	-550	1	-400	1
1	480	0.25		
	320	0.5		
	160	0.25		

续表

年数	甲方案		乙方案	
	现金流量（万元）	概率	现金流量（万元）	概率
2	640	0.2		
	480	0.6		
	320	0.2		
3	400	0.3	480	0.1
	320	0.5	640	0.7
	240	0.2	800	0.2

计算甲方案各年现金流量的期望值：

$\overline{E}_1 = 480 \times 0.25 + 320 \times 0.5 + 160 \times 0.25 = 320$（万元）

$\overline{E}_2 = 640 \times 0.2 + 480 \times 0.6 + 320 \times 0.2 = 480$（万元）

$\overline{E}_3 = 400 \times 0.3 + 320 \times 0.5 + 240 \times 0.2 = 328$（万元）

计算甲方案各年现金流量的标准离差

$\sigma_1 = \sqrt{(480-320)^2 \times 0.25 + (320-320)^2 \times 0.5 + (160-320)^2 \times 0.25} = 113.14$

$\sigma_2 = \sqrt{(640-480)^2 \times 0.2 + (480-480)^2 \times 0.6 + (320-480)^2 \times 0.2} = 101.19$

$\sigma_3 = \sqrt{(400-328)^2 \times 0.3 + (320-328)^2 \times 0.5 + (240-328)^2 \times 0.2} = 56$

计算甲方案各年现金流量的风险程度系数：

$q_{甲1} = 113.14 \div 320 = 0.35$

$q_{甲2} = 101.19 \div 480 = 0.21$

$q_{甲3} = 56 \div 328 = 0.17$

查表 3-15 得，甲方案各年对应的肯定当量系数为 0.6、0.8、0.8。

计算甲方案的净现值：

$NPV_{甲} = \dfrac{0.6 \times 320}{1+4\%} + \dfrac{0.8 \times 480}{(1+4\%)^2} + \dfrac{0.8 \times 328}{(1+4\%)^3} - 550 = 772.928 - 550 = 222.928$（万元）

用同样方法可知：乙方案现金流量的期望值 = 656（万元）。

乙方案现金流量的标准差 = 86.16；

$q_乙 = 0.13$

乙方案对应的肯定当量系数为 0.9：

$NPV_乙 = \dfrac{0.9 \times 656}{(1+4\%)^3} - 400 = 524.87 - 400 = 124.87$（万元）

计算结果表明，方案的优先次序为：甲 > 乙。

肯定当量法是通过对现金流量的调整来反映各年投资风险，并将风险因素与时间因素分开讨论，这在理论上是成立的。对不同年份的现金流量，可以根据风险的差别使用不同的肯定当量系数进行调整。但是，肯定当量系数 a 很难确定，每个人都会有不同的估算，数值差别很大。

三、两种方法的区别

肯定当量法是用调整净现值公式中分子的办法考虑风险，对时间价值和风险价值分别进行调整，先调整风险，然后把肯定现金流量用无风险报酬率进行折现。对不同年份的现金流量，可以根据风险的差别使用不同的肯定当量系数进行调整，在理论上受到好评；风险调整折现率法是用调整净现值公式中的分母的办法来考虑风险，在理论上受到批评。实务中通行的做法是：根据项目的系统风险调整折现率，而用项目的特有风险调整现金流量。

【本章小结】

项目投资具有投资内容独特、投资数额大、影响时间长、发生频率低、变现能力差和投资风险高的特点。项目投资的现金流入量主要包括营业收入、固定资产报废时回收的残值、回收的流动资金；现金流出量主要包括建设投资、流动资金投资、经营成本、营业税金及附加和所得税；净现金流量是现金流入量与现金流出量的差额，可采用列表法和公式法计算净现金流量。需求因素、时期因素、时间价值因素、成本因素、风险因素，都是项目投资决策过程中需要考虑的重要因素。

项目投资决策的静态指标主要有投资回收期、投资收益率等；动态指标包括净现值、净现值率、现值指数和内含报酬率等。在实际经济生活中，对投资方案的经济效益进行评价最常用的指标是净现值、现值指数、内含报酬率；投资回收期、投资收益率只能起辅助作用，属于补充指标。主要评价指标在评价财务可行性的过程中起主导作用。利用动态指标对单一投资方案进行评价，会得出完全相同的结论。

项目投资决策指标的应用，本章主要体现在设备购置决策和设备更新决策中。可运用净现值法判断是否购置设备；运用净现值、净现值率判断应当购置何种设备。设备更新决策着重解决生产设备应否更新、生产设备何时更新等问题。当旧设备与新设备未来使用年限不相同时，采用平均年成本法进行生产设备应否更新的决策。设备的经济寿命就是设备最佳更新期，实际上就是最小的平均年成本所对应的年份。

由于各种原因，项目投资方案在未来各个时期内往往存在许多不确定因素，因而也不同程度地存在着"风险"。项目投资的风险评价方法有风险调整折现率法和肯定当量法。肯定当量法是用调整净现值公式中分子的办法来考虑风险，在理论上受到好评；风险调整折现率法是用调整净现值公式中分母的办法来考虑风险，在理论上受到批评。实务中通行的做法是：根据项目的系统风险调整折现率，而用项目的特有风险调整现金流量。

【中英文对照专业名词及术语】

项目投资管理　　　　　　　　　　　Project Investment Management
现金流量　　　　　　　　　　　　　Cash Flow

现金流出量	Cash Flow Out（CFO）
现金流入量	Cash Flow In（CFI）
现金净流量	Net Cash Flow（NCF）
投资回收期	Payback Period（PP）
净现值	Net Present Value（NPV）
净现值率	Net Present Value Rate（NPVR）
现值指数	Profitability Index（PI）
内含报酬率	Internal Rate of Return（RR）
投资报酬率	Rate of Return on Investment

复习思考题

1. 什么是项目投资？项目投资有哪些特点？
2. 项目投资决策的动态指标有哪些？各有何优缺点？
3. 项目投资决策的静态指标有哪些？各有何优缺点？
4. 简述判断项目投资方案具备财务可行性的条件。
5. 什么是现金流量，如何估算一个投资项目的净现金流量？
6. 什么是按风险调整贴现率法，其基本思路是什么，有何不足？
7. 什么是肯定当量法，其基本思路是什么，有何长处？

练习题

1. 某工业投资项目建设期为1年，运营期为10年，原始投资1 500万元。其中，在建设起点发生固定资产投资1 100万元，发生无形资产投资100万元，在建设期末垫支流动资金300万元，全部投资的来源均为自有资金。该项目固定资产的寿命期为10年，按直线法计提折旧，期满有100万元的净残值；无形资产投资在运营期内平均摊销，流动资金于终结点一次收回。

预计项目投产后，每年发生的相关营业收入（不含增值税）为1 000万元，外购原材料、燃料和动力费440万元，职工薪酬40万元，修理费18万元，其他费用2万元。该项目营业税金及附加为64.52万元，该项目所得税税率为25%，折现率为10%。

要求计算项目的下列指标并评价该方案的财务可行性：

（1）项目计算期；
（2）固定资产年折旧额、无形资产年摊销额；
（3）运营期每年经营成本、不包括财务费用的总成本费用、息税前利润；
（4）各年的税后净现金流量；
（5）静态投资回收期（税后）；
（6）净现值、净现值率、现值指数（税后）；
（7）内含报酬率（税后）。

2. 某公司于2011年1月1日购置设备一台，一次性投资800万元，预计期末残值40万元，设备寿命10年，采用直线法按10年计提折旧（均符合税法规定）。该设备于购入当日投入使用。预计未来10年中每年带来息税前利润160万元。

要求：

（1）预测该项目各年净现金流量；

（2）计算该项目静态投资回收期；

（3）计算该项目的投资收益率；

（4）计算该项目的净现值；

（5）计算该项目的内含报酬率。

3. 某企业目前生产中正在使用的一台设备原值46 000元，已使用4年，预计还可使用6年，最终残值为900元，每年运行成本为3 500元，若目前出售可作价29 658元。现在市场上有一同类性能优良的新机器，售价52 186元，预计使用10年，最终残值3 000元，每年运行成本为2 000元。企业要求的投资报酬率至少要达到15%。

要求：进行是否更新旧设备的决策。

4. 某项目投资的现金流量及概率如下表所示，已知无风险报酬率为8%，要求用肯定当量法计算该方案的净现值。

年份	现金流量（元）	概率
0	8 000	1
1		
2		
3	12 000	0.2
	15 000	0.6
	21 000	0.2

第四章 营运资金管理

【本章学习目的】通过本章学习，了解营运资金的基本含义、特点；熟悉现金成本的构成，掌握最佳现金持有量的计算；熟悉应收账款成本的构成，掌握企业信用标准、信用条件及收账政策的制定方法和决策程序；熟悉存货的功能与成本，掌握存货管理与最佳存货采购的基本方法。

【案例导引】

被誉为"中国民营企业教父"的郎咸平教授在金融危机来临的时候告诫企业家们：第一把企业的贸易比例降下来，丢掉幻想。第二增加企业的现金流，企业库存应尽量打折卖掉，减少仓储费用；企业若有较大的应收账款应赶紧去收，这个时候没有面子问题。第三减少投资或根本不投资。

李嘉诚旗下的和记黄埔公司如今持有210亿元美元现金，其中70%现金，30%无风险债券，不做任何投资。

资料来源：《首席财务官》2009年第1期。

第一节 营运资金概述

一、营运资金的含义

营运资金，也叫营运资本。广义的营运资金又称总营运资本，是指一个企业投放在流动资产上的资金，具体包括现金、短期投资、应收账款、存货等占用的资金。狭义的营运资金是指某时点内企业的流动资产与流动负债的差额。因此，营运资金是企业在生产经营过程中周转使用的资金，也可以理解为企业在生产经营过程中使用的流动资产净额。主要包括以下内容：

1. 现金。现金是指可以立即用来购买物品、支付各项费用或用来偿还债务的交换媒介或支付手段。主要包括库存现金和银行活期存款，有时也将即期或到期的票据看作现金。现金是流动资产中流动性最强的资产，可直接支用，也可以立即投入流通。拥有大量现金的企业具有较强的偿债能力和承担风险的能力。但因为现金不会带来报酬或只有极低的报酬，所以在财务管理比较健全的企业，都不会保留过多的现金。

2. 短期投资。短期投资是指各种准备随时变现的有价证券以及不超过一年的其他投资，其中主要是指有价证券投资。企业的有价证券投资，一方面能带来较好的收益；另一方面又能增强企业资产的流动性，降低企业的财务风险。因此，适当持有有价证券是一种较好的财务策略。

3. 应收及预付款项。应收及预付款项是指企业在生产经营过程中所形成的应收而未收的或预先支付的款项，包括应收账款、应收票据、其他应收款和预付货款。在商品经济条件下，为了加强市场竞争能力，企业拥有一定数量的应收及预付款项是不可避免的，企业应力求加速账款的回收、减少坏账损失。

4. 存货。存货是指企业在生产经营过程中为销售或者耗用而储存的各种资产，包括商品、产成品、半成品、原材料、辅助材料、低值易耗品、包装物等。存货在流动资产中占的比重较大。加强存货的管理与控制，使存货保持在最优水平上，便成为财务管理的一项重要内容。

二、营运资金的特点

为了有效地管理企业的营运资金，必须研究营运资金的特点，以便有针对性地进行管理。营运资金一般具有如下特点。

1. 营运资金的周转具有短期性。企业占用在流动资产上的资金，周转一次所需时间较短，通常会在一年或一个营业周期内收回，对企业影响的时间比较短，根据这一特点，营运资金可以用商业信用、银行短期借款等短期筹资方式来加以解决。

2. 营运资金的实物形态具有易变现性。短期投资、应收账款、存货等流动资产一般具有较强的变现能力，如果遇到意外情况，企业出现资金周转不灵、现金短缺时，便可迅速变卖这些资产，以获取现金。这对财务上应付临时性资金需求具有重要意义。

3. 营运资金的数量具有波动性。流动资产的数量会随企业内外条件的变化而变化，时高时低，波动很大。季节性企业如此，非季节性企业也如此。因此，营运资金的数量也会相应发生变动。

4. 营运资金的实物形态具有变动性。企业营运资金的实物形态是经常变化的，一般在现金、材料、在产品、产成品、应收账款、现金之间顺序转化。企业筹集的资金，一般都以现金的形式存在；为了保证生产经营的正常进行，必须拿出一部分现金去采购材料，这样，有一部分现金转化为材料；材料投入生产后，当产品尚未最后完工脱离加工过程以前，便形成在产品和自制半成品；当产品进一步加工完成后，就成为准备出售的产成品；产成品经过出售有的可直接获得现金，有的则因赊销而形成应收账款；经过一定时期以后，应收账款通过收现又转化为现金。总之，流动资金每次循环都要经过采购、生产、销售过程，并表现为现金、材料、在产品、产成品、应收账款等具体形式。为此，在进行流动资产管理时，必须在各项流动资产上合理配置资金数额，以促进资金周转顺利进行。

5. 营运资金的来源具有灵活多样性。企业筹集长期资金的方式一般比较少，只有吸收直接投资、发行股票、发行债券、银行长期借款等方式。而企业筹集营运资金的方式却较为灵活，通常有：银行短期借款、短期融资券、商业信用、应交税金、应交利润、应付工资、应付费用、预收货款、票据贴现等。

三、营运资金管理的原则

企业的营运资金在全部资金中占有相当大的比重，而且周转期短，形态易变，所以是企业财务管理工作的一项重要内容。进行运营资金管理，必须遵循以下原则。

1. 认真分析生产经营状况，合理确定营运资金的需要数量。企业营运资金的需要数量与企业生产经营活动有直接关系，当企业产销两旺时，流动资产会不断增加，流动负债也会相应增加，而当企业产销量不断减少时，流动资产和流动负债也会相应减少。因此，企业财务人员应认真分析生产经营状况，采用一定的方式预测营运资金的需要数量，以便合理使用营运资金。

2. 在保证生产经营需要的前提下，节约使用资金。在营运资金管理中，必须正确处理保证生产经营需要和节约合理使用资金二者之间的关系。要在保证生产经营需要的前提下，遵守勤俭节约的原则，挖掘资金潜力，精打细算地使用资金。

3. 加速营运资金周转，提高资金的利用效果。营运资金周转指企业的营运资金从现金投入生产经营开始，到最终转化为现金的过程。在其他因素不变的情况下，加速营运资金的周转，也应相应地提高了资金的利用效果。因此，企业要千方百计地加速存货、应收账款等流动资产的周转，以便用有限的资金，取得最优的经济效益。

4. 合理安排流动资产与流动负债的比例，保证企业的短期偿债能力。流动资产、流动负债以及二者之间的关系能较好地反映企业的短期偿债能力。流动负债是在短期内需要偿还的债务，而流动资产则是在短期内可以转化为现金的资产。因此，如果一个企业的流动资产比较多，流动负债比较少，说明企业的短期偿债能力较强；反之，则说明短期偿债能力较弱。因此，在营运资金管理中，合理安排并运用流动资产是关键，这样既节约使用资金，又保证企业有足够的偿债能力。

第二节 现金及短期投资管理

一、现金的含义及管理要求

(一) 现金的含义

现金是指在生产过程中暂时停留在货币状态的资金，包括库存现金、银行存款、银行本票和银行汇票等。

（二）现金管理的基本要求

从企业经营理财的角度看，现金具有两个方面的鲜明特征：一方面现金是企业变现能力和流动性最强的资产，拥有足够的现金对于降低企业的经营风险和财务风险，增强偿债能力具有重要意义；另一方面现金通常被认为是"非盈利资产"，过多地持有现金会导致企业收益能力下降。现金管理的最终目的是企业必须合理确定现金的持有量，充分考虑现金的流动性与非盈利性，使现金收支不但在数量上，而且在时间上相互衔接，以便在保证企业正常经营活动需要的同时，尽可能减少现金闲置量，提高资金的收益率。

二、现金持有的动机和成本

（一）现金持有动机

1. 交易动机。企业为满足正常生产经营过程中的交易需求而保持一定的现金余额。一般来说，企业为了满足交易动机而持有的现金数量取决于企业的销售水平。企业销售规模越大，所需现金余额就越多。

2. 预防动机。企业为了应付意外紧急事项需要持有一定量的现金。企业在正常经营活动过程之外，也有可能发生难以估计的现金支出需要，因此企业现金持有量的确定应充分考虑这一动机。

3. 投机动机。企业为了抓住偶尔出现的市场机会，获取较大的利益而应该准备的现金余额。投机动机只是企业确定现金持有量余额时所要考虑的次要因素之一。确定其对持有量的影响往往与企业在金融市场的投机机会和对待风险的态度有关。

现金持有的动机如图 4-1 所示。

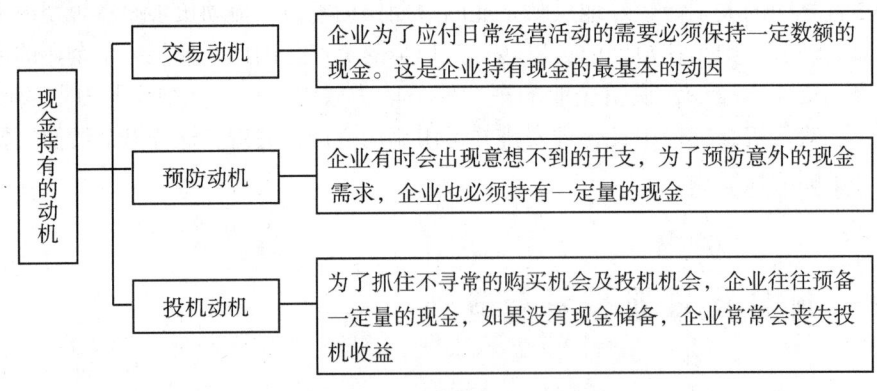

图 4-1 现金持有动机示意

（二）现金成本

1. 持有成本。持有成本是指企业因保留一定现金余额而增加的管理费用及丧失的再投资收益。

（1）管理费用。由于企业保留现金而发生的必要开支，如管理人员的工资、安全措施费用等。它具有固定成本的特性，在一定范围内与现金持有量的大小无关。在确定目标现金持有量时不予考虑。

（2）机会成本。由于保留现金而放弃投资机会所丧失的收益，即持有现金的机会成本，它的大小一般以行业平均收益率或资金成本为标准，与企业现金持有量成正比例关系，即现金持有量越大，其机会成本越高；现金持有量越小，其机会成本越低。在确定目标现金持有量时应加以考虑。

2. 转换成本。转换成本是企业用现金购入有价证券以及转让有价证券换取现金时付出的交易费用。如：委托买卖佣金、手续费、证券过户费、交割手续费等。它分为两类：

（1）与转换次数无关的转换成本。依据委托成交金额计算的转换成本与转换次数无关，在确定最佳现金持有量时不予考虑。

（2）与现金持有量成反比例关系的转换成本。在现金与有价证券转换过程中按转换次数所发生的固定交易费用，这部分费用虽然本身数额固定，但却和交易次数成正比例关系。与现金持有量成反比例关系。当每次现金持有量少时，在转换总量既定的条件下，转换次数增加，则固定交易费用增加；当每次现金持有量多时，转换次数减少，则固定交易费用减少。

3. 短缺成本。短缺成本是指在现金持有量不足而又无法通过有价证券变现加以补充给企业造成的损失。这类成本通常与现金持有量成反比例关系。即持有的现金量越多，造成的损失越小；持有的现金量越少，造成的损失越大。

三、最佳现金持有量的计量

现金因为同时兼有流动性最强和盈利性最差的特性，故如果现金持有量过多，会导致企业盈利水平下降；现金持有量过少，则可能造成现金短缺，影响企业正常的生产经营活动。如何解决风险和收益的权衡问题成为最佳现金持有量的决策内容。目前，常用的决策方法有以下两种。

（一）成本分析法

成本分析法是通过分析与最佳现金持有量有关的成本，从而寻找相关成本最低点的现金持有量的一种分析方法。成本分析法中最佳现金持有量的相关成本如图 4-2 所示。

在成本分析模式中，相关成本包括持有成本和短缺成本，不考虑转换成本。由于持有成本中的管理费用在一定条件下和现金持有量无关，一般保持固定水平，所以持有成本中只考虑机会成本部分。相关总成本中，机会成本会随着现金持有量的增加而增加，而短缺成本会随着现金持有量的增加而减少。从图中可以看出，总成本线呈抛物线形，抛物线的最低点即为总成本的最低点，其所对应的现金持有量便是最佳现金持有量。

【例题 4-1】某企业有四种现金持有方案，其相应的成本资料如表 4-1 所示。

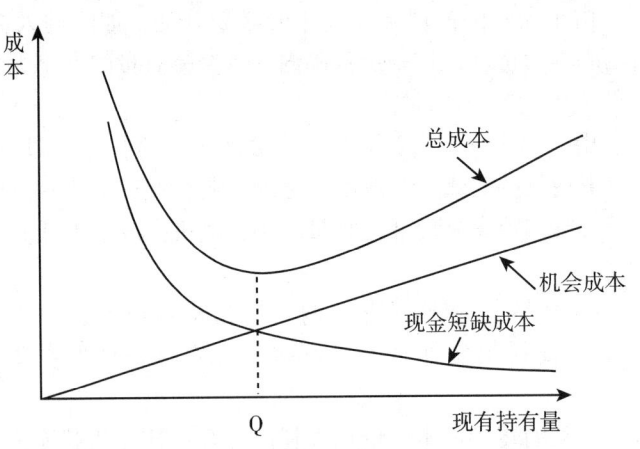

图 4-2 成本分析法示意

表 4-1　　　　　　　　　现金持有量及相关成本　　　　　　　　　单位：元

方案　项目	A	B	C	D
现金持有量	30 000	40 000	50 000	55 000
机会成本率	10%	10%	10%	10%
管理费用	1 000	1 000	1 000	1 000
短缺成本	5 000	4 500	2 500	1 200

根据表 4-1，可编制最佳现金持有量测算，如表 4-2。

表 4-2　　　　　　　　　最佳现金持有量测算　　　　　　　　　单位：元

方案	机会成本	管理费用	短缺成本	总成本
A	3 000	1 000	5 000	8 000
B	4 000	1 000	4 500	8 500
C	5 000	1 000	2 500	7 500
D	5 500	1 000	1 200	7 700

比较各方案的总成本可知，C 方案最佳。故该企业的最佳现金持有量为 50 000 元。

（二）存货模式分析法

存货模式分析法是依据存货管理中经济批量模型的基本原理来确定最佳现金持有量的一种分析方法。在存货分析模式中，管理费用比较固定，视为决策无关的成本项目，不予考虑；短缺成本因其存在的不确定性和无法计量，也不予考虑。该方法在确定最佳现金持有量时只考虑机会成本和转换成本。这两项成本之和为最小时所对应的现金持有量即为最佳现金持有量。存货模式分析法中最佳现金持有量相关成本如图4-3所示。

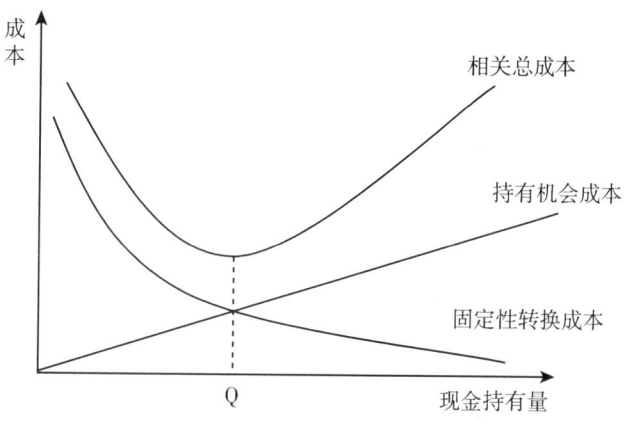

图4-3 存货模式分析法示意

采用存货模式分析法，其假设条件如图4-4所示。

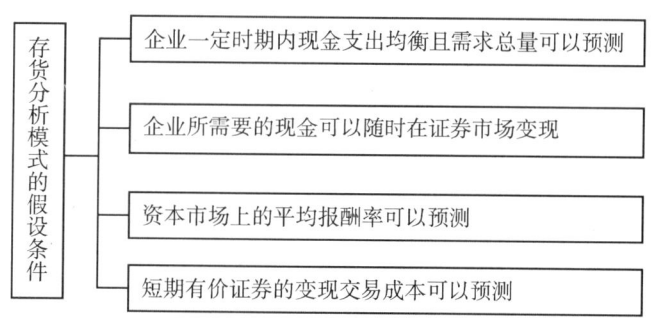

图4-4 存货分析模式的假设条件

设A为一个周期内现金的总需求量（假设总需求量可预估），B为每次转换有价证券的固定成本（假设每次转换量相同），K为持有现金的机会成本率，Q为最佳现金持有量，TC为持有现金的相关总成本，则：

持有现金的相关总成本 = 持有现金的机会成本 + 转换成本

即：
$$TC = (Q \div 2) \times K + (A \div Q) \times B$$

由数学推导可知，TC取得最小值的条件是：

$$Q = \sqrt{\frac{2AB}{K}}$$

$$TC = \sqrt{2ABK}$$

【例题4-2】某企业现金收支状况稳定，预计全年（360天）需要现金400万元，现金与有价证券的转换可以随时进行，每次的转换成本为400元，资本市场上的年平均报酬率为

8%，试计算以下相关指标：

最佳现金持有量（Q）＝ $\sqrt{2 \times 4\,000\,000 \times 400 \div 8\%}$ ＝200 000（元）

最低相关总成本（TC）＝ $\sqrt{2 \times 4\,000\,000 \times 400 \times 8\%}$ ＝16 000（元）

现金与有价证券的转换次数＝4 000 000÷200 000＝20（次）

现金与有价证券的交易间隔期＝360÷20＝18（18天）

转换成本＝（4 000 000÷200 000）×400＝8 000（元）

持有的机会成本＝（200 000÷2）×8%＝8 000（元）

（三）现金周转分析法

现金周转分析法是从现金周转的角度出发，根据现金周转速度来确定最佳现金持有量的一种分析方法。该方法在运用中包括三个步骤，如表4-3所示。

表4-3　　　　　　　　　　　　最佳现金量计算程序

步　骤	基　本　要　求
计算现金周转期	现金周转期是指企业从购买材料支付现金至销售商品收回现金所经历的时间，即现金周转一次所需要的天数。计算公式为： 现金周转期＝存货周转期＋应收账款周转期－应付账款周转期
计算现金周转率	现金周转率是指一年或一个营业周期内现金的周转次数，其计算公式为： 现金周转率＝计算期天数÷现金周转期 （若以年为计算期，则计算期天数是360天）
计算最佳现金持有量	最佳现金持有量＝年现金需求量÷现金周转率

四、现金的日常管理

企业在确定最佳现金持有量之后，还应采取各种措施，加强现金的日常管理，保证现金的安全、完整，最大限度地发挥现金的作用，既保证生产经营的需要，又要避免现金的浪费。企业现金日常管理的主要内容包括以下几点：

1. 严格遵守法规政策，禁止扩大现金的使用范围，控制现金余额。按照我国有关制度的规定，企业可以在下列范围内使用现金：

（1）职工工资、津贴；

（2）个人劳动报酬；

（3）根据国家规定颁发给个人的科学技术、文化艺术、体育等各种奖金；

（4）各种劳保、福利费用以及国家规定的对个人的其他支出；

（5）向个人收购农副产品和其他物资的价款；

（6）出差人员必须随身携带的差旅费；

(7) 结算起点以下的零星支出;

(8) 中国人民银行确定需要支付的其他支出。

企业持有的库存现金不能超过一定的限额。其限额标准一般按企业 3~5 天日常零星开支确定,偏远地区最多按 15 天的零星开支确定。

2. 加速现金回收。为了提高现金的使用效率,必须加速现金的周转,因此企业应尽量缩短应收账款的回收时间。一般来说,企业应收账款的收回需要经过四个阶段,即客户开出付款票据、企业收到票据、票据交存银行和企业收到现金。这四个阶段,企业可以在不影响未来销售的前提下,通过现金折扣等方法鼓励客户及早付款,缩短客户的开票时间。在客户开票后可以电汇等方式缩短票据的邮寄时间。另外,加强与开户银行的联系,从而缩短票据的结算时间。

3. 保持现金收支平衡。通过现金的预算管理,力争使经营过程中的现金流入和流出在时间上和数量上保持同步,将交易性余额降到最低,避免资金的浪费。

4. 合理利用现金浮游量,合法延迟付款。现金浮游量是指企业现金账簿记录和银行账面余额的差异。从企业开出支付票据,收票人收到票据并交给银行,到银行将款项划出企业账户需要一段时间,在这段时间里,企业虽已开出票据,但仍可动用银行账户上的资金。需要注意的是,企业要控制好利用现金浮游量的时间,避免发生银行存款的透支,影响企业信誉。此外,企业可以利用承付汇票的方式付款,也可以延迟现金的实际支付时间;若供应商有现金折扣可以利用,企业在计算好现金折扣成本后也可以充分享受对方的优惠。例如供货方提供的现金折扣条件是"2/10,n/45",购货方若想得到现金折扣,就应该在发票开出后的第 10 天付款,否则就应该在第 45 天付款,这两个付款时间对购货方最有利。

5. 注重闲置资金的管理,提高其收益性。企业在筹资活动完成后,一般会有大量的现金,这些现金在被用于资本投资或日常生产经营活动之前,常常有一个闲置期,这些现金可以根据使用时间的要求和国家规定,投资于国债、企业债或普通股等证券投资品种,既可以在企业需要现金时转换成现金,又可以获得一定的投资收益。

五、短期投资管理

短期投资是指企业持有的随时可以变现,持有时间不超过一年的(含一年)的有价证券及其他投资,主要包括股票、债券及基金、认股权证、金融期货等。

(一) 短期投资的特点

短期投资品种的变现能力非常强,被称为"准现金"。其主要特点如下:

1. 易变现。短期投资是现金的暂时存放形式,其流动性仅次于现金,具有很强的变现能力。当企业现金暂时剩余时,选择流动性最强的证券进行投资是最好的理财方法,待企业现金不足支付时,可以立即兑换成现金。

2. 持有时间短。作为短期投资通常不是为了长期持有,是计划在短期内出售以兑换成现金。这里的"短期内出售"并不代表必须在 1 年内出售,短期投资的定义虽然是将其持有时间定为不准备超过 1 年的投资,但这是划分短期和长期投资的一般标准,而不是绝对的标准。在某些情况下，短期投资是为重大的偶发或突发事项所作的一种现金储备。

3. 不以取得控制权为目的。短期投资通常不以控制被投资单位为目的，故通常不会持有较长时间，且投资的目的是为了获取收益，因此在选择投资品种上主要考虑的是收益性和流动性。

（二）短期投资的动机

有价证券投资是企业通过购买有价证券实施的一种对外投资活动。相对于存货等资产存在形式而言，具有变现灵活、便捷等特点，企业持有动机富有多元性。

1. 作为现金的替代品。现金是企业的血液，为了满足日常生产经营周转的需要，企业必须持有一定数量的现金。但是，现金作为一种支付能力极强的资产，其收益性较差，不能给企业带来较高的收益；企业持有过多的现金，将降低企业整体资产的获利能力。因此，当企业出现闲置的现金时，可用这一部分闲置的现金购买短期有价证券进行投资，以获取较高的收益。当企业在某一时期现金流出量增大超出现金流入量时，可以售出有价证券换取现金以满足生产经营周转的需要。这时，短期有价有价证券实际上成为现金的替代品。

2. 获取投资收益。合理的调整企业内部、外部投资的比例，优化企业的投资组合，不仅可以有效地降低企业资产的风险水平，而且对企业整体资产报酬率的提高也有积极的促进作用。例如，当企业内部的投资收益率下降或内部投资的风险较高时，企业可以适当地安排对外投资，通过购买其他单位发行的有价证券在企业外部寻找新的利润中心，从而提高企业的整体收益。另外，有的企业为了满足某个长期性的投资项目的需要发行股票或长期债券进行筹资后会获取大量的现金，但由于该项目投资期很长，因此企业会有大量的长期闲置资金，这时进行有价证券投资也可以达到增加企业收益的目的。

（三）短期投资的风险

短期投资的风险是指其收益的不确定性，亦即短期投资品种的实际收益可能会与预期的收益存在一定的差异。从来源看，持有短期投资品种的风险主要有以下四类：

1. 违约风险。短期投资品种发行人无法按期支付利息或偿还本金风险，称为违约风险。一般而言，由于政府债券具有较强的偿债能力，其违约风险较小；金融机构发行的证券的违约风险次之，工商企业发行的证券风险较大。不同企业的证券因其信用等级不同其违约风险也各不相同。造成企业证券违约的因素有很多，主要有以下几个方面：政治、经济形势发生重大改变；严重的自然灾害导致巨大的损失；企业经营不善造成严重亏损，财务状况恶劣；企业投资失败；企业财务管理失误，不能及时清偿到期债务。

2. 利率风险。由于市场利率变动而使投资者遭受损失的风险，称为利率风险。债券等短期投资品种的价格会随着市场利率的变动而变动，当市场利率下降时证券的价格会上升，投资者将从中受益；当市场利率上升时债券等短期投资品种的价格会下降，投资者将承受一定的损失。投资者准备投资时，应对利率的变动有一个必要的合理的预期。

3. 购买力风险。由于通货膨胀而使证券到期或变现时，所收回资金的实际购买能力下降的风险，称为购买力风险。在通货膨胀时期，投资者对购买力风险的预期将对投资者的决策产生极大的影响。这时，投资者应谨慎地选择购买证券的种类。一般而言，当通货膨胀发生时，变动收益证券比固定收益证券要好。

第三节 应收账款管理

一、应收账款的管理目标与内容

应收账款是企业因赊销商品或提供劳务而形成的应收未收款项，它是企业流动资产的重要组成部分。应收账款是企业为了促进销售，增强竞争能力和扩大市场占有率所采用的一种商业手段，是企业提供给客户的商业信用。随着市场经济的建立和完善，企业与企业之间相互提供商业信用已成为一种越来越普遍的现象。应收账款在扩大销售的同时也带来了坏账风险。所以，对企业财务管理部门来说，加强应收账款的管理实质上是针对赊销风险与收益的权衡而制定适当的信用政策，在实现应收账款功能的前提下，最大限度的减少风险。

应收账款的管理目标和内容如图4-5所示。

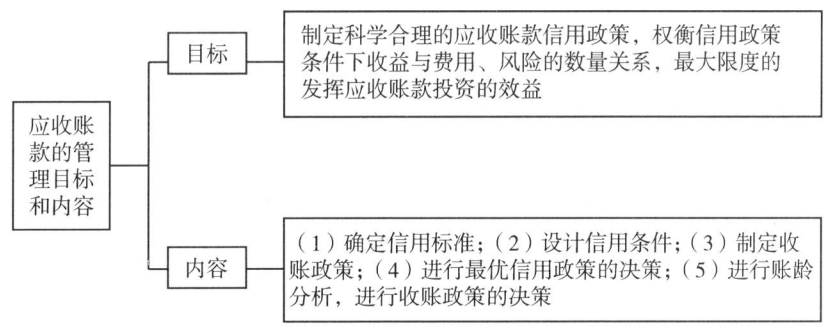

图4-5 应收账款的管理目标和内容示意

二、应收账款的功能与成本

（一）应收账款的功能

1. 扩大销售的功能。企业销售商品有两种方式，即现销和赊销。现销能够迅速收回资金，没有存货积压的风险，既避免呆坏账的发生，又能加速资金的周转和循环，是企业理想的销售结算方式。但在竞争激烈的市场环境中，特别是在市场疲软、资金匮乏、新产品上市和企业产品缺乏竞争力的情况下，赊销的作用是十分显著的。因此，通过赊销扩大企业对市场的占有已成为企业经营管理的一项重要工作内容。

2. 减少存货的功能。虽然赊销可能发生坏账损失，但赊销一旦成功，可以减少企业存货的数量，这有利于缩短产成品的库存时间，降低产成品存货的管理费用、仓储费用和保险费用等各方面的支出。因此，无论是季节性企业还是非季节性企业，当产成品较多时，一般应采用较优惠的信用条件进行赊销，把存货转化为应收账款，减少产成品存货，节约各种支出。

(二) 应收账款的成本

企业在采用赊销方式扩大销售的同时，也会因持有应收账款而付出一定的代价，这种代价即为应收账款的成本。具体包括以下内容：

1. 机会成本。应收账款的机会成本是指因资金投放在应收账款上面而不能用于其他投资所丧失的投资收益。这一成本的大小通常与企业维持赊销业务所需要的资金数量、资金成本率有关。其计算公式为：

$$应收账款的机会成本 = 维持赊销业务所需要的资金 \times 资金成本率$$

式中，资金成本率一般可按有价证券收益率计算，维持赊销业务所需用的资金可按下列步骤计算：

(1) 计算应收账款周转率：

$$应收账款周转率 = \frac{日历天数（360）}{应收账款周转期}$$

(2) 计算应收账款平均余额：

$$应收账款平均余额 = \frac{赊销收入净额}{应收账款周转率}$$

(3) 计算维持赊销业务所需要的资金。

$$维持赊销业务所需要的资金 = 应收账款平均余额 \times 变动成本率$$

$$= 应收账款平均余额 \times \frac{变动成本}{销售收入}$$

在上述分析中，假设企业的成本水平保持不变，随着赊销的扩大，只增加变动成本总额，不增加固定成本。

【例题 4-3】假设某企业预测的年度赊销额为 2 700 000 元，应收账款的平均收账天数为 40 天，变动成本率为 70%，资金成本率为 10%。试计算该企业应收账款的机会成本。根据以上资料，计算结果如下：

$$应收账款周转率 = \frac{360}{40} = 9 \text{（次）}$$

$$应收账款平均余额 = \frac{2\ 700\ 000}{9} = 300\ 000 \text{（元）}$$

维持赊销业务所需要的资金 = 300 000 × 70% = 210 000 （元）

应收账款的机会成本 = 210 000 × 10% = 21 000 （元）

上述计算表明，企业投放 210 000 元的资金可以维持 2 700 000 元的赊销业务。在正常情况下，应收账款的收账天数越少，一定数量资金所维持的赊销额就越大；而应收账款的收账天数越多，维持相同赊销额所需要的资金量就越多。应收账款的机会成本在很大程度上取决于维持赊销业务所需要的资金的多少。加快应收账款的回收，可以直接降低其机会成本。

2. 管理成本。应收账款的管理成本是指企业对应收账款进行管理而耗费的开支，是应收账款成本的重要组成部分，主要包括：对顾客信用情况调查的费用、收集信息的费用、催收账款的费用、账簿的记录费用等。这类费用与坏账成本的大小有一定的依存关系，管理成本开支大，表明预防性的支出多，企业应收账款的坏账成本就相对要小一些。目前，企业应加大管理成本的开支，在信用政策的决策上提高其准确性和科学性。

3. 坏账成本。应收账款的产生是基于商业信用，也存在无法收回的可能性，由于某种原因导致应收账款不能按时收回而给企业带来的损失，即为应收账款的坏账成本。这一成本一般和应收账款的发生数量同方向变化，即应收账款越大，坏账成本越高。为了减少坏账给企业生产经营活动带来的不利影响，企业应合理地提取坏账准备，并加大对客户信用状况的前期调查。

三、企业信用政策的决策

信用政策又称应收账款政策，是企业基于对客户的资信状况的认定，而对客户给予先行付货而后收账的结算优惠。为了充分发挥应收账款的促销功能，减少应收账款的坏账风险，必须加强对应收账款的管理，制定合理的信用政策，是提高应收账款投资效益的重要前提。信用政策一般由信用标准、信用条件和收账政策三部分组成。

（一）信用标准

信用标准是企业提供信用时要求客户达到的最低信用水平，通常用坏账损失率表示。如果企业信用标准过高，符合赊销条件的客户数量相对要少，应收账款的促销作用低，企业坏账损失相对要少；如果企业的信用标准过低，符合赊销的客户数量要大，应收账款的促销作用明显，有利于提高企业产品的市场占有率，但坏账损失发生的可能性相对要大，同时应收账款的机会成本也增加。在企业做出正确的信用标准决策前，应对申请赊购的客户进行信用状况分析，具体包括以下内容：

1. 信用标准的定性分析。

企业在制定信用标准时，首先应进行定性分析。在分析中主要考虑以下三个方面的问题：

（1）同行业竞争对手的情况。如果竞争对手实力很强，企业就应考虑是否可以采取较低的信用标准，增强对客户的吸引力；反之，则可以考虑制定较严格的信用标准。

（2）企业承担违约风险的能力。当企业具有较强的违约风险承担能力时，就可以考虑采用较低的信用标准，以提高企业产品的竞争能力和市场占有率；反之，如果企业承担违约风险的能力较弱时，则应制定较严格的信用标准，谨防坏账的发生。

（3）对客户的资信进行调查与分析。调查并判断客户的信用状况，并决定是否给该客户提供商业信用。客户的信用状况通常可以从以下五个方面来评价，简称"5C"评价法。这五个方面是：

① 品质（Character）。指客户过去应付账款履约的诚信程度。客户是否愿意按期支付货款，与该客户在以往的交易过程中所表现出来的品质有很大的关系，因此品质是信用评价体系中的首要因素。

② 能力（Capacity）。指客户支付货款的能力。客户支付货款的能力取决于其资产，特别是流动资产的数量、质量、流动比率以及现金的持有水平等因素。一般来说，企业流动资产的数量越多，质量越好，流动比率越高，持有现金越多，则其支付货款的能力就越强；反之，就越弱。

③ 资本（Capital）。资本是指客户的经济实力和财务状况。该指标主要是根据有关的财务比率来测定客户净资产的大小及其获利的可能性。

④ 抵押品（Collateral）。指客户拒付或无力支付款项时能被用作抵押的资产。当对客户的信用状况有怀疑时，如果客户能够提供足够的抵押品，就可以向其提供商业信用。一旦客户违约，也可以变卖抵押品，挽回经济损失。能够作为信用担保的抵押财产，必须为客户实际所有，并且流动性较好，即变现能力强。

⑤ 经济状况（Conditions）。指可能影响客户付款能力的经济环境，包括一般经济发展趋势和某些地区的特殊发展情况。

2. 信用标准的定量分析。信用标准的定量分析主要是解决两个问题：一是制定信用标准，以作为给予或拒绝向客户提供商业信用的依据；二是明确客户的信用等级。信用标准的制定主要是通过比较不同方案之间的销售收入和相关成本，最后比较不同方案之间的净收益进行。

在具体实行信用标准后，还必须对具体客户的信用等级进行评定，同时确定对其提供商业信用时可能导致的坏账损失率。确定客户的信用等级主要是通过以下三个步骤完成的。

（1）设定信用等级的评价标准。即根据对客户信用资料的调查分析，选取一组具有代表性的，能够说明付款能力和财务状况的若干比率，作为信用风险评价指标，并给出不同信用状况的指标标准值及其对应的拒付风险系数。通常可以选用的评价指标有：流动比率、速动比率、现金比率、产权比率、已获利息倍数等。按照上述要求确定的某行业的信用标准如表4-4所示。

表4-4　　　　　　　　　　信用标准一览表

指　　标	信　用　标　准	
	信用好	信用差
流动比率	2.5:1	1.6:1
速动比率	1.1:1	0.8:1
现金比率	0.4:1	0.2:1
产权比率	1.8:1	4:1
已获利息倍数	3.2:1	1.6:1
有形净值负债率	1.5:1	2.9:1

续表

指标	信用标准	
	信用好	信用差
应收账款平均收账天数	26	40
存货周转率	6	4
总资产报酬率	35	20
赊购付款履约情况	及时	拖欠

（2）根据特定客户的财务数据，计算出以上选定指标的指标值，并与本企业制定的标准值相比较，然后确定各指标相对应的拒付风险系数（或称坏账损失率增加系数），最后计算总的拒付风险系数。某企业的各项指标值如表4—5所示，确定其累计拒付风险系数。

表4—5　　　　　　　　　　客户信用状况评价表

指标	指标值	拒付风险系数
流动比率	2.6:1	0
速动比率	1.2:1	0
现金比率	0.3:1	5
产权比率	1.7:1	0
已获利息倍数	3.2:1	0
有形净值负债率	2.3:1	5
应收账款平均收账天数	36	5
存货周转率（次）	7	0
总资产报酬率（%）	35	0
赊购付款履约情况	及时	0
累计拒付风险系数		15

（3）根据上面计算出的该客户的拒付风险系数，结合企业承受违约风险的能力及市场竞争的需要，确定其信用等级，并将其与制定的信用标准（坏账损失率）进行比较，以确定是否给该客户提供商业信用或给予不同的信用优惠条件等。

【例题4—4】某企业有两种信用标准可供选择，其有关资料如表4—6所示。

表4-6　　　　　　　　　　　　两种信用标准基本资料　　　　　　　　　　　单位：元

项目＼方案	A 坏账损失率（≤10%）	B 坏账损失率（≤15%）
销售收入	100 000	120 000
固定成本	3 000	3 000
变动成本	60 000	72 000
可能的收账费用	2 000	3 000
可能的坏账损失	10 000	18 000
平均收账期（天）	45	60

该企业的综合资金成本率为10%，试做出信用标准决策。

根据资料可知，该企业的变动成本率为60%。

采用A方案时：

销售毛利 = 100 000 - 3 000 - 60 000 = 37 000（元）

应收账款占用资金的机会成本 = 100 000 × 60% × 10% × 45 ÷ 360 = 750（元）

采用A方案的净收益 = 37 000 - 2 000 - 10 000 - 750 = 24 250（元）

采用B方案时：

销售毛利 = 120 000 - 3 000 - 72 000 = 45 000（元）

应收账款占用资金的机会成本 = 120 000 × 60% × 10% × 60 ÷ 360 = 1 200（元）

采用B方案的净收益 = 45 000 - 3 000 - 18 000 - 1 200 = 22 800（元）

比较A、B方案的净收益，应选A方案。

（二）信用条件

信用标准是企业评价客户等级，决定给予或拒绝信用的依据。企业决定客户商业信用时，就需要考虑具体的信用条件。因此，信用条件就是指企业接受客户信用订单时所提出的付款要求，主要包括信用期限、折扣期限及现金折扣率等。信用条件的一般表示方式如"2/10，n/30"，含义是客户若在10天内付款，可以享受2%的现金折扣；如果放弃折扣优惠，则全部款项必须在30天内付清。其中，30天为信用期限，10天为折扣期限，2%为现金折扣率。

1. 信用期限。信用期限是企业允许客户从购货到付清货款的最长时间。一般来说，信用期限越长，对客户的吸引力就会越大，因而可以在一定程度上扩大产品的销售量。但是过长的信用期限可能会给企业带来以下问题：一是会使应收账款的平均收账期限延长，占用在应收账款上的资金也就会增加，这样会增加应收账款资金占用的机会成本；二是会增加企业的坏账损失和收账费用，因为赊销的时间越长，发生坏账的可能性就会越大，收回账款的费用也会相应增加。因此，企业在信用期限决策时，应该视延长信用期限增加的边际收入是否大于增加的边际成本而定。

2. 现金折扣与折扣期限。为了减少坏账的发生，争取客户及早付款，企业一般在提供信用期限的同时，往往会给在信用期限内提前付款的客户一定的现金折扣。现金折扣实际上是企业销售收入的扣减，企业在提供现金折扣时应考虑提供折扣后所得的收益是否大于现金折扣的成本。

折扣期限是企业提供现金折扣的时间期限，这一时间的长短和现金折扣一样，必须考虑加速收款所带来的收益能够补偿现金折扣所丧失的收益，否则提供现金折扣和折扣期限是不恰当的。

（三）信用条件的决策

信用条件的决策就是比较不同信用条件的销售收入及相关成本，最后计算出各自的净收益，并选择净收益最大的信用条件的过程。信用条件的决策不仅用于配合新的信用政策的实施，也可用于企业经营环境发生变化时信用政策的调整决策需要。

【例题4-5】某企业采用赊销方式销售甲产品，该产品的单位售价为20元，单位产品的变动成本为15元，固定成本总额为400 000元。当该企业没有对客户提供现金折扣时，该产品的年销售量为100 000件，应收账款的平均回收期为45天，坏账损失率为0.2%。为了增加销售，同时加速应收账款的回收，企业考虑给客户提供信用条件"2/10，n/30"。估计采用这一新的信用条件后，销售量将增加20%，有70%的客户将在折扣期内付款，应收账款的平均回收期将降为30天，坏账损失率将降为0.1%。另外，应收账款的机会成本为20%，该企业的生产能力有剩余。试做出该企业应采用何种信用条件的决策。

采用旧的信用条件时：（根据资料，该企业的变动成本率为75%）

销售收入 = 100 000 × 20 = 2 000 000（元）

毛利 = 2 000 000 - 100 000 × 15 - 400 000 = 100 000（元）

应收账款的机会成本 = 2 000 000 × 75% × 20% × 45 ÷ 360 = 37 500（元）

应收账款的坏账成本 = 2 000 000 × 0.2% = 4 000（元）

净收益 = 100 000 - 37 500 - 4 000 = 58 500（元）

采用新的信用条件时：

销售收入 = 100 000 × (1 + 20%) × 20 = 2 400 000（元）

毛利 = 2 400 000 - 100 000 × (1 + 20%) × 15 - 400 000 = 200 000（元）

应收账款的机会成本 = 2 400 000 × 75% × 20% × 30 ÷ 360 = 30 000（元）

应收账款的坏账成本 = 2 400 000 × 0.1% = 2 400（元）

现金折扣成本 = 2 400 000 × 70% × 2% = 33 600（元）

净收益 = 200 000 - 30 000 - 2 400 - 33 600 = 134 000（元）

通过计算可知，新的信用条件可使企业新增净收益75 500元，所以应采用新的信用条件。

（四）收账政策

收账政策是指企业针对客户违反信用条件，拖欠甚至拒付账款所采取的收账策略与措施。企业如果采取积极的收账政策，就会减少应收账款坏账损失，但会增加收账成本；反之，如果收账不力，虽然可以减少收账费用，却会增加坏账损失。企业可以选择的收账方式见表4-7所示。

表4-7　　　　　　　　　　　收账的一般程序和技巧

项　目	内　容
一般程序	收账的一般程序： （1）对逾期较短的应收账款，先发给客户有礼貌的通知信函 （2）对逾期稍长的应收账款，应寄发催收账单，要求数据准确无误 （3）对逾期较长的应收账款，由训练有素的催款员电话与客户联系 （4）上述程序无效时，可派员上门催款，并对其随后的供货采用预收货款或现款现货方式，直至应收账款全部收回 （5）上述程序全部无效时，委托中介机构处理或诉讼法律
收账技巧	企业在收账过程中，应根据自身情况和客户的特点，灵活机动地进行收账。对逾期未付的应收账款要深入分析，如果客户确实是遇到暂时性的困难，企业应帮助客户渡过难关，以便收回全额的货款；如果客户已陷入严重的困境，破产在即，企业应及时向法院起诉，以期在清算时能得到部分的清偿；如果客户有能力支付，故意拖欠，企业可以委托收账代理公司代为催收账款

无论采取何种方式进行催收账款，都需要付出一定的代价，即收账费用。一般而言，企业加强收账管理，及早收回货款，可以减少坏账损失，但会增加收账费用。它们之间并不一定存在线性关系。在制定收账政策时，应权衡增加收账费用与减少应收账款机会成本和坏账损失之间的得失。若前者小于后者，则说明制定的收账政策是可行的。

【例题4-6】某企业不同收账政策条件下的有关资料如表4-8所示。

表4-8　　　　　　　　　　　收账政策备选方案　　　　　　　　　　　单位：元

项　目	现行收账政策	建议收账政策
年收账费用	40 000	50 000
应收账款平均收账天数（天）	45	30
坏账损失率	3%	2%
赊销额	3 000 000	3 000 000
变动成本率	60%	60%
机会成本率	10%	10%

决策分析如表4-9所示。

表4-9　　　　　　　　　　收账政策分析评价　　　　　　　　　　单位：元

项　　目	现行收账政策	建议收账政策
赊销额	3 000 000	3 000 000
应收账款周转次数	8	12
应收账款平均余额	3 000 000 ÷ 8 = 375 000	3 000 000 ÷ 12 = 250 000
应收账款的机会成本	375 000 × 60% × 10% = 22 500	250 000 × 60% × 10% = 15 000
应收账款的坏账损失	3 000 000 × 3% = 90 000	3 000 000 × 2% = 60 000
收账费用	40 000	50 000
收账总成本	152 500	125 000

可见，建议收账政策的收账总成本低于当前的收账政策的收账总成本，所以应采用建议收账政策。

四、应收账款的日常管理

（一）应收账款追踪分析

一般来说，客户赊销了产品，能否按期偿还货款，主要取决于以下三个因素：(1) 客户的信用品质；(2) 客户的财务状况；(3) 客户是否可以实现该产品的价值转换或增值。其中，客户信用品质和财务状况是企业在赊销之前就必须分析的问题，但是在赊销之后，仍然应进行追踪分析，因为这两个因素是有可能随时发生变化的。当发现客户的这两个因素有发生变化的可能性时，企业应采取果断的措施，尽快地收回应收账款，即使只能暂时收回部分的应收账款，并且应该对客户的信用记录进行相应的调整。第三个因素，对客户能否及时支付应收账款也具有重大的影响。如果客户可以实现该产品的价值转换，尤其是可以实现该产品的价值增值，那么客户就会愿意及时付款。原因是一方面他此时有付款的能力；另一方面是由于他希望建立良好的信誉，为以后的交易打下基础。从这个意义上说，应收账款问题并不仅仅是交易双方的问题，常常会涉及第三方。

（二）应收账款账龄分析

应收账款的账龄是指未收回的应收账款从产生到目前的整个时间，企业已发生的应收账款的账龄有长有短。有的在信用期内，有的已逾期。我们进行应收账款账龄分析的重点是已逾期拖欠的应收账款。一般来说，应收账款被拖欠的时间越长，催收的难度就越大，成为坏账的可能性也就越高。所以，将应收账款按账龄分类，尤其是按被拖欠的时间分类，密切关注应收账款的回收情况是加强应收账款日常管理的重要环节。应收账款账龄分析，即应收账款账龄结构分析。所谓应收账款的账龄结构，是指各类不同账龄的应收账款余额占应收账款总体余额的百分比。在应收账款的账龄结构中，可以清楚地看出企业应收账款的分布和被拖欠情况，企业应根据应收账款逾期的长短调整信用政策及企业销售人员管理政策，将应收账款的回收落实到具体的部门和人员。目前我国许多中小企业应收账款的回收任务都和销售政策挂钩，所以财务部门应加强应收账款的账龄分析，及时通知销售部门和业务经办人员，减少坏账的可能性。

【例题 4-7】 某企业应收账款账龄结构如表 4-10 所示。

表 4-10　　　　　　　　　应收账款账龄结构表

应收账款账龄	金额（万元）	比重（%）
信用期内	600	60
逾期半年内	200	20
逾期半年至1年	100	10
逾期1~2年	50	5
逾期2~3年	40	4
逾期3年以上	10	1
应收账款总计	1 000	100

由表 4-10 可知，该企业应收账款总计为 1 000 万元，其中在信用期内 600 万元，占 60%，逾期半年内的 200 万元，占 20%；逾期半年至 1 年的 100 万元，占 10%；逾期 1~2 年的 50 万元，占 5%；逾期 2~3 年的 40 万元，占 4%；逾期 3 年以上的 10 万元，占 1%。从总体上看，该企业逾期的应收账款为 400 万元，占 40%，比重较大，所以应引起财务管理人员的高度重视。

（三）应收账款收现保证率分析

应收账款收现保证率是为适应企业当期现金收支平衡的需要，所确定出的有效收现的应收账款占全部应收账款的百分比，是对应收账款必须收回的最低数量要求。其计算公式为：

$$\text{应收账款收现保证率} = \frac{\text{当期必要现金支出总额} - \text{当期其他稳定可靠的现金流入总额}}{\text{当期应收账款总计金额}}$$

式中的其他稳定可靠现金流入总额，是指从应收账款收现以外的途径可以得到的各种稳定的现金流入数额，包括短期有价证券及可随时取得的银行贷款额等。

应收账款收现保证率指标反映了企业在某一时期预期现金支付数量扣除各种可靠、稳定性来源后的差额，必须通过应收账款有效收现予以弥补的最低保证程度。其意义在于：应收账款未来是否发生坏账损失并非当务之急，关键是实际收到的货款是否能满足同期必需的现金支付要求，特别是满足具有刚性要求的纳税及偿付不得展期的到期债务的需要。

第四节 存货管理

存货是企业生产经营过程中储存的供销售或生产所需的物资,包括各种原材料、低值易耗品、产成品、在产品、零部件等。企业持有存货,不仅有利于生产过程的顺利进行,节约采购费用,而且能够满足客户各种订货的需要,从而为企业的生产和销售创造良好的条件,避免因存货不足而带来的损失。然而,存货一般占企业流动资产的一半左右,增加存货必然占用企业大量的流动资金,同时也增加存储费用。存货管理的好坏,对企业财务状况的影响是重大的。存货管理的目标是要在存货成本和存货效益之间做出权衡,在充分发挥存货功能的基础上降低成本、提高效益。

一、存货的功能与成本

(一)存货的功能

存货的功能是指存货在企业生产经营过程中所具有的作用,主要体现在以下几个方面:

1. 保证生产的连续性。企业主要是通过产品的不断流转而获得利润,如果这种流转过程不顺畅,那么就会给企业造成经济损失。适量的原材料及在产品、半成品存货是企业连续生产的前提和保障。从企业内部生产要求来看,有了各种存货,能够使生产调度更加方便,各工序之间的协调和生产更加顺畅和灵活,维持了生产的连续性。原材料存货不足,就可能造成生产中断,停工待料;对于商业企业来说,如果畅销商品库存不足,就可能会失去销售良机。

2. 适应市场的变化。企业面对的市场是千变万化的,市场对本企业生产产品的需求量一般来说是不稳定的。一定数量的存货储备能够增加企业在生产和销售方面的机动性以及适应市场变化的能力。企业有了足够的库存,当市场的需求量突然增加时就能及时地满足市场的变化。另外,当发生通货膨胀时,适当地储备一定数量的存货,能使企业获得物价上涨的好处。

3. 降低进货成本。一般来说,企业采购时,其进货的总成本与其采购物资的单位售价及采购的次数有密切的关系。许多企业为了鼓励客户购买其产品,往往给购货方提供较优厚的商业折扣,即当客户的采购量达到一定数量时,便可以在价格上给予相应的折扣。所以,企业采取大批量的集中进货,就可以降低单位物资的买价。同时,由于采购总量一定,采购批量较大时,采购次数就会较少,从而可以降低采购费用的支出。

4. 维持均衡生产。许多产品的市场需求具有季节性,例如空调、电风扇、羽绒服等产品,企业的生产安排一般可以随着市场的变化而作相应的调整。但是,这些产品的生产并不能完全按市场需求的季节性来安排,否则就会造成生产的不均衡。忙时超负荷运转,闲时生产能力得不到充分利用。这样不仅会导致生产成本的提高,而且对企业的生产设备、生产人员也是十分不利的。所以,对这些产品的生产既要考虑到季节性的变动,又要考虑到生产的均衡性，在销售淡季适当增加产品库存。

（二）存货成本

存货虽然具备以上许多功能，企业必须持有存货，但是存货持有也不是越多越好，因为持有存货，必然会发生一定的成本支出。存货成本包括以下几个方面：

1. 进货成本。进货成本是指企业取得存货时的成本费用支出，主要包括存货的进价成本和进货费用两个方面。其中，进价成本又叫购置成本，它等于存货采购量与单位存货的采购单价的乘积。在一定时期进货总量已知的情况下，无论企业的采购次数如何变化，存货的进价总成本通常是不变的（假设一定时期采购单价不变且没有数量采购折扣），因而在存货采购决策中属于无关成本。由于采购量是根据生产经营部门的需要决定的，所以进价成本管理的重点是如何降低单位存货的采购单价。进货费用又称订货成本，是指企业为组织进货而开支的有关费用，如办公费、差旅费、运输费、检验费、入库搬运费等。订货费用中有一部分与订货次数有关如差旅费、邮资等，这类费用具有变动成本的性质，是属于存货采购决策的相关成本。还有一部分费用如专设采购机构的基本开支等，这部分费用具有固定成本的性质，是存货采购决策的无关成本。

2. 储存成本。储存成本是指企业为持有存货而发生的成本费用支出，主要包括：存货资金占用的机会成本、仓储费用、保险费用、存货库存损耗等。其中，存货的机会成本主要是指以现金购买存货而失去的其他投资机会可能带来的投资收益，一般可以用证券投资收益来衡量。储存成本按照与储存数量的关系分为变动性储存成本和固定性储存成本两类，固定性储存成本与存货的储存数量在一定的界限范围内没有直接关系，如仓库折旧费、仓库管理人员工资等，这类成本属于采购决策中的无关成本；变动性储存成本是随着存货储存数量的增减而增减变化的，如存货的机会成本、存货的保险费用等，这类成本是采购决策的相关成本。

3. 短缺成本。短缺成本是指因存货不足而给企业造成的损失，主要包括由于原材料供应中断造成的停工待料损失、产品供应中断导致延误发货的信誉损失以及丧失销售机会的损失等。如果缺货成本能够准确计量的话，也可以在存货决策中考虑缺货成本，否则可以不予考虑。

二、存货经济批量决策

经济进货批量是指能够使一定时期存货的相关总成本最低的进货数量。通过前述可知，经济进货数量的相关总成本主要包括进货费用和储存成本及允许缺货时的缺货成本。它们之间的关系是：在全年存货需要量一定的条件下，减少一次进货数量，必然增加进货次数，将导致储存成本下降，进货费用和缺货成本上升；增加一次进货数量，必然减少进货次数，将导致储存成本上升，进货费用和缺货成本下降。一次进货多少，使得储存成本和进货费用之和为最低，是存货经济批量决策要解决的问题。

（一）简单条件下经济进货批量的决策

简单条件下经济订货批量决策模型的建立需要如下假设，如图4-6所示。

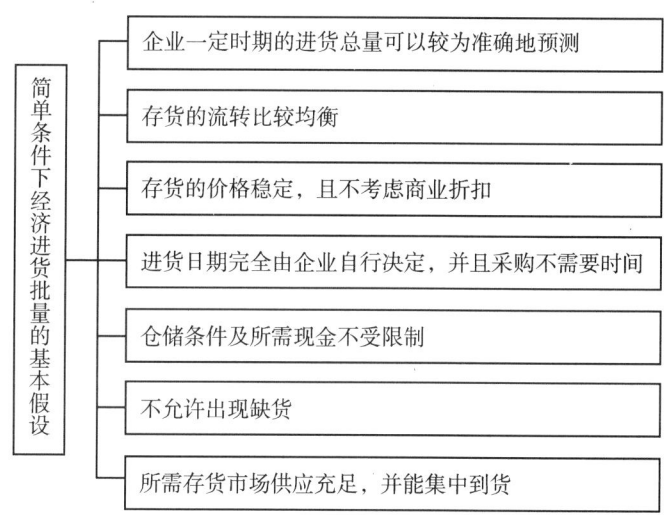

图 4-6 简单条件下经济进货批量决策的基本假设

在满足以上假设的前提下，存货的买价和短缺成本都不是决策的相关成本，此时经济进货批量考虑的相关总成本是变动性的进货费用（简称进货费用）与变动性的储存成本（简称储存成本）两项。则有：

存货的相关总成本 = 相关进货费用 + 相关储存成本

设：Q 为经济进货批量；A 为某种存货的全年需要量；B 为平均每次进货费用；C 为单位存货年度平均储存成本；P 为进货单价。则：

经济进货批量（Q）$= \sqrt{2AB/C}$

经济进货批量的相关总成本（T_c）$= \sqrt{2ABC}$

经济进货批量平均占用资金（W）$= \dfrac{Q}{2} \times P$

年度最佳进货次数（N）$= \dfrac{A}{Q}$

【例题 4-8】 某企业每年耗用 A 材料 360 000 公斤，该材料的单位采购价格为 10 元，每公斤材料年储存成本平均为 4 元，平均每次进货费用为 200 元。则该企业的经济订货批量决策如下：

$Q = \sqrt{2AB/C} = \sqrt{(2 \times 360\,000 \times 200)/4} = 6\,000$（公斤）

$T = \sqrt{2ABC} = \sqrt{2 \times 360\,000 \times 200 \times 4} = 24\,000$（元）

$N = \dfrac{A}{Q} = \dfrac{360\,000}{6\,000} = 60$（次）

$W = \dfrac{QP}{2} = 10 \times \dfrac{6\,000}{2} = 30\,000$（元）

计算结果表明：当进货批量为 6 000 公斤时，相关总成本最低。

(二) 存在数量折扣条件的经济进货批量决策

如果销售企业为了鼓励客户多购买商品,给予一定的价格优惠,此时进货企业对经济进货批量的决策除了考虑上述两项成本外,还应考虑存货的进价成本。因为,这时的进价成本已经和进货数量有了密切的关系,属于决策的相关成本范畴。其相关总成本的公式表示为:

存货相关总成本 = 存货进价 + 相关进货费用 + 相关储存成本

【例题 4-9】某企业 A 材料的年需要量为 32 000 公斤,每公斤价格为 10 元,销售企业规定:客户每批购买量不足 1 000 公斤的,按照标准价格计算;每批购买量 1 000 公斤以上,2 000 公斤以下的,价格优惠 2%;每批购买量 2 000 公斤以上的,价格优惠 3%。已知每批进货费用为 600 元,单位材料的年储存成本 60 元。

计算及决策步骤如下:

(1) 按照经济进货批量基本模型确定的采购量为:

$Q = \sqrt{2AB/C} = \sqrt{(2 \times 32\,000 \times 600)/60} = 800$(公斤)

(2) 每次进货 800 公斤时存货的相关总成本为:

存货的相关总成本 = $32\,000 \times 10 + (32\,000 \div 800) \times 600 + (800 \div 2) \times 60 = 368\,000$(元)

(3) 每次进货 1 000 公斤时存货的相关总成本为:

存货的相关总成本 = $32\,000 \times 10 \times (1 - 2\%) + (32\,000 \div 1\,000) \times 600 + (1\,000 \div 2) \times 60$
$= 362\,800$(元)

(4) 每次进货 2 000 公斤时存货的相关总成本为:

存货的相关总成本 = $32\,000 \times 10 \times (1 - 3\%) + (32\,000 \div 2\,000) \times 600 + (2\,000 \div 2) \times 60$
$= 380\,000$(元)

通过以上计算结果可以显示,每次进货为 1 000 公斤时的存货相关总成本最低,因此存在数量折扣条件下的最佳经济进货批量为 1 000 公斤,而不是 800 公斤。

三、存货的日常管理

存货的日常管理目标是在保证企业正常生产经营需要的前提下尽量减少存货,防止存货的积压,在实践中使用较多的管理方法包括存货的储存期控制、存货的 ABC 分类管理、存货定额控制及 ERP 控制等。

(一) 存货的储存期控制

商品流通企业和生产制造企业,其商品产品一旦进入仓储阶段,必定要发生相应的存储费用。按照与存储时间的关系,这一阶段的费用可以分为固定存储费用与变动的存储费用。前者包括进货费用、管理费用,其金额多少与存货的储存期的长短没有直接关系;后者包括存货资金占用费、仓储损耗等,其金额与存货的时间长短有密切关系。因此,考虑仓储阶段时间对商品产品利润的影响,可将本量利的关系式调整为:

利润 = 毛利 - 固定储存费 - 销售税金及附加 - 每日变动储存费 × 储存天数

根据以上关系式，可得出存货保本存储天数和保利储存天数的计算公式：

$$存货保本储存天数 = \frac{毛利 - 固定储存费 - 销售税金及附加}{每日变动储存费}$$

$$存货保利储存天数 = \frac{毛利 - 固定储存费 - 销售税金及附加 - 目标利润}{每日变动储存费}$$

由上述公式可以看出，随着存货储存期的延长，变动的储存费用不断增加，利润逐渐减少，当毛利扣除固定储存费用和销售税金及附加后的余额，被变动储存费用完全抵销后，表明存货到了保本期；被变动储存费用抵销到等于企业目标利润时，表明存货到了保利期。通过保本期和保利期的计算，对商品流通企业和产品制造行业的存货管理工作提供了重要的决策依据。

【例题 4-10】某商品流通企业批进批出商品共 500 件，该商品单位进价 500 元（不含增值税），单位售价为 550 元（不含增值税），经销该批商品的固定成本为 5 000 元。该商品的进货款来自于银行借款，年借款利率为 9%，商品的月保管费用率为 0.3%，流转环节的税金及附加为 2 500 元。一年按 360 天计算。要求：

（1）计算该批商品的保本储存天数；
（2）如果企业要求获利 8 750 元，计算该批商品的保利储存天数；
（3）如果该批商品超过保利期 10 天后售出，计算该批商品的实际获利额；
（4）如果该批商品超过保本期 2 天后售出，计算该批商品的实际亏损额。

计算结果如下：

每日变动储存费 = 购进批量 × 购进单价 × 每日变动储存费率

$$= 500 \times 500 \times \left(\frac{9\%}{360} + \frac{0.3\%}{30}\right) = 87.5（元）$$

$$保本储存天数 = \frac{毛利 - 固定储存费 - 销售税金及附加}{每日变动储存费}$$

$$= \frac{(550 - 500) \times 500 - 5\,000 - 2\,500}{87.5} = 200（天）$$

$$保利储存天数 = \frac{毛利 - 固定储存费 - 销售税金及附加 - 目标利润}{每日变动储存费}$$

$$= \frac{(550 - 500) \times 500 - 5\,000 - 2\,500 - 8\,750}{87.5} = 100（天）$$

超过保利期 10 天售出的实际获利额 = 8 750 - 87.5 × 10 = 7 875（元）
超过保本期 2 天售出的实际亏损额 = 87.5 × 2 = 175（元）

通过以上计算可知：该批商品最长可储存时间是 200 天，此时企业已无利可获，若想获得 8 750 元的目标利润，必须在存货储存 100 天时销售出去。

（二）ABC 分类管理

19 世纪意大利经济学家巴雷特首创了 ABC 控制法，存货的 ABC 分类管理就是这种方法在存货管理中的具体应用。一般来说,企业的存货品种繁多、数量巨大,如何对这些存货加强管理是财务管理工作的重要课题。

存货的 ABC 分类管理就是将存货按照一定的标准分成 A、B、C 三类,然后按照各类存货的重要程度分别采取不同的方法进行管理。这样,企业就可以分清主次,突出管理重点,提高存货管理的整体效率。ABC 三类的划分标准主要有两个:一是存货的金额标准;二是存货的品种数量标准,其中以存货的金额标准为主。

A 类存货特点是:存货金额很大,存货的品种数量很少;

B 类存货特点是:存货金额较大,存货的品种数量较多;

C 类存货特点是:存货金额较小,存货的品种数量繁多。

每个企业的生产特点不同,每个企业存货的具体划分标准各不相同。但是,一般来说,存货的划分标准大体如下:

A 类存货金额占整个存货金额比重的 60%~80%,品种数量占整个存货品种数量的 5%~20%;

B 类存货金额占整个存货金额比重的 15%~30%,品种数量占整个存货品种数量的 20%~30%;

C 类存货金额占整个存货金额比重的 1%~5%,品种数量占整个存货品种数量的 60%~70%。

将存货分类后,采取不同的管理方法。A 类存货应进行重点管理,经常检查这类存货的库存情况,严格控制该类存货的支出,由于该类存货的品种数量很少,而占用企业资金很多,所以企业应对其按照每一个品种分别进行编号管理;B 类存货的金额相对较小,数量也较多,可以通过划分类别的方式进行管理,或者按照其在生产中的重要程度和采购难易程度分别采用 A 类或 C 类存货的管理方法;C 类存货占用的金额比重很小,品种数量又很多,可以只对其进行总量控制和管理。存货的 ABC 分类方法和步骤如下:

(1) 计算每一种存货在一定时期内的资金占用额;

(2) 计算每一种存货资金占用额占全部资金占用额的百分比,并按大小顺序排列,编制成表格。

【例题 4-11】某企业共有 20 种原材料,共占用资金 100 000 元,按占用资金多少顺序排列后,根据上述原则划分成 A、B、C 三类,具体情况如表 4-11 所示。

表 4-11 存货资金占用表

材料品种（编号）	占用资金数额（元）	类别	各类存货所占的		各类存货占用资金	
			种数（种）	比重（%）	数量（元）	比重（%）
1	50 000	A	2	10	75 000	75
2	25 000					
3	10 000					
4	5 000					

续表

材料品种（编号）	占用资金数额（元）	类别	各类存货所占的		各类存货占用资金	
			种数（种）	比重（%）	数量（元）	比重（%）
5	2 500	B	5	25	20 000	20
6	1 500					
7	1 000					
8	900					
9	800					
10	700					
11	600					
12	500					
13	400					
14	300	C	13	65	5 000	5
15	200					
16	190					
17	180					
18	170					
19	50					
20	10					
合计	100 000		20	100	100 000	100

【本章小结】

本章主要阐述构成营运资金主体的现金及短期投资、应收账款、存货等基本内容。

营运资金是指在企业生产经营活动中占用在流动资产上的资金，其特点是投资回收期短、金额小，流动性强，波动性大。营运资金管理的主要目标是加速周转，减少占用，保证生产的连续性。

现金是流动性最强的资产，也是非盈利资产，现金的功能是满足交易性需要、预防性需要、投机性需要，现金的成本包括持有成本、转换成本和短缺成本。最佳现金持有量的决策方法主要有成本分析方法、存货模型分析方法和现金周转分析法。短期投资是指企业持有的随时可以变现，持有时间不超过一年的（含一年）的有价证券及其他投资。

应收账款是基于商业信用而产生的，它的主要作用是扩大销售，减少存货。应收账款的成本包括机会成本、管理成本、坏账成本，企业的信用政策包括信用标准、信用条件和收账政策，信用政策的决策原则是选择信用成本后收益最大的方案。

存货是企业生产经营过程中必不可少的物资,存货最主要的作用是均衡生产。存货的成本主要有进货费用、储存成本和缺货成本。最佳经济进货量的决策要考虑外部环境,理想条件下决策的相关成本是进货费用和储存成本,有数量折扣优惠条件下决策的相关成本是进价成本、进货费用和储存成本。存货的日常管理主要是通过储存期控制和 ABC 分类管理来进行,其日常管理的目标是保证生产需要,存货资金占用最少。

【中英文对照专业名词及术语】

1 营运资金管理　　　　　　　　Working Capital Management
1. 现金管理　　　　　　　　　　Cash Management
2. 应收账款管理　　　　　　　　Accounts Receivable Management
3. 存货管理　　　　　　　　　　Inventory Management
4. 信用政策　　　　　　　　　　Credit Policy
5. 经济批量模型　　　　　　　　Economic-Order Quantity Model

复习思考题

1. 现金管理在流动资金管理中的地位和作用是什么?
2. 企业应收账款政策包括哪些内容?制定应收账款政策的主要依据是什么?
3. 除教材上的方法外,你认为加强应收账款日常管理的方法还有哪些?
4. 如何对顾客进行信用调查?
5. 总结存货资金日常管理的方法,应如何减少存货资金的占用?
6. 简述 ABC 分类法。
7. 简述营运资金管理策略。

练习题

1. 某公司预测的年度赊销收入净额为 2 400 万元,应收账款周转期为 30 天,变动成本率为 75%,资金成本为 8%。试计算该企业应收账款的机会成本。

2. 某企业生产甲产品的固定成本为 80 000 元,变动成本率为 60%。该企业有两种信用标准可供选择,若采用 A 标准,则其坏账损失率为 5%,销售收入为 400 000 元,平均收账期为 30 天,可能的收账费用为 3 000 元;若采用 B 标准,则其坏账损失率为 10%,销售收入为 600 000 元,平均收账期为 45 天,可能的收账费用为 5 000 元。企业的综合资金成本为 10%。试对信用标准进行选择。

3. 某企业计划年度甲材料耗用总量为 7 200 公斤,每次订货成本为 800 元,该材料的单价为 30 元/公斤,单位储存成本为 2 元。

要求:

(1) 计算该材料的经济采购批量。

(2) 若供货方提供商业折扣,当一次采购量超过 3 600 公斤时,该材料的单价为 28 元/公斤,则应一次采购多少较经济?

4. 某商业企业购进甲商品 10 000 件，不含税进价 35 元，单位售价 58.5 元，经销该商品的固定储存费用为 20 000 元，销售税金及附加 30 000 元，每日变动储存费为 400 元，增值税税率为 17%。

要求：
（1）计算该批商品的保本储存期；
（2）若该企业欲获利 50 000 元，计算其保利储存期。

案例

应收账款管理分析

在发达国家，企业应收账款的合理期限一般是 3~6 个月，超过这个期限就作为坏账处理。而在国内企业，应收账款超过两年还未收回的非常普遍，并且这种信息一般不对外公布。只有上市公司才规定，应收账款超过两年必须披露相关信息。也正因为如此，长虹被美国一家公司拖欠款项累积到 42 亿元人民币之多，才被外界所知晓。

中国企业在国际经贸往来中，其坏账率远远高于西方发达国家的平均水平 0.25%~0.5%，有的企业甚至高达 30% 以上，而且我国企业的海外欠款时间较长。有关资料显示，目前我国逾期未收境外账款中，拖欠 3 年以上的占 10%，1~3 年的占 30%，0.5~1 年的占 25%，半年以内的占 35%。

据美国商法联盟调查数据显示，当逾期时间为 1 个月时，追账成功率为 93.8%，当逾期半年时，成功率急降到 57.8%，而当逾期两年左右时，成功率只能达到 13.5%。（资料来源：《国际金融报》2005 年 3 月 30 日）

2007 年中国企业的海外坏账超过 200 亿美元，预计 2008 年我国企业出口业务平均坏账率达 5%。这表明，2008 年以来我国出口商的海外坏账比例明显增加，最严重的是中国对美国出口，坏账率增长了至少 3 倍。

据统计，素有"外贸风向标"之称的义乌企业的海外坏账率增长约 268%。截至 2008 年 9 月份，中国信保义乌营销服务部累计收到义乌企业报损案件 93 起，报损金额折合人民币共计 2 560 万元，同比增长超过 1 500%。

商务部 2008 年的数据表明，中国进出口企业至 2008 年累计超过 1 500 多亿美元的海外欠款难以追回，并且还以每年 150 亿美元的速度增长。

据商务部一项研究报告统计，中国从事进出口业务的企业中只有 11% 建立了自己的海外信用监管体系，而这 11% 中又有 93% 是具有外资背景的跨国企业。

资料来源：《21 世纪经济报道》2008 年 11 月 27 日。

要求：分析中国企业海外应收账款管理中存在的问题。

第五章
企业筹资管理

【本章学习目的】通过本章的学习,熟悉筹资管理的基本理论和方法,掌握企业资金需要量预测的基本方法和各种筹资方式的基本内容及优缺点,熟练掌握资本成本、杠杆效应及资本结构的基本原理。

【案例导引】

青岛啤酒的筹资策略

2001年2月5~20日,青岛啤酒公司上网定价增发社会公众公司普通A股1亿股,每股7.87元,筹集资金净额为7.59亿元。其筹资主要投向收购部分异地中外合资啤酒生产企业的外方投资者,以及对公司全资厂和控股子公司实施技术改造等,由此可以大大提高公司的盈利能力。2001年6月,青岛啤酒股份公司召开股东大会,做出了关于授权公司董事会于公司下次年会前最多可购回公司发行在外的境外上市外资股10%的特别决议。公司董事会计划回购H股股份的10%,即3 468.5万股。虽然这样做将会导致公司注册资本的减少,但是当时H股股价接近于每股净资产值,若按每股净资产值2.36元计算,两地市场存在明显套利空间,仅仅花去了8 185.66万元,却可以缩减股本比例3.46%,而且可以在原来预测的基础上增加每股盈利。把这与公司2月5~20日增发的1亿股A股事件联系起来分析,可以看出,回购H股和增发A股进行捆绑式操作,是公司的一种筹资策略组合,这样股本扩张的"一增一缩",使得青岛啤酒股份公司的股本仅扩大约3.43%,但募集资金却增加了近7亿元,其融资效果十分明显。

资料来源:网易财经,乐嘉春(2001-07-05)。

小结:科学的筹资管理对于企业的财务管理意义重大,了解并掌握不同的筹资方式的特点,并加以灵活的运用和组合就能够在最大程度上满足企业的资金需求。

第一节 企业筹资概述

一、企业筹资及目的

企业筹资也称企业融资，是指企业为了满足其经营活动、投资活动、资本结构调整等需要，运用一定的筹资方式，筹措和获取所需资金的一种资金融通行为。筹资活动是企业一项重要的财务活动。如果说企业的财务活动是以现金收支为主的资金流转活动，那么筹资活动则是资金运转的起点，它关系到企业生产经营活动的正常开展和企业经营成果的获取。所以，企业应科学合理地进行筹资活动。

从企业资金运动的过程及财务活动的内容看，筹资是企业财务管理工作的起点，其目的主要表现为以下几个方面：

（一）满足企业建立的需要

新企业的设立，必须准备充足的开业资金，以便购置相关必要资产等。从企业资金运动的过程及财务活动的内容看，它是企业财务管理工作的起点。

（二）满足生产经营的需要

一是满足维持简单再生产的资金需要；二是满足扩大再生产的资金需要，如开发新产品、提高产品质量与生产工艺技术、追加对外投资、开拓企业经营领域和对外兼并等。这是企业筹资的基本目的，也是企业最为经常性的财务活动。

（三）满足投资发展的资金需要

企业在成长时期，往往因扩大生产经营规模或对外投资需要大量资金。企业生产经营规模的扩大有两种形式，一种是新建厂房、增加设备，这是外延式的扩大再生产；另一种是引进技术、改进设备，提高固定资产的生产能力，培训工人，提高劳动生产率，这是内涵式的扩大再生产。不管是外延式的扩大再生产还是内涵式的扩大再生产，都会发生扩张性的筹资机动。经营规模扩张和对外产权投资，往往会产生大额的资金需求。

（四）满足资本结构调整的需要

资本结构是指企业各种资金的构成及其比例关系。资本结构的调整是企业为控制筹资风险、减少资本成本而对权益资金与负债资金间的比例关系进行的调整。资本结构的调整是企业重大的财务决策事项，也是企业筹资管理的核心内容之一。

二、企业筹资的分类

企业筹集的资金可按多种标准进行不同分类，认识和了解企业筹资的种类，有利于帮助我们掌握不同种类的筹资对资本成本与筹资风险的影响，从而便于决策。

(一) 股权筹资、债务筹资及衍生工具筹资

按企业所取得资金的权益特性不同，企业筹资分为股权筹资、债务筹资及衍生工具筹资三类，这也是企业筹资较常见的分类方法。

1. 股权筹资形成权益资金。权益资金又称自有资金或权益资本，是企业通过发行股票、吸收直接投资、内部积累等方式，依法筹集并长期拥有、自主支配的资金，其数额就是资产负债表中的所有者权益总额，也称净资产。权益资金的特点有：权益资金的所有权归投资人，投资人可以参与企业经营管理、取得投资收益并承担一定的责任；权益资金一般不用还本，企业在经营期间可以长期使用；权益资金主要通过采用吸收直接投资、发行股票和利用留存收益等方式筹集；企业采用吸收权益资金的方式筹集资金，财务风险小，但付出的资本成本相对较高。

2. 债务筹资形成负债资金。负债资金又称借入资金或债务资金，是企业依法筹集并依约使用、按期偿还的资金，其数额就是资产负债表中的负债总额。债务筹资也是债权人对企业的一种投资，也要依法享有企业使用债务所取得的经济利益，因而也可以称之为债权人权益。它的特点有：负债资金只能在约定的期限内享有使用权，并负有按期还本付息的责任，筹资风险较大；债权人有权按期索取利息或到期还本，但无权参与企业经营，不承担企业的经营风险；负债资金的利息费用根据所得税法的规定可以在税前扣除，具有抵税的作用，起到降低资本成本的作用。

3. 衍生工具筹资包括兼具股权与债务特性的混合融资和其他衍生工具融资。我国上市公司目前常见的混合融资是可转换债券融资，常见的其他衍生工具融资是认股权证融资。

(二) 长期筹资与短期筹资

按所筹资金的期限长短，分为长期筹资与短期筹资，分别形成长期资金和短期资金。认识和了解所筹资金的期限，有利于把握企业全部资金的期限结构，从而有利于资金的安排、调度与使用。

1. 长期资金。长期资金是指占用期限在一年或一个营业周期以上的资金。长期筹资的目的主要在于形成和更新企业的生产和经营能力，或扩大企业的生产经营规模，或为对外投资筹集资金。长期筹资通常采取吸收直接投资、发行股票、发行债券、取得长期借款、融资租赁等方式，所形成的长期资金主要用于购建固定资产、形成无形资产、进行对外长期投资、垫支流动资金、产品和技术研发等。从资金权益性质来看，长期资金可以是股权资金，也可以是债务资金。

2. 短期资金。短期资金是指占用期限在一年或一个营业周期以内的资金，主要用于维持日常生产经营活动的开展。短期资金具有占用期限短、对短期经营影响大、资本成本相对较低的特点，短期筹资经常利用商业信用、短期借款、保理业务等方式来筹集。

（三）直接筹资与间接筹资

按是否通过金融机构进行资金的筹集，分为直接筹资和间接筹资。

1. 直接筹资。直接筹资是指不通过金融中介机构而直接向资金供应者借入，或发行股票、债券等方式进行筹资。直接筹资方式主要有吸收直接投资、发行股票、发行债券等。通过直接筹资既可以筹集股权资金，也可以筹集债务资金。

2. 间接筹资。间接筹资是指借助于银行等金融机构进行的筹资活动，其主要形式为银行借款、非银行金融机构借款等，它是我国企业最为重要的筹资途径。间接筹资的基本方式是向银行借款，此外还有融资租赁等筹资方式。间接筹资形成的主要是债务资金，主要用于满足企业资金周转的需要。

（四）内部筹资与外部筹资

按资金的来源范围不同，企业筹资分为外部筹资和内部筹资两种类型。

1. 外部筹资。外部筹资是指吸收其他经济主体的闲置资金，使之转化为自己投资的过程，包括股票发行、债券发行、商业信贷、银行借款等。外部筹资具有高效性、灵活性、大量性和集中性等特点。

2. 内部筹资。内部筹资是指企业通过利润留存而形成的筹资来源。内部筹资数额的大小主要取决于企业可分配利润的多少和利润分配政策（股利政策），一般无需花费筹资费用，从而降低了资本成本。

三、企业筹资的渠道

筹资渠道是指企业筹措资金来源的方向与通道，体现着资金的来源与流量。现阶段，我国企业筹集资金的渠道主要有：

1. 国家资金。是指国家以财政拨款、财政贷款、国有资产入股等形式向企业投入的资金。它是我国国有企业主要的资金来源渠道。

2. 银行信贷资金。是指商业性银行和政策性银行为企业提供的各种贷款资金。它是我国目前各类企业最为重要的资金来源渠道。

3. 其他金融机构资金。其他金融机构是指各种从事金融业务的非银行机构，如信托投资公司、保险公司、租赁公司、证券公司、企业集团所属的财务公司等。其资金实力虽然较银行小，但它们的资金供应比较灵活，而且可以提供多种特定服务，该渠道已成为企业重要的资金来源渠道。

4. 其他企业资金。企业在生产经营过程中，往往形成一部分暂时闲置或长期闲置的资金，并为一定的目的而进行相互投资；另外，企业利用商业信用方式可形成对债权人短期信用资金的占用，使其他企业资金也成为企业重要的资金来源。

5. 民间资金，也称居民个人资金。随着我国经济的发展，人民生活水平的提高，企业职工和居民的结余货币可用于对企业进行投资。该渠道已成为企业重要的资金来源渠道。

6. 企业自留资金，也称企业内部留存资金，是指企业内部形成的资金，主要包括从税后利润中提取的公积金和未分配利润等。这些资金无须通过一定的方式去筹集，可直接由企业内部自动生成或转移形成。

另外，随着企业国际经济业务的拓展，利用外商资金已成为企业新的、重要的资金来源。境外资金是指外国投资者及我国香港、澳门、台湾地区投资者投入企业的资金。

四、企业筹资的方式

筹资方式是指企业筹措资金所采用的具体形式。企业所能采用的筹资方式，一方面受法律环境和融资市场的制约，另一方面也受企业性质的制约。目前我国企业筹资方式主要有：吸收直接投资、发行股票、利用留存收益、银行借款、发行债券、商业信用和融资租赁等。中小企业和非公司制企业的筹资方式比较受限，股份有限公司和有限责任公司的筹资方式相对多样。

（一）权益资金的筹集

股权筹资形成企业的权益资金，是企业最基本的筹资方式。股权筹资又包含吸收直接投资、发行股票和利用留存收益三种主要形式。此外，我国上市公司引入战略投资者的行为，也属于股权筹资的范畴。

1. 吸收直接投资。吸收直接投资是指企业以合同、协议等形式吸收国家、其他企业、个人和外商等主体直接投入资金，形成企业权益资金的一种筹资方式。

吸收直接投资的优点主要是：

① 可以直接接受实物投资，快速形成生产能力，满足生产经营的需要。

② 可以增强企业信誉，扩大企业实力，提高企业借款能力。

③ 可以规避财务风险。因为企业可以根据其经营状况的好坏进行分配，经营状况好可以多分配一些利润，否则可以不分配或少分配利润，所以企业承担的偿付风险小。

吸收直接投资的缺点主要是：

① 资金成本较高。一般而言，企业是用税后利润支付投资者报酬的，且视经营情况而定，所以资金成本较高。

② 容易导致企业控制权分散。采用吸收直接投资方式筹集资金，投资者一般要求参与企业管理，当企业接受外来投资者较多时，则容易造成控制权分散，甚至完全使企业失去控制权。

2. 发行普通股。股票是股份公司为筹集自有资金而发行的有价证券，是投资人投资入股以及取得股利的一种可转让的书面凭证，它代表了股东对股份制公司的所有权。发行普通股的筹资特点主要是：

（1）所有权与经营权相分离，有利于公司自主管理、自主经营。普通股筹资的股东众多，公司的日常经营管理事务主要由公司的董事会和经理层负责。

（2）没有固定的股息负担，资本成本较低。公司有盈利，并认为适于分配时才分派股利；公司盈利较少，或者虽有盈利但现金短缺或有更好的投资机会，也可以少支付或不支付股利。相对于吸收直接投资来说，普通股筹资的资本成本较低。

(3) 能增强公司的社会声誉。普通股筹资使得股东大众化，由此给公司带来了广泛的社会影响。特别是上市公司，其股票的流通性强，有利于市场确认公司的价值。

(4) 促进股权流通和转让。普通股筹资以股票作为媒介的方式便于股权的流通和转让，便于吸收新的投资者。

(5) 筹资费用较高，手续复杂。

(6) 不易尽快形成生产能力。普通股筹资吸收的一般都是货币资金，还需要通过购置和建造形成生产经营能力。

(7) 公司控制权分散，容易被经理人控制。同时，流通性强的股票交易，也容易被恶意收购。

3. 利用留存收益。留存收益是指企业从历年实现的利润中提取或留存于企业的内部积累，它来源于企业的生产经营活动所实现的净利润，本质上留存收益仍属于股东权益。留存收益包括企业的盈余公积和未分配利润两个部分，其中盈余公积是有特定用途的累积盈余，盈余公积金主要用于企业未来的经营发展，经投资者审议后也可以用于转增股本（实收资本）和弥补以前年度经营亏损，但不得用于以后年度的对外利润分配。未分配利润是没有指定用途的累积盈余，有两层含义：这部分净利润本年没有分配给公司的股东投资者；这部分净利润未指定用途，可以用于企业未来的经营发展、转增股本（实收资本）、弥补以前年度的经营亏损及以后年度的利润分配。利用留存收益的筹资特点主要是：

(1) 无须发生筹资费用。企业从外界筹集长期资本，与普通股筹资相比较，留存收益筹资不需要发生筹资费用，资本成本较低。

(2) 维持公司的控制权分布。利用留存收益筹资，不用对外发行新股或吸收新投资者，由此增加的权益资本不会改变公司的股权结构，不会稀释原有股东的控制权。

(3) 筹资数额有限。留存收益的最大数额是企业到期的净利润和以前年度未分配利润之和，不像外部筹资一次性可以筹集大量资金。如果企业发生亏损，那么当年就没有利润留存。另外，股东和投资者从自身期望出发，往往希望企业每年发放一定的利润，保持一定的利润分配比例。

（二）负债资金的筹集

债务筹资主要是企业通过向银行借款、向社会发行公司债券、融资租赁以及赊购商品或劳务等方式筹集和取得资金。

1. 银行借款。银行借款是指企业向银行或其他非银行金融机构借入的、需要还本付息的款项，包括偿还期限超过1年的长期借款和不足1年的短期借款，主要用于企业购建固定资产和满足流动资金周转的需要。

(1) 银行长期借款的保护性条款。由于银行等金融机构提供的长期贷款金额高、期限长、风险大，因此，除借款合同的基本条款之外，债权人通常还在借款合同中附加各种保护性条款，以确保企业按要求使用借款和按时足额偿还借款。保护性条款一般有以下三类：

① 例行性保护条款。这类条款作为例行常规，在大多数借款合同中都会出现。主要包括：要求定期向提供贷款的金融机构提交财务报表，以使债权人随时掌握公司的财务状况和

经营成果。不准在正常情况下出售较多的非产成品存货，以保持企业正常生产经营能力。如期清偿应缴纳税金和其他到期债务，以防被罚款而造成不必要的现金流失。不准以资产作其他承诺的担保或抵押。不准贴现应收票据或出售应收账款，以避免或有负债等。

② 一般性保护条款。一般性保护条款是对企业资产的流动性及偿债能力等方面的要求条款，这类条款应用于大多数借款合同，主要包括：保持企业的资产流动性，要求企业需持有一定最低限度的货币资金及其他流动资产，以保持企业资产的流动性和偿债能力，一般规定了企业必须保持的最低营运资金数额和最低流动比率数值；限制企业非经营性支出，如限制支付现金股利、购入股票和职工加薪的数额规模，以减少企业资金的过度外流；限制企业资本支出的规模，控制企业资产结构中的长期性资产的比例，以减少公司日后不得不变卖固定资产以偿还贷款的可能性；限制公司再举债规模，目的是防止其他债权人取得对公司资产的优先索偿权；限制公司的长期投资，如规定公司不准投资于短期内不能收回资金的项目，不能未经银行等债权人同意而与其他公司合并等。

③ 特殊性保护条款。这类条款是针对某些特殊情况而出现在部分借款合同中的条款，只有在特殊情况下才能生效。主要包括：要求公司的主要领导人购买人身保险；借款的用途不得改变；违约惩罚条款；等等。

(2) 银行短期借款的保护性条款。一般地讲，银行短期借款的信用条件包括贷款期限和贷款偿还方式、贷款利率和利息支付方法、信用额度、循环使用的信用协议、补偿性余额等几个方面。

① 信贷额度。信贷额度亦即贷款限额，是借款人与银行在协议中规定允许借款人借款的最高限额。如借款人超过规定限额继续向银行借款，银行则停止办理。此外，如果企业信誉恶化，即使银行曾经同意按信贷限额提供贷款，企业也可能得不到借款。此时，银行不会承担法律责任。

② 周转信贷协议。周转信贷协议是银行从法律上承诺向企业提供不超过某一最高限额的贷款协定。在协定有效期内，只要企业借款总额未超过最高限额，银行必须满足企业任何时候提出的借款要求。企业享用周转贷款协定，通常要对贷款限额的未使用部分付给银行一笔承诺费。

【例题 5-1】某企业与银行商定的周转协议贷款额为 100 万元，承诺费率为 0.5%，该企业本年实际平均使用借款 60 万元，则借款企业应向银行支付的承诺费金额为：

承诺费 = 400 000 × 0.5% = 2 000（元）

③ 补偿性余额。补偿性余额是银行要求借款人在银行中保持按贷款限额或实际借用额的一定百分比（通常为 10% ~ 20%）计算的最低存款余额。补偿性余额有助于银行降低贷款风险，补偿其可能遭受的风险；但对借款企业来说，补偿性余额则提高了借款的实际利率，加重了企业的利息负担。

【例题 5-2】某企业按年利率 10% 向银行借款 1 000 万元，银行要求保留 20% 的补偿性余额，企业实际可以动用的借款只有 800 万元。则这项银行借款的实际利率为：

$$\text{补偿性余额贷款实际利率} = \frac{10\%}{1-20\%} \times 100\% = 12.5\%$$

④ 借款抵押。银行向财务风险较大、信誉不好的企业发放贷款,往往需要有抵押品担保,以减少自己蒙受损失的风险。抵押借款的资金成本通常高于非抵押借款,这是因为银行主要向信誉好的客户提供非抵押贷款,而将抵押贷款视为一种风险贷款,因而收取较高的利息,往往另外收取手续费。

⑤ 贷款期限和贷款偿还方式。根据我国金融制度的规定,贷款到期后仍无能力偿还的,视为逾期贷款,银行要照章加收逾期罚息。贷款的偿还有到期一次偿还和在贷款期内定期等额偿还两种方式。不同的偿还方式,对企业的财务负担和筹资成本有不同的影响,企业应根据自身情况做出选择。

⑥ 贷款利率和利息支付方式。银行在确定利率时根据不同的企业分别采用优惠利率和非优惠利率,这往往由借款企业的信誉、与银行的往来关系等因素决定。

常见的借款利息支付方式有利随本清法、贴现法和加息法三种。利随本清法又称收款法,是借款企业在借款到期时一次性向银行支付利息的方法。贴现法,即银行在向企业发放贷款时,先从本金中扣除利息部分,企业所得到的贷款额只有贷款本金减去利息部分后的差额,而到期时企业仍要偿还贷款全部本金的付息方式。

【例题5-3】某公司借入一项1年期年利率为5%的银行借款800万元,采用贴现法支付利息,则该借款的实际利率为:

实际利率 = 利息 ÷ (贷款金额 - 利息) × 100%
= 5% ÷ (1 - 5%) × 100% = 5.26%

加息法经常用在银行发放分期等额偿还贷款时。由于本金分期等额偿还,所以企业实际可以利用到的借款本金只有借款总额的一半,但却按借款全额计算支付利息。加息法下借款的实际利率更大,为标准利率的1倍。

(3) 银行借款的筹资特点主要是:筹资速度快,企业可以迅速获得所需资金;资本成本较低,比发行债券和融资租赁的利息负担要低,而且无须支付证券发行费用、租赁手续费用等筹资费用;筹资弹性较大,在借款期间,若公司的财务状况发生某些变化,可与债权人再协商,变更借款数量、时间和条件,或提前偿还本息,特别是短期借款更是如此;限制条款多,通过借款的保护性条款,对公司资本支出额度、再筹资、股利支付等行为有严格的约束;筹资数额有限,银行借款不可能像发行债券、股票那样一次筹集到大笔资金,无法满足公司大规模筹资的需要。

2. 发行公司债券。公司债券又称企业债券,是企业依照法定程序发行的、约定在一定期限内还本付息的有价证券。债券是持有人拥有公司债权的书面证书,它代表持券人同发债公司之间的债权债务关系。

发行公司债券的筹资特点主要是:一次筹资数额大,能够适应大型公司经营规模的需要;提高公司的社会声誉,通过发行公司债券,一方面筹集了大量资金,另一方面也扩大了公司的社会影响;筹集资金的使用限制条件少,能够也主要用于流动性较差的公司长期资产上;能够锁定资本成本的负担。尽管公司债券的利息比银行借款高,但公司债券的期限长、利率相对固定。在预计市场利率持续上升的金融市场环境下,发行公司债券筹资,能够锁定资本成本;发行资格要求高,手续复杂;资本成本较高。

3. 商业信用。指商品交易中的延期付款或延期交货所形成的借贷关系,是企业之间的一种直接信用关系。商业信用是商品交易中钱与货在时间上和空间上的分离而产生的。商业信用是企业短期资金的重要来源。从筹资角度看,商业信用主要表现为以下几种主要形式:

(1) 应付账款。赊购商品是一种最典型、最常见的商业信用形式。应付账款是由赊购商品形成的、以记账方法表达的商业信用。在这种形式下,买方通过商业信用筹资的数量与是否享有折扣有关。一般认为,企业存在三种可能性:享有现金折扣,从而在现金折扣期内付款,其占用卖方货款的时间短,信用筹资相对较少;不享有现金折扣,而在信用期内付款,其筹资量大小取决于对方提供的信用期长短;超过信用期的逾期付款(即拖欠),其筹资量最大,但它对企业信用的副作用也最大,成本也最高,企业一般不宜以拖欠货款的方式来筹资。

【例题 5-4】某企业每年向供应商购入 1 000 万元的商品,该供应商提供的信用条件为"2/10,n/30",则其放弃现金折扣的资本成本计算如下:

$$现金折扣的隐含利率 = \frac{2\%}{1-2\%} \times \frac{360}{30-10} \times 100\% = 36.73\%$$

所以,放弃现金折扣的资本成本为 36.73%,说明如果该企业只要可以从其他低于 36.73% 的筹资方式取得资金时,就应选择提前还款,以取得现金折扣。

(2) 应付票据。指企业根据购销合同的要求,进行延期付款的商品交易时开具的反映债权债务关系的票据。根据承兑人的不同,商业汇票可分为商业承兑汇票和银行承兑汇票。

(3) 预收货款。指卖方按合同或协议规定,在交付商品之前向买方预收部分或全部货款的信用方式。此外,企业在生产经营活动中往往还形成一些应付费用,如应付职工薪酬、应交税费、应付利息、应付水电费等,它们也属于"自然筹资"的范围。

(4) 商业信用筹资的特点。利用商业信用筹资的优点主要表现在:筹资便利,商业信用与商品买卖同时进行,属于一种自然性融资,无须作特殊的安排,也不需要事先计划,随时可以随着购销行为的产生而得到该项资金;筹资成本低,大多数商业信用都是由卖方免费提供的,如果没有现金折扣,或企业不放弃现金折扣,则利用商业信用筹资没有实际成本;限制条件少,商业信用比其他筹资方式条件宽松,无须担保或抵押,如果企业利用银行借款筹资,则银行使用规定一些限制,而商业信用则限制较少,选择余地大。

但是,商业信用筹资也有其不足之处,主要表现在:期限短属于短期筹资方式,不能用于长期资产占用;风险大由于各种应付款项目经常发生、次数频繁,因此需要企业随时安排现金的调度。

4. 融资租赁。是由租赁公司按承租单位要求出资购买设备,在较长的合同期内提供给承租单位使用的融资信用业务,它是以融通资金为主要目的的租赁。租赁期满,按事先约定的方法处理设备,包括退还租赁公司,或继续租赁,或企业留购。通常采用企业留购办法,即以很少的"名义价格"(相当于设备残值)买下设备。在我国融资租赁业务中,融资租赁的租金在租期内分期支付,而且一般是将总租金分期平均支付,可称之为"等额年金"方式。

融资租赁的筹资特点主要是:在资金缺乏情况下,能迅速获得所需资产;融资租赁筹资的限制条件较少；其金额随设备价款金额而定，无融资额度的限制；免遭设备陈旧过时的风险；资本成本高。尽管与借款方式相比，融资租赁能够避免到期一次性集中偿还的财务压力，但高额的固定租金也给各期的经营带来了分期的负担。

五、筹资渠道与筹资方式的关系

筹资渠道和筹资方式作为一对常用的概念，既有区别又有联系。筹资渠道是资金的来源，而筹资方式则是筹资中运用的方式和工具。同一资金渠道的资金可以通过不同的筹资方式来获取，而同一种筹资方式也可以从不同的筹资渠道获取资金。因此，企业在筹资时，应当注意两者之间的关系，实现合理搭配。

筹资渠道与筹资方式的对应关系如表5-1所示。

表5-1　　　　　　　　筹资渠道与筹资方式的对应关系

筹资渠道 \ 筹资方式	吸收直接投资	发行股票	发行债券	银行借款	商业信用	融资租赁
国家资金	√	√				
银行信贷资金				√		
其他金融机构资金	√	√	√	√		√
其他法人资金	√	√	√		√	√
民间资金	√	√	√			
企业自留资金	√	√				

有关各种筹资渠道及方式的相关法律规定（如股票、债券的发行程序、条件等）请参见有关其他资料，本书不再赘述。

第二节　资金需求量预测

企业在筹集资金之前，应当采用一定的方法预测资金的需求数量，使得筹集来的资金既能保证和满足生成经营和对外投资的需要，又不会因为拥有过多资金而造成资金的浪费和闲置。预测和计划是超前思考的过程，其结果并非仅仅是一个资金需要量数字，还包括对未来各种可能前景的认识和思考。预测可以提高企业对不确定事件的反应能力，从而减少不利事件出现带来的损失，增加利用有利机会带来的收益。企业资金需要量预测常用的方法主要有定性预测法和定量预测法。

一、定性预测法

定性预测法，是指依靠预测者个人的经验、主观分析和判断能力，对未来时期资金的需要量进行估计和推算的方法。这种方法通常采用召开专业技术人员座谈会和专家论证会等形式进行。

定性预测法的一般预测过程是：首先由熟悉财务情况和生产经营情况的专家，根据过去所积累的经验，进行分析判断，提出预测的初步意见；然后，通过召开座谈会或发出各种表格等形式，对上述预测的初步意见进行修正补充。这样经过几次后得出预期结果。

定性预测法由于缺乏完整的历史资料，使预测结果准确性和可行性较差，一般只作为预测的辅助方法。

二、定量预测法

定量预测法，是以历史资料为依据，采用数学模型对未来时期资金需要量进行预测的方法。这种方法预测的结果科学而准确，有较高的可行性，但计算较为复杂，要求具有完备的历史资料。定量预测法常用的方法有销售百分比法和资金习性预测法。

（一）销售百分比法

销售增加时，要相应增加流动资产，甚至还会增加固定资产。为取得扩大销售所需增加的资产，企业要筹措资金。这些资金一部分来自内部的留存收益，另一部分通过外部融资取得。通常，销售增长率较高时留存收益不能满足资金需要，即使获利良好的企业也需外部融资。

销售百分比法，是根据资产负债表中各个项目与销售收入总额之间的依存关系，按照计划期销售额的增长情况来预测资金需要量的一种方法。销售百分比法是财务报表预测的一种方法。这种方法基于两个假设：

（1）大多数资产负债表的项目与销售额有直接关系，当销售额增减变化时，货币资金、应收账款、存货、应付账款等与销售额直接有关的项目，也按同比例增减变化；

（2）在现有销售水平下，所有资产尤其是固定资产已得到充分利用时，如果增加销量，则必须增加资产。

利用销售百分比法进行财务报表预测，需要从资产负债表中选出与销售直接相关的项目。根据销售百分比法的两个假设，如果销售增加，相关资产项目必须增加。销售量增加，赊销数量会相应增加，应收账款增加；出于生产和销售的需要，存货增加。在负债项目中，增加采购将使应付账款增加；生产规模的扩大需要雇佣更多的人，应付职工薪酬增加，随着销售的增长，应付税费也会增加，从而其他应付款增加。在资产负债表中的一些项目并不直接与销售成比例增加，如短期借款、长期负债、股东权益等。但因销售的增长需要筹集更多的资金，而使上述项目发生变化。

销售百分比法首先假设某些资产与销售额存在稳定的百分比关系，根据销售与资产的比例关系预计资产额，根据资产额预计相应的负债和所有者权益，进而确定筹资需要量。使用

这一方法的前提是必须假设某报表项目与销售指标的比率已知且在报告期保持不变,其计算步骤如下:

第一步 销售预测。

财务预测的起点是销售预测。一般情况下,财务预测把销售数据视为已知数,作为财务预测的起点。销售预测本身不是财务管理的职能,但它是财务预测的基础,销售预测完成后才能开始财务预测。

第二步 确定随销售额变动而变动的资产和负债项目。

在资产负债表中,有一些项目会因销售额的增长而相应地增加,通常我们将这些项目称为敏感项目,包括货币资金、应收账款、存货、应付账款、应付费用和其他应付款等。而其他如对外投资、固定资产、短期借款、长期负债、股本等项目,一般不会随销售额的增长而增加,我们将其称为非敏感项目。

第三步 分析基期资产负债表各个项目与销售收入总额之间的依存关系,确定敏感性资产与负债的稳定比例关系。

如果企业资金周转的营运效率保持不变,经营性资产与经营性负债会随销售额的变动而成正比例变动,保持稳定的百分比关系。企业应当根据历史资料和同业情况,剔除不合理的资金占用,寻找与销售额的稳定百分比关系。

第四步 确定资金需求量。

预计由于销售增长而需要的资金需求增长额,扣除内部筹资(利润留存)后,即为所需要的外部筹资额。即有:

$$外部融资需求量 = \Delta S \times (A/S_0 - B/S_0) - S_1 \times P \times E$$

式中:A 为随销售而变化的敏感性资产;B 为随销售而变化的敏感性负债;A/S_0 为敏感性资产与销售额的关系百分比;B/S_0 为敏感负债与销售额的关系百分比;S_0 为基期销售额;S_1 为预测期销售额;ΔS 为销售变动额;P 为销售净利率;E 为利润留存率。

【例题 5-5】方大公司(以下简称 FD 公司)2011 年 12 月 31 日的资产负债表,如表 5-2 所示。

表 5-2 方大公司资产负债表(简化)

2011 年 12 月 31 日 单位:元

资产		负债与所有者权益	
货币资金	4 000	应付账款	10 000
应收账款	16 000	短期借款	10 000
存货	38 000	长期借款	18 000
固定资产	40 000	股本	40 000
		留存收益	20 000
资产合计	980 000	负债与所有者权益合计	980 000

该公司 2011 年销售收入总额为 200 000 元,销售净利率为 10%。假设目前企业尚有剩余生产能力(即增加销售收入不需要进行固定资产方面的投资)。预计 2012 年销售收入总额提高到 300 000 元,销售净利率仍保持上年水平,年末普通股股利发放比例为 70%。要求预测该公司 2012 年需要增加的资金额和对外界资金需求的数量。

(1) 计算方大公司 2011 年资产负债表中各变动项目的销售百分比。

表 5 – 3　　　　2011 年资产负债表中各变动项目的销售百分比计算表

资　　产	占销售收入	负债与所有者权益	占销售收入
货币资金	2%	应付账款	5%
应收账款	8%	短期借款	5%
存　　货	19%	长期借款	不变动
固定资产	不变动	股　　本	不变动
		留存收益	不变动
合　　计	29%	合　　计	10%

在表 5 – 3 中,销售百分比(占销售收入%)都是用表 5 – 2 中有关项目的数字除以 2011 年的销售收入总额求得,如货币资金:4 000 ÷ 200 000 = 2%。不变动是指该项目不随销售的变化而变化。

(2) 确定预测期需要增加的资金额。从表 5 – 3 中可以看出,销售收入每增加 100 元,须增加 29 元的资金占用,但同时自动产生 10 元的资金来源。因此,每增加 100 元的销售收入,必须取得 19 元的资金来源。因此:

预测期需要增加的资金额 = (300 000 − 200 000) × (29% − 10%) = 19 000(元)

(3) 确定预测期对外界资金需求的数量。上述 19 000 元的资金需求,可以通过企业内部筹集和外部筹集两个方面进行。本例中方大公司通过利用留存收益方式进行内部筹资,从 19 000 元中减去留存收益后的差额,必须向外部筹集。因此,预测对外筹集资金额 = 19 000 − 300 000 × 10% × (1 − 70%) = 10 000(元)。

(二) 资金习性预测法

资金习性预测法,是指根据资金习性预测未来资金需要量的一种方法。所谓资金习性,是指资金的变动同产销量变动之间的依存关系。按照资金习性可把企业资金划分为不变资金和变动资金。不变资金是指在一定的产销量范围内,不受产量变动的影响而保持固定不变的那部分资金;变动资金是指随产销量的变动而成同比例变动的那部分资金。资金习性预测法是根据过去若干期产销量及资金总量(即资金占用总额)的历史资料,据以预测计划期资金需要量。常用的资金性态模型为:

$$资金总量(y) = 不变资金(a) + 变动资金(bx)$$
$$= 不变资金(a) + 单位产销量所需变动资金(b) × 产销量(x)$$

即：y = a + bx

具体步骤如下：

（1）分析过去若干期产销量及资金占用总额的历史资料，采用适当的方法，计算不变资金（a）和变动资金（b）的值。

若采用高低点法，计算公式如下：

$$b = \left(\begin{matrix}最高产销量期\\的资金占用量\end{matrix} - \begin{matrix}最低产销量期\\的资金占用量\end{matrix}\right) \div (最高产销量 - 最低产销量)$$

$$a = 最高产销量期的资金占用量 - b \times 最高产销量$$

$$或 = 最低产销量期的资金占用量 - b \times 最低产销量$$

不变资金（a）和变动资金（b）的值也可用回归直线法，运用最小平方法的原理对过去若干期间的销售额及资金总量（即资金占用总额）的历史资料进行分析加以确定：

$$a = \frac{\sum y - b \sum x}{n}$$

$$b = \frac{n \sum xy - \sum x \sum y}{n \sum x^2 - (\sum x)^2}$$

从理论上说，回归直线法是一种计算结果较为精确的方法。

（2）确定反映产销量与资金占用量关系的方程 y = a + bx。

（3）将预测期的预计产销量代入确定的方程，计算出预测期资金需要量。

【例题 5-6】FD 公司产销量和资金占用量的变化情况如表 5-4 所示。2006~2011 年的销售量与资金占用量资料：

表 5-4   **销售量与资金占用量的历史数据**

年　度	销售量（万件）	资金占用量（万元）
2006	6	91
2007	5.5	84
2008	5	80
2009	6	88
2010	6.5	95
2011	7	100

预计 2012 年的销售量为 7.5 万件。要求：分别用高低点法和回归直线法预测 2012 年的资金需求量。

（1）采用高低点法，计算如下：

b = (100 - 80)/(7 - 5) = 10（元/件）

a = 100 - 7 × 10 = 30（万元）

或 a = 80 − 5 × 10 = 30（万元）
y = a + bx = 30 + 10x
2012 年资金需求量 = 30 + 10 × 7.5 = 105（万元）
（2）采用回归直线法，计算如下：
∑X = 36
∑Y = 538
∑XY = 3 253.5
∑X² = 218.5
则有：
b = (6 × 3 253.5 − 36 × 538)/(6 × 218.5 − 36 × 36) = 10.2（元/件）
a = (538 − 10.2 × 36)/6 = 28.47（万元）
或 a = (218.5 × 538 − 36 × 3 253.5)/(6 × 218.5 − 36 × 36) = 28.47（万元）
所以：y = a + bx = 28.47 + 10.2x
2012 年资金需求量 = 28.47 + 10.2 × 7.5 = 104.97（万元）

应用回归直线法必须注意以下几个问题：①资金需要量与营业业务量之间线性关系的假定应符合实际情况；②确定 a、b 数值，应利用连续若干年的历史资料，一般要有 3 年以上的资料；③应考虑价格等因素的变动情况。

第三节 资本成本

一、资本成本的含义

企业使用资本必须付出代价，这一代价称为资本成本。资本成本就是指企业筹集和使用资本而付出的代价，包括资本的筹集费用和使用费用。

筹集费用是指企业在筹措资金的过程中为获取资金而支付的费用，如企业向银行贷款时支付的手续费，发行股票和债券时的印刷费用、发行费用、公证费、广告费、律师费等。资金的筹集费用通常是在筹措资金时一次性支付的，金额相对使用费而言较小，且与使用资金的时间长短关系不大，所以往往在计算资本成本时直接作为本金的一项扣除。

使用费用则是指企业在生产经营、项目投资过程中因使用资金而付出的代价，如企业发行债券和向银行贷款所支付的利息费用、发行股票的股利支出等。资金的使用费用一般需要在资金的使用过程中定期支付，因而与资本的使用时间长短密切相关。使用费用是因为占用了他人资本而必须支付的，是资本成本的主要内容，金额相对很大。

为使企业价值最大化，除企业的生产和经营成本支出要小外，资本成本也要达到最小。资本成本是衡量资本结构优化程度的标准，也是对投资获得经济效益的最低要求。在企业财务管理中，资本成本的计算和确定十分重要，主要有以下作用：

1. 在企业的长期投资决策中必须以资本成本基础作为折现率来计算现值。投资项目的取舍取决于项目的投资收益率是否大于筹资的资本成本。资本成本也是一种机会成本，是公司可以从现有资产获得的、符合投资人期望的最小收益率，它也称为最低可接受的收益率、投资项目的取舍收益率。

2. 企业的资本有多种来源，如股票、债券，长期和短期贷款，不同资本的数量及其成本的大小会影响企业总的资本成本，因此在企业筹措资金时都要进行资本成本的估算，以便找到使企业筹资成本最小的筹资方案，同时以便确定企业的最佳资本结构。

3. 资本成本是衡量公司业绩的尺度。资本成本是综合性评价指标，资本成本可以作为衡量企业经营成果的尺度。资金使用者要想满足投资者的收益要求，就必须保证资本收益大于资本成本。当企业经营利润率大于资本成本时，则说明经营业绩好，否则经营业绩欠佳。企业在资本运营的过程中，对于经营业绩要不断地做出评价。

二、资本成本的基本计算模型

资本成本可以用绝对数表示，也可以用相对数表示，但在财务管理中，一般用相对数表示，即表示为用资费用与实际筹得资金（即筹资数额扣除筹资费用后的差额）的比率。

（一）简单模型

为了便于分析比较，资本成本通常不考虑时间价值的一般通用模型计算，用相对数即资本成本率表达。计算时，将筹资费用作为筹资额的一项扣除，扣除筹资费用后的筹资额称为筹资净额。

通用计算公式为：

$$资本成本 = \frac{每年的用资费用}{筹资总额 - 筹资费用} \times 100\%$$

具体计算表达式：

$$K = [D \times (1-T)/P \times (1-f)] \times 100\%$$

式中：K 为资本成本（一般需表示为年利率）；D 为（年）用资费用；f 为筹资费用率（若资金筹集没有筹资费，则不涉及筹资费用的扣除问题，如内部筹集资金）；P 为筹资总额；T 为所得税税率（权益资金的用资费用不存在所得税抵税功能则无须考虑所得税因素。即债务筹资还存在税前债务资本成本和税后债务资本成本的区别）。

（二）贴现模型

对于金额大、时间超过一年的长期资本，更准确一些的资本成本计算方式则需考虑资金的时间价值因素。即：

令： 筹资净额现值 - 未来资本清偿额现金流量现值 = 0

得： 资本成本率 = 所采用的折现率

此方法的计算原理及方法实际上与投资决策中的内含报酬率法十分相似，只是还需要考虑筹资费和所得税对计算资本成本的影响。通常，外部筹资需要考虑筹资费对计算资本成本的影响，内部筹资不需要考虑筹资费对计算资本成本的影响；债务性质的筹资需要考虑所得税抵税对计算资本成本的影响，股权性质的筹资不需要也没必要考虑所得税对计算资本成本的影响。

三、个别资本成本

个别资本成本是指各种资本来源的成本，包括债务成本、普通股成本和留存收益成本等。

（一）债务成本

最简单的债务是没有所得税和发行费，简单债务债权人的收益就是债务人的成本（即内含报酬率）。但如果取得债务时存在不可忽视的手续费，例如佣金和其他费用等，债权人的收益率则不等于债务人的成本，债务人得到的金额要扣除手续费。由于在投资和企业估价中，需要使用税后现金流量进行折现，所有各项资本成本也应使用税后成本。在考虑所得税的情况下，债务人的利息支出可以减少其所得税。

即：

$$税后债务成本率 = 税前债务成本率 \times (1 - 所得税税率)$$

1. 银行借款成本。银行借款成本包括借款利息和筹资费用。由于借款利息计入税前成本费用，可以起到抵税的作用，因此其成本可按简单模型法用下式计算：

$$K_I = \frac{I(1-T)}{L(1-f)} \times 100\%$$

$$= \frac{i \times L \times (1-T)}{L \times (1-f)} \times 100\%$$

$$K_I = i \times \frac{1-T}{1-f} \times 100\%$$

式中：K_I 为银行借款成本；I 为银行借款年利息；L 为银行借款筹资总额；T 为所得税税率；i 为银行借款利息率；f 为银行借款筹资费率。

【例题 5-7】FD 公司从银行取得长期借款 1 000 万元，年利率为 8%，期限 3 年，每年末付息一次。假定筹资费率为 2‰，假设企业所得税税率为 25%，则该银行借款的资本成本为：

$$K_I = \frac{1\,000 \times 8\% \times (1-25\%)}{1\,000 \times (1-2‰)} \times 100\% = 6.01\%$$

2. 债券成本。债券成本包括债券利息和筹资费用。由于债券利息在税前支付，具有减税效应，其债券利息的处理与银行借款相同。债券的筹资费用一般较高，这类费用主要包括申请发行债券的手续费、债券注册费、印刷费、上市费以及推销费用等。

【例题 5-8】FD 公司发行一笔期限为 5 年的债券，债券面值为 1 000 元，票面利率为 8%，每年末支付一次利息，发行费率为 3%，假设所得税税率为 25%，债券实际价格为 1 100 元。

(1) 按简单模型法用下式计算：

$$K_b = \frac{I(1-T)}{P_0(1-f)} \times 100\%$$

$$= \frac{B \times i \times (1-T)}{P_0 \times (1-f)} \times 100\%$$

式中：K_b 为债券成本；T 为所得税税率；B 为债券面值（约定本金）；i 为债券票面利息率（约定利率）；f 为债券筹资费率；I 为债券每年支付的利息（按债券面值和票面利率确定）；P_0 为债券筹资额（按发行价格确定）。

则该笔债券成本的计算：

I = 1 000 × 8% = 80（元）

债券实际筹资额 = 1 100 × (1 - 3%) = 1 067（元）

税前 K_b = 80/1 067 × 100% = 7.50%

税后 K_b = 7.50% × (1 - 25%) = 5.63%

(2) 按贴现模型法计算：

令：80 × (1 - 25%) × (P/A,i,5) + 1 000 × (P/F,i,5) = 1 100 × (1 - 3%)

则：60 × (P/A,i,5) + 1 000 × (P/F,i,5) = 1 067（元）

运用多步测试法：

当 i = 6%：60 × (P/A,6%,5) + 1 000 × (P/F,6%,5) = 1 000.04（元）

当 i = 5%：60 × (P/A,5%,5) + 1 000 × (P/F,5%,5) = 1 043.27（元）

当 i = 4%：60 × (P/A,4%,5) + 1 000 × (P/F,4%,5) = 1 089.01（元）

可见 i 在 4% ~ 5% 之间，内插法可得：

i = 4.48%

即：债券成本 K_b = 4.48%

(二) 权益成本

1. 普通股成本。普通股和留存收益都是企业的所有者权益，因此它们的资本成本统称为"权益成本"。普通股成本可称为外部权益成本，留存收益成本又称为内部权益成本。

(1) 股利贴现法。从理论上看，作为股东其投资期望收益率即为公司普通股成本。在计算时，常常将此作为计算的依据，采用股利贴现法。股利贴现法是一种将未来的期望股利收益折为现值，以确定其成本率的方法。就是使得股票价值 V 与普通股市价 P_0 相等的贴现率。

当股利为固定股利时，其基本计算公式为：

$$K_s = \frac{D}{P_0 \times (1-f)}$$

式中：K_s 为普通股成本；D 为每年固定股利；P_0 为普通股筹资额（按普通股市价计算）；f 为普通股筹资费。

许多公司的股利都是不断增加的，假设年增长率为 g，则普通股成本的计算公式为：

$$K_s = \frac{D_1}{P_0 \times (1-f)} + g$$

式中：D_1 为预期第 1 年的股利。

【例题 5-9】 FD 公司普通股发行价为 50 元，筹资费用率为 1%。上期每股股利 5 元，每年的股利增长率假设为 1%，所得税税率为 25%，则该公司的普通股成本为：

$$K_s = \frac{5 \times (1+1\%)}{50 \times (1-1\%)} + 1\% = 11.20\%$$

（2）资本资产定价模型（CAPM）法。

按照"资本资产定价模型法"普通股成本的计算公式为：

$$K_s = R_s = R_f + \beta_i \times (R_m - R_f)$$

式中：R_f 为无风险报酬率；β_i 为个别证券的贝他系数；R_m 为市场平均风险必要报酬率。

【例题 5-10】 某期间证券市场的无风险报酬率为 5%，平均风险股票必要报酬率为 12%，FD 公司普通股 β 值为 1.5。普通股成本为：

$$K_s = 5\% + 1.5 \times (12\% - 5\%)$$
$$= 15.5\%$$

2. 留存收益成本。留存收益是企业缴纳所得税后形成的，其所有权属于股东。一般企业都不会把全部收益以股利形式分给股东，所以留存收益是企业资金的一种重要来源。留存收益并不像其他筹资方式那样直接从外部市场取得，因此不产生筹资费用。留存收益成本的计算与普通股基本相同，可以采用股利贴现法（只是不考虑筹资费的影响）和资本资产定价模型法加以确定。

【例题 5-11】 FD 公司普通股每股发行价为 80 元，筹资费用率为 2%。预计下期每股股利 10 元，以后每年的股利增长率为 1%，所得税税率为 25%，该公司的留存收益成本为：

$$Ke = \frac{10}{80} + 1\%$$
$$= 13.5\%$$

四、综合资本成本

综合资本成本（K_W）是指多元化融资方式下的加权平均资本成本（WACC），反映了企业资本成本整体水平的高低。在衡量和评价单一融资方案时，需要计算个别资本成本。在衡量和评价企业筹资总体的经济性时，需要计算企业的平均资本成本。加权平均资本成本是以各种资金所占的比重为权数，对各种资本成本进行加权平均计算出来的。平均资本成本用于衡量企业资本成本水平，确立企业理想的资本结构。

综合资本成本的计算公式为：

$$K_W = \sum_{i=1}^{n} W_i K_i$$

式中：K_W 为综合资本成本；W_i 为第 i 种资金占总资金的比重；K_i 为第 i 种资金的税后资本成本。

【例题 5-12】 FD 公司资本总额为 1 000 万元，其中普通股 500 万元，公司债券 400 万元，留存收益 100 万元。各种资金的个别资本成本（税前）分别为：$K_s = 10\%$、$K_b = 5\%$、$K_e = 12\%$，企业所得税税率 25%。

（1）计算各种资金所占的比重：

普通股所占比重 = 500 ÷ 1 000 × 100% = 50%

债券所占比重 = 400 ÷ 1 000 × 100% = 40%

留存收益所占比重 = 100 ÷ 1 000 × 100% = 10%

（2）计算综合资本成本：

K_W = 10% × 50% + 5% × (1 - 25%) × 40% + 12% × 10% = 9.95%

个别资本占全部资本比重的确定除了可以按账面价值确定比重（权数），还可以根据实际情况按市场价值或目标价值确定，分别称为市场价值权数、目标价值权数。

五、边际资本成本

边际资本成本，是企业进行追加筹资的决策依据，是企业追加筹资的成本。企业的个别资本成本和平均资本成本，是企业过去筹集的单项资本的成本和目前使用全部资本的成本。然而，企业在追加筹资时，不能仅仅考虑目前所使用资本的成本，还要考虑新筹集资金的成本，即边际资本成本。筹资方案组合时，边际资本成本的权数采用目标价值权数。

【例题 5-13】 FD 公司设定的目标资本结构为：负债 40%，其中：银行借款 20%、公司债券 20%；普通股 60%。现拟追加筹资 1 000 万元，按此资本结构来筹资。个别资本成本率预计分别为：银行借款 5%，公司债券 10%，普通股权益 15%。追加筹资的边际资本成本的结算如表 5-5 所示。

表 5-5　　　　　　　　　　　边际资本成本计算表

资本种类	目标资本结构	追加筹资额	个别资本成本	边际资本成本
银行借款	20%	200 万元	5%	1%
公司债券	20%	200 万元	10%	2%
普通股	60%	600 万元	15%	9%
合计	100%	1 000 万元	—	12%

第四节　资本结构

一、资本结构的概念

资本结构是指企业各种资本的构成及其比例关系，是由企业采用的各种筹资方式而形成的。筹资管理中，资本结构有广义和狭义之分。广义的资本结构包括全部债务与股东权益的构成比率；狭义的资本结构则指长期负债与股东权益资本构成比率。狭义资本结构下，短期债务作为营运资金来管理。本书所指的资本结构通常仅是狭义的资本结构，强调的是债务资本在企业全部资本中所占的比重。因此企业必须权衡财务风险和资本成本的关系，确定最佳的资本结构。

资本结构是企业筹资决策的核心问题，各种筹资方式不同的组合类型决定着企业资本结构及其变化。企业应综合考虑有关影响因素，运用适当的方法确定最佳资本结构，并在以后追加筹资中继续保持。判断最佳资本结构的标准通常有三个：（1）有利于最大限度地增加所有者财富，能使企业价值最大化；（2）企业综合资本成本最低；（3）资产保持适宜的流动，并使资本结构具有弹性。

影响资本结构的因素有：（1）企业经营状况的稳定性和成长性。稳定性好的企业可较多地负担固定的财务费用。成长率高的企业可以采用高负债的资本结构，以提升权益资本的报酬（EPS）。（2）企业的财务状况和信用等级。财务状况良好、信用等级高的企业容易获得债务资本。（3）企业资产结构。拥有大量固定资产的企业主要通过长期负债和发行股票筹集资金，拥有较多流动资产的企业则更多地依赖流动负债筹集资金，资产适合于抵押贷款的企业则负债较多，以技术研发为主的企业则负债较少。（4）企业投资人和管理当局的态度。从所有者角度看，如果企业股权分散则可能更多采用权益资本筹资以分散企业风险。如果企业为少数股东控制，为防止控股权稀释，一般尽量避免普通股筹资，采用优先股或债务资本筹资。从管理当局角度看，稳健的管理当局偏好于选择低负债比例的资本结构。（5）行业特征和企业发展周期。产品市场稳定的成熟产业可提高负债比重，高新技术企业可降低债务资本比重。企业发展处于初创阶段时企业经营风险高，应控制负债比例；处于成熟阶段时经营风险低，可适度增加债务资本比重；处于收缩阶段时经营风险逐步加大，应逐步降低债务资本比重。（6）经济环境的税务政策和货币政策。如果所得税税率高，则债务资本抵税作用大，企业应充分利用这种作用以提高企业价值；如果货币政策是紧缩的，则市场利率高，企业债务资本成本增大。

有关资本结构理论的研究，起源于西方国家，形成了各种理论流派，主要经历了早期资本结构理论阶段、现代资本结构理论阶段和非对称信息下资本结构理论阶段。早期资本结构理论以美国财务专家杜兰特为代表，研究的基本前提是站在企业投资者的角度，评估企业负债及权益价值，在理论上缺乏实证支持和行为意义，没有得到进一步的发展。在《企业债务和股东权益成本：趋势和计量问题》一文中，杜兰特提出了资本结构的三种理论：净收益理论、净营业收入理论和介于两者之间的传统折衷理论（杜兰特，1952）；标志现代资本结构理论形成的是1958年6月美国两位著名的财务学家莫迪利亚尼（Franco Modigliani）和米勒（Mertor Miller）提出的MM理论。MM理论及人们对其的补充、修正共同构成了现代资本结构理论，主要包括MM理论和权衡理论；现代资本结构理论中有一个基本的假定即"充分信息假定"，基本含义是：市场中的信息是充分披露的，并且不存在信息使用成本。试图通过信息不对称理论中的"信号"、"动机"、"激励"等概念，从企业"内部因素"的角度考察资本结构，将早期或现代资本结构理论中的权衡问题转化为结构或制度设计问题，为制度理财的引入提供了方向，并以此为基础产生了激励理论、代理成本理论、信号理论、强弱顺序理论和控制理论等。

二、杠杆效应

企业采用各种方式筹集的资金，总的来看可分为负债资金和权益资金两类。因此，资本结构决策主要是确定负债资金的比例，即确定负债资金在企业全部资金中所占的比重。企业利用债务资本进行举债经营具有双重作用，既可以发挥财务杠杆效应，也可能带来财务风险。

杠杆效应是财务管理中的一个重要概念。杠杆效应的决策是在杠杆利益与其相关的风险之间进行合理的权衡，就是对企业所要求的报酬与风险的结合点的均衡。财务管理中所研究的杠杆主要有经营杠杆、财务杠杆和复合杠杆（总杠杆）。杠杆效应既可以产生杠杆利益，也可能带来杠杆风险。

（一）杠杆效应的形成原理

杠杆效应是从经典物理力学中有关杠杆作用原理中借用而得的概念，用以形容一财务变量以较小幅度变动时，从而引起另一相关财务变量以较大幅度变动的经济现象。阿基米德说："给我一个支点，我将撬动整个地球"，诠释的就是杠杆的作用。财务管理中的杠杆效应表现为：由于特定费用的存在而导致的，当某一财务变量以较小幅度变动时，另一相关财务变量会以较大幅度变动。财务管理中的杠杆原理具体是指由于固定费用（包括生产经营方面的固定成本和财务方面的固定费用）的存在，当业务量发生较小幅度的变化时，利润会产生较大幅度的变化。

要了解杠杆效应的形成原理，我们须先从数学的角度解释这种杠杆效应的形成机制：

定义函数 $y = f(x)$ 为函数 $y = x - a$，其中 x 为变量、y 为因变量、a 为不随变量 x 变化的固定常数，由于变量 x 以一定幅度变动时，会导致 y 以多大幅度变动。为了便于理解，以一组实例说明（见表 5 - 6）。

表 5 - 6　　　　　　　　　杠杆效应形成的数值列示

	$a = 2$	$a = 3$
$x = 3$	$y = 1$	$y = 0$
$x = 4$	$y = 2$	$y = 1$
$x = 5$	$y = 3$	$y = 2$
$x = 6$	$y = 4$	$y = 3$
$x = 7$	$y = 5$	$y = 4$
$x = 8$	$y = 6$	$y = 5$

可见当 $a = 2$ 时，x 由 3 变为 4 后，y 由 1 变为 2，x 变化幅度为 $(4-3)/3 = 33.3\%$，而 y 变化幅度为 $(2-1)/1 = 100\%$，此时因变量 y 变化幅度 100% 较变量 x 变化幅度 33.3% 呈 3 倍变化，说明此时变量 x 变化 1 个单位将引起 y 值 3 倍更大幅度的变化。x 由 4 变为 5 后，y 由 2 变为 3，x 变化幅度为 $(5-4)/4 = 25\%$，而 y 变化幅度为 $(3-2)/2 = 50\%$，此时因变

量 y 变化幅度 50% 较变量 x 变化幅度 25% 呈 2 倍变化，说明此时变量 x 变化 1 个单位将引起 y 值 2 倍更大幅度的变化。同样，x 由 4 变为 8 后，y 由 2 变为 6，x 变化幅度为 (8 − 4)/4 = 100%，而 y 变化幅度为 (6 − 2)/2 = 200%，此时因变量 y 变化幅度 200% 较变量 x 变化幅度 100% 呈 2 倍变化，说明此时变量 x 变化 1 个单位将引起 y 值 2 倍更大幅度的变化。

而当 a = 3 时，x 由 4 变为 5 后，y 由 1 变为 2，x 变化幅度为 (5 − 4)/4 = 25%，而 y 变化幅度为 (2 − 1)/1 = 100%，此时因变量 y 变化幅度 100% 较变量 x 变化幅度 25% 呈 4 倍变化，说明此时变量 x 变化一个单位将引起 y 值 4 倍更大幅度的变化。同样，x 由 4 变为 8 后，y 由 1 变为 5，x 变化幅度为 (8 − 4)/4 = 100%，而 y 变化幅度为 (5 − 1)/1 = 400%，此时因变量 y 变化幅度 400% 较变量 x 变化幅度 100% 呈 4 倍变化，说明此时变量 x 变化 1 个单位将引起 y 值 4 倍更大幅度的变化。

这说明，函数 y = x − a，由于固定常数 a 的存在，导致变量 x 以一定幅度变动时，会导致 y 以更大幅度变动，从而产生所谓的"杠杆效应"。如果上述情况为：当 a = 3 时，x 由 8 变为 4 后，y 由 5 变为 1，说明此时变量 x 减少 1 个单位将引起 y 值 4 倍更大幅度的减少。这说明杠杆效应具有"双刃剑"的双重作用，即变量 x 增加或减少 1 个单位将引起 y 值 4 倍更大幅度的增加或减少。

并且我们还注意到，当 a = 2 时，x 由 4 变为 5，变量 x 变化 1 个单位将引起 y 值 2 倍更大幅度的变化。x 由 4 变为 8，变量 x 变化 1 个单位将引起 y 值 2 倍更大幅度的变化；当 a = 3 时，x 由 4 变为 5，变量 x 变化 1 个单位将引起 y 值 4 倍更大幅度的变化。x 由 4 变为 8，变量 x 变化 1 个单位将引起 y 值 4 倍更大幅度的变化。

这说明，函数 y = x − a，由于固定常数 a 的存在，会产生杠杆效应，并且杠杆作用的强度受固定常数 a 的影响，当固定常数 a 的数值（比重）增加后，其产生的杠杆效应将越强。杠杆原理如图 5 − 1 所示。

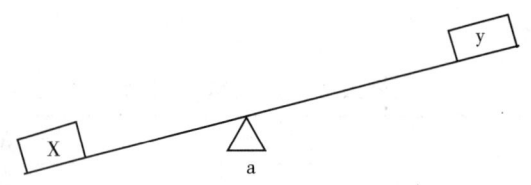

图 5 − 1　杠杆原理

（二）公司杠杆效用的形成原理

从上述可知，由于固定常数 a 的存在将会导致函数 y = x − a 以更快（更大或更小）幅度变化。而在企业的经营及财务管理所涉及的，像函数 y = x − a 所表达的经济因素也是存在的。因此也就说明了公司杠杆效用的存在性，我们在进行财务管理决策及分析中也应重视其重要意义及放大作用。

成本按习性分类，可将企业的整个成本大致分为固定成本和变动成本（混合成本可以分解为固定成本和变动成本）。固定成本，是指其总额在一定时期和一定业务量范围内不随业务量发生任何变动的那部分成本。属于固定成本/费用的主要有按直线法计提的折旧费、保险费、管理人员工资、办公费等经营固定成本（F）及在一定资本结构下的负债利息费用（I）。变动成本是指其总额随着业务量成正比例变动的那部分成本。直接材料、直接人工等都属于变动成本。所以有以下公式：

$$EPS = (S - VC - F - I) \times (1 - T)/N$$
$$EBIT = S - VC - F = CM - F$$
$$EPS = (EBIT - I) \times (1 - T)/N$$

式中：EPS 为每股盈余；S 为销售收入；VC 为变动成本总额；F 为经营固定成本；I 为利息费用；T 为所得税税率；EBIT 为息税前盈余；CM 为产品的边际贡献；N 为发行的普通股股数。

可见，式中经营固定成本（F）及利息费用（I），在一定的经营条件和资本结构下都是相对固定的。所以经营固定成本（F）及利息费用（I）将产生杠杆效应。经营固定成本（F）是由企业经营决策形成的，利息费用（I）是由企业财务决策形成的。企业能不能盈利就是看销售收入在弥补产品自身成本（即变动成本）后还有没有剩余来收回经营固定成本形成息税前盈余，并进一步收回利息费用，最终才能形成利润。因此企业风险是由经营和财务决策共同决定的，即企业风险包含经营风险和财务风险。风险越大，杠杆效应就越强。当企业销售有较小幅度的变动（增加或减少），由于经营固定成本和利息费用的作用，将带来企业利润的更大幅度的变动（增加或减少）。正好说明了高风险对应高报酬，低风险对应低报酬的基本规则。

1. 经营杠杆效应。经营杠杆是指由于经营固定成本（F）的存在而导致息税前盈余（EBIT）变动对比于产销业务量变动程度的杠杆效应，称为经营杠杆。由于在计算息税前盈余时，其之前为企业经营因素所影响，而在其之后由于有利息费用的影响，即受财务决策的影响，所以在单纯分析经营杠杆或经营风险时，就是分析销售（如收入S）通过经营固定成本的作用对息税前盈余的影响程度。所以，经营风险是指由于企业经营因素的变动，而引起的息税前利润的变动。从公式 EBIT = S - VC - F = CM - F 可以看出，当销售收入（S）的变动引起息税前盈余（EBIT）更大幅度的变动，是由于经营固定成本（F）的"杠杆作用"而造成的，并且经营固定成本的比重越大，这种杠杆效应就越强，企业受经营形势的波动的影响也就越强烈：当销售收入有一小点增加时，将带来企业利润的更大幅度的增加；当销售收入有一小点减少时，将带来企业利润的更大幅度的减少。

经营杠杆效应的原理是：在产销量一定的条件下，固定成本在总成本中所占的比重较大时，单位产品分摊的固定成本越大，若产销量发生变动时，单位产品分摊的固定成本会随之变动，最后导致利润更大幅度的变动。在其他条件不变的情况下，产销量的增加虽然一般不会改变固定成本总额，但会降低单位固定成本，从而提高单位利润，使息税前盈余的增长率大于产销量的增长率；反之，产销量的减少会提高单位固定成本，降低单位利润，使息税前盈余下降率也大于产销量下降率。如果不存在固定成本，所有成本都是变动的，那么边际贡献就是息税前利润，这时息税前利润变动率就同产销量变动率完全一致。但是，由于固定成本的存在，产销量的变动率与息税前利润变动率不相等，息税前利润变动率总是大于产销量变动率。经营杠杆效应原理如图 5-2 所示。

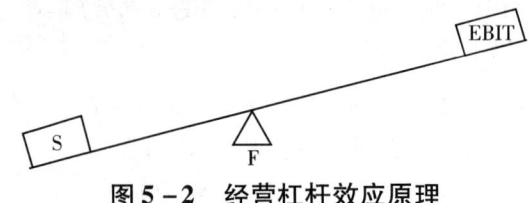

图 5-2　经营杠杆效应原理

经营风险是指企业因经营上的原因而导致利润变动的风险，是企业固有的未来经营效益的不确定性，是经营杠杆所带来的风险效应。影响经营风险的主要因素有：固定成本比重、产品需求的变动、产品销售价格的变动、单位产品变动成本的变化等。因此，企业就需要在杠杆效应（风险）与报酬之间找到合理的结合点，正确利用杠杆效应给企业带来更多的利润，既不能盲目地去冒高风险，也不能一味地回避风险。

2. 财务杠杆效应。财务杠杆是指由于利息费用（I）的存在而导致每股盈余（EPS）变动对比于息税前盈余（EBIT）变动程度的杠杆效应，称为财务杠杆。由于在计算息税前盈余时，其之前为企业经营因素所影响，而在其之后由于有利息费用（I）的影响，利息费用受财务决策的影响，所以在单纯分析财务杠杆或财务风险时，就是分析息税前盈余通过利息费用的作用对每股盈余（EPS）的影响程度。所以财务风险是指由于企业财务因素即负债程度的变动，而引起的每股盈余的变动。从公式 $EPS = (EBIT - I) \times (1 - T)/N$ 可以看出，在一定资本结构下固定的利息费用（I）将会产生"杠杆作用"，并且负债程度越大，这种杠杆效应就越强。

财务杠杆效应的原理是：不论企业营业利润多少，在一定资本结构下的债务利息是固定不变的。当息税前盈余增大时，每 1 元盈余所负担的固定财务费用就会相对减少，这能给普通股股东带来更多的盈余；反之，当息税前盈余减少时，每 1 元盈余所负担的固定财务费用就会相对增加，这就会大幅度减少普通股的盈余。这种由于债务的存在而导致普通股股东权益变动大于息税前利润变动的财务杠杆效应原理如图 5-3 所示。

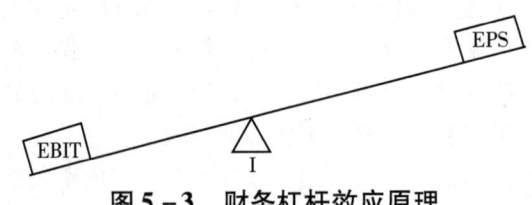

图 5-3　财务杠杆效应原理

财务风险是指由于负债结构及债务比例等因素的变动，给企业财务成果及偿债能力带来不确定性的风险。在企业资本结构中，负债的比例越大，则企业的财务风险也越大；相反，当债务比率较低时，财务风险相应较小。在股份制企业中，由于长期负债的增加，由此而增加的财务风险则由普通股承担。企业所有者欲获取财务杠杆利益，同时也要承担由此而引起的财务风险。因此，必须在财务杠杆利益和财务风险之间进行认真的权衡。因此，企业就需要合理确定企业的最佳资本结构，形成合理负债，正确利用负债的杠杆效应给企业带来更多的利润。

3. 复合杠杆效应。企业风险是由经营和财务决策共同决定的，即公司风险包含经营风险和财务风险，企业同时存在固定的生产经营成本和固定的利息费用等财务支出，就会存在复合杠杆（或总杠杆）的作用，两种杠杆共同起作用，那么销售额稍有变动就会使每股盈余产生更大的变动。

复合杠杆效应的原理是：从公式 EPS = (CM − F − I) × (1 − T)/N 可知，销售收入的变化通过固定的生产经营成本引起的经营杠杆效应影响息税前盈余，然后再经过固定的利息费用引起的财务杠杆效应的进一步作用影响利润（或每股盈余）。所以复合杠杆效应等于经营杠杆效应与财务杠杆效应的乘积。复合杠杆能够估计出销售收入变动对每股盈余的影响，同时还可通过对经营杠杆和财务杠杆的不同组合，达到某一复合杠杆效应。比如，经营杠杆效应较高的公司可以在较低的程度上使用财务杠杆；经营杠杆效应较低的公司可以在较高的程度上使用财务杠杆。复合杠杆效应原理见图 5−4。

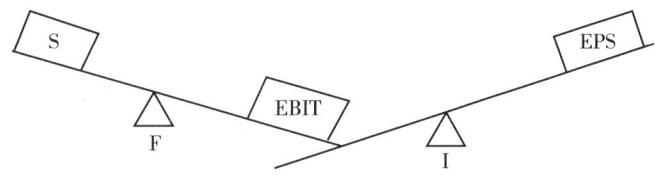

图 5−4 复合杠杆效应原理

在复合杠杆的作用下，当企业经济效益较好时，每股利润会大幅度上升，当企业效益较差时，每股利润会大幅度下降。企业复合杠杆系数越大，每股利润的波动幅度越大。由于复合杠杆作用使每股利润大幅度波动而造成的风险，称为复合风险（总风险）。

（三）杠杆系数

杠杆系数是用来反映杠杆效应大小的经济指标，分为经营杠杆系数、财务杠杆系数和复合杠杆系数（总杠杆系数）。

1. 经营杠杆系数（DOL）。固定成本在销售收入中的比重大小，对企业风险有重要影响：在某一固定成本比重的作用下，销售量变动对息税前利润产生的作用，被称为经营杠杆。经营杠杆具有放大企业风险的作用。经营杠杆的大小一般用经营杠杆系数表示。

经营杠杆是指企业对经营成本中固定成本的利用。经营杠杆利益是指企业在扩大销售额的情况下，经营成本中固定成本这个杠杆所带来的增长程度更大的息税前利润（EBIT）。经营杠杆系数（DOL）是息税前利润的变动率与销售额的变动率的比率。

原理公式：　　　　　　　DOL = (ΔEBIT ÷ EBIT)/(ΔS ÷ S)

根据高等数学有关导数的原理可知，经营杠杆系数（DOL）实际为弹性函数。$y = f(x)$ 弹性函数为：

$$\frac{Ey}{Ex} = \frac{Ey}{Ex}\bigg|x = x_0 = \lim_{\Delta x \to 0} \frac{\Delta y/y}{\Delta x/x}$$

$$= \lim_{\Delta x \to 0} \frac{\Delta y}{\Delta x} \cdot \frac{y}{x}$$

$$= f'(x) \cdot \frac{y}{x}$$

$$EBIT = f(Q) = Q \times (P - V) - F$$

式中：Q 为销售量；

P 为单价；

V 为单位变动成本；

F 为经营固定成本。

f(Q)的导数是 P – V，所以 EBIT 的弹性函数为：$f'(Q) \times (Q/EBIT) = (P - V) \times (Q/EBIT)$。

则有计算式：

$$DOL = \frac{Q(P - V)}{Q(P - V) - F}$$

或：

$$DOL = \frac{S - VC}{S - VC - F}$$

即：　　　　　　　　经营杠杆系数 = (EBIT + F)/EBIT = 1 + F/EBIT

可见，经营固定成本的比重（F/EBIT）越大，这种杠杆效应就越强，企业受经营形势的波动的影响也就越强烈。

【例题 5 – 14】 FD 公司年销售额 100 万元，变动成本率 70%，全部固定成本和费用（包括利息）20 万元，总资产 50 万元，资产负债率 40%，负债的平均利率 8%，假设所得税税率为 40%。该公司拟改变经营计划，追加投资 40 万元，每年固定成本增加 5 万元，可以使销售额增加 20%，并使变动成本率下降至 60%。要求计算：目前情况下的经营杠杆系数；所需资金以追加实收资本取得的经营杠杆系数；所需资金以 10% 的利率借入的经营杠杆系数。

(1) 目前情况：

经营杠杆系数 = 100 × 30%/[100 × 30% – (20 – 50 × 40% × 8%)] = 30/11.6 = 2.59

(2) 增加实收资本方案：

经营杠杆系数 = 120 × (1 – 60%)/[120 × (1 – 60%) – (20 + 5 – 1.6)]

　　　　　　= 48/(48 – 23.4) = 1.95

(3) 借入资金方案：

经营杠杆系数 = 120 × 40%/[120 × 40% – (20 + 5 – 1.6)] = 1.95

2. 财务杠杆系数（DFL）。根据以上分析的财务杠杆效应原理（见图 5 – 3）可知，财务杠杆是指由于固定性资本成本的存在，而使得企业的普通股收益（或每股收益）变动率大于息税前利润变动率的现象。影响普通股收益的因素包括资产报酬、资本成本、所得税税率等因素。只要企业融资方式中存在固定性资本成本，就存在财务杠杆效应。

财务杠杆是企业对债务资本的利用。财务杠杆利益，是指利用债务资本这个杠杆而给企业带来的额外收益。财务杠杆系数，是指企业一定时期预期或实际确定其息税前利润金额的条件下，每股净收益的变动率相当于息税前利润变动率的倍数。

原理公式： $DFL = (\Delta EPS \div EPS)/(\Delta EBIT \div EBIT)$

同样，根据导数原理，可得计算式：

$$DFL = EBIT/(EBIT - I)$$

即：财务杠杆系数 $= (EBIT - I + I)/(EBIT - I) = 1 + [I/(EBIT - I)]$
$= 1 + $ 利息/利润总额

可见，利息的比重（利息/利润总额）越大，这种由负债带来的杠杆效应就越强，同时相应的风险也越大。资本结构决策主要是确定负债资金的比例，即确定负债资金在企业全部资金中所占的比重。

【例题 5-15】接［例题 5-14］。FD 公司年销售额 100 万元，变动成本率 70%，全部固定成本和费用（包括利息）20 万元，总资产 50 万元，资产负债率 40%，负债的平均利率 8%，假设所得税税率为 40%。该公司拟改变经营计划，追加投资 40 万元，每年固定成本增加 5 万元，可以使销售额增加 20%，并使变动成本率下降至 60%。要求计算：目前情况下的财务杠杆系数；所需资金以追加实收资本取得的财务杠杆系数；所需资金以 10% 的利率借入的财务杠杆系数。

（1）目前情况：

财务杠杆系数 $= 11.6/(11.6 - 1.6) = 1.16$

（2）增加实收资本方案：

财务杠杆系数 $= 24.6/(24.6 - 1.6) = 1.07$

（3）借入资金方案：

财务杠杆系数 $= 24.6/[24.6 - (4 + 1.6)] = 1.29$

【例题 5-16】假设有经营业绩相同，但资本结构不同的甲、乙、丙三家公司，有关资料见表 5-7。

表 5-7　　　　甲、乙、丙公司 EPS 及 DFL 对照计算表　　　　单位：万元

公司 项目	甲公司	乙公司	丙公司
股本	1 000 000	600 000	300 000
股份数	100 000	60 000	30 000
负债	0	400 000	700 000
资本总额	1 000 000	1 000 000	1 000 000
EBIT	200 000	200 000	200 000
利息（利率 10%）	0	40 000	70 000
税前利润	200 000	160 000	130 000
所得税（税率 25%）	50 000	40 000	32 500
税后利润	150 000	120 000	97 500
DFL	1	1.25	1.54
EPS	1.5	2	3.25

上例说明：当资金总额、息税前利润一定时，高的负债比例会使普通股每股利润大幅提高，低的负债比例则将产生普通股每股利润的机会损失；说明财务杠杆系数越高，普通股每股收益会以财务杠杆系数的倍数增长，取得较多的杠杆收益，但同时伴随的财务风险也随之增大。这启示我们需要在报酬与风险之间进行权衡，努力找到一个平衡点，也即是在经营业绩一定时，最优财务决策要求我们进行筹资管理时应该确定企业最佳负债程度，进行合理负债，注重资本结构的优化，以实现企业价值最大化的财务管理目标。

3. 复合杠杆系数（DCL）。根据以上杠杆效应原理分析可知，企业的公司总风险分为经营风险和财务风险，所以经营杠杆和财务杠杆的综合程度可以用复合杠杆系数（总杠杆系数 DTL）来衡量。它等于经营杠杆和财务杠杆的乘积，表示销售额（量）变动对每股净收益的影响程度。

原理公式： $DCL = DOL \times DFL = (\Delta EPS \div EPS)/(\Delta S \div S)$

同样，根据导数原理，可得计算式：

$$DCL = \frac{Q(P-V)}{Q(P-V) - F - I}$$

$$DCL = \frac{S - VC}{S - VC - F - I}$$

即： 复合杠杆系数 =（利润总额 + I + F）/ 利润总额
= 1 + 总固定成本/利润总额

可见，总固定成本（固定的生产经营成本和利息费用）的比重越大，给企业带来的总杠杆效应就越强，同时整个企业相应的总风险也越大。

根据复合杠杆效应的原理（见图5－4），销售收入的变化通过固定的生产经营成本的经营杠杆效应影响息税前盈余，然后再经过固定的利息费用的财务杠杆效应的进一步作用影响利润（或每股盈余），所以复合杠杆效应等于经营杠杆效应与财务杠杆效应的乘积。因此，复合杠杆系数计算公式还可以是：

$$DCL = DOL \times DFL$$

【例题5－17】 接［例题5－14］，FD公司年销售额100万元，变动成本率70%，全部固定成本和费用（包括利息）20万元，总资产50万元，资产负债率40%，负债的平均利率8%，假设所得税税率为40%。该公司拟改变经营计划，追加投资40万元，每年固定成本增加5万元，可以使销售额增加20%，并使变动成本率下降至60%。该公司以提高权益净利率（权益净利率 = 净利润/权益），同时降低复合杠杆系数作为改进经营计划的标准。要求：计算权益净利率、复合杠杆，并判断应否改变经营计划。

(1) 由［例题5－14］、［例题5－15］可知：
① 目前情况：
经营杠杆系数 = 2.59
财务杠杆系数 = 1.16
复合杠杆系数 = 2.59 × 1.16 = 3

② 增加实收资本方案：

经营杠杆系数 = 1.95

财务杠杆系数 = 1.07

复合杠杆系数 = 1.95 × 1.07 = 2.09

或：总杠杆系数 = 120 × 40%/[120 × 40% - (20 + 5)] = 2.09

③ 借入资金方案：

经营杠杆系数 = 1.95

财务杠杆系数 = 1.29

复合杠杆系数 = 1.95 × 1.29 = 2.52

或：总杠杆系数 = 120 × 40%/[120 × 40% - (20 + 5 + 4)] = 2.53

（2）权益净利率的计算：

① 目前情况：

权益净利率 = (100 × 30% - 20) × (1 - 40%)/[50 × (1 - 40%)] = 20%

② 增加实收资本方案：

权益净利率 = [100 × 120% × (1 - 60%) - (20 + 5)] × (1 - 40%)/[50 × (1 - 40%) + 40]
= 19.71%

由于并未提高权益净利率，因此不改进经营计划。

③ 借入资金方案：

权益净利率 = [100 × 120% × (1 - 60%) - (20 + 5 + 4)] × (1 - 40%)/[50 × (1 - 40%)]
= 38%

由于采取借款方案提高了权益净利率，同时降低了复合杠杆系数。因此，应当采纳借入资金的经营计划。

复合杠杆系数的意义，首先在于能够估计出销售变动对每股收益造成的影响。其次它使我们看到了经营杠杆与财务杠杆之间的相互关系，即为了达到某一总杠杆系数，经营杠杆和财务杠杆可以有很多不同的组合。复合杠杆系数揭示了企业的复合风险大小，直接反映了企业的整体风险。

三、资本结构的优化

资本结构是指企业各种资金的构成及其比例关系。企业资本结构是由企业采用的各种筹资方式筹集资金而形成的，不同的筹资方式筹集的资金，其资本成本和财务风险不同。一般而言，能使企业价值最大化的资金组合结构被称为最佳资本结构。由于企业负债和优先股的融资成本是相对固定的，资本结构研究的主要问题就是如何根据投资的实际情况，确定负债资金、优先股和普通股资本的最佳组合比例，使得在其他因素不变的条件下，企业价值最大化。

能否使企业价值最大化是判断最佳资本结构的基本标准，但是这个标准有些抽象，难以操作。因此，可以采用下面两个相对具体的判断标准确定企业的最佳资本结构：（1）在财务风险程度比较适宜的情况下，企业的综合资本成本相对较低；（2）在财务风险程度比较适宜的情况下，企业的每股收益或企业价值较高。

资本结构及其管理是企业筹资管理的核心问题。企业应综合考虑有关影响因素，运用适当的方法确定最佳资本结构，权衡负债的低资本成本和高财务风险的关系，确定合理的资本结构。资本结构优化的目标是降低平均资本成本率或提高普通股每股收益，提升企业价值。如果企业现有资本结构不合理，应通过筹资活动优化调整资本结构，使其趋于科学合理。财务管理中，寻求最佳的负债筹资和权益筹资比例，保持最佳的杠杆收益与风险，就是使企业的资本结构达到最佳的过程，称之为最佳资本结构决策。

（一）比较资本成本法

比较资本成本法是指通过计算不同资本组合的综合资本成本，并以其中资本成本最低的组合为最佳的一种方法。它以资本成本的高低作为确定最佳资本结构的唯一标准。其操作过程为：第一步，确定不同筹资方案的资本结构；第二步，计算不同方案的资本成本；第三步，选择资本成本最低的筹资组合，即最佳资本结构。

【例题 5-18】FD 公司拟筹资组建一家分公司，投资总额为 1 000 万元，现有三种筹资方案可供选择。甲方案：长期借款 100 万元、公司债券 200 万元、普通股 700 万元；乙方案：长期借款 200 万元、公司债券 300 万元、普通股 500 万元；丙方案：长期借款 300 万元、公司债券 400 万元、普通股 300 万元。三种筹资方案中的长期借款、公司债券、普通股所对应的资本成本率分别为 6%、10%、15%。分析何种方案资本结构最佳。

首先，计算各方案占筹资总额的比重如表 5-8 所示。

表 5-8　　　　　三种筹资方案各占筹资总额的比重　　　　　单位：%

方案 项目	甲方案	乙方案	丙方案
长期借款	10	20	30
公司债券	20	30	40
普通股	70	50	30

其次，计算各方案的综合资本成本：
甲方案 = 10% × 6% + 20% × 10% + 70% × 15% = 13.1%
乙方案 = 20% × 6% + 30% × 10% + 50% × 15% = 11.7%
丙方案 = 30% × 6% + 40% × 10% + 30% × 15% = 10.3%

最后，根据计算结果，选择最佳筹资方案为综合资本成本最低的丙方案。

本方法认为能够降低平均资本成本的资本结构，就是合理的资本结构，侧重于从资本投入的角度对筹资方案和资本结构进行优化分析。同时，此方法也说明在其他条件一样的情况下，理论上是存在着最优筹资组合（权重）的，即所谓的最佳资本结构。

（二）每股收益无差别点法

企业合理的资本结构，应当注意其对企业的盈利能力和股东财富的影响，因此将息税前利润（EBIT）和每股收益（EPS）作为分析确定企业资本结构的两大要素。每股利润分析法就是将息税前利润和每股利润这两大要素结合起来，分析资本结构与每股利润之间的关系，进而确定最佳资本结构的方法。由于这种方法需要确定每股利润的无差异点，因此称为每股利润无差异点法（EBIT – EPS 分析法）。其决策程序为：第一步，计算每股收益无差异点；第二步，作每股利润无差异点图；第三步，选择最佳筹资方式。

在每股收益无差别点上，无论是哪种方案，每股收益都是相等的。当预期息税前利润或业务量水平大于或小于每股收益无差别点时，应当选择 EPS 较大的筹资方案。在每股收益无差别点时，不同筹资方案的 EPS 是相等的，用公式表示如下：

根据 $EPS_1 = EPS_2$，可以推出：

$$\frac{(\overline{EBIT} - I_1)(1 - T)}{N_1} = \frac{(\overline{EBIT} - I_2)(1 - T)}{N_2}$$

式中：$\overline{EBIT}$为息税前利润平衡点，即每股收益无差别点；I_1、I_2为两种筹资方式下的债务利息；N_1、N_2为两种筹资方式下普通股股数；T为所得税税率。

注：如果存在优先股，则式中的分子应该扣除优先股股息后加以计算。

【例题 5 – 19】已知 FD 公司的资本结构如下：普通股 200 万股，股本总额 1 000 万元，公司债券 600 万元。现公司拟扩大资本规模，有两个备选方案：一是增发普通股 50 万股，每股发行价格为 8 元；二是平价发行公司债券 400 万元。假定公司债券年利率为 10%，所得税税率为 25%。进行两个方案的每股收益无差异点分析。

（1）计算每股收益无差异点。

$$\frac{(\overline{EBIT} - 600 \times 10\%)(1 - 25\%)}{200 + 50} = \frac{(\overline{EBIT} - 600 \times 10\% - 400 \times 10\%)(1 - 25\%)}{200}$$

求得：$\overline{EBIT} = 260$ 万元

无差异点每股收益 = 0.8 元/股。

（2）绘制 EBIT—EPS 分析图。

在已计算出两种筹资方式下 $EPS_1 = EPS_2$ 时的每股收益无差异点 $\overline{EBIT} = 260$ 万元和 0.8 元处的每股收益的情况下，再计算出 $EPS_1 = 0$ 时的 $EBIT_1 = 60$ 万元，以及 $EPS_2 = 0$ 时的 $EBIT_2 = 100$ 万元。从公式可以看出，EPS 曲线是一条直线，根据两点决定直线的原理，最后确定分析图。

由图 5 – 5 可以看出，当 EBIT = 260 万元时，两种筹资方式的 EPS 相等；当 EBIT 大于 260 万元时，采用负债筹资方式的 EPS 大于普通股筹资方式的 EPS，故应采用负债筹资方式；当 EBIT 小于 260 万元时，采用普通股筹资方式的 EPS 大于负债筹资方式的 EPS，故应采用普通股筹资方式。

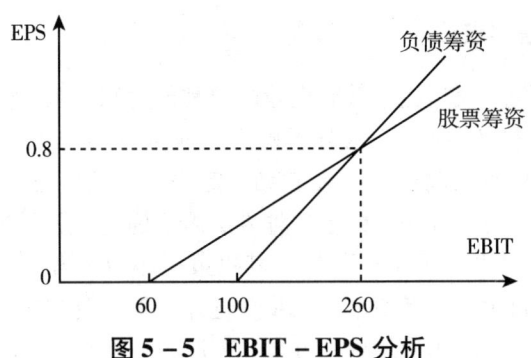

图 5-5 EBIT-EPS 分析

每股收益无差异点法主要用于比较两种筹资方案的优劣，但也可以用于比较多种筹资方案的优劣，这只需要进行两两比较就可以了。

以上我们以每股收益的高低作为衡量标准对筹资方式进行了选择。这种方法的缺陷在于没有考虑风险因素。从根本上讲，财务管理的目标在于追求公司价值的最大化或股价最大化。然而只有在风险不变的情况下，每股收益的增长才会直接导致股价的上升，实际上经常是随着每股收益的增长，风险也加大。如果每股收益的增长不足以补偿风险增加所需的报酬，尽管每股收益增加，股价仍然会下降。所以，从理论上说，公司的最佳资本结构应当是可使公司的总价值最高，而不一定是每股收益最大的资本结构。

（三）公司价值分析法

以上两种方法都是从账面价值的角度进行资本结构优化分析，没有考虑市场反应，也没有考虑风险因素，也没有体现现阶段财务管理的目标是企业价值最大化这一目标要求，即在公司价值（V）最大的状况下，能够提升公司价值的同时使得公司的平均资本成本也是最低的资本结构，就是合理的资本结构。公司价值分析法，是在考虑市场风险的基础上，以公司市场价值为标准，进行资本结构优化。这种方法主要用于对现有资本结构进行调整，适用于资本规模较大的上市公司资本结构优化分析。公司价值应该等于资本的市场价值，即：

$$V = S + B$$

式中：V 为公司价值；B 为债务资本价值；S 为权益资本价值。

为简化分析，对债券资本价值 B 我们往往假设等于其面值，权益资本价值 S 可以由下式计算：

$$S = \frac{(EBIT - I)(1 - T)}{K_s}$$

按照"资本资产定价模型法"，K_s 的计算应是：

$$K_s = R_s = R_f + \beta_i \times (R_m - R_f)$$

【例题 5-20】FD 公司息税前利润 1 000 万元，资金全部为普通股构成，目前股票价值 2 000 万元。该公司认为目前的资本结构不合理，准备以平价发行债券回购股票的方式对资本结构进行调整。经预测，目前的债务利率和股票贝塔系数情况如表 5-9 所示。

表 5-9　　　　　　　　　　　目前的债务利率和股票贝塔系数

债券的市场价值（万元）	债务利率（%）	股票贝塔系数
400	6	1.3
600	7	1.4
800	8	1.5

假设债券的市场价值等于其面值，市场平均风险股票的必要报酬率为12%，无风险报酬率为10%，所得税税率为25%。

分析如下：

（1）根据已知条件，计算股票的资本成本（见表5-10）。

表 5-10　　　　　　　　　　　股票资本成本计算表

市场平均风险股票的必要报酬率	无风险报酬率	股票贝塔系数	股票的风险报酬率	股票资本成本
12%	10%	1.3	2.6%（A）	12.6%（B）
12%	10%	1.4	2.8%	12.8%
12%	10%	1.5	3%	13%

说明：A = 1.3 × (12% − 10%) = 2.6%

B = 10% + 2.6% = 12.6%

其他计算结果同理。

（2）计算公司市场总价值（见表5-11）。

表 5-11　　　　　　　　　　　公司市场总价值计算表

债券的市场价值（万元）	股票的市场价值	公司市场总价值
400	5 809.52（C）	6 209.52（D）
600	5 613.28	6 213.28
800	5 400.00	6 200.00

说明：C = [(1 000 − 400 × 6%) × (1 − 25%)] ÷ 12.6% = 5 809.52（万元）

D = 400 + 5 809.52 = 6 209.52（万元）

其他计算结果同理。

（3）计算公司平均资本成本（见表5-12）。

表 5-12　　　　　　　　　　　平均资本成本计算表

债券的市场价值（万元）	债务利率	税后债务资本成本	平均资本成本
400	6%	4.5%（E）	12.08%（F）
600	7%	5.25%	12.07%
800	8%	6%	12.10%

说明：E = 6% × (1 - 25%) = 4.5%

F = 4.5% × (400/6 209.52) + 12.6% × (5 809.52/6 209.52) = 12.08%

其他计算结果同理。

经过对比，债务为 600 万元时，公司市场总价值最大，平均资本成本最低。最优的资本结构为发行 600 万元的债券。

应当指出的是，尽管各种资本结构理论为企业融资决策提供了有价值的参考，各种资本结构管理方法也使得企业能从定量上对企业的资本结构进行管理，但由于融资活动本身和外部环境的复杂性，目前仍难以准确地显示出存在于财务杠杆、每股收益、资本成本及企业价值之间的关系，所以在一定程度上融资决策还要依靠有关人员的经验和主观判断。即在定量管理的基础上需要综合考虑影响资本结构的各种因素，也即需要从定性和定量两个角度来确定企业的最佳目标资本结构。

【本章小结】

本章阐述了企业筹资管理的基本分类和筹资渠道与方式、资金需要量预测、资本成本、杠杆效应以及最优资本结构决策等内容，属于财务管理理论与实务的重点内容。

企业资金需要量预测常用的方法主要有定性预测法和定量预测法。定量预测法主要有两种方法：销售百分比法和资金习性预测法。

个别资本成本是指各种资本来源的成本，包括债务成本、普通股成本和留存收益成本等。资本成本包括资本的使用费用和筹集费用。综合资本成本（K_w）是指多元化融资方式下的加权平均资本成本（WACC）。

杠杆效应的决策是在杠杆利益与其相关的风险之间进行合理的权衡，就是对企业要求的报酬与风险的结合点的均衡。财务管理中所研究的杠杆主要有经营杠杆、财务杠杆和总杠杆（复合杠杆）。杠杆效应既可以产生杠杆利益，也可能带来杠杆风险。

(1) 经营杠杆系数（DOL）：

$$DOL = (\Delta EBIT \div EBIT)/(\Delta S \div S)$$

$$DOL = \frac{S - VC}{S - VC - F}$$

(2) 财务杠杆系数（DFL）：

$$DFL = (\Delta EPS \div EPS)/(\Delta EBIT \div EBIT)$$

$$DEL = EBIT/(EBIT - I)$$

（3）复合杠杆系数（DCL）：

$$DCL = DOL \times DFL = (\Delta EPS \div EPS)/(\Delta S \div S)$$

$$DCL = \frac{S - VC}{S - VC - F - I}$$

资本结构是指企业各种资金的构成及其比例关系。财务管理中，寻求最佳的负债筹资和权益筹资比例，保持最佳的杠杆收益与风险，就是使企业的资本结构达到最佳的过程，称之为最佳资本结构决策。资本结构优化决策主要有：

第一，比较资本成本法。

第二，每股收益无差别点法。计算出两种筹资方式下 $EPS_1 = EPS_2$ 时的每股收益无差异点，画出 EBIT—EPS 分析图进行分析。

第三，公司价值分析法。体现现阶段财务管理的目标——企业价值最大化，在公司价值（V）最大的状况下，平均资本成本最低的资本结构，就是合理的资本结构。公司价值 V = S + B。

权益资本价值 S：

$$S = \frac{(EBIT - I)(1 - T)}{K_s}$$

【中英文对照专业名词及术语】

融资决策	Financing Decision
资本需要量	Capital Requirement
资本成本	Cost of Capital
加权平均资本成本	Weighted Average Cost of Capital，WACC
MM 模型（米勒-莫迪利安尼模型）	Modigliani Miller Models
经营杠杆系数	Degree of Operating Leverage (DOL)
财务杠杆系数	Degree of Financial Leverage (DFL)
复合杠杆系数	Degree of Combined Leverage (DCL)
总杠杆系数	Degree of Total Leverage (DTL)
资本结构	Capital Structure
资本资产定价模型	Capital Asset Pricing Model
每股收益无差别点法	Eps Indifference Point

复习思考题

1. 简述筹资的基本分类，企业筹资主要的渠道和方式有哪些？
2. 资金需求量预测有哪些方法？各自的特点是什么？
3. 简述杠杆效应的形成原理。
4. 简述各类杠杆作用与风险之间的关系。
5. 谈谈负债在财务管理活动中的重要意义以及如何正确对待和认识企业负债。

6. 谈谈资本结构与实现财务管理目标的关系与意义。
7. 最佳资本结构的判别标准有哪些？各自的优缺点又是什么？

练习题

1. 已知：某公司 2011 年销售收入为 20 000 万元，销售净利润率为 12%，净利润的 60% 分配给投资者。2011 年 12 月 31 日的资产负债表（简表）如表 1 所示。

表 1　　　　　　　　　　　　资产负债表（简表）

2011 年 12 月 31 日　　　　　　　　　　　　　　　　单位：万元

资产	期末余额	负债及所有者权益	期末余额
货币资金	1 000	应付账款	1 000
应收账款	3 000	应付票据	2 000
存货	6 000	长期借款	9 000
固定资产	7 000	实收资本	4 000
无形资产	1 000	留存收益	2 000
资产总计	18 000	负债与所有者权益总计	18 000

该公司 2012 年计划销售收入比上年增长 30%，为实现这一目标，公司需新增设备一台，价值 148 万元。据历年财务数据分析，公司流动资产与流动负债随销售额同比率增减。公司如需对外筹资，可按面值发行票面年利率为 10%、期限为 10 年、每年年末付息的公司债券解决。假定该公司 2012 年的销售净利率和利润分配政策与上年保持一致，公司债券的发行费用可忽略不计，适用的企业所得税税率为 25%。

要求：

(1) 计算 2012 年公司需增加的营运资金。

(2) 预测 2012 年需要对外筹集的资金量。

(3) 计算发行债券的资本成本。

2. 某投资项目资金来源情况如下：银行借款 300 万元，年利率为 4%，手续费为 4 万元。发行债券 600 万元，面值 100 元，发行价为 102 元，年利率为 6%，发行手续费率为 2%。普通股 600 万元，每股面值 10 元，每股市价 15 元，每股股利为 2.40 元，以后每年增长 5%，手续费率为 4%。留存收益 500 万元。该投资项目的计划年投资收益为 248 万元，企业所得税税率为 25%。企业是否应该筹措资金投资该项目？

3. 某企业目前拥有债券 2 000 万元，年利率为 5%。优先股 500 万元，年股利率为 12%。普通股 2 000 万元，每股面值 10 元。现计划增资 500 万元，增资后的息税前利润为 900 万元。如果发行债券，年利率为 8%；如果发行优先股，年股利率为 12%；如果发行普通股，每股发行价为 25 元。企业所得税税率为 30%。分别计算各种发行方式下的普通股每股收益，并决策采用何种方式筹资。

4. 已知某公司当前资本结构如表 2 所示。

表 2

筹资方式	金额（万元）
长期债券（年利率 8%）	1 000
普通股（4 500 万股）	4 500
留存收益	2 000
合　计	7 500

因生产发展需要，公司年初准备增加资金 2 500 万元，现有两个筹资方案可供选择：甲方案为增加发行 1 000 万股普通股，每股市价 2.5 元；乙方案为按面值发行每年年末付息、票面利率为 10% 的公司债券 2 500 万元。假定股票与债券的发行费用均可忽略不计；适用的企业所得税税率为 33%。

要求：

（1）计算两种筹资方案下每股利润无差别点的息税前利润。
（2）计算处于每股利润无差别点时乙方案的财务杠杆系数。
（3）如果公司预计息税前利润为 1 200 万元，指出该公司应采用的筹资方案。
（4）如果公司预计息税前利润为 1 600 万元，指出该公司应采用的筹资方案。
（5）若公司预计息税前利润在每股利润无差别点增长 10%，计算采用乙方案时该公司每股利润的增长幅度。

5. 某企业 2011 年销售收入为 6 000 万元，变动成本率为 60%，当年企业的净利润为 1 200 万元，企业所得税税率为 25%。企业的资产负债率为 20%，资产总额为 7 500 万元，税后债务资本为 10%，权益资本的成本为 15%。

分别计算：（1）息税前利润 EBIT；（2）经营杠杆系数 DOL、财务杠杆系数 DFL、复合杠杆系数 DCL；（3）企业综合资本成本；（4）销售利润率、销售净利率。

案例

默多克的债务危机

很多公司在发展过程中，都要借助外力的帮助，体现在经济方面就是债务问题。债务结构的合理与否，直接影响着公司的前途、命运。世界头号新闻巨头默多克就曾有过一个惊险的债务危机故事。

默多克出生于澳洲，加入美国国籍后，他的总部仍设在澳大利亚，企业遍布全球。在全世界有 100 多个新闻事业，包括闻名于世的英国《泰晤士报》。默多克从事的新闻出版业庇荫于父亲。老默多克在墨尔本创办了"导报公司"，取得成功。在儿子继承父业时，年收入已达 400 万美元了。默多克经营"导报公司"以后，筹划经营，多有建树，最终建成了一个每年营业收入达60亿美元的报业王国。它控制了澳大利亚70%的新闻业，45%的英国报业，又把美国相当一部分电视网络置于他的王国统治之下。1988年，他施展铁腕，一举集资20多亿美元，把美国极有影响的一座电视网买到了手。默多克和他的家族对他们的报业王国有绝对控制权，掌握了全部股份的45%。

西方的商界大亨无不举债立业，向资金市场融资。像滚雪球一样，债务越滚越大，事业也越滚越大。默多克报业背了多少债呢？24亿美元！他的债务遍于全世界，美国、英国、瑞士、荷兰，连印度和中国香港的钱他都借去花了。那些大大小小的银行也乐于给他贷款，他的报业王国的财务机构里共有146家债主。

正因为债务大，债主多，默多克对付起来也实在不容易，一发牵动全身，投资风险极高。若是碰到一个财务管理上的失误，或是一种始料未及的灾难，就可能像多米诺骨牌一样，把整个事业搞垮。但多年来默多克经营得法，一路顺风。殊不知，1990年西方经济衰退刚露苗头，默多克报业王国就像中了邪似的，几乎在阴沟里翻船，而且令人不能置信，仅仅为1 000万美元的一笔小债务。对默多克说来，年收入达60亿美元的这一报业王国，区区1 000万美元算不了什么，对付它轻而易举。谁知这该死的1 000万美元，弄得他焦头烂额，应了"一文钱逼死英雄汉"的这句古话。

美国匹兹堡有家小银行，前些时候巴结地贷款给默多克1 000万美元。原以为这笔短期贷款，到期可以付息转期，延长贷款期限。也不知哪里听来的风言风语，这家银行认为默多克的支付能力不佳，通知默多克这笔贷款到期必须收回，而且规定必须全额偿付现金。默多克毫不在意，筹集1 000万美元现款轻而易举。他在澳洲资金市场上享有短期融资的特权，期限1周到1个月，金额可以高达上亿美元。他派代表去融资，大出意外，说默多克的特权已冻结了。为什么？对方说日本大银行在澳大利亚资金市场上投入的资金抽了回去，头寸紧了。默多克得知被拒绝融资后很不愉快，东边不亮西边亮，他亲自带了财务顾问飞往美国去贷款。

到了美国，却始料不及，那些跟他打过半辈子交道的银行家，这回像是联手存心跟他过不去，都婉言推辞，一个子儿都不给。默多克又是气恼又是焦急，悔不当初也去当上个大银行家，不受这份罪。他和财务顾问在美洲大陆兜来兜去，弄到了求爷爷告奶奶的程度，还是没有借到1 000万美元。而还贷期一天近似一天，商业信誉可开不得玩笑。若是还不了这笔债，那么引起连锁反应，就不是匹兹堡一家闹到法庭，还有145家银行都会像狼群一般，成群结队而来索还贷款。具有最佳能力的大企业都经受不了债权人联手要钱。这样一来，默多克的报业王国就得清盘，被24亿美元债券压垮，而默多克也就完了。默多克有点手足无措，一筹莫展。但他毕竟是个大企业家，经过多少风风雨雨。他强自镇定下来思考，豁然开朗，一个主意出来了，决定口头去找花旗银行。花旗银行是默多克报业集团的最大债主，投入资金最多，如果默多克完蛋，花旗银行的损失最高。债主与债户原本同乘一条船，只可相帮不能拆台。花旗银行权衡利弊，同意对他的报业王国进行一番财务调查，将资产负债状况做出全面评估，取得结论后采取对策行动。花旗派了一位女副经理，加利福尼亚大学柏克莱分校出身的女专家带了一个班子前往着手调查。

花旗银行的调查工作班子每天工作20小时，通宵达旦，把100多家默多克企业一个个拿来评估，一家也不放松，最后完成了一份调查研究报告，这份报告的篇幅竟有电话簿那么厚。报告递交给花旗银行总部，女副经理写下这样一个结论：支持默多克！原来这位女银行专家观察默多克报业王国的全盘状况后，对默多克的雄才大略，对他发展事业的企业家精神由衷敬佩，决心要帮助他渡过难关。她向总部提出一个解救方案：由花旗银行牵头，所有贷款银行都必须待在原地不动，谁也不许退出贷款团。以免一家银行退出，采取收回贷款的行动，引起连锁反应，匹兹堡那家小银行，由花旗出面，对它施加影响和压力，要它到期续贷，不得收回贷款。已经到了关键时刻，报告提交到花旗总部时距离还贷最后时限只剩下10个小时。默多克带着助手飞到伦敦，花旗银行的女副经理也在伦敦等候纽约总部进一步的指示。真是千钧一发，默多克报业王国的安危命运此时取决于花旗银行的一项裁决了。女副经理所承受的压力也很大，她所做出的结论关系到一个报业王国的存亡，关系到14亿美元贷款的安全，也关系到她自身的命运。她所提出的对策，要对花旗银行总部直接承担责任。如果146家银行中任何一家或几家不接受原地不动这项对策的约束，那么花旗银行在财务与信誉上都会蒙受严重损失，而她个人的前程也要受到重大挫折。

花旗银行纽约总部的电话终于在最后时刻以前来了：同意女副经理的建议，已经与匹兹堡银行谈过了，现在应由默多克自己与对方经理直接接触。默多克松了一口气，迫不及待地拨通越洋电话到匹兹堡，不料对方经理避而不接电话，空气一下子紧张起来。默多克再挂电话，电话在银行里转来转去，最终落到贷款部主任那里。默多克听到匹兹堡银行贷款部主任的话音，他发觉这位先生一改先前拒人于千里之外的冷淡口气，忽而和悦客气起来："你是默多克先生啊，我很高兴听到你的声音呀，我们已决定向你继续贷款……"

默多克渡过了这一关，但他在支付能力上的弱点已暴露在资金市场上。此后半年，他仍然处在生死攸关的困境之中。由于得到了花旗银行牵头的146家银行一齐都不退出贷款团的保证，他有了充分时间调整与改善报业集团的支付能力，半年后，他终于摆脱了财务的困境。亿万富豪和一文不名的穷人，同样都有穷困和危难的时候，但其产生的原因与解困的途径截然不同。

渡过难关以后，默多克又恢复最佳状态，进一步开拓他的报业王国的领地。这位有成就的企业家最了解开拓是保护事业特别有效的手段。已有200年历史的《纽约邮报》因财政问题严重，面临倒闭危险。《纽约邮报》曾是美国发行量最大的10家报纸之一，近年来由于经营不善，每年亏损1 200万~1 500万美元。在美国破产保护下勉强维持。像当年收购垂危的伦敦《泰晤士报》一样，默多克下达指示给他的美国新闻出版公司总裁珀塞尔，向美国破产法庭申请收购，法庭准许并授权默多克控制邮报。他派珀塞尔接任邮报出版人，与工会谈判希望取得雇用与解雇人员的权力，改组班子，减少600万美元的亏损，一度谈判破裂，后经纽约州州长斡旋而最终完成收购。

默多克报业王国的旗帜上又多了一颗星。澳大利亚最近公布富豪名单：默多克名列榜首，拥有资产已上升到45亿美元。

资料来源：百度文库。

讨论：

（1）为什么这次财务危机中默多克有惊无险，他凭借的是什么？

（2）"从这次事件可以看出，默多克支付能力很差"这个观点正确吗？如果正确为什么很多银行还愿意贷款给他？

（3）请分析高负债经营的优缺点。

评点：公司在扩张时，举债是不可避免的问题，但应注意合理的债务结构。

第六章
利润分配管理

【**本章学习目的**】通过本章的学习,理解股利支付对公司资金筹集与市场价值判断的重要性,能够把握各种股利支付理论要点,分析影响股利政策的各种因素,灵活制定适宜的股利政策。

【案例导引】

A 股跑出分红黑马,九阳股份成"最慷慨"上市公司

九阳股份前身为山东九阳小家电有限公司,成立于 2002 年 7 月,2007 年 9 月正式改制为股份公司。主要从事厨房小家电系列产品的研发、生产和销售。主要产品为豆浆机。九阳股份的崛起有"三聚氰胺"的"功劳"。尽管豆浆机的发明早在 1994 年,但是其发展一直不温不火。直到 2008 年"三聚氰胺"事件的爆发,才推动了豆浆机行业爆发式的增长,"那时我们几乎没有竞争对手",九阳股份业绩增长 71.71%。

九阳股份于 2008 年 5 月 16 日上市后,年年高比例分红。2008 年年末公告,10 转 9 派 8 元,当年每股收益 2.5 元,股利支付率为 35.5%;2009 年年末公告,10 转 5 派 7 元,股利支付率为 87.5%;2010 年年末公告,10 派 5 元,股利支付率 64.10%。

但是,九阳股份靠豆浆机一柱擎天的时代已经过去,相关统计数据显示,2010 年底起,九阳豆浆机的市场占有率从最高点的 90% 以上,下跌到目前的 60% 左右。2011 年上半年,公司实现主营收入 25.96 亿元,同比仅增长 7.83%,实现净利润 2.75 亿元,同比更是仅有 0.8% 的增幅。尽管主业困顿,九阳股份分配利润的热情却"一如既往"。2011 年二季报推出空前分红计划:10 派 7 元,而二季度业绩为 0.36 元/股,股利支付率为 194%。这种分红超过每股收益近 1 倍,在中国 A 股市场上可谓罕见。经过多次转增股本,现在九阳股份已经成为流通股 7.6 亿、市值近 70 亿元的中型上市公司。九阳股份自从上市以来,总融资额 151 018 万元,总派现额 148 185 万元,分红融资比接近百分之百。这意味着,即使仅仅考虑分红回报而忽略股价上涨,最早的投资者几乎都赚回了本,以后公司的分红就是净收入了。

尽管沪深两市不乏像九阳股份这样分红慷慨的公司,但是自 2001 年至 2010 年,共有 173 家上市公司

在10年内未曾进行过一毛钱的现金分红,而这些"铁公鸡"10年间再融资金额近400亿元。"在欧美主要证券交易市场上,一家公司上市10年,居然一分钱的现金分红都没有,这简直是不可想象的。"—券商大投行委员会资深董事如是说。这种情况在A股市场上不仅大面积地存在,而且还存在得非常"滋润"。虽然这些公司中大部分企业,10年的合计净利润为亏损,但是也有部分利润还算不错的上市公司,也始终未给予股东合理的投资回报。

资料来源:证券之星,东方财富网。

试问:2011年二季度九阳股份为什么派发现金股利可以超过每股收益近1倍,股利支付率达到194%?在中国上市公司普遍不发或少发现金股利的背景下,九阳股份却以高现金股利发放作为其股利政策,为什么?九阳股份的高现金股利派发是否向市场传递了信号,传递了什么信号?公司股利分配有哪些影响因素?为什么中国上市公司有的多年来在账面上一直是盈利企业,但在分红上却是铁公鸡一只,一毛不拔?派发现金股利是否越多越好?

第一节 利润分配概述

利润是企业在一定期间内从事生产经营活动所累积的财务成果,是企业经营所追求的目标。利润是企业投资人和债权人进行投资决策和信贷决策的重要依据,也是企业利益相关者进行利益分配的基础。利润是反映企业经营绩效的核心指标,是企业可持续发展的基本源泉。利润分配既关系到企业利益相关者之间的关系,同时也关系企业未来能否持续发展。因此,利润管理在企业财务管理中处于极其重要的地位。合理准确核算利润是做好利润分配的前提。

一、利润的构成

从数量上看,利润是一定会计期间内全部收入抵减全部支出后的差额。从构成上看,既来源于经营活动所得、对外投资所得,也有那些与生产经营活动无直接关系的事项所引起的盈亏,如营业外收入和营业外支出。

(一)营业利润

营业利润是企业利润来源的最主要部分,它是企业在一定时期直接从事经营活动所创造的,在数量上反映为营业收入减除营业成本、营业税金及附加、销售费用、管理费用、财务费用和资产减值损失,并加上投资净收益和公允价值损益后的余额。营业利润的计算公式是:

$$营业利润 = 营业收入 - 营业成本 - 营业税金及附加 - 销售费用 - 管理费用 - 财务费用 - 资产减值损失 + 公允价值变动收益 - (公允价值变动损失) + 投资收益 - (投资损失)$$

其中，营业收入是指企业经营业务所取得的收入总额，包括主营业务收入和其他业务收入。

营业成本是企业经营业务所发生的实际成本总额，包括主营业务成本和其他业务支出。

营业税金及附加指企业在一定期间按照国家税法规定，按所获得的主营业务收入净额的一定比例计算缴纳的，以及按照所缴纳税金的一定比例计算缴纳的有关附加税费，包括增值税、营业税、城市建设税、资源税和教育费附加等。

销售费用指企业在销售产品、自制半成品和提供劳务等过程中发生的各项费用。管理费用指企业行政管理部门为管理和组织经营活动而发生的各种费用。而财务费用指企业为筹集资金而发生的各项费用。

资产减值损失指企业计提各项资产减值准备所形成的损失。

公允价值变动收益（或损失）。指企业交易性金融资产、交易性金融负债以及采用公允价值模式计量的投资性房地产、衍生工具、套期保值业务等公允价值变动形成的应计入当期损益的利得（或损失）。

投资收益（或损失）指企业对外投资取得的收益减去对外投资损失后的净额，它由企业的股票投资、债券投资、联营投资及其他投资所取得的收益或损失构成。

（二）利润总额

$$利润总额 = 营业利润 + 营业外收入 - 营业外支出$$

其中，营业外收入是相对于经营收入而言的，是指与企业经营活动没有直接关系的各种收入，主要包括固定资产盘盈净收入、处置固定资产净损益、处置无形资产净收益、资产再次评估增值、债务重组收益、对方违约的罚款收入、因债务人原因确实无法支付的应付款项、教育费附加返还款等。

营业外支出是相对于生产经营耗费而言的，它不属于企业生产经营费用，是与企业经营活动没有直接关系的各项支出，按照有关规定应当从企业实现的利润总额中扣除。营业外支出包括：固定资产盘亏、报废、毁损和出售的净损失，非季节性和非修理期间的停工损失，职工子弟学校经营和技工学校经营，非常损失，公益救济性捐赠，赔偿金、违约金等。

营业外收入和营业外支出之间是相互独立的，应当分别核算。企业在进行营业外收支核算时，不得以营业外支出直接冲减营业外收入，也不得以营业外收入冲减营业外支出。营业外收入和营业外支出应当严格区别，在会计上分别独立进行核算，并在利润表中分列项目反映。

（三）净利润

$$净利润 = 利润总额 - 所得税费用$$

在计算出企业利润总额之后，必须对利润总额进行调整，以便计征企业所得税，最后实现企业收益。对利润总额的调整包括永久性差异调整、暂时性差异调整和弥补亏损调整三方面。为了减轻亏损企业的所得税负担，企业发生的年度亏损，可以用下一年的利润弥补，下一年的利润不足弥补的，可以在以后5年内用所得税前利润继续弥补；延续5年未弥补的亏损,可用税后的利润弥补。

企业利润总额在进行上述三项调整后,便可确认企业当期的应税所得额。应税所得额与适用所得税税率的乘积,即为企业当期应交纳的所得税额。企业利润总额在交纳所得税后,剩余部分就是税后净利,它是利润分配的基础。

某公司利润表如表6-1所示。

表6-1　　　　　　　　　　　　　利润表

编制单位:ABC公司　　　　　　　　　2010年度　　　　　　　　　　　单位:万元

项　　目	金　　额
一、营业收入	13 038.05
减:营业成本	12 730.27
营业税金及附加	5.74
销售费用	158.37
管理费用	2 181.39
财务费用	-0.47
资产减值损失	0.00
加:公允价值变动损益(亏损以"-"号填列)	438.11
投资收益(损失以"-"号填列)	3 374.23
二、营业利润(亏损以"-"号填列)	1 779.34
加:营业外收入	6.63
减:营业外支出	41.55
三、利润总额(亏损总额以"-"号填列)	1 744.41
减:所得税费用	0.2204
四、净利润(净亏损以"-"号填列)	1 744.19

二、利润分配的基本原则

1. 依法分配原则。为规范企业的利润分配行为,国家制定和颁布了若干法规,这些法规规定了企业利润分配的基本要求、一般程序和重大比例。企业的利润分配必须依法进行,这是正确处理企业各项财务关系的关键。

2. 分配与积累并重原则。企业的利润分配,要正确处理长期利益和近期利益两者的关系,坚持分配与积累并重。企业除按规定提取法定盈余公积金以外,可适当留存一部分利润作为积累,这部分未分配利润仍归企业所有者所有。这部分积累的净利润不仅可以为企业扩大生产筹措资金,增强企业发展能力和抵抗风险的能力,同时还可以供未来年度进行分配,起到以丰补歉、平抑利润分配数额波动、稳定投资报酬率的作用。

3. 投资与收益对等原则。企业利润分配应当体现"谁投资、谁收益"、收益大小与投资比例相匹配，即投资与收益对等原则，这是正确处理企业与投资者利益关系的立足点。投资者因投资行为，以出资额依法享有利润分配权，要求企业在向投资者分配利润时，要遵守公开、公平、公正原则，不搞幕后交易，不帮助大股东侵蚀中小股东利益，一视同仁地对待所有投资者，任何人不得以在企业中的其他特殊地位谋取私利，这样才能从根本上保护投资者的利益。

4. 兼顾各方利益原则。企业是经济社会的基本单元，企业的利润分配涉及国家、企业股东、债权人、职工等多方面的利益，必须兼顾各方利益。

企业的税前利润首先应按国家规定做出相应调整，计算应纳税所得额，并依法缴纳所得税。税后利润的分配应按顺序弥补以前年度亏损、提取法定盈余公积及任意盈余公积，再向投资者进行利润分配。

按照风险承担的顺序及其合同契约的规定，企业必须在利润分配之前偿清所有债权人到期的债务，否则不能进行利润分配。同时，在利润分配之后，企业还应保持一定的偿债能力，以免产生财务危机，危及企业生存。此外，企业在与债权人签订某些长期债务契约的情况下，其利润分配政策还应征得债权人的同意或审核方能执行。

企业的净利润归投资者所有，是企业的基本制度。而企业的利润是由全体职工的劳动创造的，企业职工除了获得工资和奖金等劳动报酬以外，还应该以适当的方式参与净利润的分配。如外商投资企业按规定提取的储备基金、企业发展基金、职工奖励及福利基金。

三、利润分配的顺序

按我国《公司法》的有关规定，企业实现的利润应在依法交纳所得税之后才能予以分配。利润分配应按照以下的顺序进行：

第一步，计算可供分配的利润。

$$可供分配的利润 = 本年净利润（或亏损）+ 年初未分配利润（或亏损）$$

即将本年净利润（或亏损）与年初未分配利润（或亏损）合并计算出可供分配的利润。如果可供分配的利润为负数即亏损，则不进行后续分配；如果可供分配的利润为正数即本年累计盈利，则进行后续分配。

第二步，提取法定公积金。

按抵减年初累计亏损后的本年净利润计提法定公积金。计提法定盈余公积金的基础，不一定是可供分配利润，也不一定是本年的税后利润。只有不存在年初累计亏损时，才能按本年税后净利润计算提出。

$$法定公积金 = （本年净利润 - 年初未弥补亏损）\times 10\%$$

第三步，提取任意公积金。

任意公积金，是在法定的收益分配事项以外由企业决定提取的款项，一般依据公司章程或按股东大会通过的比例提取，可以用于企业的发展等。

$$任意公积金 = （本年净利润 - 年初未弥补亏损）\times 提取比例$$

第四步，向股东分派股利。

$$\text{可供股东分配的利润} = \text{本年净利润} \pm \text{年初未分配利润（或未弥补亏损）} - \text{计提的法定公积金} - \text{计提的任意公积金}$$

企业向股东支付股利只能使用税后利润弥补亏损，然后提取法定公积金和任意公积金之后的剩余部分。一般而言，企业如果当年没有实现利润，就不得向股东支付股利；如果企业当年实现了利润，那么企业以前年度的未分配利润也可以并入本年度按照股东持有的股份进行分配。公司股东会或董事会违反上述利润分配顺序，在抵补亏损和提取法定公积金之前向股东分配利润的，必须将违反规定发放的利润退还公司。

【例题6-1】某有限责任公司2010年收益分配数据如下：

2010年实现盈利100万元；2003年未分配利润30万元；2004年发生亏损150万元；2005～2009年每年税前盈利20万元；所得税税率为25%；盈余公积金计提比例10%，剩余部分全部用于股利分配。

请计算：

（1）2010年是否应交纳所得税？如果需要交纳则应交多少？

（2）2010年是否可进行盈余公积金的提取和股利的分配？如果可以，其各自的计提基数为多少？各项目的具体金额为多少？

根据资料，企业收益分配的程序为：

（1）依法交纳所得税。

2004年所发生的亏损以及超过了用税前利润弥补亏损的法定5年的期限，因此按照规定2010年应该上交所得税。

2010年应交所得税 = 100 × 25% = 25（万元）

（2）税后利润分配。

2010年税后净利润 = 100 - 25 = 75（万元）

2010年可供分配的利润为正数，因此可以计提盈余公积金，以及向股东分配股利。

2010年计提基数 = 30 - 150 + 20 × 5 + 75 = 55（万元）

① 计提盈余公积金：

2010年计提盈余公积金 = 55 × 10% = 5.5（万元）

② 股利分配：

2010年可供分配的股利 = 55 - 5.5 = 49.5（万元）

可供投资者分配的利润在经过上述分配之后，为企业的未分配利润（或未弥补亏损），年末未分配利润可用下式计算：

$$\text{本年末未分配利润} = \text{可供投资者分配的利润} - \text{提取的任意盈余公积} - \text{普通股股利}$$

未分配利润是企业留待以后年度进行分配的利润或等待分配的利润。相对于所有者权益的其他部分，企业对于未分配利润的使用分配有较大的自主权。

第二节 股利分配管理

一、股利的支付方式

公司用税后利润向股东（投资者）支付股利，是公司利润分配的重要内容。采用何种方式向股东派发股利及通过何种途径将股利发放至股东手中，既要符合法律规范，也要结合公司实际情况。

（一）股利支付类型

股份公司派发股利可以采用不同的方式。我国的股份有限公司一般采用现金股利和股票股利两种方式来发放股利。在国际上，除了这两种主要的支付方式之外，还有财产股利及负债股利等发放形式。

1. 现金股利。指企业将应该分配给投资者的股利收益直接用现金的方式予以发放，它是目前最普遍、最主要的股利发放方式。在各种股利分配形式中，投资者一般比较偏好现金股利分配。但从企业角度看，现金股利的发放无疑会增加企业的现金流出量，导致公司库存现金的减少，降低公司的财务弹性，并削弱公司的短期偿债能力，同时也会限制企业的投资决策。因此，这种方式会对公司形成一定的财务压力，公司管理层在决定分配现金股利时，必须权衡各方面的因素。

2. 股票股利。指公司将应该支付给股东的股利以股票的形式予以支付。股票股利的发放通常是按照现有股东的持股份额，用增发新股的形式按比例分配给普通股股东。例如，如果某公司发放10%的股票股利，那就意味着所有的普通股股东，每持有100股普通股股票，就可以获得10股额外的普通股。

股票股利并不直接增加股东的财富，不影响公司股东权益的账面价值总额。股票股利的发放，并不导致公司财产的流出或负债的增加，不改变公司的资产负债结构；也不发生现金流出，但是会稀释普通股的每股权益并导致股价的波动。

3. 财产股利。指公司以实物或有价证券的形式向股东发放的股利。发放财产股利主要是以公司所拥有的其他公司发行的有价证券，如债券、股票等证券资产作为股利支付给股东。如果公司发放的是那些声誉好且经济实力强的大公司发行的证券，因其流动性好，变现能力强，股东对这种证券股利的偏好与现金股利没有多大的差别。而对于其他公司发行的证券，其流动性存在差异，当股东收到这种证券股利时，他们从中获得的利益则隐含着不确定性。

企业之所以分配股利主要在于企业当年实现了净利润。如果企业当年亏损，只要仍然持有一定的累积未分配利润，也可以在满足一定条件下分配企业以前年度的未分配利润。通常情况下，企业在现金支付能力不足时，所采取的补救措施就是给股东发放实物资产甚至企业所生产的产品，从而形成了实物股利的支付方式。股东收到公司发放的实物股利，一般会意识到公司经营欠佳,尽管实物股利不是他们所乐意接受的股利形式,但在公司经营状况出现不利时,发放实物股利至少要比不发放好。

4. 负债股利。负债股利是企业以负债形式所界定的一种延期支付股利的方式。这种负债通常是公司的应付债券、应付票据等。负债股利的票据通常是带息的票据,这种带息的期票补偿了股利没有即期支付的货币时间价值;公司则因此而承受了相应的利息支付压力。负债股利往往是公司在必须支付股利而现金又不足的情况下才采取的一种权益之策。

财产股利和负债股利实际上是用来替代现金股利的,这两种股利支付方式在实际操作中并不多见。

(二) 现金股利与股票回购

股票回购是指发行公司在公开(二级)市场上,出资购回其本身发行的流通在外的股票。被购回的股票通常称为库藏股票,如果需要也可重新出售。股票回购实际上是现金股利的一种替代形式,用股票回购代替现金股利,一般是企业有多余现金又没有有利可图的投资机会时,可以通过回购股票的方式将现金分配给股东。

1. 股票回购与现金股利的区别。在没有个人所得税和交易成本时,现金股利和股票回购对股东没有区别,股票回购给股东带来的资本利得应等于增发现金股利发放额下的股利。

例如,A 公司拥有 300 000 元现金,流通在外的普通股股数为 100 000 股。预计发放现金股利后年利润为 450 000 元,同类公司市盈率为 6,因此该公司股票市价 = 每股盈余 × 市盈率 = 4.5 × 6 = 27(元);预计公司回购股票后,假设标购价 30 元,回购 10 000 股,流通在外的股票减少 90 000 股,每股盈余升至 5 元,市盈率为 6,回购股票后市场价格 = 5 × 6 = 30(元)。因此,在无个人所得税和交易成本下,发放现金股利情况下,每位股东将拥有 27 元的股票和 3 元的现金股利,总价为 30 元;回购股票情况下,股东所持股票价值为 30 元。两种形式使企业分配给股东的现金都是每股 3 元。

而在有个人所得税时,股东更偏好股票回购。由于资本利得税率低于股利收入税率,对于应纳税投资者来说,股票回购比支付现金股利更能提供低税负的好处;此外,资本利得税可以递延到股票出售后才缴纳,而股利收入税在发放当期就须缴纳。因此,回购股票比支付股利有很大的税收上的优势。

对于那些正在整顿并期望在短期内大幅度提高其负债比率以及那些想要处置其拍卖资产所得现金的企业来说,股票回购尤为有效。

2. 股票回购的目的与动机。

(1) 满足公司兼并与收购的需要,防止被兼并。公司的支付方式有现金购买或交换股票。若公司有库藏股票,就可以使用公司本身的库藏股票来交换被收购公司的股票,由此可以减少公司的现金支出。

(2) 满足可转换条款和有助于认股权的行使。在公司发行可转换债券和附认股权债券的情况下,公司通过回购股票,即可使用库藏股票来满足认股权和可转换权的行使,而不必另外发行新股票。

(3) 提高财务杠杆比例,优化企业资本结构。

(4) 分配公司的超额现金。
(5) 在公司的股票价值被低估时，提高其市场价值。
(6) 此外，股票回购还可以清除小股东，巩固内部人控制地位。
3. 股票回购的方法。
(1) 固定价格自我认购。指公司向股东发出正式的报价（通常是一个固定价格）以购买部分股票。
(2) 荷兰式拍卖。即先由公司说明愿意回购的股票数量，以及愿意支付的最低与最高价格；然后，股东向公司提出他们愿意出售的股票数量，以及在设定的价格范围内他们能够接受的最低出售价格；在接到股东的报价后，公司将它们按从低到高的顺序进行排列，然后决定能够实现事先设定的全部回购数量的最低价格。
(3) 公开市场购买。公司通过经纪人购买自己的股票。

股票回购可能产生一种有利的信号作用。假如管理当局认为本企业的普通股价被低估了，则可能采取回购溢价的方法来反映对价值低估的看法。荷兰式拍卖所产生的有利信号作用比固定价格自我认购的影响要小一些，因为荷兰式拍卖得到的溢价通常低于固定价格自我认购的溢价。而公开市场购买一般只产生很小的影响，因为它通常是由一段时期内股票价格下跌而引发的。

4. 股票回购的负面影响。首先，股票回购需要大量资金支付回购的成本，容易造成资金短缺，资产流动性变差，影响企业的后续发展；其次，回购股票可能使企业的发起人股东更注重创业利润的兑现，而忽视企业长远的发展，损害企业的根本利益；此外，股票回购加大了内幕交易的可能性，增加了市场操纵股价的风险。

（三）股票股利与股票分割

1. 股票股利及其影响。所谓股票股利就是公司用股票而非现金作为支付给股东的股利。一般按照股东的持股比例以认购股票或减价增配新股的方式进行。实际操作中，往往采用的是无偿增资配股的方式，即现有股东无需缴纳任何额外费用，就可以取得公司增发的新股。

股票股利是一种特殊的股利形式，相当于股东将应得的股利收益用于购买本公司的股票进行投资。随着公司普通股总股数的增加，股东的持股数也按同样比例增加。对于公司而言，股票股利不会引起企业资产总额的变动，不会引起负债总额的变动，也不会引起所有者权益总额的变动，只是引起所有者权益项目中资本公积、盈余公积和未分配利润等项目之间内部结构的变动。由此可见，股票股利的发放不会直接增加股东的财富，也不会影响公司的财务价值和原股东的股权比例。

例如，假定公司原有股票数量为600万股，该公司宣布发放20%的股票股利，即普通股股东每持10股可得2股的股票。则公司增发的普通股股票数量为：$600 \times 20\% = 120$（万股）；

如果该股票当时的市场价格为3元，股票股利的发放需从"未分配利润"项目划转出资金：$3 \times 120 = 360$（万元）；

由于股票面额（1元）不变，增发的120万股普通股只能按股票面额的价值标准反映在

"普通股"项目内,余下部分则应该按股票溢价处理,反映在"资本公积"项目内,而公司股东权益总额保持不变。

发放股利后,该公司股东权益与发放前的对比如表6-2所示。

表6-2　　　　　　　　股票股利发放前后的股东权益　　　　　　　　单位:万元

股票股利发放前的股东权益		股票股利发放后的股东权益	
项目	金额	项目	金额
普通股(面额1元,600万股)	600	普通股(面额1元,720万股)	720
资本公积	200	资本公积	440
盈余公积	500	盈余公积	500
未分配利润	500	未分配利润	140
股东权益合计	1 800	股东权益合计	1 800

表6-2说明,发放股票股利,不会对公司股东权益总额产生影响,但会改变股东权益项目的比例结构。

对股东而言,股票股利除了使其所持股票数量增加外几乎没有任何价值。由于公司盈利不变,其所持股份比例不变,因此每位股东所持有股票的市场价值总额也保持不变。

【例题6-2】假定上述公司本年盈余360万元,该公司某股东持有60万股普通股,发放股票股利对该股东的影响如表6-3所示。

表6-3　　　　　　　　股票股利发放前后对比　　　　　　　　单位:万元

项目	股票股利发放前	股票股利发放后
每股收益(EPS)	360÷600=0.6	360÷720=0.5
每股市价	3	3÷(1+20%)=2.5
持股比例	60÷600=10%	60(1+20%)÷720=10%
所持股总价值	3×60=180	2.5×72=180

由表6-3可知,股票股利发放前后,每位股东所持有股票数量的比例没有变化,所分配的收益没有变化,因此随着股票总数的增加,必然会引起每股收益和每股市价的下跌。

股票股利是我国股份有限公司常常采用的股利发放形式。虽然股票股利不直接增加股东的财富,也不增加公司的价值,但对股东和公司有重要的现实意义。

股票股利对公司的主要意义在于:

(1) 发放股票股利向市场传递的是公司持续发展的信息,能够增强投资者对公司的信心,增加公司股票的吸引力。也有投资者认为,发放股票股利是因为公司资金周转不灵,从而削弱对公司的信心,反而加剧股价的下跌。

(2) 如果公司在保持盈余和每股现金股利不变的情况下，同时发放股票股利，可以降低每股股票价格，增加股票的市场流通量，吸引更多的投资者购买和持有，防止股票被恶意收购，有助于大股东控股。

(3) 发放股票股利的费用比发放现金股利的费用多，增加公司的费用支出。

股票股利对股东的意义主要在于：

(1) 如果公司在发放股票股利后，还能发放现金股利，且维持每股现金股利不变，股东则会因所持股数的增加而得到更多的现金。

(2) 发放股票股利后，股票市价应随股东所持股数的增加而成比例下跌，但事实上股价的下降和股数的增加并不成比例，如果股价的下跌幅度较小，则股东得到股票价值相对上升，股东财富的增加的好处。

(3) 股票股利的分配方式常常被经营状况良好的公司所采用，投资者认为公司的盈余将会有大幅度增长，并能抵消增发股票所带来的消极影响，从而使股价稳定不变或略有上升。

(4) 在股东需要现金时，可将分得的股票股利出售，有些国家税法规定出售股票所需交纳的资本利得税率比收到现金股利所需交纳的所得税率低，使得股东可以从中获得一些税收上的好处。

2. 股票分割的含义。股票分割也叫拆股，是指股份公司将面额较大的股票分割成数股面额较小股票的行为。股票分割会使市场上的普通股总股数增加、每股股票面值降低、每股所代表的账面价值降低、每股收益下降。股票分割可能会使每股股价下跌，但不会影响公司的总价值，也不影响公司的资本结构，股东权益总额及其各项目的金额、比例也不会发生变化。股票分割不属于股利分配方式但其所起的作用与股票股利很接近。

【例题6-3】某公司原发行面额为2元的普通股200万股，若按1股换成2股的比例进行股票分割，则分割前、后的股东权益如表6-4所示。

表6-4　　　　　　　　股票分割前后的股东权益　　　　　　　单位：万元

股票分割前的股东权益		股票分割后的股东权益	
项目	金额	项目	金额
普通股（面额2元，200万股）	400	普通股（面额1元，400万股）	400
资本公积	300	资本公积	300
盈余公积	800	盈余公积	800
未分配利润	300	未分配利润	300
股东权益合计	1 800	股东权益合计	1 800

假定该公司当年盈余为400万元，则股票分割前的每股盈余为2元（400÷200）。若股票分割后公司盈余不变，则分割后的每股盈余为1元（400÷400），每股市价也会因此而下跌。

3. 股票分割的特点。股票分割没有增加股东的现金流量，未改变股东权益结构（股票股利改变了这一结构）且股东权益账面价值未发生变化；但是，股票分割增加了发行在外的股票数量，使公司每股账面价值下降，股票市场价格下跌。

4. 股票分割的影响。对公司而言，股票分割的主要目的在于通过增加股票股数降低每股市价，吸引更多的投资者。因为当股票价格过高时，可能会使一些资金不足的投资者无法继续投资而选择放弃。所以，一些大公司为了迎合投资者的心理进行股票分割，以期望股票在市场上的交易更加活跃。其次，股票分割往往被成长型的公司采用，所以股票分割容易成为公司的利好消息，有助于提高该公司股票在市场上的人气，引起股价上涨。此外，股票分割为新股发行作准备。在新股发行之前利用股票分割降低股价，有利于提高股票的可转让性和促进市场交易活动，由此增加投资者对股票的兴趣，促进新发行股票的畅销。最后，股票分割有助于公司购并的实施。在购并另一个公司之前，首先将自己的股票分割，可以提高被购并方股东的吸引力。

对股东而言，某些股东愿意接受股票分割，是因为股票分割后各股东持有的股数增加，但持股比例、持有股票的总价值均不发生变化。如果股票分割后每股现金股利的下降幅度小于股票分割幅度时，股东还可以多获得现金股利。在一定程度上，股票股利和股票分割使投资者更容易出售部分股票而获得收入；而且有些股东会认为，出售由于股票分割或股票股利所增加的股票而获得的额外收入，并非是本金的出售所获得的收入，而是一笔意外之财。

由于股票股利和股票分割都会使得股票的市场价格下跌，因此当股价上涨幅度不大时，公司会考虑采用股票股利的方式；而当涨幅较大时，则采用股票分割的方式。

与股票分割相反，某些公司为提高股价，会采取反分割，也就是股票合并的办法。即用一股新股换两股或者 N 股旧股，也可以说是将两股或者 N 股旧股合并成一股新股。当公司认为其股票的交易价格过低时，就可以运用股票合并来提高每股市价。股票合并将减少流通在外的股数，使公司的每股收益增加。

二、股利支付程序

股份公司的股利分配方案通常由公司董事会决定并宣布，经过股东大会或股东代表大会批准后才能实施。股利只发放给在某一天登记在册的股东。公司宣布了股利就成为公司一项不可撤回的负债。

公司每年发放股利的次数，不同的国家可以有所不同。我国的股份公司均为一年发放一次股利，美国的公司则为一个季度发放一次。股份有限公司向股东支付股利，其过程主要经历：股利宣告日、股权登记日、除息日和股利支付日。

1. 股利宣告日。是指公司董事会公布股利支付决议的日期。股份公司董事会一般根据定期发放股利的周期举行董事会议讨论并提出股利分配方案，由公司股东大会讨论通过后，正式宣布股利发放方案，并加以公告。公告中将宣布每股股利支付的数额以及后 3 个日期的具体日期。

2. 股权登记日。是指有权领取股利的股东登记的截止日期，也称为除权日。只有在股权登记日之前在公司股东名册上登记的股东，才有权分得股利。过期未登记的股东将不能享受股利。

实际操作中,自公司宣布发放股利到公司实际发放股利往往需要一段时间。由于上市公司的股票在这个时间段不会停止交易,因此公司的股东还会继续随着股票的易手而易人。为了明确股利的最终归属,凡是在公司确定的股权登记日之前(含登记日当天)登记于公司股东名单上的股东,都将获得此次发行的股利,而在这一天之后才登记到公司股东名单上的股东,将得不到此次发放的股利,股利归原股东所有。

3. 除息日。指除去股利的日期,即股票中不含股息的日期。通常,股权登记日后的第一天就是除权日或除息日,这一天购入该公司股票的股东不再享有公司此次的分红配股。在除息日当天及之后购买的股票即所谓的除息股,都不能享受股利。

除息日对股票的价格有明显的影响。除息日之前交易的股票,其价格中含有将要发放的股利,而在除息日之后交易的股票,其价格中不再包含股利,因此除息日之后的股票价格应该低于除息日之前的市场价格。

4. 股利支付日。股利支付日又称付息日,是公司正式向股东发放股利的日期。

股利宣告日、股权登记日、除息日和股利支付日的时间顺序关系如图6-1所示。

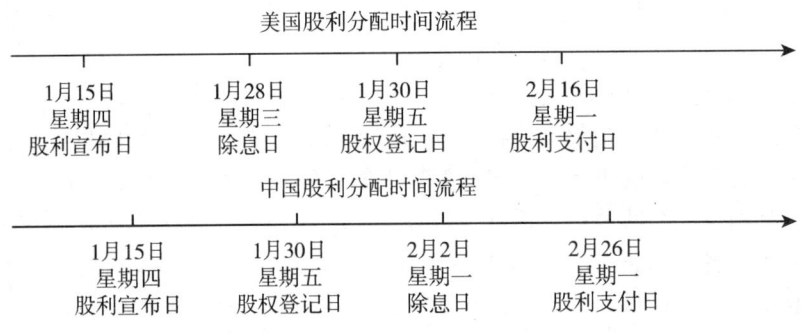

图6-1 股利发放程序

【例题6-4】某公司2010年12月16日发布公告:"本公司董事会在2010年12月16日的会议上决定,本年度发放每股0.8元的现金股利;本公司将于2011年2月19日将上述股利发放给已在2010年12月28日登记为本公司股东的人士。"试确定与股利发放有关的关键日期。

本例中,2010年12月16日为该公司的股利宣告日;2010年12月28日为其股权登记日;2010年12月29日为其除息日;2011年2月19日为其股利支付日。

三、股利分配理论

股利政策是公司理财决策的重要组成部分,决定着公司权益资本的成本。如何使股利发放与公司的未来发展相协调,并带动公司股票的市场价值稳中有升,是公司管理者追求的目标。股利分配政策与公司奉行的股利理论紧密相关。股利理论主要讨论股利的支付和股票市场价值的关系。

（一）股利与市价无关理论

股利与市价无关理论认为企业的价值取决于其资产的获利能力或其投资政策，而利润在股利和留存收益之间的分割方式并不影响这一价值，即股利政策与公司价值无关。该理论也属于 MM 理论，由米勒（Miller）和莫迪格利安尼（Modigliani）1961 年在《股利政策、增长和股利价值》一文中首次提出。

1. MM 股利无关论的假设条件。该理论同样建立在以下完全市场假设之上

第一，企业的投资和融资决策都已确定，不会因为股利的支付而改变。

第二，存在"完美的资本市场"：

即：（1）不存在股票发行费用和交易成本（即不存在任何筹资费用）；

（2）不存在公司所得税和个人所得税；

（3）股利政策对公司的资本成本没有任何影响；

（4）投资者对股利收益和资本利得具有同样的偏好；

（5）公司的投资者和管理当局可相同地获得关于未来投资机会的信息，并且两者之间没有利益冲突。

2. 股利无关论的内容。上述假设描述的是一种完美无缺的市场，因而股利无关论又称为完全市场理论。股利无关论认为：

（1）投资者并不关心公司股利的分配。若公司留存较多的利润用于再投资，会导致公司股票价格的上升，此时尽管公司股利较低，但需用现金的投资者可以出售股票换取现金。若公司发放较多的股利，投资者又可以用现金再买入一些股票以扩大投资。也就是说，投资者对股利和资本利得并无偏好。

（2）股利支付比率不影响公司的价值。既然公司的投资者不关心股利的分配，公司的价值完全由其投资的获利能力所决定，公司的盈余在股利和留存收益之间的分配并不影响公司的价值（即使公司有理想的投资机会而又支付了高额股利，也可以募集新股，新投资者会认可公司的投资机会）。

MM 股利无关论的关键点是股利支付对股东财富的影响恰好被其他融资方式所抵销。因此，股东对股利和留存收益及随之而来的资本利得并无偏好。若以出售额外股票的方式来增加股东权益而不是靠留存盈余（盈余用于发放现金股利），外部融资引起的股权稀释所造成的股价下跌，恰好被股利支付额所补偿。即股利政策可以改变股利支付的时间与数额，但未来股利的现值保持不变。企业无法通过改变股利与留存收益的组合来创造价值，与资本结构中的 MM 理论相同，企业也不能通过"把饼切成不同的块"就能改变"饼"的整体大小。

MM 理论建立在严密的完全市场假设前提下，但是现实世界中，完美的资本市场是不存在的，如公司与投资者个人均需支付所得税，筹集任何资本均存在成本等。米勒和莫迪格利安尼（1961）之后的 50 余年间，有关股利政策的研究开始放松 MM 理论的假设。考虑税收、信息不对称、不完全契约、法律限制、交易成本等诸多因素的限制，股利政策与企业价值并非不存在相关关系。

(二) 股利与市价相关理论

股利与市价相关理论认为股利政策与股票市价有较大的相关性。在公司理财实践中，不存在无关论提出的假设前提，公司的股利分配受多种因素的制约，公司不可能摆脱这些因素的影响。在多种不确定因素的综合影响下，投资者最关心的是用什么形式取得的回报。有关股利相关论的理论观点很多，大致可分为以下三大类：高股利将增加企业价值；低股利将增加企业价值；股利分配对企业价值的影响具有不确定性。

1. 高股利增加企业的价值。持该种观点的人认为股利的高低决定着股票价值的高低，股利愈高，其股票价格也就愈高，企业价值愈大；股利愈低，则股票价格愈低，企业价值愈小。

持这种观点的理论依据有：

(1) "在手之鸟"理论。"在手之鸟"理论由戈登（Gordon，1962）提出的"股利效应假设"演绎而来。戈登理论的假设前提是：投资者通常是厌恶风险的，他们不是把当前的股利，而是未来的股利（收益）和更高的风险因素联系起来。戈登认为，在股利与资本利得两种形式的收入中，现实的投资者可能更偏好"实实在在"的股利。在投资者心目中，当前的股利收益是确定的，而留给公司形成的未来资本利得则具有不确定性，股利的支付可以消除投资者对企业盈利能力不确定性的担忧，即"一鸟在手，胜过双鸟在林"。当投资者对早日消除不确定性的偏好达到一定程度时，在其他条件相同的情况下，就愿意为那些能够支付较高股利的股票支付一个较高的价格。所以股利支付比率高的股票价格常高于股利支付率低的股票价格。

(2) 信号传递理论。信号传递理论放宽了 MM 定理中的信息对称假设，认为由于信息不对称的存在，股利是管理层传递其掌握的公司内部信息的一种手段。

巴恰塔亚（Bhattacharya，1979）、约翰·威廉斯（John Willians，1985）以及米勒·洛克（Miller，Rock，1985）认为管理层占有更多的有关企业未来现金流量、投资机会和盈利前景等方面的私有信息，投资者只能通过公司的财务报告和其他公开发布的信息来了解公司的经营状况和盈利能力，并据此来判断股票价格是否合理。管理层通常会通过适当的方法向市场传递有关信号，向外部投资者表明企业的真实价值，以此来影响投资者的决策。股利是管理层向外界传递其掌握的内部信息的一种手段。股利能够传递公司未来盈利能力的信息，从而股利对股票价格有一定的影响。当公司支付的股利水平上升时，公司的股价会上升；当公司支付的股利水平下降时，公司的股价也下降。当一个公司遵循稳定的股利政策，股利政策的变化使投资者认为是管理层对未来利润预期的变化。因此股价的变化遵循股利的变化，因为股利的变化涉及公司未来的收入预期。

(3) 代理成本理论。代理成本理论认为，发放股利可以减少管理层实际可以控制的自由现金流甚至还需要对外融资，从而带来更多资本市场和债权人的监督。

代理成本理论实际上是对 MM 理论中没有交易成本、完全信息假设的放松，代理成本理论认为，股利的支付能够有效地降低代理成本。首先，股利的支付减少了管理人员对自由现金流量的支配权，使其失去可用于谋取自身利益的资金来源，促进资金的最佳配置；其次，大额股利的发放,使得公司内部资本由留存收益供给的可能性变小,为了满足新投资的资金需求,有必要寻求外部负债或权益融资。而进入资本市场进行融资意味着公司将接受更多的、更严格的监督和检查。资本市场的有效控制减少了一些不好的投资机会和过度的在职消费,因此减少了两权分离的成本。股利支付成为一种间接约束经理人员的监管机制,降低了股东的监督成本,增加了股东的利益。

2. 低股利增加企业的价值。支持该观点的主要理论有:

(1) 资本成本理论。即从资本成本方面考虑,低股利意味着公司留存收益增加,对外筹资的规模将会减少。由于对外筹资费用高于留存收益成本,因此当公司有资金需求时,减少股利分配,扩大收益留存能够降低资金的综合成本,而当其他因素确定时,资本成本降低,必然会使企业价值增加。

(2) 税差理论。税差理论是由李曾伯格尔(Litzenberger)和拉马斯瓦米(Ramaswamy)于1979年提出的。其基本思想是,由于股利收益税与资本利得税在交纳的数额或时间上存在着差异,现实中股利收益税一般高于资本利得税,且股利收益税在纳税时间上要先于资本利得税,资本利得税可以递延到股票出售时才发生,考虑到货币的时间价值和风险价值,即使股利和资本利得这两种收入所征收的税率相同,实际的资本利得税也比股利收入税率要低。因而低股利分配能够给股东带来税收好处,更有利于提高股票价格,从而增加公司价值。

3. 股利分配对企业价值的影响具有不确定性。持这种现点的理论被称为追随者效应理论。该理论认为:股东的资本增值和股利收入是股东投资收益的两种完全不同的收入来源,前者作为资本利得被课征利得税,后者作为股利所得被课征所得税,通常后者的税率往往高于前者的税率。因此,处于不同税收等级的股东在即期收益和远期收益之间将会表现出偏好上的差异。对于边际税率较高的股东而言,他们希望支付较少的股利,以便能够降低纳税和减少交易费用,并通过资本利得获得纳税所带来的好处,边际税率低的投资者偏好离股利支付率的股票,并且大都持有偏好股利增长的态度,以期更多地获取即期的投资收益。

由此可见,高股利支付率的股票将吸引一类追随者(低边际税率等级投资者),低股利支付率的股票将吸引另一类追随者(高边际税率等级投资者)。这种投资者聚集在满足各自偏好的股利政策的公司的现象,就叫做"追随者效应"。按照该理论的观点,既然公司不可能同时满足所有股东的利益要求,公司就不必考虑股东对股利的具体意愿,而应根据自身的特点制定与公司发展和投资政策相适宜的股利政策,将自然吸引一批偏好公司股票的投资者。

(三) 行为理论

传统的股利分配理论都是建立在理性人假设的基础上,忽视了对市场参与者心理偏差与行为动机的研究。有限理性论则认为,理性人假设并非总是成立,投资者对公司政策不能迅速做出反应,从而给管理层制造了使用各种手段控制股利政策的机会。这样,考虑心理因素的影响,经典财务理论的基础——理性行为假设、有效市场假设等都受到挑战。行为理论对人的行为进行了重要假设：（1）回避损失；（2）易于接受次优选择；（3）过于自信；（4）固有偏见。其主要代表理论包括自我控制、后悔厌恶、心理账户理论等。

1. 自我控制理论。自我控制理论认为，对于意志力较弱的投资者来说，将资金购买股票而定期取得股利，为其限制当前消费提供了一种外在约束。该理论由谢福林（Shefrin）、斯特曼（Statman）（1985）提出，认为由于人的非理性行为，即使不存在税收和交易成本，股利收入与资本利得也不可能被完全替代。人们一方面对将来有着自己的目标，另一方面又有实现当前需要的渴求，这一冲突要求人们通过自己的个体意志力和外在规则来实现自我控制。出售小额股票的不便利和相对较高的交易费，在一定程度上阻止了原始资本的变现，限制了当期消费所动用的资金。红利政策实际上为他们提供了一种外在的约束机制。

2. 后悔厌恶理论。后悔厌恶理论由卢姆斯（Loomes）、萨格登（Sugden）（1982）和贝尔（Bell）（1982）分别独立提出。该理论意味着，当个人从几个具有不确定性结果的策略中进行选择时，如果结果证明他选择的策略相对于放弃策略的结果来说是次优的，则会经历后悔。为了避免后悔的痛苦，人们常做出一些不理性的行为。股票的销售相对于股东对股利的消费更能引起投资者的后悔和焦虑。对大多数人来说为了消费出售股票会引起更大的后悔，股票价格后来的上升加剧了股东的后悔心理。因为他们会设想本来可以不采取这一行动的。由于投资者一般都是后悔厌恶型的，所以更偏好现金股利。

3. 心理账户理论。传统的经济理论假设资金是"可替代的"，也就是说所有的资金都是等价的。但塞勒（Thaler）（1999）提出的心理账户理论则认为，人们根据资金来源、资金的所在和资金的用途等因素对资金进行归类，划入不同的心理账户，心理账户之间相互隔离，投资者对各账户资金的风险态度也存在差异，有差异的心理感受将促使投资者采取不同的决策。如赌场赢得的资金、股票市场获得的横财、意想不到的遗产、所得税的返还等都会被估价得比常规的收入低。人们倾向于更轻率地消费和使用这些被低估的资产。

对于股东要求分红的现象，心理账户从投资者对投资收益的"资本账户"和"红利账户"两个局部账户，区别理解资本账户损失和红利账户损失。投资者认为资本账户是未来的收入而不能随意动用，如果由于公司削减股利不得不出售股票用于消费的时候，投资者心理上就存在障碍，会低估该公司股票的价值。心理账户理论对人们为什么偏好现金股利进行了解释。

四、股利分配政策

股利政策是现代公司理财活动的三大核心内容之一。一方面，它是公司筹资、投资活动的逻辑延续，是其理财行为的必然结果；另一方面，恰当的股利政策，不仅可以树立起良好的公司形象，而且能激发广大投资者对公司持续投资的热情，从而能使公司获得长期、稳定的发展条件和机会。

（一）股利政策类型

1. 剩余股利政策。剩余股利政策是以首先满足公司资金需求为出发点的股利政策。该政策主张公司的税后利润在按规定提取了盈余公积（包括法定盈余公积和任意盈余公积）

之后，应该首先用于盈利性投资项目，在满足了投资项目资本的需要之后，如果有剩余，可以将剩余部分作为股利发放给股东。

根据这一政策，公司按如下步骤确定其股利分配额：

① 确定公司的最佳资本结构；

② 确定公司下一年度的资金需求量；

③ 确定按照最佳资本结构，为满足资金需求所需增加的股东权益数额；

④ 将公司税后利润首先满足公司下一年度的增加需求，剩余部分用来发放当年的现金股利。

2. 稳定股利额政策。固定股利政策是以确定的现金股利分配额作为利润分配的首要目标优先予以考虑，一般不随资金需求的波动而波动。该政策与剩余股利政策经常变动股利支付额不同，是将每年派发的股利数额固定在某一个特定的水平上，并且在较长时间内保持不变，只有当公司对未来利润增长把握较大，认为足以使其将股利维持到一个更高的水平时，才会提高股利发放额。

这一股利政策的优点是：稳定的股利额给股票市场和公司股东一个稳定的信息。许多作为长期投资者的股东（包括个人投资者和机构投资者）希望公司股利能够成为其稳定的收入来源，便安排消费和其他各项支出，稳定股利额政策有利于公司吸引和稳定这部分投资者的投资。

采用稳定股利额政策，要求公司对未来的支付能力做出较好的判断。一般来说，公司确定的稳定股利额不应太高，要留有余地，以免陷入无力支付的困境。

3. 固定股利率政策。固定股利率政策是指公司每年按固定的比例从税后利润中支付现金股利。该政策相对于固定股利政策或稳定增长股利政策来说，虽然都是确定一个固定的数值，但性质却是完全不同的。后者完全不考虑当年的盈利数额，而固定股利支付率政策却依赖于盈利的多少。从企业支付能力的角度看，这是一种真正稳定的股利政策。但是，这一政策将导致公司股利分配额的频繁变化，传递给外界一个公司不稳定的信息，所以很少有企业采用这一股利政策。

4. 正常股利加额外股利政策。低正常股利加额外股利政策是一种介于固定股利政策和固定股利支付率政策之间的政策。依据该政策，企业除每年按一固定股利额向股东发放称为正常股利的现金股利外，还在企业盈利较高、资金较为充裕的年度向股东发放高于一般年度的正常股利额的现金股利。其高出部分即为额外股利。

（二）股利政策的比较与选择

1. 股利政策的比较。每种股利政策在选用时都有其特定目的，如剩余股利政策根本目的是为了保持适合企业的资本结构，促使资本成本最低化。它的股利发放水平是与投资机会多少呈反方向变动的，投资机会越多，股利反而越少。而固定股利或稳定增长股利政策的主要目的是避免出现由于经营不善而削减股利的情况。如果收益下降，而股利并不减少，投资者不会对公司的经营状况产生怀疑，公司形象不会受到太大损害，因而这一政策被广泛采用。从弥补该政策与收益相脱钩这一不足的角度出发，固定股利支付率政策的目的是使发放股利的数额和公司经营状况相一致，并优先于留存收益来考虑派发股利。不同于以上三种股利政策，低正常股利加额外股利政策由于是一种综合性较强的政策而被广泛采用，这种政策综合剩余股利政策和固定股利政策的特点，目的在于追求一定的稳定性和灵活性，在投资资金的大量需求和一定的股利发放额之间实现相对的平衡。

2. 股利政策的选择。四种股利政策由于在以上各方面的差异，又由于公司经营状况、尤其是所处发展周期的不同，要求公司需要根据实际情况来选用。

(1) 剩余股利政策适用于那种有良好的投资机会，对资金需求比较大，能准确地测定出目标（最佳）资本结构，并且投资收益率高于股票市场必要报酬率的公司；同时也要求股东对股利的依赖性不十分强烈，在股利和资本利得方面没有偏好或者偏好于资本利得。从公司的发展周期来考虑，该政策比较适合于初创和成长中的公司。对于一些处于衰退期，又需要投资进入新的行业以求生存的公司来说，也是适用的。当然，从筹资需求的角度讲，如果在高速成长阶段公司分配股利的压力比较小，也可以采用剩余股利政策以寻求资本成本最低。事实上，很少有公司长期运用或是机械地照搬剩余股利理论，许多公司运用这种理论来帮助建立一个长期的目标发放率。

(2) 固定股利或稳定增长股利政策适用于成熟的、生产能力扩张的需求减少、盈利充分并且获利能力比较稳定的公司。从公司发展的生命周期来考虑，成长后期或成熟期的企业可借鉴固定股利政策。而对于那些规模比较小，处于成长期，投资机会比较丰富，资金需求量相对较大的公司来说，这种股利分配政策并不适合。

(3) 固定股利支付率政策虽然有明显的优点，但是所带来的负面影响也是比较大的，所以很少有公司会单独地采用这种股利分配政策，而大都是充分考虑自身因素，和其他政策相结合使用。

(4) 低正常股利加额外股利政策适用于处于高速增长阶段的公司。因为公司在这一阶段迅速扩大规模，需要大量资金，而由于已经度过初创期，股东往往又有分配股利的要求，该政策就能够很好地平衡资金需求和股利分配这两方面的要求。另外，对于那些盈利水平各年间浮动较大的公司来说，无疑也是一种较为理想的支付政策。

以上四种股利政策各有利弊，上市公司制定股利政策应综合考虑各种影响因素，分析其优缺点，结合公司自身情况，恰当地选取适宜的股利政策，使股利政策能够与公司的发展相适应。

【例题6-5】正大公司去年税后净利润为500万元，由于经济不景气，今年税后盈余下降为475万元，目前公司发行在外的普通股为100万股，该公司决策投资400万元设立新厂，其中60%将来自举债，40%来自于权益资金，此外该公司去年每股股利为3元。

要求：

(1) 若该公司维持固定股利支付率政策，则今年应当支付每股股利多少元？

(2) 若执行剩余股利政策，则今年应支付每股股利多少元？

解：

(1) 公司去年每股盈余 = 500/100 = 5（元）；

股利支付率 = 3/5 = 60%；

今年每股盈余 = 475 ÷ 100 = 4.75（元）；
今年每股股利 = 4.76 × 60% = 2.85（元）。

(2) 根据剩余股利政策，扩充所需权益资金 = 400 × 40% = 160（万元）；
可分配盈余 = 475 - 160 = 315（万元）；
每股股利 = 315 ÷ 100 = 3.15（元）。

五、影响企业股利政策的因素

（一）法律因素

为维护有关各方的利益，各国的法律法规如《公司法》、《证券法》等对公司的利润分配顺序、留存盈利、资本的充足性、债务偿付、现金积累等方面都有规范，股利政策必须符合这些法律规范。

1. 资本保全。通常情况下，公司只能用实现的利润发放股利，而不能用筹集的资本（股本、资本公积）发放股利。例如美国禁止公司支付侵蚀资本的股利（资本即为普通股的面值总额或普通股面值总额加资本公积金）。其目的是为了保证公司保持充分的权益资本以维护债权人利益。

2. 公司积累。股利支付不能超过当期与过去留存收益之和。根据规定，公司每年的税后利润都必须按照一定比例提取公积金，余下部分才能用于支付股东股利。

3. 偿债能力。禁止缺乏偿债能力的企业支付股利。无偿债能力是指在法律意义上企业的负债总额超过了"公平估价"的资产的价值。为了保证到期债务的支付，公司必须有充分的现金准备。当公司现金有限时，公司就被禁止为偏袒股东而损害债权人的利益。因此，公司必须在保有充分偿债能力的前提下，才能发放股利。

4. 过量保留盈余。禁止保留下来的盈余大大超过公司现在及未来投资的需要。这条法规的目的在于阻止公司为避税的目的而留存过量的盈余。我国目前对此没有规定。

（二）债务契约因素

债务契约是指债权人为了防止企业过多发放股利，影响其偿债能力，增加债务风险，而以契约的形式限制公司现金股利的分配。这种限制通常包括：

1. 规定每股股利的最高限额。
2. 规定未来股息只能用贷款协议签订以后的新增收益来支付，而不能动用签订协议之前的留存利润。
3. 规定公司的流动比率、利息保障倍数低于一定的标准时，不得分配现金股利。
4. 优先股条款，要求保留一定的未分配利润到下年，以保证下年优先股的权益。

（三）公司自身因素

从公司经营的视角，影响股利分配政策的企业因素包括企业资产的流动性、举债能力、投资机会及资本成本等。

1. 资产的流动性。为了维持适当的支付能力，企业通常会保持适当比例的流动资产。如果企业资产的流动性及变现能力较强，可以采用较为宽松的股利政策，多分少留。如果企业资产流动性较弱，变现能力不足，则应该尽量多留少分，因为较多地支付现金股利会减少企业的现金持有量，进一步降低企业资产的流动性。因此，如果公司的资产流动性差，即使盈余可观，也不宜过多发放现金股利。

2. 筹资能力。不同的企业在资本市场上有不同的举债能力。规模大、经营好、利润丰厚、筹资能力较强的企业在资金缺乏的时候容易筹集到资金，往往采取较为宽松的股利决策；而规模小、新创办、风险大、筹资能力有限的企业应尽量减少现金股利支付，而将利润更多地留存在企业，作为内部融资。

3. 投资机会。在拥有良好的投资机会时，企业通常会考虑留存一部分收益用于再投资，而减少对股东的股利发放。如果企业暂时没有良好的投资机会，则倾向于将收益先行支付给股东，留存少量收益。所以对于成长中的企业，可以考虑采取低股利政策，将更多的收益用于投资获利。

4. 融资成本。留用利润是企业内源融资的一种重要方式，与外源融资相比，具有成本低、速度快、风险低的特点。因而从资本成本考虑，如果企业扩大规模，需要增加权益资本时，不妨采取低股利政策。

5. 盈利的稳定性。公司盈利的稳定性对公司的股利分配政策也有影响。盈利相对稳定的公司能较好地掌握股利分配，可以多发放股利；而对于盈利状况不稳定的公司，采用低股利政策可以减少因盈利下降而造成的股利无法支付、企业形象受损、股价急剧下降的风险，还可以将更多的盈利用于再投资，以提高企业的权益资本比重，减少财务风险。

6. 信息传递效应。公司股利分配状况是公司经营及盈利状况的反映，也是公司财务信息的传递渠道。为了发挥股利分配信息的积极作用，公司可能会尽量采用宽松的股利政策。

（四）股东因素

出于对自身利益的考虑，股东可能对公司的收益分配提出不同的意见。股东考虑的问题主要包括稳定的收入、规避风险、控制权稀释及避税等方面。

1. 追求收入的稳定性，规避风险。依靠公司发放的股利维持生活的股东，往往希望能定期从企业拿到较为稳定的股利收入维持其日常安排，不希望企业有过多的留存收益。部分股东认为，企业将留存收益用于再投资所带来的收益和股票价格上升的资本收益具有较大的不确定性，拿到实实在在的现有股利比期待未来无法确定的收益更加实际。所以倾向于采用宽松的股利政策，多分少留。

2. 担心控制权的稀释。企业支付较高的股利，可能导致留存收益减少，增加发行新股的可能性。而通过增发新股的方式筹集资金，可能导致企业控制权的稀释，这是对企业拥有控制权的大股东们所不乐见的。因此，大股东往往主张限制股利的支付，持有较多的留存盈余，以防止控制权被稀释。

3. 避税考虑。政府在对企业收益征收所得税以后，还要对股东的股利收入征收个人所得税。而股利收入的所得税税率一般高于股票交易的资本利得税，因而对股东来说，股票价格上涨获得的收益比分得股息、红利更具有吸引力。所以大股东出于避税考虑，往往会反对公司发放较多的股利。

（五）其他因素

影响股利政策的因素还包括通货膨胀等。通货膨胀会直接导致整体物价的上涨，公司可能会没有足够的资金来源用于满足固定资产的购置，往往不得不考虑留存一定的收益以应付物价的持续上涨。因此在通货膨胀期间，当外部融资困难时，企业会倾向于采取紧缩的股利政策。

第三节 留存收益管理

一、留存收益的概念

留存收益是指企业从历年实现的利润中提取或形成的留存于企业内部的积累，它来源于企业的生产经营活动所实现的净利润。留存收益与实收资本和资本公积的区别在于，留存收益来源于企业的资本增值，而实收资本和资本公积来源于企业的资本投入。

二、留存收益的内容

留存收益主要由盈余公积和未分配利润两部分组成。

（一）盈余公积

1. 盈余公积的内容。盈余公积是指企业按照规定从净利润中提取的各种积累资金。盈余公积主要包括：

（1）法定盈余公积。它是指企业按照规定的比例从净利润中提取的盈余公积。根据我国《公司法》的规定，有限责任公司和股份有限公司应按照净利润的10%提取法定盈余公积，计提的法定盈余公积累计达到注册资本的50%时，可以不再提取。而非公司制企业可以按照超过净利润10%的比例提取。

（2）任意盈余公积。它是指企业经股东大会或类似机构批准按照规定的比例从净利润中提取的盈余公积。它与法定盈余公积的区别在于其提取比例由企业自行决定。

2. 盈余公积的用途。企业提取盈余公积主要可以用于以下几个方面：留存收益的提取是企业的一项经济行为，也是基于法律法规的要求。企业实现的利润需要留存一部分于企业内部，一方面可以满足企业维持或扩大再生产经营活动的资金需要，保持或提高企业的获利能力；另一方面可以保证企业有足够的资金弥补以后年度可能出现的亏损，也保证企业有足够的资金用于偿还债务，保护债权人的权益。具体如下：

（1）弥补亏损。根据企业会计制度和有关法规的规定，企业发生亏损，可以用发生亏损后5年内实现的税前利润来弥补，当发生的亏损在5年内仍不足弥补的，应使用随后所实现的所得税后利润弥补。通常，当企业发生的亏损在所得税后利润仍不足弥补的，可以用所提取的盈余公积加以弥补,但是用盈余公积弥补亏损应当由董事会提议,股东大会批准,或者由类似的机构批准。

(2) 转增资本(股本)。当企业提取的盈余公积累积比较多时,可以将盈余公积转增资本(或股本),但是必须经股东大会或类似机构批准。而且用盈余公积转增资本(股本)后,留存的盈余公积数额不得少于注册资本的25%。

(3) 发放现金股利或利润。在某些情况下,当企业累积的盈余公积比较多,而未分配利润比较少时,为了维护企业形象,给投资者以合理的回报,对于符合规定条件的企业,也可以用盈余公积分配现金利润或股利。因为盈余公积从本质上讲,是由收益形成的,属于资本增值部分。

3. 外商投资企业盈余公积的有关规定。需要特别注意的是,在我国,外商投资企业盈余公积包括的内容与一般企业和股份有限公司有所不同,它包括以下几个方面的内容:

(1) 储备基金。它是指法律、法规规定从净利润中提取的、经批准用于弥补亏损和转增资本的基金。

(2) 企业发展基金。它是指按照法律、法规规定从净利润中提取的、用于企业生产发展和经批准用于增加资本的基金。

(3) 利润归还投资。它是指中外合作经营企业按照规定在合作期内以利润归还投资者的投资。

(二) 未分配利润

未分配利润是指企业实现的净利润经过弥补亏损、提取盈余公积和向投资者分配利润后留存于企业的、历年结存的利润。它有两层含义:一是留待以后年度处理的利润;二是未指定特定用途的利润。由于未分配利润属于未确定用途的留存收益,所以企业在使用未分配利润上有较大的自主权,受国家法律、法规的限制比较少。

三、留存收益的融资管理

留存收益通常被称为内源融资,与发行新股等外源融资手段相区别。留存收益融资指企业将留存收益转化为投资的过程,即将企业生产经营所实现的净收益留存企业,而不作为股利分配给股东,其实质是原股东对企业追加投资。

1. 留存收益融资的优点。

(1) 自主性。内源融资来源于自有资金,公司在使用时具有很大的自主性,只要股东大会或董事会批准即可,基本不受外界的制约和影响。

(2) 融资成本极低。不同于负债融资,不必支付定期的利息,也不同于股票融资,不必支付股利。同时还免去了与负债、权益融资相关的手续费、发行费等开支。因此,在融资费用相对较高的今天,内源融资对公司非常有益。但是这种方式存在机会成本,即股东将资金投放于其他项目上的必要报酬率。

(3) 保持企业举债能力。留存收益实质上属于股东权益的一部分,可以作为企业对外举债的基础。先利用这部分资金融资,减少了企业对外部资金的需求,当企业遇到盈利性很高的项目时，再向外部融资，而不会因企业的债务已达到较高的水平而难以筹到资金。

（4）企业的控制权不受影响。增加发行股票，原股东的控制权分散；发行债券或增加负债，债权人可能对企业施加限制性条件。而采用留存收益融资则不会存在此类问题。通过留存收益增加的权益资本不会稀释原有股东的每股收益和控制权，同时还可以增加公司的净资产，支持公司扩大其他方式的融资。

（5）避免双重纳税问题。在公司制企业下，留存收益融资，可以避免收益向外分配时存在的双重纳税问题。而吸收直接投资支付的股利、红利不能在税前扣除，不能获得税收减免的优势。如果公司将税后利润全部分配给股东，则需要缴纳个人所得税；相反，少发股利可能引发公司股价上涨，股东可出售部分股票来代替其股利收入，而所缴纳的资本利得税一般远远低于个人所得税。

2. 留存收益融资的缺点。

（1）期间限制。内部融资受公司盈利能力及积累的影响，融资规模受到较大的制约，从而使公司难以在短期内获得扩大再生产所需资金。

（2）与股利政策的权衡。如果留存收益过高，现金股利过少，则可能影响公司的形象，并给今后进一步的融资增加困难。利用留存收益融资必须考虑公司的股利政策，不能随意变动。

【本章小结】

利润管理即对公司税后利润（净利润）的管理。公司净利润主要有两个用途，作为股利发放给股东或作为留存收益保留在公司。股利理论就是要分析公司净利润这两种用途之间的分配比例对公司股票价格的影响，进而对公司价值的影响；是否存在一个最佳的股利支付比例。就股利支付是否影响企业价值，西方理论界形成了以 MM 理论为代表的股利无关论和股利相关论两大流派。

企业用税后利润向投资者（股东）发放利润，是公司利润分配的重要内容。

股利政策是公司关于股利发放的方针和策略，股利分配是股份有限公司收益分配的重要组成部分。股利政策涉及的内容很多，例如股利支付程序的确定，公司向股东支付股利，一般要经过股利宣布日、股权登记日、股票除息日和股利支付日四个阶段。在股利分配实务中，公司向股东支付股利的具体形式主要有现金股利、股票股利、财产股利和负债股利。我国股份有限公司的股利发放主要采用现金股利和股票股利两种方式。现金股利和股票回购、股票股利和股票分割是两对既有区别又有联系的概念。股票回购是指股份公司出资将其发行在外的股票以一定价格购回予以注销或作为库存股票的一种资本运作方式，股票回购是现金股利的一种替代方式。股票股利是指公司以股份的形式分发给股东；而股票分割是指将面额较高的股票分割成面额较小的股票的行为。

股利政策主要包括剩余股利政策、固定股利政策、固定股利支付率股利政策和固定股利加额外股利政策等。影响企业股利政策决策的因素主要来源于法律约束、债务约束、公司因素、股东因素和其他方面的因素。公司在确定股利分配政策时，应综合考虑各种影响因素，结合自身实际情况，权衡利弊得失，从优选择确定适宜的股利政策。

【中英文对照专业名词及术语】

中文	英文
营业利润	Operating Profit
利润总额	Total Profit
净利润	Net Profit
产品销售利润	Sales Profit
产品销售成本	Selling Cost
产品销售费用	Selling Expenses
管理费用	Administrative Expenses
财务费用	Financial Expenses
投资净收益	Net Investment Income
营业外收入	Non-business Income
营业外支出	Non-business Expenditure
盈余公积金	Retained Earnings
股利宣告日	Declaration Date
股权登记日	Record Date
除息日	Ex-dividend Date
发放日	Payment Date
现金股利	Cash Dividends
股票股利	Stock Dividends
财产股利	Property Dividends
负债股利	Debt Dividends
股票回购	Stock Repurchase
股票分割	Stock Split
股利分配政策	Dividend Policy
剩余股利政策	Residual Dividend Policy
固定股利或稳定增长率政策	Stable Dollar Dividend Policy
固定股利支付率政策	Constant Dividend Payout Ratio
低正常股利加额外股利政策	Low Regular Plus Specially Designated Dividends

复习思考题

1. 股利发放程序中的股利宣告日、股权登记日、除息日、股利支付日分别表示什么意思？
2. 股份公司的股利分配政策有哪些？其具体内容各是什么？
3. 股利的支付形式有哪些？企业应该如何选择？
4. 股利政策受哪些因素影响？试分析说明。

5. 股票股利对于公司和股东各有哪些影响和意义？

6. 股票分割对企业财务状况和经营成果有何影响？股票分割有什么作用？如何区分股票股利和股票分割？

7. 什么是股票回购？股票回购有哪些作用？股票回购与现金股利有什么关系？

练习题

1. ABC 公司 2010 年净利润 800 万元，发放股利 250 万元，公司股东权益占 60%，2011 年拟投资 600 万元。以往公司采用 50% 股利支付率政策，预计 2010 年净利润增长率为 8%，公司股利政策是净利润增长率达到 5% 时，多余部分作为固定股利的额外股利。如公司采用下列不同股利政策，分别计算 2011 年发放的现金股利。

要求：

（1）剩余股利政策；

（2）固定股利政策；

（3）固定股利比例政策；

（4）正常股利加额外股利政策。

2. ABC 公司的股东权益账户如下（单位：万元）：

普通股本（每股面值 8 元）	200
股本溢价	160
留存收益	840
所有者权益总额	1 200

股票的现行市场价格为 60 元。

（1）在下列两种情况下，股东权益账户及流通在外的股票数量会发生什么变化？

10% 的股票股利；1 股拆成 2 股。

（2）在没有信息传递或信号指示作用的条件下，发放 10% 的股票股利后普通股的市价是多少？如果有信息传递作用，则股票市价将发生什么变化？

3. 公司年初未分配利润贷方余额为 200 万元，本年息税前利润为 800 万元。公司所得税税率为 25%。公司普通股面值 1 元，流通股数 50 万股，发行时每股溢价收入 9 元。公司负债总额为 200 万元，平均利率为 10%。公司按 10% 计提公积金。本年按可供分配利润的 20% 发放现金股利，预计现金股利每年增长 4%。公司股票的 β 系数为 1.2，无风险收益率为 6%，股票平均收益率为 12%。

要求：

（1）计算公司净利润；

（2）计算应计提的法定公积金；

（3）计算可供分配的利润；

(4) 计算每股现金股利；
(5) 计算利息保障倍数；
(6) 计算股票的风险收益率和投资者要求的必要投资收益率；
(7) 对股票价值进行估价。

第七章 财务预算

【本章学习目的】 通过本章学习，理解财务预算在财务管理体系中的作用，熟悉财务预算的类型、特点，掌握全面预算的编制方法及过程，熟练运用全面预算体系中的逻辑过程编制现金预算。

【案例导引】

随着集团的快速发展和市场的不断扩张，其管理的广度和深度的加强，来自市场和成本的压力越来越明显。在信息化时代的条件下，国内的一些大型企业集团和政府机构都逐渐开始实施了全面预算的信息化建设。2009年东龙投资集团真正推进全面预算体系的管理控制作用，财务总监程震认为：企业要做大做强首先必须是一个规范的企业、让投资者相信的企业，管控体系是其中一个很重要衡量标准。企业实行风险管理和管控既是政策要求，更重要的还是提升公司竞争力的手段。管控体系重要工作内容之一就是识别出影响企业目标实现的重要风险，并通过对业务流程的分析，把识别的重要风险标注在合适的业务流程节点上，并采取适当可行的控制措施。通过全面预算可以在企业管控和风险管理过程中，对资金进行管理、对内控的监督检查体系、对收支合同行为进行规范管理等。如果企业真正在这几方面实现了很好的管理，不仅会大大提升企业综合竞争力、平稳渡过当下的金融危机，而且在经济开始上行时，企业会以一种规范、健康的体系迎来高速的发展。全面预算管控作用的充分发挥，就是要体现在强化预算主体（各分、子公司、职能部门、基层班组）对自身责任核算，通过预算的执行过程，做到按业务时时核算，使之前"财务替各责任单位核算"走向"责任单位为自己核算"，这是一种进步，也是预算管理作为一种机制而存在的重要理由，达到了自我约束、自我激励、自我管理的目的。通过全面预算管理，充分对资金进行掌控，对收支合同进行规范管理，建立健全企业内部监督检查体系，企业就会以一种健康、规范的体系高速发展。

资料来源：IT新闻网，网址链接，http://www.itxinwen.com/view/new/html/2009-09/2009-09-04-719251.html。

试问东龙集团的预算管理的目的和内容是什么？

第一节 财务预算的概念

一、预算与财务预算

"凡事预则立,不预则废"。预算就是用货币来计量,企业在预测、决策的基础上,以数量和金额的形式反映企业未来一定时期内经营、投资、财务等活动的具体计划,是为实现企业目标而对各种资源和企业活动的详细安排。

预算具有两个特征:首先,编制预算的目的是促成企业以经济有效的方式实现预定目标,因此预算必须与企业的战略或目标保持一致;其次,预算作为一种数量化的详细计划,它是对未来活动的细致、周密安排,是未来经营活动的依据,数量化和可执行性是预算最主要的特征。因此,预算是一种可据以执行和控制经济活动的具体计划,是对目标的具体化,是将企业活动导向预定目标的有力工具。

财务预算分为广义和狭义的两种,狭义的财务预算主要指财务报表的预算,广义的财务预算汇集了企业每一个项目的资本预算分析,分为长期财务计划和短期财务计划。长期财务计划包括销售预测、财务预测、融资计划等内容;而短期财务计划涉及一年内的现金流入与流出,在销售预算的基础上逐步对生产、材料采购、存货和费用等方面的预算。同时在编制财务预算时,对财务执行的情况进行评价和分析。因此,长期预算和短期预算的结合,又称全面预算,将企业经营活动相互衔接成一个整体。

本章财务预算指的是广义的财务预算,即全面预算。

二、全面预算的基本体系

一个企业通过长短期决策,确定了最优方案,为企业各有关方面的活动确定了具体目标。为了达到并完成既定的目标,还必须研究实现目标的途径和方法,以保证目标在实际中贯彻执行,这就需要编制预算。所以,预算是经营决策的具体化,经营决策的经济效益还要进一步体现、落实到有关的长、短期预算中。

全面预算又称总预算,是关于企业在一定时期内(一般不超过1年)经营、财务等方面的总体预算。全面预算是一种执行预算,数据要尽量具体化,以便各职能部门落实执行。

(一)编制全面预算的作用概括起来有以下三点

1. 明确目标、控制业务。企业的目标是生存、发展、获利和实现股东财富的最大化。如何实现其目标,就应该把总目标分解到各级各部门,各级各部门都完成了各自的具体目标,企业的总目标就得以实现。

全面预算的编制就是把整个企业和各个职能部门在计划期间的工作分别定出目标,并将制定目标所依据的主要设想,以及达到目标所拟采取的方法和措施都详细列举出来,分解成各个控制中心进行执行,从而达到指导和控制业务的目的。

2. 内部协调、综合平衡。现代化企业的各个职能部门的经济活动之间,存在着一个局部和整体的关系。各职能部门在安排计划时不能各自为政,否则难以实现总的战略目标。比如,企业的销售、生产、财务等各部门可以分别编制对自己来说是最好的计划,而该计划在其他部门不一定能行得通。编制全面预算可以促使各部门管理人员了解本部门在全局中所处的地位、所起的作用,通过编制代表企业整体的最优方案,可以使各级各部门的工作在此基础上协调起来,从而实现最佳经济效益。

3. 分析比较、评价业绩。预算一经确定,就进入了实施阶段,管理工作的重心转入控制,也就是说经济活动按预算进行。预算是目标的具体化,同时也是评价企业生产经营各个方面工作成果的基本尺度。在生产经营过程中,实际状况和计划预算两者常会出现差异,所以应该把实际成果同预算目标进行对比,考核和分析实际成果同预算之间的差异,既可以考核各部门或有关人员的工作业绩,同时也有助于促进各方及时查明出现差异的原因,从而采取有效措施,消除薄弱环节,保证预定目标更好地完成。

(二)全面预算的基本内容

全面预算是由一系列预算构成的体系,各项预算之间相互联系,关系比较复杂,很难用一个简单的办法准确描述。用图7-1来反映各预算之间的主要联系。

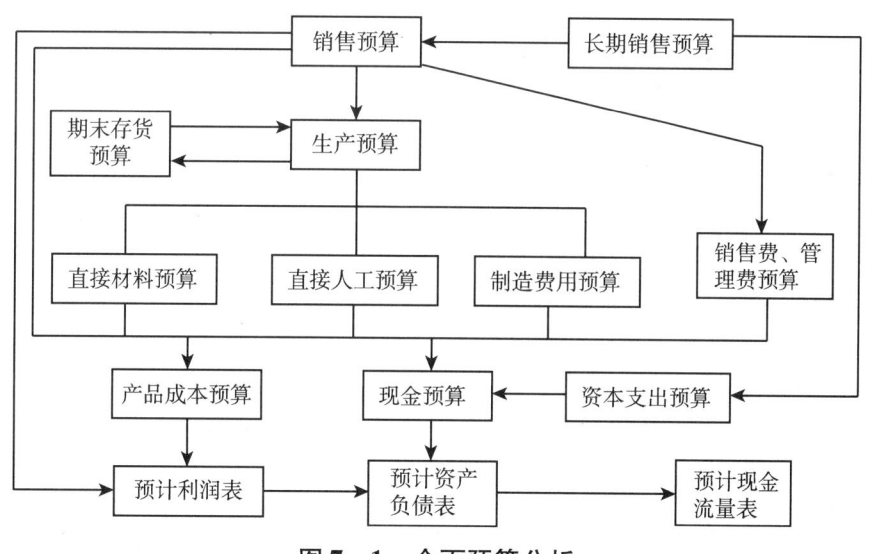

图7-1 全面预算分析

企业的全面预算以市场需求研究和预测为基础,以销售预算为主导,进而涵盖生产、成本和现金收支等各方面,并强调生产经营活动对企业财务状况和财务成果的预期影响,最后以编制预计的财务报表为终结的这样一种整体预算。其特点是以销定产,使预算的每一部分、每一项指标都紧紧围绕着企业经营决策的目标利润来制定。其基本组成包括如下方面:

1. 销售预算,包括预期的现金收入的计算。图7-1的顶端是销售预算和长期销售预算。二者之间的区别是长期销售预算是指预算期在一年以上的销售预算。而预算期在一年以内（包括一年）的预算称短期预算，销售预算就属于短期预算。

企业根据长期市场预测和生产能力，编制长期销售预算。

企业根据长期销售预算编制本年度的销售预算，并根据企业的财力确定资本支出预算。

2. 生产预算。销售预算是年度预算的编制起点，根据"以销定产"的原则，确定生产预算，同时确定所需要的销售费和管理费。

3. 生产成本预算。生产预算的编制，除了考虑计划销售量外，还要考虑现有存货和年末存货，根据生产预算来确定直接材料、直接人工和制造费用预算。注意的是，直接材料采购预算，包括预期采购现金支出的计算，其中还包括应交税金及附加的计算。

4. 费用预算。在销售过程中发生的相关期间成本，如销售费用、管理费用和采用费用等。

5. 现金预算。列出相关时期内现金的收入与支出，还要注意期初现金余额和期末库存现金，相关的税费的计算等。

产品成本预算和现金预算是有关预算的汇总。

6. 财务报表预算。预计利润表、资产负债表和现金流量表是全部预算的综合。

全面预算按其所涉及的业务活动领域分为销售预算、生产预算和财务预算。销售预算、生产预算又统称业务预算，用于计划企业的基本经济业务。财务预算是关于资金筹措和使用的预算，包括现金收支预算和信贷预算及长期资本支出预算和长期资金筹措预算。

三、全面预算编制的基本方法

编制预算的技术方法很多，如固定预算法、弹性预算法、零基预算法、滚动预算法等。其中固定预算法为传统的常用方法，它是根据预算期间内计划预定的一种活动水平确定相应的数据，因此亦称为静态预算。它一般适用于非营利组织和业务水平较为稳定的企业。本章先具体讲述固定预算法下全面预算的编制，因为固定预算是其他预算方法的基础，其他预算方法在固定预算的基础上根据企业特殊的情况可以进行调整。本章的第三节内容重点介绍不同预算方法的编制与区别。

第二节　全面预算的编制

一般来说，企业编制预算的逻辑过程是：首先销售部门根据一定预测的方法，预测一定会计期间内的目标销售量；然后根据市场销售预测，努力增加产品供给，结合库存情况，预计该期间内的生产或者供给量；生产部门组织生产，结合原材料的库存，计算预计的产量，安排相关的人力和制造计划；同时采购部门根据计划采购量购进足够的合格材料，保证产品生产的需要；财务部门根据以上部门计划期间的经济活动安排好资金，保证足够的货币资金能到期支付各种成本和费用。通过全面预算，可以把企业所有的经济活动协调起来，按照预算体系进行经营管理，从而保障企业战略目标的实现。

（一）销售预算

销售预算是规定预算期内各季度销售目标和实施计划的一种预算。它是全面预算的出发点，也是全面预算的关键，因为现代企业都是以销定产的，产品的生产数量、材料、人工、设备和资金需要量等，都由预期的商品销售量来决定。在编制过程中，需根据市场变化和销售历史资料来分析、预测计划期销售收入。

在销售预算中通常还包括预期的现金收入的计算，具体包括上期销售将于本期收到的现金和本期销售于本期收到的现金，从而为编制现金预算提供必要的资料。

【例题 7-1】假定东方公司于计划年度 2011 年只生产和销售一种产品，每季的商品销售在当季收到货款的占 50%，剩下的在下季收讫。基期（2010 年）末的应收账款余额为 25 000 元。假设该公司的增值税税率为 17%。该公司计划年度的分季销售预算如表 7-1 所示（计算结果保留两位小数）。

表 7-1　　　　　　　　　　　　销售预算
2011 年度　　　　　　　　　　　　　　　　　　　　　单位：元

项　目	第一季度	第二季度	第三季度	第四季度	全年合计
预计销售量（件）	1 100	1 200	1 500	1 200	5 000
销售单价	70	70	70	70	70
预计销售收入	77 000	84 000	105 000	84 000	350 000
增值税销项税额	13 090	14 280	17 850	14 280	59 500
含税销售收入	90 090	98 280	122 850	98 280	409 500
预期的现金收入					
应收账款（2010 年年末）	25 000				25 000
第一季度销售现金收入	45 045	45 045			90 090
第二季度销售现金收入		49 140	49 140		98 280
第三季度销售现金收入			61 425	61 425	122 850
第四季度销售现金收入				49 140	49 140
现金收入合计	70 045	94 185	110 565	110 565	385 360

（二）生产预算

生产预算主要用来具体安排企业在预算期内的生产活动，确定预算期内有关产品的生产数量及其分布状况。根据销售预算的具体内容编制生产预算，要注意计划期初、期末存货的预计水平。产品的生产量与销售量之间的关系按下式计算：

预计生产量 = 计划销售量 + 预计期末存货量 - 预计期初存货量

【例题 7-2】假定东方公司预算年内每季季末产成品存货占其下季销售量的 10%，预算年度末存货量预计为 100 件，预算年度初产品存货量 110 件，据此编制生产预算如表 7-2 所示。

表 7-2　　　　　　　　　　　　　生产预算
2011 年度　　　　　　　　　　　　　　　　　　　　　　　单位：件

项　目	第一季度	第二季度	第三季度	第四季度	全年合计
预计销售量	1 100	1 200	1 500	1 200	5 000
加：预计期末存货	120	150	120	100	100
减：预计期初存货	110	120	150	120	110
总　计	1 110	1 230	1 470	1 180	4 990

（三）直接材料采购预算

确定了生产预算并安排好了生产进度之后，就应据以编制直接材料采购预算。编制直接材料采购预算也要考虑计划期间的期初和期末材料水平。直接材料预计采购量按下式计算：

预计采购量 = 预计生产需用量 + 预计期末材料存货量 - 预计期初材料存货量

在直接材料采购预算中，通常还包括材料预期的现金支出方面的计算，为编制现金预算提供必要的资料。材料方面预期的现金支出具体包括上期采购本期付款和本期采购本期支付的现金支出。

【例题 7-3】接上例，假定该公司直接材料消耗定额为 2 公斤，每公斤单价为 5 元，预算期内每季季末材料存量占其下季生产需用量的 20%，预算期末材料存量为 500 公斤，预算期初材料存量为 400 公斤，每季材料采购在当季付款的占 60%，其余部分在下季付款。该企业预算期初应付款余额为 7 000 元，根据上述资料编制该企业的预算年度直接材料采购预算，如表 7-3 所示。

表 7-3　　　　　　　　　　　　直接材料采购预算
　　　　　　　　　　　　　　　　　　　　　　数量单位：公斤　金额单位：元

项　目	第一季度	第二季度	第三季度	第四季度	全年合计
预计生产量（件）	1 110	1 230	1 470	1 180	4 990
单位产品材料消耗定额	2	2	2	2	2
预计生产需要量	2 220	2 460	2 940	2 360	9 980
加：预计期末存料量	492	588	472	500	500
减：预计期初存料量	400	492	588	472	400

续表

项目	第一季度	第二季度	第三季度	第四季度	全年合计
预计材料采购量	2 312	2 556	2 824	2 388	10 080
材料计划单价	5	5	5	5	5
预计材料采购成本	11 560	12 780	14 120	11 940	50 400
增值税进项税额	1 965.2	2 172.6	2 400.4	2 029.8	8 568
预计采购金额合计	13 525.2	14 952.6	16 520.4	13 969.8	58 968
预期的现金支出					
应付账款（2010年年末）	7 000				7 000
第一季度采购额	8 115.12	5 410.08			13 525.2
第二季度采购额		8 971.56	5 981.04		14 952.6
第三季度采购额			9 912.24	6 608.16	16 520.4
第四季度采购额				8 381.88	8 381.88
现金支出合计	15 115.12	14 381.64	15 893.28	14 990.04	60 380.08

应交税金及附加预算。应交税金及附加预算是指为规划一定预算期内预计发生的应交增值税、营业税、消费税、资源税、城市维护建设税和教育费附加金额而编制的一种经营预算。

本预算中不包括预交所得税和直接计入管理费用的印花税。由于税金需要及时清缴，为简化预算方法，可假定预算期发生的各项应交税金及附加均于当期以现金形式支付。

【例题7-4】接上例，假设该公司所生产的产品不属于消费税征收的范畴。另外该公司无应交营业税，附加税税率为10%（即城市维护建设税税率为7%，教育费附加的征收率为3%）。为简化预算方法，可假定预算期发生的各项应交税金及附加均于当期以现金形式支付。可得应交税金及附加预算编制如表7-4所示。

表7-4　　　　　　　　　　应交税金及附加预算

单位：元

项目	第一季度	第二季度	第三季度	第四季度	全年合计
预计销售收入	77 000	84 000	105 000	84 000	350 000
增值税销项税额	13 090	14 280	17 850	14 280	59 500
预计材料采购成本	11 560	12 780	14 120	11 940	50 400
增值税进项税额	1 965.2	2 172.6	2 400.4	2 029.8	8 568
应交增值税合计	11 124.8	12 107.4	15 449.6	12 250.2	50 932
应交附加税合计	1 112.48	1 210.74	1 544.96	1 225.02	5 093.2
应交税金及附加合计	12 237.28	13 318.14	16 994.56	13 475.22	56 025.2

(四) 直接人工预算

直接人工预算也是在生产预算的基础上编制的，本例中以各期完成的产成品数乘以生产单位产品需要的工时，再乘以小时工资率，得出直接人工成本。在通常情况下，企业生产产品耗用的直接人工工种往往不止一种，由于工种不同，小时工资也不一样，这时直接人工预算则须按工种类别分别计算，然后汇总求得直接人工成本总数。

【例题7-5】续前例，假定东方公司计划期间所需直接人工只有一个工种，生产单位产品需用直接人工工时为5小时，每小时工资为4元，该厂2011年度直接人工预算如表7-5所示。

表7-5　　　　　　　　　　　直接人工预算

2011年度

项　目	第一季度	第二季度	第三季度	第四季度	合计
预计生产量（件）	1 110	1 230	1 470	1 180	4 990
单位产品直接人工工时（小时）	5	5	5	5	5
预计各期需用直接人工总工时（小时）	5 550	6 150	7 350	5 900	24 950
单位工时工资率（元）	4	4	4	4	4
预计直接人工成本总额（元）	22 200	24 600	29 400	23 600	99 800

(五) 制造费用预算

制造费用包括生产成本中除直接材料、直接人工以外的一切费用。这些费用可以按成本性态划分为变动费用和固定费用两类。在全部成本法下，变动费用和固定费用都包括在产品成本中；在变动成本法下，只有变动制造费用计入产品成本，固定制造费用直接列入损益表作为当期产品销售收入的一个扣除项目。编制制造费用预算时，应以预算期的各季生产量为基础来规划各个费用项目的具体预算数字。

在制造费用预算中，通常还包括费用方面预期现金支出的计算，从而为编制现金预算提供必要的资料。由于固定资产折旧是无需现金支出的项目，计算预期现金支出时应予以扣除。

【例题7-6】接上例，根据有关资料，假定该公司预算年度的制造费用预算如表7-6所示。

表7-6   制造费用预算
2011年度

成本明细项目		金额（元）	费用分配率
变动费用	间接人工	15 000	变动费用分配率 = $\dfrac{\text{变动费用合计}}{\text{直接人工工时}}$ = $\dfrac{49\,900}{24\,950}$ = 2（元/工时）
	间接材料	8 000	
	维修费	10 000	
	水电费	12 500	
	机物料消耗	4 400	
	合计	49 900	
固定费用	维修费	5 200	每季固定费用支出 = $\dfrac{28\,800}{4}$ = 7 200（元）
	折旧费	7 400	
	管理费	7 500	
	保险费	6 600	
	财产税	2 100	
	合计	28 800	

预期的现金支出

	第一季度	第二季度	第三季度	第四季度	全年合计
直接人工工时（小时）	5 550	6 150	7 350	5 900	24 950
变动费用分配率（元/工时）	2	2	2	2	2
变动费用现金支出（元）	11 100	12 300	14 700	11 800	49 900
固定费用支出（元）	7 200	7 200	7 200	7 200	28 800
减：折旧费（元）	1 850	1 850	1 850	1 850	7 400
现金支出合计（元）	16 450	17 650	20 050	17 150	71 300

注：每季折旧费 = $\dfrac{\text{年折费总额}}{4}$ = $\dfrac{7\,400}{4}$ = 1 850（元）。

（六）产品单位成本和期末产成品存货预算

为正确计算预计损益表中的产品销售成本和预计资产负债表中的期末产成品存货，要根据以上五种预算来编制产品单位成本和期末产品存货预算。

【例题7-7】 根据上述有关资料，编制该企业产品单位成本和期末产成品存货预算，如表7-7所示。

表 7-7　　　　　　　　　产品单位成本和期末存货预算
2011 年度

成本项目		单位消耗定额	金额	单位成本（元）
直接材料		2 公斤	5 元	10
直接人工		5 小时	4 元/小时	20
变动制造费用		5 小时	2 元/小时	10
单位变动生产成本				40
期末存货预算		期末存货数量		100
		单位变动成本		40
		期末存货余额		4 000

（七）销售及管理费用预算

此预算应包括制造业务范围以外预计发生的各种费用项目。变动费用与固定费用需分开列示。此预算通常也包括计划期间预计销售与管理费用的现金支出计算，以便编制现金预算。

【例题 7-8】根据该企业有关资料，编制费用预算表，如表 7-8 所示。

表 7-8　　　　　　　　　销售及管理费用预算
2011 年度

费用明细项目		预算金额（元）	分配率
变动费用	销售人员工资及佣金	6 000	单位产品变动销售及管理费用 $=\dfrac{\text{变动费用总计}}{\text{预计销售量}}$ $=\dfrac{20\ 000}{5\ 000}$ $=4$（元）
	运输费	9 000	
	办公费	5 000	
	合计	20 000	
固定费用	管理人员工资	8 000	每季固定费用支出 $=\dfrac{24\ 000}{4}$ $=6\ 000$（元）
	广告费	10 000	
	保险费	3 000	
	财产税	3 000	
	合计	24 000	

预期现金支出　　　　　　　　　　　　　　　　　　　　　　　　　　　单位：元

	第一季度	第二季度	第三季度	第四季度	全年合计
预计销售量（件）	1 110	1 200	1 500	1 200	5 000

续表

	第一季度	第二季度	第三季度	第四季度	全年合计
单位变动销售与管理费用	4	4	4	4	4
变动销售与管理费用	4 400	4 800	6 000	4 800	20 000
固定销售与管理费用	6 000	6 000	6 000	6 000	24 000
现金支出合计	10 400	10 800	12 000	10 800	44 000

（八）现金预算

现金预算是概括地反映企业在整个预算期内现金收支余缺及其筹集与运用情况的预算，编制现金预算的主要目的是为了测算企业在预算期间现金收入与现金支出的匹配程度及不匹配的时间与数额，以便采取措施，避免资金的积压和短缺。

现金预算一般包括四个组成部分：

1. 现金收入。包括计划期间的期初现金余额，加上本期预计可能发生的现金收入。一般说来，现金收入的主要来源是销售收入和应收账款的收回，可从销售预算中获得该项资料。

2. 现金支出。包括计划期内预计可能发生的一切现金支出，如支付购料款、直接人工、制造费用以及销售与管理费用等。此项资料可分别从直接材料预算、直接人工预算、制造费用预算、销售及管理费用预算中获得，此外还包括交纳所得税、购置固定设备、支付股利等事项所发生的现金支出。

3. 现金剩余或不足。将现金收入总额与现金支出总额进行抵减，如收入大于支出即出现剩余，可用来归还以前借款，或用于短期投资；如收入小于支出，出现短缺，则应向银行或其他方式融资。

4. 融通资金（或投放资金）。这部分是以现金余缺为出发点，包括计划期间需要在期初向银行借款的数额，以及在期末归还借款和偿付利息等事项。

完成了初步的现金预算以后，就可以知道企业在计划期间需要多少经营资金，财务主管人员就可以预先安排和筹措，来满足各个时期的资金需要。

由此可见，为了有计划地安排和筹措资金，编制期间愈短愈好。西方国家有不少企业以星期为单位，逐周编制预算，但最常见的还是年度分季、或季度分月进行编制。

【例题7-9】假定该公司预算期内现金余额最低限额为10 000元，最高限额为15 000元。预计每季支付股利2 000元。专门决策计划第一季度购置设备支出5 000元，第二季度购置设备支出17 000元，第三季度购置设备支出5 000元，第四季度无设备购置，预算期初现金余额为10 000元。资金筹措额为1 000元的整数倍。假设企业所得税是按季预缴，根据上年情况每季度交纳所得税为6 000元，利息费用是还本时交纳。现金预算如表7-9所示。

表 7-9　　　　　　　　　　　　　　现金预算

2011 年度　　　　　　　　　　　　　　　　单位：元

项　目	第一季度	第二季度	第三季度	第四季度	全年合计
期初现金余额	10 000	10 642.6	14 077.82	12 117.48	10 000
加：本期现金收入	70 045	94 185	110 565	110 565	385 360
现金收入合计	80 045	104 827.6	124 642.82	122 682.48	395 360
减：本期现金支出					
直接材料	15 115.12	14 381.64	15 893.28	14 990.04	60 380.08
直接人工	22 200	24 600	29 400	23 600	99 800
制造费用	16 450	17 650	20 050	17 150	71 300
销售及管理费用	10 400	10 800	12 000	10 800	44 000
增值税及营业税金及附加	12 237.28	13 318.14	16 994.56	13 475.22	56 025.2
预计所得税	6 000	6 000	6 000	6 000	24 000
预计设备购置	5 000	17 000	5 000	—	27 000
预计支付股利	2 000	2 000	2 000	2 000	8 000
现金支出合计	89 402.4	105 749.78	107 337.84	88 015.26	390 505.28
收支相抵结余（＋）不足（－）	－9 357.4	－992.18	17 304.98	34 667.22	4 854.72
向银行借款（偿还借款）	20 000	15 000	(5 000)	(20 000)	10 000
支付利息（年息率5%）			(187.5)	(937.5)	(1 125)
总　计	10 642.6	14 077.82	12 117.48	13 729.72	13 729.72

注：向银行借款数除需抵补现金支出轧抵的不足数外，还要保证期末最低余额 10 000 元。另外，如果结余现金超过 15 000 元的最高限额，就需归还借款并注意支付利息。借款、筹资在期初，还款、支付各种利息在期末，利息随本金一并偿还。第三季利息为 187.5 元（5 000×5%×3÷4），第四季度利息为 937.5 元（15 000×5%＋5 000×5%×3÷4）。

预计损益表是用来综合反映企业在计划期间生产经营的财务情况，并作为预计企业经营活动最终成果的重要依据，是企业财务预算中最主要的预算表之一。编制依据是表 7-1、表 7-2、表 7-3、表 7-4、表 7-5 以及专门决策资料等。

【例题 7-10】依前例，企业根据以上预算资料，编制年度分季的预计利润表，如表 7-10 所示。

表 7-10　　　　　　　　　　　　　预计利润表

2011 年度　　　　　　　　　　　　　　　　　　　　　　　　　　　单位：元

项　目	第一季度	第二季度	第三季度	第四季度	全年合计
销售数量（件）	1 100	1 200	1 500	1 200	5 000
销售收入	77 000	84 000	105 000	84 000	350 000
减：变动销售成本	44 000	48 000	60 000	48 000	200 000
销售税金及附加	1 112.48	1 210.74	1 544.96	1 225.02	5 093.2
边际贡献（生产阶段）	31 887.52	34 789.26	43 455.04	34 774.98	144 906.8
减：变动性销售费用	4 400	4 800	6 000	4 800	20 000
边际贡献（销售阶段）	27 487.52	29 989.26	37 455.04	29 974.98	124 906.8
减：固定性制造费用	7 200	7 200	7 200	7 200	28 800
固定性销售费用	6 000	6 000	6 000	6 000	24 000
减：利息支出			187.5	937.5	1 125
利润总额	14 287.52	16 789.26	24 067.54	15 837.48	70 981.8
减：所得税（25%）	3 571.88	4 197.32	6 016.88	3 959.37	17 745.45
税后净收益	10 715.64	12 591.94	18 051.06	11 878.11	53 236.35

预计资产负债表用来反映企业在预算期末的财务状况。它是以预算期的资产负债表为基础，然后根据计划期间各项预算的有关资料加以分析、计算而编制的。

【例题 7-11】依前例，假定企业预算期初的资产负债表如表 7-11 所示。

表 7-11　　　　　　　　　　　　　资产负债表

2010 年 12 月 31 日　　　　　　　　　　　　　　　　　　　　　单位：元

资　产		权　益	
流动资产		流动负债	
1. 现金	10 000	8. 应付账款	7 000
2. 应收账款	25 000	合计	7 000
3. 直接材料	2 000	股东权益	
4. 产成品	4 400	9. 普通股	25 000
合计	41 400	10. 留存收益	31 400
固定资产		合计	56 400
5. 土地	20 000		
6. 房屋及设备	26 000		
7. 累计折旧	24 000		
合计	22 000		
资产总计	63 400	权益总计	63 400

现根据期初资产负债及计划期间各项预算中的有关资料进行调整,编制计划期末的资产负债表,如表 7 – 12 所示。

表 7 – 12　　　　　　　　　　　　　**资产负债表**

2010 年 12 月 31 日　　　　　　　　　　　　　　　　　　　　单位:元

资　　产		负债及权益	
流动资产		流动负债	
1. 现金	13 729.72	8. 应付账款	5 587.92
2. 应收账款	49 140	9. 短期借款	10 000
3. 材料存货	2 500	10. 未交所得税	– 6 254.55
4. 产成品存货	4 000	合　计	9 333.37
合　计	69 369.72	股东权益	
固定资产		11. 普通股	25 000
5. 土地	20 000	12. 留存收益	76 636.35
6. 房屋及设备	53 000	合计	101 636.35
7. 累计折旧	31 400		
合　计	41 600		
资产总计	110 969.72	负债及权益合计	110 969.72

编表说明:

(1) 现金,见表 7 – 9,期末余额 13778.5 元。

(2) 应收账款,见表 7 – 1,预算期初应收账款 25 000 元,期末应收账款余额为 49 190 元 (98 280 × 50%)。

(3) 直接材料,见表 7 – 3,预算期初材料余额为 2 000 元 (400 × 5),预算期末余额为 2 500 元 (500 × 5)。

(4) 产成品,见表 7 – 2 和表 7 – 7,预算期末产成品余额为 4 000 元 (100 × 40)。

(5) 土地,见土地期初 20 000 元

(6) 房屋及设备,见表 7 – 9,期初固定资产原值为 26 000 元,预算期末固定资产原值为 53 000 元 (26 000 + 27 000)。

(7) 累计折旧,见表 7 – 6,预算期初累计折旧额为 24 000 元,预算期末累计折旧额为 31 400 元 (24 000 + 7 400)。

(8) 应付账款,见表 7 – 3,预算期初应付账款余额为 7 000 元;预算期末应付账款余额为 5 587.92 元 (13 969.8 × 40%)。

(9) 普通股见普通股本期初数 25 000 元。

(10) 留存收益见表 7 – 9、表 7 – 10、表 7 – 11,留存收益预算期末余额 = 预算期初余额 + 预算期间所获净利润 – 计划期间支付股利 = 31 400 + 53 236.35 – 8 000 = 76 636.35

(元)。

通过完整的全面预算体系，从对销售的预算一直到报表的估计，可以全面地制定一系列可供各个部门执行的计划，企业在编制这些方案的时候也会遇到实施过程中的问题，如预算和实际情况不一致。因此在全面预算体系的基础上，要用不同的方法制定适用于企业的预算编制方法，下节内容将重点探讨该问题。

第三节 不同类型预算的比较

根据对业务量的调整不同分为固定预算和弹性预算。

一、固定预算与弹性预算

（一）固定预算的含义、缺点与适用范围

1. 含义。固定预算，又称静态预算，是指在编制预算时，只根据预算期内正常的、可实现的某一固定业务量（如生产量、销售量）水平作为唯一基础来编制预算的一种方法。

2. 该方法的缺点。

一是比较机械呆板，业务量的水平固定，没有考虑到可能的波动情况。

二是可比较性差，对于那些业务量的变化，每项具体指标没有可比性，因此实际运用中可能难以控制和执行。

3. 适用范围。固定预算只适用于业务量水平较为稳定的企业或非营利组织编制预算时采用。

4. 固定预算的编制。

【例题7-12】（练习固定预算方法）东方公司采用完全成本法，其预算期生产的某种产品的预计产量为1 000件，按固定预算方法编制的该产品成本预算如表7-13所示。

表7-13　　　　东方公司产品成本预算（按固定预算方法编制）

预计产量：1 000件　　　　　　　　　　　　　　　　单位：元

成本项目	总成本	单位成本
直接材料	5 000	5
直接人工	1 000	1
制造费用	2 000	2
合　计	8 000	8

该产品预算期的实际产量为1 400件，实际发生总成本为11 000元，其中：直接材料7 500元，直接人工1 200元，制造费用2 300元，单位成本为7.86元。

(二) 弹性预算含义、优点、适用范围、业务量范围

1. 含义。弹性预算又称变动预算或滑动预算,是指为克服固定预算方法的缺点而设计的,以业务量、成本和利润之间的依存关系为依据,以预算期可预见的各种业务量水平为基础,编制能够适应多种情况预算的一种方法。

2. 优点。与固定预算相比,弹性预算编制稍显复杂,不过具有如下两个显著的优点。

第一,预算范围宽。弹性预算能够反映预算的会计期间内与一定相关范围的多种业务量水平相对应的不同预算额,从而扩大了预算的范围,便于预算指标的调整;

第二,可比性强。如果预算的实际业务量与计划业务量不一致,可以将实际的指标与实际业务量相应的预算额进行对比,从而能够使预算执行情况的评价与考核建立在更加客观和可比较的基础之上便于更好的发挥预算控制的作用。

3. 适用范围。弹性预算方法从理论上讲适用于编制全面预算中所有与业务量有关的各种预算。但从实用角度看,主要用于编制弹性成本费用预算和弹性利润预算等。

4. 弹性成本预算的编制。业务量的选择:业务量变动范围是指弹性预算所适用的业务量变动区间。业务量变动范围的选择应根据企业的具体情况而定。一般来说,可定在正常生产能力的 70%~120% 之间,或以历史上最高业务量或最低业务量为其上下限。

弹性成本预算编制方法:

(1) 公式法。公式法是指通过确定成本公式,一般用一元线性方程来表示:$Y_i = a_i + b_i x_i$ 中的 a_i 和 b_i 来编制弹性预算的方法。

其中:Y_i 表示总成本;a_i 表示 i 业务量情况下的固定成本;b_i 表示 i 业务量下每一单位的变动成本;i 表示业务量。

【例题 7-13】(练习弹性成本预算的编制——公式法)东方公司按公式法编制的制造费用弹性预算如表 7-14 所示。其中较大的混合成本项目已经被分解。

表 7-14 东方公司预算期制造费用弹性预算(公式法)

直接人工工时变动范围:70 000~120 000 小时　　　　　　　　　　　　　　　单位:元

项目	a	b
管理人员工资	15 000	—
保险费	5 000	—
设备租金	8 000	—
维修费	6 000	0.25
水电费	500	0.15
辅助材料	4 000	0.30
辅助工工资	—	0.45
检验员工资	—	0.35
合计	38 500	1.50

根据表7-14，可利用 y = 38 500 + 1.5x，计算出人工小时在 70 000 ~ 120 000 的范围内，任一业务量基础上的制造费用预算总额；也可以计算出在该人工小时变动范围内，任一业务量的制造费用中某一费用项目的预算额，如，维修费 y = 6 000 + 0.25x，检验员工资 y = 0.35x 等。

公式法的优点：在一定范围内不受业务量波动影响，编制预算的工作量较小。

缺点：在进行预算控制和考核时，不能直接查出特定业务量下的总成本预算额，而且按细目分解成本比较麻烦，同时又有一定误差。

（2）列表法。通过列表方式，在相关范围内，每隔一定业务量范围计算相关数值预算，来编制弹性预算的方法。

【例题7-14】（练习弹性成本预算的编制——列表法）东方公司按列表法编制的制造费用弹性预算如表7-15所示。

表7-15　　东方公司预算期制造费用弹性预算（列表法）　　单位：元

直接人工（小时）	70 000	80 000	90 000	100 000	110 000	120 000
生产能力利用（%）	70%	80%	90%	100%	110%	120%
1. 变动成本项目	56 000	64 000	72 000	80 000	88 000	96 000
辅助工人工资	31 500	36 000	40 500	45 000	49 500	54 000
检验员工资	24 500	28 000	31 500	35 000	38 500	42 000
2. 混合成本项目	59 500	66 500	73 500	80 500	87 500	94 500
维修费	23 500	26 000	28 500	31 000	33 500	36 000
水电费	11 000	12 500	14 000	15 500	17 000	18 500
辅助材料	25 000	28 000	31 000	34 000	37 000	40 000
3. 固定成本项目	28 000	28 000	28 000	28 000	28 000	28 000
管理人员工资	15 000	15 000	15 000	15 000	15 000	15 000
保险费	5 000	5 000	5 000	5 000	5 000	5 000
设备租金	8 000	8 000	8 000	8 000	8 000	8 000
制造费用预算	143 500	158 500	173 500	188 500	203 500	218 500

优点：可以直接从表中查得各种业务量下的成本预算，便于预算的控制和考核。

缺点：这种方法工作量较大，且不能包括所有业务量条件下的费用预算，故适用面较窄。

5. 弹性利润预算的编制。

（1）因素法。该方法是根据受业务量变动影响的有关收入、成本等因素与利润的关系，列表反映在不同业务量条件下利润水平的预算方法。

$$利润 = 单价 \times 销量 - 单位变动成本 \times 销量 - 固定成本$$

【例题7-15】（练习弹性利润预算的编制——因素法）预计东方公司预算年度某产品的销售量在7 000~12 000件之间变动；销售单价为100元；单位变动成本为86元；固定成本总额为80 000元。

要求：根据上述资料以1 000件为销售量的间隔单位编制该产品的弹性利润预算。

解：依题意编制的弹性利润预算如表7-16所示。

表7-16　　　　　　　　　　东方公司弹性利润预算　　　　　　　　　　单位：元

销售量（件）	7 000	8 000	9 000	10 000	11 000	12 000
单价	100	100	100	100	100	100
单位变动成本	86	86	86	86	86	86
销售收入	700 000	800 000	900 000	1 000 000	1 100 000	1 200 000
减：变动成本	602 000	688 000	774 000	860 000	946 000	1 032 000
贡献边际	98 000	112 000	126 000	140 000	154 000	168 000
减：固定成本	80 000	80 000	80 000	80 000	80 000	80 000
营业利润	18 000	32 000	46 000	60 000	74 000	88 000

适用范围：这种方法适用于单一品种经营或采用分算法处理固定成本的多品种经营的企业。

（2）百分比法。本法又称销售额百分比法，是指按不同销售额的百分比来编制弹性利润预算的方法。

【例题7-16】东方公司预算年度的销售业务量达到100%时的销售收入为1 000 000元，变动成本为860 000元，固定成本为80 000元。

要求：根据上述资料以10%的间隔为东方公司按百分比法编制弹性利润预算。

解：根据题意编制的弹性利润预算如表7-17所示。

表7-17　　　　　　　　　　东方公司弹性利润预算　　　　　　　　　　单位：元

销售收入百分比（1）	80%	90%	100%	110%	120%
销售收入（2）=1 000 000×（1）	800 000	900 000	1 000 000	1 100 000	1 200 000
变动成本（3）=860 000×（1）	688 000	774 000	860 000	946 000	1 032 000
贡献边际（4）=（2）-（3）	112 000	126 000	140 000	154 000	168 000
固定成本（5）	80 000	80 000	80 000	80 000	80 000
利润总额（6）=（4）-（5）	32 000	46 000	60 000	74 000	88 000

应用百分比法的前提条件是销售收入必须在相关范围内变动，即销售收入的变化不会影

响企业的成本水平（单位变动成本和固定成本总额）。这种方法适用于多品种经营的企业。

根据预算的基期标准不同可划分为增量预算和零基预算。

二、增量预算和零基预算

（一）增量预算

1. 增量预算方法的含义。是指以基期成本费用水平为基础，结合预算期业务量水平及有关影响成本因素的未来变动情况，通过调整有关原有费用项目而编制预算的一种方法。

2. 增量预算方法的假定。增量预算方法源于以下假定：

第一，现有的业务活动是企业所必需的。只有保留现有的每项经营活动，企业才能正常的运转。

第二，原有的各项开支都是合理的，必须予以保留。

第三，增加费用预算是值得的。未来预算期间的费用变动都是在现有的基础上调整的结果。

3. 增量预算方法的缺点。

第一，受原有费用项目限制，可能导致保护落后。因为按照这种方法，往往不加分析地保留原有的成本项目，可能导致原有的不合理开支继续存在下去，造成不必要的浪费。

第二，滋长预算中的"平均主义"和"简单化"。这种方法容易鼓励预算编制人员凭着自己的主观臆断平均削减或者增加开支，不利于调动各部门节约成本的积极性。

第三，不利于企业未来的发展。这种方法只针对已有的费用项目进行编制，对那些有价值的改革创新可能产生不利的影响，阻碍企业长远的发展。

4. 增量预算的适用范围。适用于那些企业费用变动不大或者和业务量之间呈比例变化的企业。

（二）零基预算

1. 零基预算方法的含义。不考虑以往会计期间所发生的费用项目或费用数额，而是将所有的预算支出均以零为出发点，一切从实际需要与可能出发。

编制预算时，首先要确定各个费用项目是否应该存在，然后按项目的轻重缓急，安排企业的费用预算。

【例题7-17】零基预算方法的应用案例。

东方公司为深入开展双增双节运动，降低费用开支水平，拟对历年超支严重的业务招待费、劳动保护费、办公费、广告费、保险费等间接费用项目按照零基预算方法编制预算。

经多次讨论研究，预算编制人员确定上述费用在预算年度开支水平如表7-18所示。

表 7-18　　　　　　　　　东方公司预计费用项目及开支金额　　　　　　　　单位：元

费用项目	开支金额
1. 业务招待费	180 000
2. 劳动保护费	150 000
3. 办公费	100 000
4. 广告费	300 000
5. 保险费	120 000
合　　计	850 000

经过充分论证，得出以下结论：上述费用中除业务招待费和广告费以外都不能再压缩了，必须得到全额保证。

根据历史资料对业务招待费和广告费进行成本—效益分析，得到以下数据，如表 7-19 所示。

表 7-19　　　　　　　　　　　东方公司成本—效益分析表

成本项目	成本金额	收益金额
业务招待费	1	4
广告费	1	6

然后，权衡上述各项费用开支的轻重缓急排出层次和顺序：

因为劳动保护费、办公费和保险费在预算期必不可少，需要全额得到保证，属于不可避免的约束性固定成本，故应列为第一层次；因为业务招待费和广告费可根据预算期间企业财力情况酌情增减，属于可避免项目；其中广告费的成本—效益较大，应列为第二层次；业务招待费的成本—效益相对较小，应列为第三层次。

假定该公司预算年度对上述各项费用可动用的财力资源只有 700 000 元，根据以上排列的层次和顺序，分配资源，最终落实的预算金额如下：

(1) 确定不可避免项目的预算金额：

劳动保护费 150 000 + 办公费 100 000 + 保险费 120 000 = 370 000（元）

(2) 确定可分配的资金数额：700 000 - 370 000 = 330 000（元）

(3) 按成本—效益比重将可分配的资金数额在业务招待费和广告费之间进行分配：

业务招待费可分配资金 = 330 000 × [4/(4+6)] = 132 000（元）

广告费可分配资金 = 330 000 × [6/(4+6)] = 198 000（元）

2. 零基预算方法的优缺点。

(1) 零基预算方法的优点：

一是不受现有费用项目和开支水平的限制。企业可以根据自身的情况进行资源的调整和分配，将有限的资源用在刀刃上。

二是能够调动企业各部门降低费用的积极性。充分调动各部门的积极性、主动性和创造性，促进各部门精打细算，提高资金的效率。

三是有助于企业未来发展。有利于企业面向未来考虑资金的使用，更能促进企业的活力和适应环境的变化。

（2）缺点：耗费大量的人力、物力和财力，带来浩繁的预算工作量。因此在实务中，企业并不是每年都按照零基预算来编制，而是每隔几年才按照此种方法编制一次预算。

零基预算方法特别适用于产出较难辨认的服务性部门费用预算的编制。

根据预算动态性分为定期预算和滚动预算。

三、定期预算和滚动预算

（一）定期预算方法

1. 特点：定期预算一般以不变的会计期间作为预算期的一种编制预算的方法。

2. 优缺点的比较

定期预算方法的唯一优点是能够使预算期间与会计年度相配合，便于考核和评价预算的执行结果。

缺点：一是远期指导性差。因为企业编制的预算往往在年初或者在一个季度初期，因此对整个年度或季度的生产经营活动难以做出精准的判断，只能笼统含糊估算大概。二是灵活性差。定期预算不能随情况的变化及时调整，当预算中规划的各种经营活动在预算期间内发生重大变化时，就会造成预算滞后，使之成为虚假预算。三是连续性差。由于受到预算期间的限制，经营者们的决策一般局限当期或有限的期数，不可能考虑非常长远，而企业的生产具有连续性，因此这种方式不能适应连续不断的经营过程，不利于企业长远的发展。

（二）滚动预算方法

1. 滚动预算方法的含义。滚动预算方法简称滚动预算，又称连续预算或永续预算，是指在编制预算时，将预算期与会计年度脱离，随着预算的执行不断延伸补充预算，逐期向后滚动，使预算期永远保持为一个固定期间的一种预算编制方法，如图7-2所示。

2. 滚动预算的方式及其特征。

（1）逐月滚动方式。逐月滚动方式是指在预算编制过程中，以月份为预算的编制和滚动单位，每个月调整一次预算的方式，使预算的编制期总保持在12个月。

（2）逐季滚动方式。逐季滚动方式是指在预算编制过程中，以季度为预算的编制和滚动单位，每个季度调整一次预算的方法。

（3）混合滚动方式。混合滚动方式是指在预算编制过程中，同时使用月份和季度作为预算的编制和滚动单位的方法。它是滚动预算的一种变通方式。

这种预算方法的理论依据是：人们对未来的把握程度不同，对近期的预计把握较大，对远期的预计把握较小的特征。在预算编制过程中，可以对近期预算提出较高的精度要求，使

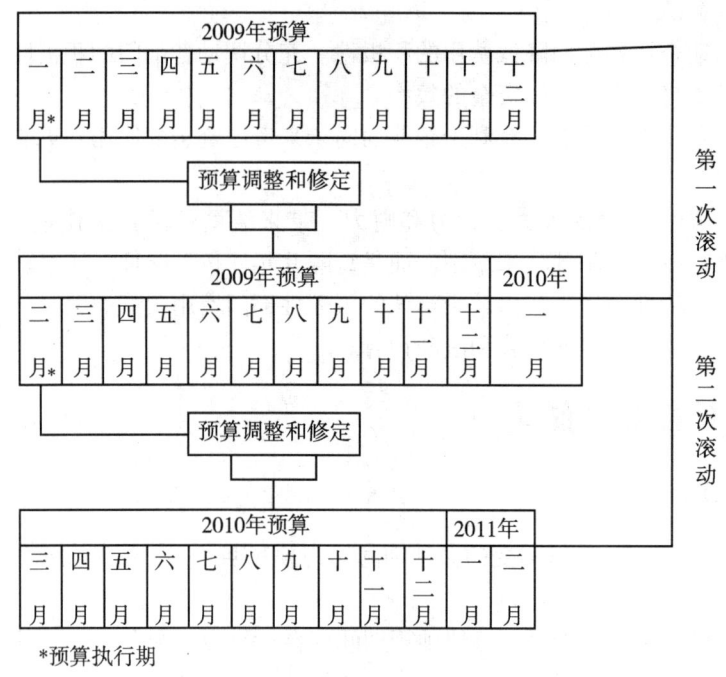

图 7-2 滚动预算过程

预算的内容相对详细；对远期预算提出较低的精度要求，使预算的内容相对简单，这样可以减少预算的工作量。

3. 滚动预算方法的优缺点。滚动预算是为了克服定期预算的缺点所设计的。

滚动预算的优点：

(1) 透明度高。滚动预算与日常管理紧密衔接，可以使管理人员始终能够从动态的角度把握住企业近期的规划目标和远期的战略布局，使预算具有较高的透明度。

(2) 及时性强。由于滚动预算能根据前期预算的执行情况，结合各种因素的变动影响，及时调整和修订近期预算，从而使预算更加切合实际，能够充分发挥预算的指导和控制作用。

(3) 连续性好。由于滚动预算在时间上不再受日历年度的限制，能够连续不断地规划未来的经营活动，不会造成预算的人为间断。

(4) 完整性和稳定性突出。可以使企业管理人员了解未来预算内企业的总体规划与近期预算目标，能够确保企业管理工作的完整性与稳定性。

采用滚动预算的方法编制预算的主要缺点是预算工作量较大。

任何一种预算的方法只有通过编制具体的才能真正的发挥其作用，因此所有的预算方法并不是互相排斥，而是企业结合自身具体情况灵活运用。

【本章小结】

财务预算是企业全面预算的一部分，本章把财务预算看做广义的概念，即包括其他有内在联系的其他预算，整个全面预算是一个相互衔接的逻辑整体。固定预算法为传统的财务预算常用方法，它是根据预算期间内计划预定的一种活动水平确定相应的数据，因此亦称为静态预算。根据"以销定产"的原则，预计下个会计年度的销售或者业务量，以销售预算为基础，结合生产和销售过程中的库存情况编制生产预算；以生产或者销售量制定材料采购和相关的人力成本和制造费用并编制材料采购预算、人工费用预算、制造费用预算、产品成本预算；根据销售情况和收账情况定现金的收入和支出，并考虑相关的税费编制现金预算；根据这些一系列的预算编制预计利润表和资产负债表。预算的编制内容过程中逻辑的把握比较重要和关键，预算的每一步骤都是有相互的内在联系。

在固定预算的基础上，企业可以根据自身的具体情况运用不同的预算方法。如根据不同的业务量编制弹性预算；根据预算是否参考基期编制增量预算或零基预算；根据预算执行是否需要调整编制定期预算和滚动预算的方法，企业可以量体裁衣，选择适当的方法。

【中英文对照专业名词及术语】

财务预测	Financial Forecasting
财务计划	Financial Programme
销售预测	Sales Forecasting
销售预算	Sales Budget
生产预算	Product Budget
材料采购预算	Raw Materials Budget
直接人工预算	Direct Labour Budget
现金预算	Cash Budget
预计资产负债表	Projected Balance Sheets
预计利润表	Projected Formal Income Statement
固定预算	Static Budget
弹性预算	Flexible Budget
增量预算	Incremental Budget
零基预算	Zero-base Budget
定期预算	Periodic Budget
滚动预算	Continuous Budget

复习思考题

1. 财务预测的方法有哪些？
2. 全面预算的优点体现在哪些方面？
3. 全面预算体系包括哪些？
4. 静态预算和弹性预算的优缺点有哪些？

练习题

1. 资料1：MC公司生产经营甲产品，2012年年初应收账款和各季度预测的销售价格和销售数量等资料见下表：

季度		1	2	3	4	应收账款 年初值	收现率	
甲产品	单价	65	65	65	65	19 000	当季度	下季度
	销售量	800	1 000	1 200	1 000		60%	40%

资料2：年初产成品存货量80件，年末产成品存货量120件，预计季末产成品存货量占下季度销量的10%。另外，年初产成品单位成本为40元/件。

资料3：生产甲产品使用A材料，1~3季度生产甲产品对于A材料的消耗定量均为3~4季度的消耗定量为4。年初A材料存货量为1 500件，年末存货量为1 800件，预计期末材料存货量占下季度需用量的20%，材料价款当期支付60%，下期支付40%。应付账款年初余额4 400件，材料销售单价为4元/件。

资料4：单位产品工时定额为3，单位工时工资率前3个季度均为3，第4季度为4。全部费用当季支付。

资料5：变动制造费用的工时分配率为1.2，预计年度固定制造费用合计6 000元，其中折旧费用为1 200元。需用现金支付的费用当季支付。

资料6：变动管理和销售费用的单位产品标准费用额为4元，全年的固定管理和销售费用为10 000元，其中折旧费用为2 000元。需用现金支付的费用当季支付。

资料7：季度末现金最低限额为2 000元。银行借款利息为5%。预计缴纳全年所得税费用为10 000元，各季度平均分配。期初现金余额为2 400元。产成品存货采用先进先出法计价。

要求：
编制经营预算、现金预算和预计利润表。

2. 某公司制造费的成本性态如下表所示：

成本项目	间接人工	间接材料	维修费用	折旧费用	其他费用
固定部分	6 000	1 000	220	100	880
单位变动率（元/小时）	1.0	0.6	0.15		0.05

（1）若企业正常生产能力为10 000小时，试用列表法编制该企业生产能力在70%~110%范围内的弹性制造费用预算为多少（间隔为10%）？

（2）若企业5月份实际生产能力只达到正常生产能力的80%，实际发生的制造费用为23 000元，则其制造费用的控制业绩为多少？

3. 东方公司 2011 年度制造费用的项目如下：间接人工：基本工资为 3 000 元，另外每个工时补助津贴为 0.1 元，物料费每工时负担 0.15 元。折旧费 5 000 元，维护费固定的维护费为 2 000 元，另外每个工时负担 0.08 元，水电费固定的部分为 1 000 元，另外每个工时负担 0.2 元。

要求：根据上述资料为该企业在生产能力为 3 000～6 000 工时的相关范围内，采用列表法编制一套能够适应多种业务量的制造费用弹性预算（间隔为 1 000 工时）。

案例

华润集团的全面预算管理体系

华润公司是隶属于国务院国资委管理的一家有72年发展历史的中央企业。在经过多年的实践和不断改进后，总结了一套旨在贯彻全面预算管理的运行体系，即6S管理体系。具体是指利润中心的编码体系、管理报告体系、预算体系、评价体系、审计体系和经理人考核体系等。6S管理体系的系统化构想是：以专业化管理为基本出发点，把集团及属下所有业务及资产分成多个利润中心，并逐一编制号码；每个利润中心按规定格式和内容编制管理会计报告，并汇总成为集团总体管理报告；在利润中心推行全面预算管理，将经营目标层层分解，落实到每个责任人每个月的经营上；根据不同利润中心的业务性质和经营现状，建立切实可行的业务评价体系，按评价结果确定奖惩；对利润中心经营及预算执行情况进行审计，确保管理信息的真实性；最后，对利润中心负责人进行每年一次的考核，逐步建立起选拔管理人员的科学程序。

6S管理体系保证了集团全面预算管理的运行，是华润公司目前运用得最为成功的管理系统。

完善预算的组织结构

企业最高管理层应当有一个预算管理委员会，包括最高党政领导、分管销售、生产、财务等方面的副总和总会计师等高级管理人员，来行使通过及颁布预算、审查和协调各部门预算、监督预算执行、考评预算执行效果等权力，并对预算负全面责任；预算管理委员会之下是专门负责预算编制的部门，分别负责生产、投资、人力资源、营销等各个方面预算的分析、审核和综合平衡，并最终形成企业总预算草案，该部门的负责人对总预算承担责任；各所属单位负责本单位的各类预算编制、上报，接受集团公司的检查考核，并对本单位预算的正确性承担责任，同时还要加强对企业员工预算知识的培训，强化每个员工的预算意识，提高他们参与预算管理的积极性和责任感。

华润公司在专业化分工的基础上，突破财务会计上的股权架构，将集团及属下公司按管理会计的原则，划分为多个业务相对统一的利润中心（称为一级利润中心），每个利润中心再划分为更小的分支利润中心（称为二级利润中心等），并逐一编制号码，使管理排列清晰。这个体系较清晰地包括集团绝大部分资产，同时使每个利润中心对自身的管理也有清楚的界定，便于对每项业务实行监控。

改进预算的编制方法

即使对于同一个企业的同一套预算来说，也可以分别以成本费用控制为起点编制、以目标利润为起点编制、以现金流量为起点编制、以销售量为导向编制等等。视决策层的战略目标或者侧重点不同选择不同的出发点，或者以多种出发点编制多角度的预算进行比较，才能真正作为决策的参考和企业行动的计划。

华润公司在利润中心分类的基础上，全面推行预算管理，将经营目标落实到每个利润中心，并层层分解，最终落实到每个责任人每个月的经营上，这样不仅使管理者对自身业务有较长远和透彻的认识，还能从背离预算的程度上去发现问题，并及时加以解决。预算的方法由下而上，由上而下，不断反复和修正，最后汇总形成整个集团的全面预算报告。

注重预算的有效实施

财务预算一经批复下达,即具有指令性,各预算执行单位就必须认真组织实施,将财务预算指标层层分解。预算方案确定以后,在企业内部就有了"法律效力",必须严格执行,不得随意调整。要建立严格的授权批准程序,明确企业的主管领导审批的权限和范围,分工把关,并承担控制预算的经济责任。

如在实际工作中遇到实际发生事件超出年度预算、季度预算差额控制比例的项目,则要进行预算调整。由于预算涉及各方面的利润,所以预算的追加也要有原则方面的控制,防止随意追加预算的现象发生。调整预算从程度上讲,应由发生部门提出书面申请,按程序逐级申报,并经相关会议审议通过后实施。华润公司要求每个利润中心按规定的格式和内容编制管理会计报表,具体由集团财务部统一制定并不断完善。管理报告每月一次,包括每个利润中心的营业额、资产、负债、现金流量等情况,并附有公司简评,使预算在实施过程中刚性执行与调整需要相结合。

建立预算的评价体系

预算编制得再合理、再漂亮,不能得到下属单位的支持和贯彻仍然只是纸上谈兵。而要让下属单位目标与公司总体目标达到一致,必须在利益上建立关联,通过在评价体系中规定关于预算执行情况的有关考核指标和奖惩措施,才能够保证预算的顺利执行。

华润公司的做法是:根据每个利润中心业务的不同,量身订造一个评价体系。每一个指标项下,再根据各业务点的不同情况细分为能反映该利润点经营业绩及整体表现的许多明细指标,目的是要做到公平合理。集团根据各利润中心业务的好坏及其前景,决定资金的支持重点。预算的责任具体落实到各级责任人,从而考核也落实到利润中心经理人。利润中心经理人考核体系主要从业绩评价、管理素质、职业操守三方面对经理人进行评价。这样,预算结合绩效考评、薪酬发放,才能让预算的执行落到实处。考核时应当坚持公开、公正、公平的原则,并通过建立综合评价指标体系,实现财务指标与非财务指标的应用相结合,市场化与内部化相结合,结果评价和过程评价相结合,整体目标和局部目标相一致。

资料来源:经理日报 2010 - 10 - 20,第三版。

思考:华润集团预算管理有何特征?

第八章
财务控制

【本章学习目的】 通过本章学习，了解财务控制的含义、特征、分类与作用；掌握成本中心、利润中心和投资中心的含义、类型、特点及考核指标；熟悉内部结算价格、结算方式和责任成本的内部结转。

【案例导引】

益百集团下设多家连锁超店，并根据区域的差别，赋予不同的管理权限：市区连锁店只对成本费用负责；远城区连锁店既对成本费用负责，又对收入和利润负责；边远地区连锁店除了对成本费用、收入和利润负责外，还对投资效果负责。年终，集团人事部门对各连锁店负责人按实现利润的多少制定了统一的考核奖惩方案，却招致了连锁店负责人的不满。问题的焦点集中在两方面：一是各部门权限不同，按同样的利润指标考核是否合理？二是部门负责人的业绩和部门对集团的贡献是否为一回事？

如果你是该集团财务部门负责人，请针对上述问题做出解释并重新制订考核奖惩方案。

第一节 财务控制概述

一、财务控制的意义与特征

财务控制，是指按照一定的程序与方法，确保企业及其内部机构和人员全面落实和实现财务预算的过程。

财务控制具有以下特征：以价值形式为控制手段；以不同岗位、部门和层次的不同经济业务为综合控制对象；以控制日常现金流量为主要内容。

财务控制是内部控制的一个重要组成部分，是内部控制的核心，是内部控制在资金和价值方向的体现。

二、财务控制的基本原则

财务控制基本原则包括以下几项内容。

1. 目的性原则。财务控制作为一种财务管理职能，必须具有明确的目的性，为企业理财目标服务。

2. 充分性原则。财务控制的手段对于目标而言，应当是充分的，应当足以保证目标的实现。

3. 及时性原则。财务控制的及时性要求及时发现偏差，并能及时采取措施加以纠正。

4. 认同性原则。财务控制的目标、标准和措施必须为相关人士所认同。

5. 经济性原则。财务控制的手段应当是必要的，没有多余，财务控制所获得的价值应大于所需费用。

6. 客观性原则。管理者对绩效的评价应当客观公正，防止主观片面。

7. 灵活性原则。财务控制应当含有足够灵活的要素，以便在出现任何失常情况下，都能保持对运行过程的控制，不受环境变化、计划疏忽、计划变更的影响。

8. 适应性原则。财务控制的目标、内容和方法应与组织结构中的职位相适应。

9. 协调性原则。财务控制的各种手段在功能、作用、方法和范围方面不能相互制约，而应相互配合，在单位内部形成合力，产生协同效应。

10. 简明性原则。控制目标应当明确，控制措施与规章制度应当简明易懂，易为执行者所理解和接受。

三、财务控制的种类

1. 按照财务控制的内容，可分为一般控制和应用控制两类。一般控制，是指对企业财务活动赖以进行的内部环境所实施的总体控制，包括组织控制、人员控制、财务预算、业绩评价、财务记录等项内容；应用控制，是指作用于企业财务活动的具体控制，包括业务处理程序中批准与授权、审核与复核以及为保证资产安全而采取的限制措施等项控制。

2. 按照财务控制的功能，可分为预防性控制、侦查性控制、纠正性控制、指导性控制和补偿性控制。预防性控制，是指为防范风险、错弊和非法行为的发生，或减少其发生机会所进行的控制；侦查性控制，是指为了及时识别已经存在的风险、已经发生的错弊和非法行为，或增强识别能力所进行的控制；纠正性控制是对那些通过侦查性控制查出来的问题所进行的调整和纠正；指导性控制是为了实现有利结果而进行的控制；补偿性控制是针对某些环节的不足或缺陷而采取的控制措施。

3. 按照财务控制的时序，可分为事前控制、事中控制和事后控制三类。事前控制，是指企业为防止财务资源在质和量上发生偏差，而在行为发生之前所实施的控制；事中控制，是指财务活动发生过程中所进行的控制；事后控制，是指对财务活动的结果所进行的分析、评价。

四、财务控制的方法

财务控制是内部的一个重要环节,财务控制要以消除隐患、防范风险、规范经营、提高效率为宗旨,建立全方位的财务控制体系和多元的财务监控措施。

全方位的财务控制,是指财务控制必须渗透到企业的法人治理结构与组织管理的各个层次、生产业务全过程、各个经营环节,覆盖企业所有的部门、岗位和员工。

多元的财务监控措施,是指既有事后的监控措施,也有事前、事中的监控手段、策略;既有约束手段,也有激励的安排;既有财务上资金流量、存量预算指标的设定、会计报告反馈信息的跟踪,也有人事委派、生产经营一体化、转移价格、资金融通的策略。

五、财务控制的要素

1. 控制环境。控制环境,是指对企业财务控制的建立和实施有重大影响的各种环境因素的统称。包括企业风险管理观念、风险文化、诚信与价值观、员工的胜任能力、董事会或审计委员会的组成、管理哲学和经营方式、企业组织结构、企业授予权利和责任的方式以及人力资源政策和实务等。

2. 目标设定。财务控制的目标主要包括:(1)合理配置和使用财务资源,提高财务资源的产出比率,实现企业价值最大化;(2)保护资产的安全与完整;(3)遵循有关财务会计法规和企业已制定的财务会计政策;(4)保证财务信息的可靠性。

3. 事件识别。事件是指由可以影响企业财务战略执行或目标实现的事项,如银行信贷、利率、汇率等政策的调整,新的竞争对手的出现,市场价格水平的变化,企业组织结构和高层管理人员的变化等。

4. 风险评估。风险评估指管理层分析、评价和估计对企业目标有影响的内部或外部风险的过程。管理者应当从可能性和影响程度这两个角度评估事项,并采用定性与定量相结合的方法。

5. 风险应对。风险应对包括规避风险、减少风险、转移风险和接受风险。

6. 控制活动。控制活动是指确保管理阶层的指令得以执行的政策及程序,如核准、授权、验证、调节、复核营业绩效、保障资产安全及职务分工等。

7. 信息与沟通。信息主要是指会计系统所提供的内部与外部信息,它是公司为汇总、分析、分类、记录、报告业务处理的各种方法和记录,包括文件预先编号、业务复核、定期调节等。

沟通是指信息系统提供有效信息给适当的人员,通过沟通,使各级管理人员和员工能够知悉其在财务控制中的责任。

8. 监控。监控是由适当的人员,在适当及时的基础上,评估控制的设计和运作情况的过程。包括:持续的监督活动;个别评估;报告缺陷。

六、财务控制的方式

财务控制的方式主要包括授权批准控制、职务分离控制、全面预算控制、财产保全控制、独立检查控制和业绩评价控制等。

1. 授权批准控制。授权是指对某一大类业务或某项具体业务的政策决策。授权通常包括一般授权和特别授权两种方式。批准是检查已确立的授权条件得到满足的实际步骤。

2. 职务分离控制。职务分离控制是指对处理某种经济业务所涉及的职责分派给不同的人员，使每个人的工作都是对其他有关人员工作的一种自动检查。职务分离的主要目的是预防和及时发现职工在履行职责过程中产生错误和舞弊行为。

常见的不相容职务包括：业务授权与执行职务相分离；业务执行与记录职务相分离；业务授权与财产保管职务相分离；财产保管与记录职务相分离；记录总账与明细账职务相分离；经营责任与记账责任相分离；财产保管与财产核对职务相分离。对一项经济业务处理全过程的各个步骤也要分派给不同的部门和人员负责。

3. 全面预算控制。全面预算控制是以全面预算为手段，对企业财务收支和现金流量所进行的控制。全面预算控制主要包括以下几个环节：建立预算体系；编制和审定预算；下达预算指标；授权预算执行；监督预算执行；分析预算差异；考核预算业绩；等等。

4. 财产保全控制。财产保全控制的措施主要包括：限制接触财产；定期盘点清查；记录保护；财产保险；财产记录监控。

5. 独立检查控制。独立检查控制是指由业务执行者以外的人员对已执行的业务的正确性所进行的验证，又称内部稽核。

一个有效的独立检查控制应当满足三个条件：检查工作由一个和原业务活动、记录、保管相独立的人员来执行；不管采用全部复核或抽样复核，复核工作须经常进行；错误和例外须迅速地传达给有关人员以便更正。

6. 业绩评价控制。业绩评价，是指将实际业绩与其他标准，如前期业绩、预算和外部基准尺度进行比较；将不同系列的数据相联系，如经营数据和财务数据，对功能或营运业绩进行评价。

第二节 责任中心财务控制

建立责任中心、编制和执行责任预算、考核和监控责任预算的执行情况是企业实行财务控制的一种有效的手段，又称为责任中心财务控制。

责任中心就是承担一定经济责任，并享有一定权力和利益的企业内部（责任）单位。

企业为了实行有效的内部协调与控制，通常都按照统一领导、分级管理的原则，在其内部合理划分责任单位，明确各责任单位应承担的经济责任、应有的权利，促使各责任单位尽其责任协同配合实现企业预算总目标。同时，为了保证预算的贯彻落实和最终实现，必须把总预算中确定的目标和任务，按照责任中心逐层进行指标分解，形成责任预算，使各个责任中心据以明确目标和任务。

责任预算执行情况的揭示和考评可以通过责任会计进行。责任会计围绕各个责任中心，把衡量工作成果的会计同企业生产经营的责任制紧密结合起来，成为企业内部控制体系的重要组成部分。由此可见，建立责任中心是实行责任预算和责任会计的基础。

责任中心通常具有以下特征：（1）责任中心是一个责权利结合的实体。它意味着每个责任中心都要对一定的财务指标承担完成的责任；同时，赋予责任中心与其所承担责任的范围和大小相适应的权利，并规定出相应的业绩考核标准和利益分配标准。（2）责任中心具有承担经济责任的条件。它有两方面的含义：一是责任中心要有履行经济责任中各条款的行为能力；二是责任中心一旦不能履行经济责任，能对其后果承担责任。（3）责任中心所承担的责任和行使的权利都应是可控的。每个责任中心只能对其责权范围内可控的成本、收入、利润和投资负责，在责任预算和业绩考评中也只应包括他们能控制的项目。可控是相对于不可控而言的，不同的责任层次，其可控的范围并不一样。一般而言，责任层次越高，其可控范围也就越大。（4）责任中心具有相对独立的经营业务和财务收支活动。它是确定经济责任的客观对象，是责任中心得以存在的前提条件。（5）责任中心便于进行责任会计核算或单独核算。责任中心不仅要划清责任而且要单独核算，划清责任是前提，单独核算是保证。只有既划清责任又能进行单独核算的企业内部单位，才能作为一个责任中心。

根据企业内部责任中心的权责范围及业务活动的特点不同，责任中心可以分为成本中心、利润中心和投资中心三大类型。

一、成本中心

（一）成本的分类

根据成本核算和成本管理的不同要求，可以按不同的标准对成本进行划分。成本分类主要有：根据成本与业务量之间的关系所划分的变动成本和固定成本；根据成本与产品之间的关系所划分的产品成本和期间费用；根据生产费用计入产品成本的方式所划分的直接计入成本和间接计入成本；根据成本与产品生产工艺的关系所划分的直接生产成本和间接生产成本；根据成本与决策的关系所划分的相关成本与非相关成本；根据成本是否可以控制所划分的可控成本与不可控成本；根据决策方案变动时成本是否可避免所划分的可避免成本和不可避免成本；根据费用的发生是否需支付现金等流动资产所划分的付现成本和沉没成本等。

（二）成本中心的含义

成本中心是对成本或费用承担责任的责任中心，它不会形成可以用货币计量的收入，因而不对收入、利润或投资负责。成本中心一般包括负责产品生产的生产部门、劳务提供部门以及给予一定费用指标的管理部门。

成本中心的应用范围最广，从一般意义出发，企业内部凡有成本发生，需要对成本负责，并能实施成本控制的单位，都可以成为成本中心。工业企业，上至工厂一级，下至车间、工段、班组，甚至个人都有可能成为成本中心。成本中心的规模不一，多个较小的成本中心共同组成一个较大的成本中心，多个较大的成本中心又能共同构成一个更大的成本中心。从而，在企业形成一个逐级控制，并层层负责的成本中心体系。规模大小不一和层次不同的成本中心，其控制和考核的内容也不尽相同。

(三) 成本中心的类型

成本中心分为技术性成本中心和酌量性成本中心。

技术性成本是指发生的数额通过技术分析可以相对可靠地估算出来的成本,如产品生产过程中发生的直接材料、直接人工、间接制造费用等。其特点是这种成本的发生可以为企业提供一定的物质成果,投入量与产出量之间有着密切的联系。技术性成本可以通过弹性预算予以控制。

酌量性成本是否发生以及发生数额的多少是由管理人员的决策所决定的,主要包括各种管理费用和某些间接成本项目,如研究开发费用、广告宣传费用、职工培训费用等。这种费用的发生主要是为企业提供一定的专业服务,一般不能直接产生可以用货币计量的成果。投入量与产出量之间没有直接关系。酌量性成本的控制应着重于预算总额的审批上。

(四) 成本中心的特点

成本中心相对于其他责任中心如利润中心和投资中心有自身的特点,主要表现在:

1. 成本中心只考评成本费用而不考评收益。成本中心一般不具备经营权和销售权,其经济活动的结果不会形成可以用货币计量的收入,有的成本中心可能有少量的收入,但从整体上讲,其产出与投入之间不存在密切的对应关系。因而,这些收入不作为主要的考核内容,也不必计算这些货币收入。概括地说,成本中心只以货币形式计量投入,不以货币形式计量产出。

2. 成本中心只对可控成本承担责任。成本费用依其责任主体是否能控制分为可控成本与不可控成本。凡是责任中心能控制其发生及其数量的成本称为可控成本;凡是责任中心不能控制其发生及其数量的成本称为不可控成本。具体来说,可控成本必须同时具备以下四个条件:一是可以预计,即成本中心能够事先知道将发生哪些成本以及在何时发生;二是可以计量,即成本中心能够对发生的成本进行计量;三是可以施加影响,即成本中心能够通过自身的行为来调节成本;四是可以落实责任,即成本中心能够将有关成本的控制责任分解落实,并进行考核评价。凡不能同时具备上述四个条件的成本通常为不可控成本。属于某成本中心的各项可控成本之和即构成该成本中心的责任成本。从考评的角度看,成本中心工作成绩的好坏,应以可控成本作为主要依据,不可控成本核算只有参考意义。在确定责任中心的成本责任时,应尽可能使责任中心发生的成本成为可控成本。

成本的可控与不可控是以特定的责任中心和特定的时期作为出发点的,这与责任中心所处管理层次的高低、管理权限及控制范围的大小和经营期间的长短有直接关系。首先,成本的可控与否,与责任中心的权力层次有关。某些成本对于较高层次的责任中心或高级领导来说是可控的,对于其下属的较低层次的责任中心或基层领导而言,就可能是不可控的。反之,较低层次责任中心或基层领导的不可控成本,则可能是其所属较高层次责任中心或高级领导的可控成本。对企业来说,几乎所有的成本都是可控的,而对于企业下属各层次、各部门乃至个人来说,则既有各自的可控成本,又有各自的不可控成本。其次,成本的可控与否,与责任中心的管辖范围有关。某项成本就某一责任中心来看是不可控的,而对另一个责任中心可能是可控的,这不仅取决于该责任中心的业务内容,也取决于该责任中心所管辖的业务内容的范围。如产品试制费,从产品生产部门看是不可控的,而对研发部门来说就是可控的。但如果新产品试制也归口由生产部门负责进行,则试制费又成为了生产部门的可控成本。最后,某些从短期看属于不可控的成本,从较长的期间看又成为了可控成本。现有生产设备的折旧,在设备原价和折旧方法既定的条件下,该设备继续使用时,就具体使用它的部门来说,折旧是不可控的;但当现有设备不能继续使用,要用新的设备来代替它时,新设备的折旧则取决于设备更新所选用设备的价格及正常使用寿命,此时新设备的折旧又成为可控成本。

另外,在责任控制中,应尽可能把各项成本落实到各成本中心,使之成为各成本中心的可控成本。而对那些一时难以确认为某一特定成本中心的可控成本,则可以通过各种方式与有关成本中心协商,共同承担风险,借以克服由于风险责任或难以控制而产生的种种问题,避免出现相互推诿和扯皮现象。对确实不能确认为某一成本中心的成本费用,则由企业控制或承担。

值得说明的是,成本不仅可按可控性分类,也可按其他标志分类。一般说来,成本中心的变动成本大多是可控成本,而固定成本大多是不可控成本。但也不完全如此,还应结合有关情况具体分析。管理人员工资属固定成本,但其发生额可以在一定程度上为部门负责人所决定或影响,因而也可能作为可控成本;从成本的发生同各个成本中心的关系来看,各成本中心直接发生的成本是直接成本,其他部门分配的成本是间接成本,一般而言直接成本大多是可控成本,间接成本大多是不可控成本。尽管如此,也要具体情况具体分析,一个成本中心使用的固定资产所发生的折旧费是直接成本,但不是可控成本。从其他部门分配来的间接成本又可分为两类:一类是某些服务部门为生产部门提供服务,只为生产部门正常开展生产活动提供必要的条件,与生产活动本身并无直接联系,如人事部门所提供的服务;另一类是某些服务部门提供的服务是生产部门在生产中耗用的,可随生产部门的生产需要而改变,如动力电力部门提供的服务。一般而言,前一种间接成本属于不可控成本,后一种间接成本如果采用按各成本中心实际耗用量进行分配,就是各成本中心的可控成本。

(五) 成本中心的考核指标

成本中心的考核指标主要采用相对指标和比较指标,包括成本(费用)变动额和变动率两个指标,其计算公式为:

$$成本(费用)变动额 = 实际责任成本(费用) - 预算责任成本(费用)$$

$$成本(费用)变动率 = \frac{成本(费用)变动额}{预算责任成本(费用)} \times 100\%$$

式中的责任成本即某成本中心的各项可控成本之和。在对成本中心考核时,如果预算产量与实际产量不一致,应注意按弹性预算的方法先行调整预算指标,然后再按上述指标计算。

【例题 8-1】某企业内部某车间为成本中心,生产 A 产品,预算产量 6 000 件,单位成本100元,实际产量7 000件,单位成本95元。计算成本变动额和变动率。

成本变动额 = 95 × 7 000 - 100 × 7 000 = -35 000(元)

成本变动率 = [-35 000/(100 × 7 000)] × 100% = -5%

计算结果表明,该成本中心的成本降低额为35 000元,降低率为5%。

二、利润中心

(一)利润中心的含义

利润中心是指拥有产品或劳务的生产经营决策权,是既对成本负责又对收入和利润负责的责任中心,它有独立和相对独立的收入和生产经营决策权。利润中心往往处于企业内部的较高层次,如分公司、分厂、分店等,一般具有独立的收入来源或能够视同为一个有独立收入的部门,还具有独立的经营权。利润中心与成本中心相比,其权利和责任都相对较大,它不仅要降低成本,而且更要寻求收入的增长,并使之超过成本的增长。换言之,利润中心对成本的控制是联系着收入进行的,它强调相对成本的节约。

(二)利润中心的类型

利润中心分为自然利润中心和人为利润中心两种。

1. 自然利润中心。它是指可以直接对外销售产品并取得收入的利润中心。这种利润中心本身直接面对市场,具有产品销售权、价格制定权、材料采购权和生产决策权。它虽然是企业内部的一个部门,但其功能同独立企业相近。最典型的形式就是公司内部的事业部,每个事业部均有销售、生产、采购的机能,有很大的独立性,能独立地控制成本并取得收入。

2. 人为利润中心。它是指只对内部责任单位提供产品或服务,而取得"内部销售收入"的利润中心。这种利润中心一般不直接对外销售产品。成为人为利润中心应具备两个条件:一是该中心可以向其他责任中心提供产品或服务;二是能为该中心的产品确定合理的内部转移价格,以实现公平交易、等价交换。

工业企业的大多数成本中心都可以转化为人为利润中心。人为利润中心一般也应具备相对独立的经营权,即能自主决定本利润中心的产品或服务的种类、产品或服务的质量、作业方法、人员调配和资金的使用等。

(三)利润中心的成本计算

利润中心对利润负责,必然要考核和计算成本,以便正确计算利润,作为对利润中心业绩评价与考核的可靠依据。对利润中心的成本计算,通常有两种方式可供选择:

1. 利润中心只计算可控成本,不分担不可控成本,亦即不分摊共同成本。这种方式主要适应于共同成本难以合理分摊或无须进行共同成本分摊的场合,按这种方式计算出的盈利不是通常意义上的利润,而是相当于"边际贡献总额"。企业各利润中心的"边际贡献总额"之和减去未分配的共同成本,经过调整后才是企业的利润总额。采用这种成本计算方式的"利润中心",实质上已不是完整和原来意义上的利润中心,而是边际贡献中心。人为利润中心适合采取这种计算方式。

2. 利润中心不仅计算可控成本,也计算不可控成本。这种方式适合于共同成本易于合理分摊或不存在共同成本分摊的场合。这种利润中心在计算时,如果采用变动成本法,应先计算出边际贡献,再减去固定成本,才是税前利润;如果采用完全成本法,利润中心可以直接计算出税前利润。各利润中心的税前利润之和,就是整个企业的利润总额。自然利润中心适合采取这种计算方式。

(四) 利润中心的考核指标

利润中心的考核指标为利润,通过比较一定期间实际实现的利润与责任预算所确定的利润,可以评价其责任中心的业绩。但由于成本计算方式不同,各利润中心的利润指标的表现形式也不相同。

1. 当利润中心不计算共同成本或不可控成本时,其考核指标是利润中心边际贡献总额,该指标等于利润中心销售收入总额与可控成本总额(或变动成本总额)的差额。值得说明的是,如果可控成本中包含可控固定成本,就不完全等于变动成本总额。但一般而言,利润中心的可控成本是变动成本。

2. 而当利润中必计算共同成本或不可控成本,并采取变动成本法计算成本时,其考核指标包括:利润中心边际贡献总额;利润中心负责人可控利润总额;利润中心可控利润总额等。

$$\text{利润中心边际贡献总额} = \text{该利润中心销售收入总额} - \text{该利润中心变动成本总额}$$

$$\text{利润中心负责人可控利润总额} = \text{该利润中心边际贡献总额} - \text{该利润中心负责人可控固定成本}$$

$$\text{利润中心可控利润总额} = \text{该利润中心负责人可控利润总额} - \text{该利润中心负责人不可控固定成本}$$

因此,$$\text{公司利润总额} = \text{各利润中心可控利润总和之和} - \text{公司不可分摊的各种管理费用、财务费用等}$$

为了考核利润中心负责人的经营业绩,应针对经理人员的可控成本费用进行评价和考核。这就需要将各利润中心的固定成本区分为可控成本和不可控成本。这主要考虑有些成本费用可以划归、分摊到有关利润中心,却不能为利润中心负责人所控制,如广告费、保险费等。在考核利润中心负责人业绩时,应将其不可控的固定成本从中剔除。

【例题8-2】某企业的甲车间是一个人为利润中心,本期实现内部销售收入80万元,销售变动成本为55万元,该中心负责人可控固定成本为5万元,中心负责人不可控的且应由该中心负担的固定成本为7万元。

则该中心实际考核指标分别为:

利润中心边际贡献总额 = 80 - 55 = 25(万元)

利润中心负责人可控利润总额 = 25 - 5 = 20（万元）
利润中心可控利润总额 = 20 - 7 = 13（万元）

三、投资中心

（一）投资中心的含义

投资中心是指既对成本、收入和利润负责，又对投资效果负责的责任中心。投资中心同时也是利润中心，它与利润中心的区别主要有两个：一是权利不同，利润中心没有投资决策权，它只是在企业投资形成后进行具体的经营；而投资中心则不仅在产品生产和销售上享有较大的自主权，而且能够相对独立地运用所掌握的资产，有权构建或处理固定资产，扩大或缩减现有的生产能力。二是考核办法不同，考核利润中心业绩时，不联系投资多少或占用资产的多少，即不进行投入产出的比较；相反，考核投资中心业绩时，必须将所获得的利润与所占用的资产进行比较。

投资中心是最高层次的责任中心，它具有最大的决策权，也承担最大的责任。投资中心的管理特征是较高程度的分析管理。一般而言，大型集团所属的子公司、分公司、事业部往往都是投资中心。在组织形式上，成本中心一般不是独立法人；利润中心可以是、也可以不是独立法人；而投资中心一般是独立法人。

由于投资中心独立性较高，它一般应向公司的总经理或董事会直接负责。对于投资中心不应干预过多，应使其享有投资权和较为充分的经营权；投资中心在资产和权益方面应与其他责任中心划分清楚。如果对投资中心干预过多，或者其资产和权益与其他责任中心划分不清，出现互相扯皮的现象，也无法对其进行准确的考核。

（二）投资中心的考核指标

为了准确地计算各投资中心的经济效益，应该对各投资中心共同使用的资产划定界限；对共同发生的成本按适当的标准进行分配；各投资中心之间相互调剂使用的现金、存货、固定资产等均应计息清偿，实行有偿使用。在此基础上，根据投资中心应按投入产出之比进行业绩评价与考核的要求，除考核利润指标外，更需要计算和分析利润与投资额的关系性指标，即投资利润率和剩余收益。

1. 投资利润率。投资利润率又称投资收益率，是指投资中心所获得的利润与投资额之间的比率，可用于评价和考核由投资中心掌握、使用的全部净资产的获利能力：

其计算公式为：

$$投资利润率 = \frac{利润}{投资额} \times 100\%$$

投资利润率这一指标，还可进一步展开：

$$投资利润率 = \frac{销售收入}{投资额} \times \frac{成本费用}{销售收入} \times \frac{利润}{成本费用} = 资本周转率 \times 成本率 \times 成本费用利润率$$

以上公式中投资额是指投资中心的总资产扣除负债后的余额,即投资中心的净资产。所以,该指标也可以称为净资产利润率,它主要说明投资中心运用"公司产权"供应的每 1 元资产对整体利润贡献的大小,或投资中心对所有者权益的贡献程度。

为了考核投资中心的总资产运用状况,也可以计算投资中心的总资产息税前利润率。它是投资中心的息税前利润除以总资产占用额。总资产是指生产经营中占用的全部资产。因资金来源中包含了负债,相应分子也要采用息税前利润,它是利息加利润总额。投资利润率按总资产占用额计算,主要用于评价和考核由投资中心掌握、使用的全部资产的获利能力。值得说明的是,由于利润或息税前利润是期间性指标,故上述投资额或总资产占用额应按平均投资额或平均占用额计算。

投资利润率是广泛采用的评价投资中心业绩的指标,它的优点如下:一是投资利润率能反映投资中心的综合获利能力。从投资利润率的分解公式可以看出,投资利润率的高低与收入、成本、投资额和周转能力有关,提高投资利润率应通过增收节支、加速周转、减少投入来实现。二是投资利润率具有横向可比性。投资利润率将各投资中心的投入与产出进行比较,剔除了因投资额不同而导致的利润差异的不可比因素,有利于各投资中心经营业绩的比较。三是投资利润率可以作为选择投资机会的依据,有利于调整资产的存量,优化资源配置。四是以投资利润率作为评价投资中心经营业绩的尺度,可以正确引导投资中心的经营管理行为,使其行为长期化。由于该指标反映了投资中心运用资产并使资产增值的能力,如果投资中心资产运用不当,会增加资产或投资占用规模,降低利润。因此,以投资利润率作为评价与考核的尺度,将促使各投资中心盘活闲置资产,减少不合理资产占用,及时处理过时、变质、毁损资产等。

总的说来,投资利润率的主要优点是能促使管理者像控制费用一样地控制资产占用或投资额的多少,综合反映一个投资中心全部经营成果。但是该指标也有其局限性。一是世界性的通货膨胀,使企业资产账面价值失真、失实,以致相应的折旧少计,利润多计,使计算的投资利润率无法提示投资中心的实际经营能力。二是使用投资利润率往往会使投资中心只顾本身利益而对放弃对整个企业有利的投资机会,造成投资中心的近期目标与整个企业的长远目标相背离。各投资中心为达到较高的投资利润率,可能会采取减少投资的行为。三是投资利润率的计算与资本支出预算所用的现金流量分析方法不一致,不便于投资项目建成投产后与原定目标的比较。四是,从控制角度看,由于一些共同费用无法为投资中心所控制,投资利润率的计量不全是投资中心所能控制的,为了克服投资利润的某些缺陷,应采用剩余收益作为评价指标。

2. 剩余收益。剩余收益是一个绝对数指标,是指投资中心获得的利润扣减其最低投资收益后的余额。最低投资收益是投资中心的投资额(或资产占用额)按规定或预期的最低报酬率计算的收益。其计算公式如下:

$$剩余收益 = 利润 - 投资额 \times 预期的最低投资报酬率$$

如果预期指标是总资产息税前利润,则剩余收益计算公式应作相应调整,其计算公式如下:

剩余收益 = 息税前利润 - 总资产占用额 × 预期总资产息税前利润率

这里的预期最低报酬率或总资产息税前利润率通常是指企业为保证其生产经营正常、持续进行所必须达到的最低报酬水平。

以剩余收益作为投资中心经营业绩评价指标时,只要投资中心某项投资的利润,其投资利润率大于预期的最低投资报酬率(或者投资中心的总资产息税前利润率大于预期的最低总资产息税前利润率),那么该项投资便是可行的。

剩余收益指标具有两个特点:一是体现了投入与产出的关系。由于减少投资(或降低资产占用)同样可以达到增加剩余收益的目的,因而与投资利润率一样,该指标也可以用于全面评价与考核投资中心的业绩。二是避免本位主义。剩余收益指标避免了投资中心狭隘的本位倾向,即单纯追求投资利润率而放弃一些对企业整体有利的投资机会。以剩余收益作为衡量投资中心工作成果的尺度,投资中心将会尽量提高剩余收益,也就是说只要有利于增加剩余收益绝对额,投资行为就是可取的,而不只是尽量提高投资利润率。

投资利润率与剩余收益两个指标的差别可以举例说明如下:

【例题 8-3】某公司下设投资中心 A 和投资中心 B,该公司加权平均最低投资利润率为 10%,现准备追加投资。有关资料如表 8-1 所示。

表 8-1　　　　　　　　投资中心指标计算表　　　　　　　金额单位:万元

项目		投资额	利润	投资利润率	剩余收益
追加投资前	A	20	1	5%	1 - 20 × 10% = -1
	B	30	4.5	15%	4.5 - 30 × 10% = +1.5
	Σ	50	5.5	11%	5.5 - 50 × 10% = +0.5
向投资中心 A 追加投资 10 万元	A	30	1.8	6%	1.8 - 30 × 10% = -1.2
	B	30	4.5	15%	4.5 - 30 × 10% = +1.5
	Σ	60	6.3	10.5%	6.3 - 60 × 10% = +0.3
向投资中心 B 追加投资 20 万元	A	20	1	5%	1 - 20 × 10% = -1
	B	50	7.4	14.8%	7.4 - 50 × 10% = +2.4
	Σ	70	8.4	12%	8.4 - 70 × 10% = +1.4

根据表 8-1 中资料评价 A、B 两个投资中心的经营业绩可知:如以投资利润率作为考核指标,追加投资后 A 中心的利润率由 5% 提高到了 6%,B 中心的利润率由 15% 下降到了 14.8%,按此指标向 A 中心投资比向 B 中心投资好。

但如果以剩余收益作为考核指标,A 中心的剩余收益由原来的 -1 万元变成了 -1.2 万元,B 中心的剩余收益由原来的 1.5 万元增加到了 2.4 万元,由此应当向 B 中心投资。

如果对整个公司进行评价,就会发现向 A 中心追加投资时,全公司总体投资利润率由 11% 下降到 10.5%,剩余收益由 0.5 万元下降到 0.3 万元;而向 B 中心追加投资时,全公司总体投资利润率由11%上升到12%，剩余收益由0.5万元上升到1.4万元，这和已剩余收益指标评价各投资中心的业绩的结果一致。所以，以剩余收益作为评价指标可以保持各投资中心获利目标与公司总的获利目标达成一致。

在以剩余收益作为考核指标时，所采用的预期最低投资报酬率的高低对剩余收益的影响很大，通常可用公司的平均利润率（或加权平均利润率）作为基准收益率。

【例题8-4】 假定某公司的投资利润率如表8-2所示。

表8-2　　　　　　　甲、乙投资中心的相关信息表　　　　　金额单位：万元

投资中心	利润	投资	投资利润率
甲	150	1 000	15%
乙	90	1 000	9%
全公司	240	2 000	12%

假定甲投资中心面临一个投资机会，其投资额为1 000万元，可获利润130万元，投资利润率为13%，假定全公司预期最低平均投资利润率为12%。

要求：评价甲投资中心的这个投资机会。

解：若甲中心接受该投资，则甲、乙投资中心的相关数据重新计算如表11-3所示。

表8-3　　　　　　　甲、乙投资中心的相关数据计算表　　　　金额单位：万元

投资中心	利润	投资	投资利润率
甲	150+130=280	1 000+1 000=2 000	14%
乙	90	1 000	9%
全公司	370	3 000	12.3%

（1）用投资利润率指标衡量业绩。就全公司而言，接受投资后，投资利润率增加了0.3%，应该接受该项投资。但是，由于甲投资中心投资利润率下降了1%，该责任中心可能会不接受这项投资。

（2）用剩余收益指标衡量业绩：

$$甲责任中心接受新投资前的剩余收益 = 150 - 1\,000 \times 12\% = 30(万元)$$
$$甲责任中心接受新投资后的剩余收益 = 280 - 2\,000 \times 12\% = 40(万元)$$

所以，若以剩余收益衡量投资中心的业绩，则甲投资中心应该接受这项投资。

还须说明的是，随着市场竞争日趋激烈，市场销售工作也日趋重要。为了强化销售功能，加强收入管理，及时收回账款、控制坏账，不少企业还会设置以营销产品为主要职能的责任中心——收入中心。这种责任中心只对产品或劳务的销售收入负责，如公司所属的销售分公司或销售部。尽管这些从事销售的机构也发生销售费用，但由于其主要职能是进行销

售，因此以收入确定其经济责任更为恰当。对销售费用，可以采用简化的核算，只需根据弹性预算方法确定即可。

综上所述，责任中心根据其控制区域和权责范围大小，分为成本中心、利润中心和投资中心三种类型。它们各自不是孤立存在的，每个责任中心承担各自的经营管理责任。最基层的成本中心应就其经营的可控成本向其上层成本中心负责；利润中心应就其本身经营的收入、成本（含下层转来成本）和利润（或边际贡献）向投资中心负责；投资中心最终就其经营管理的投资利润率和剩余收益向总经理和董事会负责。所以，企业各种类型和层次的责任中心形成一个"连锁责任"网络，这就促使每个责任中心为保证企业总体的经营目标一致而运转。

【例题 8－5】某公司有三个业务类似的投资中心，使用同样的预算进行控制。本年有关数据如表 8－4 所示。

表 8－4　　　　　　　　甲、乙、丙三个投资中心的相关数据　　　　　　　　单位：万元

项　目	预算数	实际数		
		甲投资中心	乙投资中心	丙投资中心
销售收入	2 000	1 800	2 100	2 000
息税前利润	180	190	200	180
占用的总资产额	1 000	900	1 000	1 000

假设公司全部资金来源中有银行借款和普通权益两部分，两部分的比例是 4:6。其中银行借款有两笔：一笔借款 600 万元，期限两年，利率 6.02%；另一笔借款 1 000 万元，期限 5 年，利率 7.36%。两笔借款都是每年付息一次，到期还本。公司管理层利用历史数据估计的净资产的 β 系数为 1.2。公司适用的所得税税率为 33%，政府短期债券收益率是 4%，股票市场平均收益率是 12%。假设公司要求的最低利润率水平不低于公司的综合资金成本。

要求：评价三个投资中心的业绩。

解：

（1）首先计算综合资金成本，以便得到最低利润率指标。

① 计算权益资金的成本：

$R1 = 4\% + 1.2 \times (12\% - 4\%) = 13.6\%$

② 计算第一笔借款的成本：

$R2 = 6.02\% \times (1 - 33\%) = 4.03\%$

③ 计算第二笔借款的成本：

$R3 = 7.36\% \times (1 - 33\%) = 4.93\%$

④ 计算加权平均资本成本：

权益资本、第一笔借款、第二笔借款所占的比例分别是：

$60\%、40\% \times (600/1\,600) = 15\%、40\% \times (1\,000/1\,600) = 25\%$

综合资金成本 = 13.6% × 0.6 + 4.03% × 0.15 + 4.93% × 0.25 = 10%

（2）计算各投资中心的投资利润率指标和剩余收益指标：

① 计算投资利润率指标：

甲投资中心 = 甲投资中心息税前利润/甲投资中心总资产占用额 = 190/900 = 21.11%

乙投资中心 = 200/1 000 = 20%

丙投资中心 = 180/1 000 = 18%

② 计算剩余收益指标：

$$甲投资中心 = 甲投资中心息税前利润 - 甲投资中心总资产占用额 \times 最低利润率指标$$
$$= 190 - 900 \times 10\% = 100（万元）$$

乙投资中心 = 200 - 1000 × 10% = 100（万元）

丙投资中心 = 180 - 1000 × 10% = 80（万元）

通过比较三个责任中心的投资利润率指标和剩余收益指标得出，甲投资中心最好，乙次之，丙最差。

第三节 责任预算与业绩考核

一、责任预算

（一）责任预算的含义

责任预算是指以责任中心为主体，以可控成本、收入、利润和投资等为对象编制的预算。它是企业总预算的补充和具体化。

责任预算由各种责任指标组成。责任指标包括（1）主要指标：上述责任中心所涉及的考核指标，也是必须保证实现的指标；（2）其他指标：为保证主要指标的完成而设定的，或是根据企业其他总目标分解的指标，通常有劳动生产率、设备完好率、出勤率、材料消耗率和职工培训等指标。

（二）责任预算的编制

责任预算的编制程序有两种：一是责任中心为主体，将企业总预算在各责任中心之间层层分解而形成各责任中心的预算。它实质是由上而下实现企业总预算目标。这种自上而下、层层分解指标的方式是一种常用的预算编制程序。其优点是使整个企业浑然一体，便于统一指挥和调度；不足之处是可能会遏制责任中心的积极性和创造性。二是各责任中心自行列示各自的预算指标、层层汇总，最后由企业专门机构或人员进行汇总和调整，确定企业总预算。这是一种由上而下，层层汇总、协调的预算编制程序，其优点是有利于发挥各责任中心的积极性，但往往各责任中心只注意本中心的具体情况或多从自身利益角度考虑，容易造成彼此协调困难、冲击企业的总体目标。而且，层层汇总、协调，工作量大，协调难度大，影响预算质量和编制时效。

责任预算的编制程序与企业组织机构设置和经营管理方式有着密切关系。因此，在集权组织结构形式下，公司最高层管理机构对企业的所有成本、收入、利润和投资责任，既是利润中心，也是投资中心。而公司下属各部门、各工厂、各车间、各工段、各地区都是成本中心，它们只对其权责范围内控制的成本负责。因此，在集权组织结构形式下，首先要按照责任中心的层次，从上至下把公司总预算（或全面预算）逐层向下分解，形成各责任中心的责任预算；然后建立责任预算执行情况的跟踪系统，记录预算执行的实际情况，并定期由上至下把责任预算的实际执行数据逐层汇总，直到最高层投资中心。

在分权组织结构形式下，经营管理权分散在各责任中心，公司下属各部门、各工厂、各地区等与公司自身一样，可以视作利润中心，担负控制成本、提高收入和利润的责任。而在它们之下，还有许多只对各自所控制的成本负责的成本中心。在分权组织结构形式下，首先应该按照责任中心的层次，将公司总体预算从最高层向最低层逐级分解，形成各责任中心的责任预算；然后建立责任预算的跟踪系统，记录预算执行情况；定期从基层责任中心把责任成本和收入的实际情况，通过编制业绩报告逐级向上汇总。

二、责任报告

责任报告是对各个责任中心执行责任预算情况的系统概括和总结。责任报告亦称业绩报告、绩效报告，它是根据责任会计记录编制的反映责任预算实际执行情况、揭示责任预算与实际执行差异的内部会计报告。责任会计以责任预算为基础，对责任预算的执行情况进行系统的反映，将实际完成指标同预算目标对比，可以评价和考核各个责任中心的工作成果。责任中心的业绩评价和考核应通过编制责任报告来完成。

责任报告的形式主要有报表、数据分析和文字说明等。将责任预算、实际执行结果及其差异用报表予以列示是责任报告的基本形式。在揭示差异时，还必须对重大差异予以定量分析和定性分析。定量分析旨在确定差异的发生程度，定性分析旨在分析差异产生的原因，并根据这些原因提出改进建议。

在企业的不同管理层次上，责任报告的侧重点应有所不同。最低层次的责任中心的责任报告应当最详细，随着层次的升高，责任报告的内容应以更为概括的形式表现。这一点与责任预算的由上至下分解过程不同，责任预算由总括到具体，责任报告则是由具体到总括。责任报告应能突出产生差异的重要影响因素。为此，应突出重点，以便报告的使用者能把注意力集中到少数严重脱离预算的因素或项目上。

根据责任报告，可进一步对责任预算执行差异的原因和责任进行具体分析，以充分发挥反馈作用，以使上层责任中心和本责任中心对有关生产经营的活动实行有效的控制和调节，促使各个责任中心根据自身特点，卓有成效地开展有关活动实现责任预算。

为了编制各责任中心的责任报告，必须进行责任会计核算，即要以责任中心为对象组织会计核算工作，具体做法有两种：一种做法是由各责任中心指定专人把各中心日常发生的成本、收入以及各中心相互间的结算和转账业务记入单独设置的责任会计的编号账户内，然后根据管理需要，定期计算盈亏。因其与财务会计分开核算，称为"双轨制"。另一种做法是简化日常核算，不另设专门的责任会计账户，而是在传统财务会计的各明细账户内，为各责任中心分别设户进行登记、核算，这称为"单轨制"。

三、责任业绩考核

责任业绩考核是指以责任报告为依据，分析、评价各责任中心责任预算的实际执行情况，找出差距，查明原因，借以考核各责任中心工作成果，实施奖罚，促使各责任中心积极纠正行为偏差，完成责任预算的过程。

责任中心的业绩考核有狭义和广义之分。狭义的业绩考核仅指对各责任中心的价值指标，如成本、收入、利润以及资产占用等责任指标的完成情况进行考评。广义的业绩考评除这些价值指标外，还包括对各责任中心的非价值责任指标的完成情况进行考核。

1. 成本中心业绩考核。成本中心没有收入来源，只对成本负责，因而也只考核其责任成本。由于不同层次成本费用控制的范围不同，计算和考评的成本费用指标也不尽相同，层级越高计算和考评的指标越多，考核内容也越多。

成本中心业绩考核是以责任报告为依据，将实际成本与预算成本或责任成本进行比较，确定两者差异的性质、数额以及形成的原因，并根据差异分析的结果，对各成本中心进行奖罚，以督促成本中心努力降低成本。

2. 利润中心业绩考核。利润中心既对成本负责，又对收入和利润负责，在进行考核时，应以销售收入、边际贡献和息税前利润为重点进行分析、评价。特别是应通过一定期间实际利润与预算利润进行对比，分析差异及其形成原因，明确责任，借以对责任中心的经营得失和有关人员的功过做出正确评价和奖罚。

在考核利润中心业绩时，也只是计算和考评本利润中心权责范围内的收入和成本。凡不属于本利润中心权责范围内的收入和成本，尽管已由本利润中心实际收进或支付，仍应予以剔除，不能作为本利润中心的考核依据。

3. 投资中心业绩考核。投资中心不仅要对成本、收入和利润负责，还要对投资效果负责。因此，投资中心业绩考核，除收入、成本和利润指标外，考核重点应放在投资利润率和剩余收益两项指标上。

从管理层次看，投资中心是最高一级的责任中心，业绩考核的内容或指标涉及各个方面，是一种较为全面的考核。考核时通过将实际数与预算数的比较，找出差异，进行差异分析，查明差异的成因和性质，并据以进行奖罚。由于投资中心层次高、涉及的管理控制范围广、内容复杂，考核时应力求原因分析深入、依据确凿、责任落实具体，这样才可以达到考核的效果。

四、责任结算与核算

（一）内部转移价格

内部转移价格是指企业内部各责任中心之间进行内部结算和责任结转时所采用的价格

标准。

制定内部转移价格时,必须考虑全局性原则、公平性原则、自主性原则和重要性原则。全局性原则强调企业整体利益高于各责任中心利益,当各责任中心利益冲突时,企业和各责任中心应本着企业利润最大化或企业价值最大化的要求,制定内部转移价格。公平性原则要求内部转移价格的制定应公平合理,应充分体现各责任中心的经营努力或经营业绩,防止某些责任中心因价格优势而获得额外的利益,某些责任中心因价格劣势而遭受额外损失。自主性原则是指在确保企业整体利益的前提下,只要可能,就应通过各责任中心的自主竞争或讨价还价来确定内部转移价格,真正在企业内部实现市场模拟,使内部转移价格能为各责任中心所接受。重要性原则即内部转移价格的制定应当体现"大宗细,零星简"的要求,对原材料、半成品、产成品等重要物资的内部转移价格制定从细,而对劳保用品、修理用备件等数量繁多、价值低廉的物资,其内部转移价格制定从简。

内部转移价格的类型包括:

1. **市场价格**。市场价格是根据产品或劳务的市场价格作为基价的价格。采用市场价格,一般假定各责任中心处于独立自主的状态,可自由决定从外部或内部进行购销,同时产品或劳务有客观的市价可采用。

2. **协商价格**。协商价格也可称为议价,是企业内部各责任中心以正常的市场价格为基础,通过定期共同协商所确定的为双方所接受的价格。采用协商价格的前提是责任中心转移的产品应有在非竞争性市场买卖的可能性,在这种市场内买卖双方有权自行决定是否买卖这种中间产品。如果买卖双方不能自行决定,或当价格协商的双方发生矛盾而又不能自行解决,或双方协商定价不能导致企业最优决策时,企业高一级的管理层要进行必要的干预。协商价格的上限是市价,下限是单位变动成本,具体价格应由各相关责任中心在这一范围内协商议定。当产品或劳务没有适当的市价时,也只能采用议价方式来确定。通过各相关责任中心的讨价还价,形成企业内部的模拟"公允市价",作为计价的基础。

3. **双重价格**。双重价格就是针对责任中心各方面分别采用不同的内部转移价格所制订的价格。如对产品(半成品)的供应方,可按协商的市场价格计价;对使用方则按供应方的产品(半成品)的单位变动成本计价,其差额最终进行会计调整。之所以采用双重价格是因为内部转移价格主要是为了对企业内部各责任中心的业绩进行评价、考核,故各相关责任中心所采用的价格并不需要完全一致,可分别选用对责任中心最有利的价格为计价依据。双重价格有两种形式:①双重市场价格,就是当某种产品或劳务在市场上出现几种不同价格时,供应方采用最高市价,使用方采用最低市价;②双重转移价格,就是供应方按市场价格或议价作为基础,而使用方按供应方的单位变动成本作为计价的基础。

双重价格的好处是既可较好满足供应方和使用方的不同需要,也能激励双方在经营上充分发挥主动性和积极性。

4. **成本转移价格**。成本转移价格就是以产品或劳务的成本为基础而制定的内部转移价格。由于成本的概念不同,成本转移价格也有多种不同形式,其中用途较为广泛的成本转移价格有三种:①标准成本,即以产品(半成品)或劳务的标准成本作为内部转移价格。它适用于成本中心产品或半成品的转移;②标准成本加成,即按产品(半成品)或劳务的标准成本加计一定的合理利润作为计价的基础；③标准变动成本，它是以产品（半成品）或劳务的标准变动成本作为内部转移价格，这种方式能够明确揭示成本与产量的关系，便于考核各责任中心的业绩，也利于经营决策，不足之处是产品（半成品）或劳务中不包含固定成本，不能反映劳动生产率变化对固定成本的影响，不利于调动各责任中心提高产量的积极性。

（二）内部结算

内部结算是指企业各责任中心清偿因相互提供产品或劳务所发生的、按内部转移价格计算的债权、债务。

按照结算的手段不同，可分别采取内部支票结算、转账通知单和内部货币结算等方式。

1. 内部支票结算方式。内部支票结算方式是指由付款一方签发内部支票通知内部银行从其账户中支付款项的结算方式。内部支票结算方式主要适用于收、付款双方直接见面进行经济往来的业务结算。它可使收付双方明确责任。

2. 转账通知单方式。转账通知单方式是由收款方根据有关原始凭证或业务活动证明签发转账通知单，通知内部银行将转账通知单转给付款方，让其付款的一种结算方式。转账通知单一式三联，第一联为收款方的收款凭证，第二联为付款方的付款凭证，第三联为内部银行的记账凭证。

这种结算方式适用于质量与价格较稳定的往来业务，它手续简便、结算及时，但因转账通知单是单向发出指令，付款方若有异议，可能拒付，需要交涉。

3. 内部货币结算方式。内部货币结算方式是使用内部银行发行的限于企业内部流通的货币（包括内部货币、资金本票、流通券、资金券等）进行内部往来结算的一种方式。

这一结算方式比银行支票结算方式更为直观，可强化各责任中心的价值观念、核算观念、经济责任观念。但是，它也带来携带不便、清点麻烦、保管困难等问题。所以，一般情况下，小额零星往来业务以内部货币结算，大宗业务以内部银行支票结算。

上述各种结算方式都与内部银行有关，所谓内部银行是将商业银行的基本职能与管理方法引入企业内部管理而建立的一种内部资金管理机构。它主要处理企业日常的往来结算和资金调拨、运筹，旨在强化企业的资金管理，更加明确各责任中心的经济责任，完善内部责任核算，节约资金使用，降低筹资成本。

（三）责任成本的内部结转

责任成本的内部结转又称责任转账，是指在生产经营过程中，对于因不同原因造成的各种经济损失，由承担损失的责任中心对实际发生或发现损失的责任中心进行损失赔偿的账务处理过程。

企业内部各责任中心在生产经营过程中，常常有这样的情况：发生责任成本的中心与应承担责任成本的中心不是同一责任中心，为划清责任，合理奖罚，就需要将这种责任成本相互结转。最典型的实例是企业内的生产车间与供应部门都是成本中心，如果生产车间所耗用的原材料是由于供应部门购入不合格的材料所致，则多耗材料的成本或相应发生的损失，应由生产车间成本中心转给供应中心负担。

责任转账的目的是为了划清各责任中心的成本责任,使不应承担损失的责任中心在经济上得到合理补偿。进行责任转账的依据是各种准确的原始记录和合理的费用定额。在合理计算出损失金额后,应编制责任成本转账表,作为责任转账的依据。

责任转账的方式有直接的货币结算方式和内部银行转账方式。前者是以内部货币直接支付给损失方,后者只是在内部银行所设立的账户之间划转。

各责任中心在往来结算和责任转账过程中,有时因意见不一致而产生一些责、权、利不协调的纠纷。为此,企业应建立内部仲裁机构,从企业整体利益出发对这些纠纷做出裁决,以保证各责任中心正常、合理地行使权力,保证其权益不受侵犯。

【本章小结】

本章阐述了财务控制的含义、特征与分类,介绍了成本中心、利润中心和投资中心的含义、类型、特点及考核指标。

财务控制是指按照一定的程序与方法,确保企业及其内部机构和人员全面落实和实现财务预算的过程。

责任中心是指承担一定经济责任,并享有一定权利和利益的企业内部(责任)单位。责任中心可划分为成本中心、利润中心和投资中心。

成本中心是指只对成本或费用负责的责任中心。成本中心的范围最广,只要有成本费用发生的地方,都可以建立成本中心,从而在企业形成逐级控制、层层负责的成本中心体系。成本中心的考核指标包括成本(费用)变动额和成本(费用)变动率两项指标。

利润中心是指既对成本负责又对收入和利润负责的区域,它有独立或相对独立的收入和生产经营决策权。利润中心的类型包括自然利润中心和人为利润中心两种。利润中心的考核指标包括:边际贡献总额、利润中心负责人可控利润总额和利润中心可控利润总额。

投资中心是指既对成本、收入和利润负责,又对投资效果负责的责任中心。投资中心是最高层次的责任中心,它拥有最大的决策权,也承担最大的责任。投资中心必然是利润中心,但利润中心并不都是投资中心。利润中心没有投资决策权,而且在考核利润时也不考虑所占用的资产。除考核利润指标外,投资中心主要考核能集中反映利润与投资额之间关系的指标,包括投资利润率和剩余收益。

责任预算是指以责任中心为主体,以可控成本、收入、利润和投资等为对象编制的预算。它是企业总预算的补充和具体化。

责任报告是对各个责任中心执行责任预算情况的系统概括和总结。责任报告亦称业绩报告、绩效报告,它是根据责任会计记录编制的反映责任预算实际执行情况,揭示责任预算与实际执行差异的内部会计报告。责任中心的业绩评价和考核应通过编制责任报告来完成。

责任业绩考核是指以责任报告为依据,分析、评价各责任中心责任预算的实际执行情况,找出差距,查明原因,借以考核各责任中心工作成果,实施奖罚,促使各责任中心积极纠正行为偏差,完成责任预算的过程。

【中英文对照专业名词及术语】

责任中心	Responsibly Center
费用中心	Expense Center
成本中心	Cost Center
利润中心	Profit Center
投资中心	Investment Center
转移价格	Transfer Price
剩余收益	Residual Income
投资利润率	Return on Investment
可控成本	Controllable Cost
业绩报告	Performance Report

复习思考题

1. 什么是责任中心？分为哪几类？
2. 成本中心和利润中心的业绩考核有什么不同？
3. 考核投资中心的主要指标有哪两个？如何计算？各有什么优缺点？
4. 什么是内部转移价格？内部转移价格包括哪几类？

练习题

1. 计算填列表1中用字母表示的项目：

表1　　　　　　　　　　　　　　　　　　　　　　　　　　　　　　　　单位：元

投资中心	甲	乙	丙	丁
销售收入	500 000	(F)	450 000	—
销售成本费用	480 000	(G)	(K)	—
利润	(A)	(H)	22 500	—
净资产平均占用额	(B)	100 000	90 000	—
资本周转率	(C)	3	(L)	4
销售成本率	(D)	(I)	(M)	80%
成本费用利润率	(E)	(J)	(N)	(P)
投资利润率	10%	24%	(O)	16%

2. 已知有三个不相关的公司，有关资料如表2所示。

表2　　　　　　　　　　　　　　　　　　　　　　　　　　　　　　　　　　　　　　　单位：元

	A公司	B公司	C公司
利润	36 000	840	4 000
净资产平均占用额	300 000	7 000	80 000
股东权益	250 000	6 000	65 000
规定的最低投资报酬率	10%	12%	8%

要求：

(1) 分别计算各公司的剩余收益。

(2) 说明如果现有一项可带来11%报酬率的投资机会，上述三家公司是否愿意进行投资？

3. 某公司下设甲、乙两个投资中心，部分资料如表3所示。

表3　　　　　　　　　　　　　　　　　　　　　　　　　　　　　　　　　　　　　　　单位：元

投资中心	甲中心	乙中心	总公司
息税前利润	100 000	450 000	550 000
经营总资产平均占用额	2 000 000	3 000 000	5 000 000
总公司规定的总资产息税前利润额	—	10%	—
总资产息税前利润率	5%	15%	11%
剩余收益	-100 000	150 000	50 000

现有两个追加投资的方案可供选择：第一，若甲中心追加投入1 000 000元经营资产，每年将增加80 000元息税前利润；第二，若乙中心追加投入2 000 000元经营资产，每年将增加290 000元息税前利润。假定资金供应有保证，剩余资金无法用于其他方面，暂不考虑剩余资金的机会成本。

要求：

(1) 列表计算甲中心追加投资后各中心的总资产息税前利润率和剩余收益指标及总公司新的总资产息税前利润率和剩余收益指标。

(2) 列表计算乙中心追加投资后各中心的总资产息税前利润率和剩余收益指标及总公司新的总资产息税前利润率和剩余收益指标。

(3) 根据总资产息税前利润率指标，分别从甲、乙中心和总公司的角度评价上述追加投资方案的可行性，并据此评价该指标。

(4) 根据剩余收益指标，分别从甲、乙中心和总公司的角度评价上述追加投资方案的可行性，并据此评价该指标。

第九章
财务报表分析

【本章学习目的】通过本章的学习,理解并掌握财务评价的基本指标体系,熟练分析和判断公司的偿债能力、营运能力、盈利能力及成长能力;通过对现金流量结构及收益质量的深入分析,查找企业财务管理中存在的问题,做出正确的评价结论。

【案例导引】

青岛海信电器股份有限公司[简称:海信电器]于1997年4月在上海证交所上市,是国内著名的家电上市公司。海信电器主要从事电视机、数字电视广播接收设备及信息网络终端产品的研究、开发、制造与销售,拥有中国最先进的数字电视机生产线,年彩电产能1 610万台,是海信集团经营规模最大的控股子公司。40年多来,海信电视赢得了社会各界的普遍赞誉。2008年,海信以技术创新和稳健经营方面的突出表现,被中宣部和发改委评为2008年十大国有企业典型之一,在中国电子行业中海信是唯一一家获此殊荣的厂家;2009年11月,海信电器以突出的经营业绩、良好的成长性连续两年摘取了"中国证券市场金鹰奖"。表9-1是该公司2008~2010年的经营业绩资料。

表9-1   2008~2010年海信电器经营业绩资料   单位:万元

项目	2010年年末	2009年年末	2008年年末
资产总额	1 249 404.32	1 034 309.83	591 375.55
负债总额	669 163.12	531 197.52	283 731.72
货币资金	243 690.65	219 831.45	67 579.93
应收账款	82 170.41	63 396.83	51 556.07
其他应收款	1 441.67	929.01	1 767.81
流动负债合计	666 570.93	524 686.78	274 070.28
流动比率	1.64	1.69	1.74
速动比率	1.25	1.24	1.30
存货周转率	7.12	8.31	6.80

续表

项　　目	2010 年年末	2009 年年末	2008 年年末
应收账款周转率	29.21	32.02	21.20
总资产周转率	1.86	2.26	2.20
股东权益	567 317.18	490 708.21	295 918.66
资产负债率	53.56	51.36	47.98
负债权益率	86.71	94.71	108.4
股东权益率	45.41	47.44	50.04
主营业务收入	1 977 377.93	1 708 835.97	1 232 795.79
主营业务成本	1 615 221.26	1 368 605.87	1 001 930.33
营业收入	1 615 221.26	1 840 655.48	1 340 710.14
营业成本	1 757 615.56	1 490 456.70	1 102 574.13
营业利润	90 552.80	46 910.03	20 515.02
利润总额	97 940.17	61 422.86	26 897.67
净利润	83 490.54	49 822.93	22 496.88
销售毛利率	17.34	19.03	17.76
净资产收益率	14.7170	10.1530	7.6000
每股收益	0.9630	0.6730	0.4600
每股净资产	6.5460	8.4900	5.9900
每股经营现金流量	0.6453	0.6316	0.4402
每股现金净流量	0.2753	2.6352	0.1091

资料来源：海信电器 2008～2010 年年报，www.sse.com.cn。

利用上述财务指标和相关经济资料对海信公司财务情况进行分析，并进行简要说明；通过财务状况的分析你认为哪些方面应该改进？

第一节　财务报表分析概述

随着市场经济的发展，企业的经营活动日趋多元化，企业结构日益复杂。通过财务报表分析，有效地利用财务数据信息实现正确的经营决策显得尤其重要。有效的财务报表分析，能确保财务预测、计划、决策和控制的准确性；能正确评价财务活动，考核财务业绩和挖掘内部潜力、提高经济效益。

一、财务报表分析的概念

一般认为，财务报表分析产生于 19 世纪末 20 世纪初。最早的财务报表分析主要是为银行服务的信用分析。资本市场形成后，随着筹资范围的扩大，非银行的贷款人和股权投资人增加，投资人要求的信息更加广泛，财务报表分析的思想与方法也开始应用于投资领域，形成了比较完善的外部分析体系。公司组织发展起来以后，财务报表分析由外部分析扩大到内部分析，以帮助公司经营者改善盈利能力和偿债能力，并为改善内部管理服务。

财务报表分析是以财务报表和其他资料为依据和起点，采用专门方法，系统分析和评价企业过去和现在的经营成果、财务状况及其变动状况，目的是了解过去、评价现在、预测未来、帮助利益关系集团改善决策。财务报表分析的基本功能，是将大量的报表数据转换成对特定决策有用的信息，减少决策的不确定性。正确理解财务报表分析，应注意以下几点：

1. 财务报表分析的起点是财务报表。财务报表分析的起点是财务报表，分析使用的数据大部分来源于公开发布的财务会计报表。因此财务报表分析的前提是正确理解会计报表。

2. 财务报表分析是个认识过程。财务报表分析把整个财务报表的数据分成不同的部分和指标，并找出有关指标的关系，以达到认识企业的偿债能力、盈利能力和抵抗风险能力的目的。但财务报表分析通常只能发现问题而不能提供解决问题的现成答案，只能做出评价而不能改善企业的状况；它能指明需要详细调查和研究的项目，这些调查和研究会涉及经济、行业、本企业的其他补充信息。

3. 财务报表分析的结果是对企业的偿债能力、营运能力、盈利能力、成长能力和抵抗风险能力做出评价或找出存在的问题，不能解决问题。

二、财务报表分析的步骤

财务报表分析一般包括以下几步：

1. 确定财务报表分析的范围并搜集有关的资料。财务报表分析的范围取决于财务报表分析的目的，它可以是企业经营活动的某一方面，也可以是企业经营活动的全过程。如债权人可能只关心企业偿还债务的能力，不必对企业经营活动的全过程进行分析；而企业的经营管理者则需进行全面分析。财务报表分析的范围决定了所要搜集的经济资料的数量。范围小，所需资料也少，全面的财务报表分析，则需要搜集企业各方面的经济资料。

2. 选择适当的分析方法进行对比，做出评价。财务报表分析的目的和范围不同，所选用的分析方法也不同。常用的财务报表分析方法有比率分析法、比较分析法等，这些方法各有特点，在进行财务报表分析时可以结合使用。局部的财务报表分析，可以选择其中的一种方法；全面的财务报表分析，则应综合运用各种方法，以便进行对比，做出客观全面的评价。利用这些分析方法，可以比较分析企业的有关财务数据、财务指标，对企业的财务状况进行评价。

3. 通过因素分析抓住主要矛盾。通过财务报表分析，可以找出影响企业经营活动和财务状况的各个因素。在诸多因素中，有的是有利因素，有的是不利因素；有的是外部因素，有的是内部因素。在进行分析时，必须抓住主要矛盾，即影响企业生产经营活动财务状况的主要因素，然后才能有的放矢，提出相应的方法，做出正确的决策。

4. 为经济决策提供各种建议。财务报表分析的最终目的是为经济决策提供依据。通过上述比较分析，可以提出各种方案，权衡各种方案的利弊得失，从中选出最佳方案，做出经济决策。这个过程也是一个信息反馈过程,决策者可以通过财务报表分析总结经验,吸取教训,以改进工作。

三、财务报表分析的目的

财务报表分析的目的受财务分析主体和财务分析服务对象的制约,不同的财务分析主体进行财务分析时,分析目的和关心的问题不同。财务分析从分析主体看,包括投资者进行的财务分析、经营者进行的财务分析、债权者进行的财务分析以及其他相关经济组织或个人进行的财务分析;财务分析从其服务对象来看,也主要是投资者、经营者和债权者。因此,财务分析的目的可分为以下几类:

1. 投资者。投资者是指公司的权益投资人即普通股东。普通股东投资于公司的目的是扩大自己的财富,他们关心偿债能力、收益能力以及风险等。投资人为决定是否投资,要分析企业资产和盈利能力;在考查经营者业绩时,要分析资产盈利水平、破产风险和竞争能力;在决定股利分配政策时,要分析筹资状况;在决定是否转让股份时,要分析盈利状况、股价变动和发展前景。

2. 债权人。债权人关心企业是否具有偿还债务的能力。债权人在决定是否给企业贷款时,要分析贷款的报酬和风险;为了了解债务人的短期偿债能力,要分析其流动状况;为了了解债务人的长期偿债能力,要分析其盈利状况;在决定是否出让债权时,要评价其价值。

3. 经理人员。经理人员是指被所有者聘用的、对公司资产和负债进行管理的个人组成的团体,有时称为"管理当局"。经理人员为改善经营决策而进行财务分析,涉及的内容最广泛,几乎包括外部使用人及利益相关者关心的所有问题。

4. 企业员工。企业员工要通过分析判断企业的盈利与员工的收入、保险和福利之间是否相适应。

5. 政府有关部门。政府有关部门是公司财务报表的使用人,包括税务部门、国有企业的管理部门、证券管理机构、会计监管部门和社会保障部门等。他们使用财务报表是为了履行自己的监督管理职责。如税务部门通过财务报表分析了解企业纳税情况等。

6. 供应商。供应商通过财务报表分析看企业是否能长期合作;了解销售信用水平如何;是否应对企业延长付款期。

尽管不同的利益主体侧重点不一样,但具体来看,财务报表分析的目的一般可概括为三个方面:一是评价过去的经营业绩;二是衡量现在的财务状况;三是预测未来的发展趋势。

四、财务报表分析的一般方法

财务报表分析的方法灵活多样,随分析对象、企业实际情况和分析者的不同而存在差异。这里仅介绍两种常用的分析方法:比较分析法和因素分析法。

(一)比较分析法

比较分析法,是将同一企业不同时期的财务状况或不同企业之间的财务状况进行比较,对两个或几个有关的可比数据进行对比,从而揭示企业财务状况存在的差异和矛盾的分析方法。常用的指标评价标准可分为行业标准、目标标准和历史标准。

1. 按比较对象分类。

（1）趋势分析。与本企业历史比，即不同时期（两期或多期）指标相比。通过对比分析可以确定不同时期的差异，以分析研究企业生产经营活动变动的规律，并根据这种规律来预测今后的发展趋势。

（2）横向比较。与同类企业比，即与行业平均数或竞争对手比较。通过横向对比，可以确定本企业与先进企业在经营管理上的差距，客观地评价企业的工作，并能促使企业学习先进，挖掘潜力，消除差距，以提高财务管理水平，提高经济效益。

（3）差异分析。与计划预算比，即实际执行结果与计划指标比较。通过对比可以确定实际指标与预期指标的差异，分析预期指标的完成情况。

2. 按比较内容分类。

（1）比较会计要素的总量。总量是指报表项目的总金额，例如总资产、净资产、净利润等。总量比较主要用于时间序列分析，有时也用于同业对比，看企业的相对规模和竞争地位。

（2）比较结构百分比。把利润表、资产负债表、现金流量表转换成百分比报表。结构百分比报表用于发现有显著问题的项目，揭示进一步分析的方向。

（3）比较财务比率。财务比率揭示各会计要素的相互关系及其内在联系。比率是相对数，排除了规模的影响，使不同比较对象建立起可比性。财务比率的计算是比较简单的，但对它加以说明和解释相当复杂。

采用比较分析法应注意：实际财务指标与指标评价标准的经济内涵必须相同；实际财务指标与指标评价标准的计算期间必须保持一致；实际财务指标与指标评价标准的计算方法必须可比。

（二）因素分析法

因素分析法，是指利用各种因素之间的依存关系，依次测定各种因素的变动对综合性财务指标影响程度的分析方法。在企业的经营活动过程中，财务指标具有高度的综合性，一种财务指标的变动往往是由于多种因素共同影响的结果。因此在财务报表分析时，不能仅仅满足于财务指标的对比，作一般性的分析评价，而需要分析财务指标中有关因素的影响程度。因素分析法有连环替代法和差额计算法两种。

1. 连环替代法。连环替代法是指将影响财务指标的有关因素进行分解，测定每一因素对财务指标影响程度的分析方法。其特点是：在测定某一经济指标的各个因素的影响时，首先要以基期指标为基础，把各个因素的基期按照一定顺序依次以实际数来替代，每替代一个，就得出一个新的结果。在替代第一个因素时，要假定其他因素不变，即保持基期水平。在按顺序逐个替代其他因素时，要在已替代过的因素的实际数基础上进行，其余尚未替代过的因素，仍保持基期水平。如此替代下去，最后一次替代指标是实际指标。将每次替代后的指标与该因素未替代前的指标相比较，两者的差额就是某一因素的影响程度。将各个因素的影响数相加，就是实际指标与基期指标之间的总差异。该差异就是各种因素对所分析财务指标的影响程度。

(1) 连环替代法的计算程序。第一，确定影响财务指标变动的各个因素，并按照各因素之间的依存关系编制分析公式；第二，按照分析公式所列因素顺序，依次用各因素的实际数值替换其预计数值或基期数值，有几个因素就替换几次，每次替换后要分别计算出每个因素的变动结果；第三，将每次替换所得的结果与上次替换的结果相比较，其差额就是被替换因素的影响程度；第四，将各个因素变动对财务指标的影响数相加，其和就是被分析指标实际数值与预计数值或基期数值的差异。

【例题9-1】东方股份有限公司2007年12月份生产A产品，耗用材料总额资料如表9-2所示。

表9-2　　　　　　　　　A产品耗用材料总额分析表　　　　　　　　2007年12月

项　目	计量单位	预计数	实际数	差异
产量	件	600	620	+20
单位产品材料耗用量	千克	30	29	-1
材料单价	元	10	10.1	+0.1
耗用材料总额	元	180 000	181 598	1 598

用连环替代法分析各有关因素对A产品耗用材料总额的影响程度如下：

分析公式：耗用材料总额 = 产量 × 单位产品耗用量 × 材料单价

算式：预计耗用材料总额 = 600 × 30 × 10 = 180 000（元）；

替代产量：620 × 30 × 10 = 186 000（元）；

替代单位产品材料耗用量：620 × 29 × 10 = 179 800（元）；

替代材料单价：620 × 29 × 10.1 = 181 598（元）；

替代产量影响耗用材料总额：186 000 - 180 000 = 6 000（元）；

替代单位产品材料耗用量影响耗用材料总额 = 179 800 - 186 000 = -6 200（元）；

替代材料单价影响耗用材料总额 = 181 598 - 179 800 = 1 798（元）；

全部因素影响耗用材料总额 = 6 000 - 6 200 + 1 798 = 1 598（元）。

结论：由于产量增加使耗用材料总额增加了6 000元；单位产品材料耗用量节约了1千克，使耗用材料总额减少了6 200元；材料单位价格上涨了0.1元，使耗用材料总额增加了1 798元。由此可见，今后降低A产品耗用材料的主要途径是降低材料采购成本，从而降低材料单位。

(2) 运用连环替代法应遵循的原则。使用因素分解法时，不仅因素要确定准确，并且因素排列顺序也不能交换，因为按不同因素排列顺序计算出来的结果是不同的。那么，如何确定正确的替代顺序呢？传统的方法认为，在数量因素与质量因素同时存在时，应先替代数量因素，后替代质量因素；在只有数量因素或只有质量因素时，应先替代有利因素。另外，也有学者提出按照重要性排列，即先替代主导因素，而后替代次要因素。然而，无论是何种方法，均缺乏坚实的理论基础。一般而言，替代顺序在前的因素对经济指标影响的程度受其他因素影响较小,替代顺序在后的因素含有其他因素共同作用的成分,因此将对分析指标影响较大并且能明确责任的因素放在前面可能要好一些。

2. 差额计算法。差额计算法是连环替代法的简化形式,是指利用各个因素的实际数值与预计数值或基期数值的差额,在其他因素假定不变的条件下,测定该因素对财务指标影响程度的分析方法。

根据上例,用差额分析法分析各有关因素对耗用材料总额的影响程度:

替代产量因素影响耗用材料总额 = (620 – 600) × 30 × 10 = 6 000(元);

替代单位产品材料耗用量影响耗用材料总额 = 620 × (29 – 30) × 10 = –6 200(元);

替代材料单价影响耗用材料总额 = 620 × 29 × (10.1 – 10) = 1 798(元);

全部因素影响耗用材料总额 = 6 000 – 6 200 + 1 798 = 1 598(元)。

用差额计算法的结果与连环替代法计算的结果完全相同,而且差额计算法的计算却较为简便。应当指出,应用连环替代法应注意的问题,在应用差额计算法时同样要注意;除此之外,还应注意的是并非所有的连环替代法都可按上述差额计算法的方式进行简化,特别是在各影响因素之间不是连乘的情况下,运用差额计算法必须谨慎。

五、财务报表分析的局限性

财务报表分析是企业财务管理中不可缺少的重要组成部分。但是财务报表分析的结果不一定绝对准确,有时甚至与实际相去甚远,这是财务报表分析的局限性造成的。

(一) 财务报表本身的局限性

财务报表分析的基础是会计报表。会计报表是会计的产物,会计有特定的假设前提,并要执行统一的规范。因此,只能按规定意义使用报表数据,不能认为报表揭示了企业的全部实际情况。财务会计报表的局限性表现在以下几个方面:第一,历史成本报告资产,不代表其现行成本或变现价值;第二,假设币值不变,不按通货膨胀率或物价水平调整;第三,稳健原则要求预计损失而不预计收益,有可能夸大费用,少计收益和资产;第四,按会计年度分期报告,只报告了短期信息,不能提供反映长期潜力的信息。

(二) 会计报表的真实性问题

应当说,只有真实的财务报表,才有可能得出正确的分析结论。财务报表分析通常假设报表是真实的。报表的真实性问题需要靠审计来解决。财务报表分析虽然不能解决报表的真实性问题,但财务报表分析人员通常对以下问题特别关注:第一,要注意财务报告是否规范,不规范的报告,其真实性也应当受到怀疑;第二,要注意财务报告是否有遗漏,遗漏是违背充分披露原则的,遗漏很可能是在不想讲真话、也不能说假话的情况下形成的;第三,要注意审计报告的意见及注册会计师的信誉等。

(三) 企业会计政策的不同选择影响可比性

对同一会计事项的账务处理,会计准则允许使用几种不同的规则和程序,企业可以自行选择。例如，存货计价方法、折旧方法、所得税费用的确认方法等。虽然财务报表附注对会计政策有一定的表述，但会计报表使用者不一定有能力完成可比性的调整工作。

（四）比较基础问题

在比较分析时，必须要选择比较基础作为评价本企业当期实际数据的参照标准，包括本企业历史数据、同业数据和计划预算数据。

第二节 基本财务比率分析

财务报表中有大量的数据，可以组成许多有意义的财务比率。这些比率涉及企业经营管理的各个方面。主要包括偿债能力比率分析、营运能力比率分析、盈利能力比率分析、发展能力比率分析和现金流量分析。

为了便于说明，本节各项财务比率的计算将主要用 AB 公司作为实例，该公司的资产负债表、利润表如表 9-3 和表 9-4 所示。

表 9-3　　　　　　　　　　　资产负债表

编制单位：AB公司　　　　　　2007年12月31日　　　　　　　　单位：万元

项　　目	年末数	年初数	项　　目	年末数	年初数
货币资金	1 989.42	274.57	短期借款	7 850.00	8 900.00
交易性金融资产	400.09	300.09	交易性金融负债	0.00	0.00
应收票据	0.00	0.00	应付票据	0.00	0.00
应收股利	0.00	0.00	应付账款	311.95	404.74
应收利息	0.00	0.00	预收账款	636.79	1 383.64
应收账款	243.43	739.81	应付职工薪酬	37.08	21.45
其他应收款	10 092.89	10 297.54	应付股利	0.00	0.00
预付账款	632.85	1 447.36	应付利息	0.00	0.00
存货	1 162.79	1 395.79	其他应付款	5 047.83	5 108.85
待处理流动资产净损失	219.68	125.30	应交税费	35.07	67.53
其他流动资产	263.13	65.97	一年内到期非流动负债	0.00	0.00
流动资产合计	15 004.26	9 646.42	其他流动负债	1.57	2.94
长期股权投资	3 269.65	2 912.44	流动负债合计	13 920.31	15 889.14
固定资产原价	420.86	593.86	长期借款	800	800
减：累计折旧	223.40	373.75	应付债券	0.00	0.00

续表

项　　目	年末数	年初数	项　　目	年末数	年初数
固定资产净值	197.46	220.20	长期应付款	0.00	0.00
工程物资	0.00	0.00	递延所得税负债	0.00	0.00
在建工程	0.00	0.00	其他非流动负债	0.00	0.00
固定资产清理	0.00	0.00	非流动负债合计	0.00	0.00
固定资产合计	197.46	220.11	负债合计	14 720.31	16 689.14
无形资产	1 499.75	1 535.48	*少数股东权益	90	90
长期待摊费用	0.00	0.00	实收资本（股本）	5 057.32	5 057.32
固定资产改良支出	0.00	0.00	资本公积	932.14	50.83
其他长期资产	0.00	0.00	盈余公积	770.57	770.57
无形及其他资产合计	1 499.75	1 535.48	未分配利润	-1 599.22	-3 343.41
递延所得税资产	0.00	0.00	所有者权益合计	5 160.81	2 535.32
资产总计	19 971.13	19 391.45	负债和所有者权益总计	19 971.13	19 391.45

表 9-4　　　　　　　　　　　　　利　润　表

编制单位：AB 公司　　　　　　　　2007 年度　　　　　　　　　　　　单位：万元

项　　目	本年实际数	上年实际数
一、营业收入	13 038.05	12 630.42
减：营业成本	12 730.27	12 272.38
营业税金及附加	5.74	22.96
销售费用	158.37	68.85
管理费用	2 181.39	5 754.51
财务费用	-0.47	97.00
资产减值损失	0.00	0.00
加：公允价值变动损益（亏损以"-"号填列）	438.11	205.74
投资收益（损失以"-"号填列）	3 374.23	5 450.44
二、营业利润（亏损以"-"号填列）	1 779.34	70.90
加：营业外收入	6.63	1.09
减：营业外支出	41.55	0.16
三、利润总额（亏损总额以"-"号填列）	1 744.41	71.86
减：所得税费用	0.220	0.44
四、净利润（净亏损以"-"号填列）	1 744.19	71.42

一、短期偿债能力比率分析

企业偿债能力是企业生存和发展的基础,是评价企业持续经营能力的重要依据。对企业进行偿债能力分析,一方面有利于债权人关注债权的安全程度;另一方面,促使企业关注自身的债务结果,确保所有债务能够按期支付,避免企业陷入因债务危机而引发清算或破产的风险。

概括而言,企业偿债能力比率的内容主要包括企业短期偿债能力比率和长期偿债能力比率。

短期偿债能力是指企业偿还流动负债的能力,或者是指企业在短期债务到期时可以变现为现金用于偿还流动负债的能力。常见的评价指标包括流动比率、速动比率等。

(一)流动比率

1. 流动比率的定义。流动比率是反映企业短期债务支付能力的重要指标,是通过企业一定时期流动资产总额与流动负债总额之间的比例关系来计算的,计算公式为:

$$流动比率 = \frac{流动资产}{流动负债} \quad \text{式}(9-1)$$

其中:分子的流动资产数据来源于资产负债表中的流动资产合计数,分母来源于资产负债表中流动负债的合计数。

根据式(9-1)并结合表9.3数据,计算AB公司2007年末的流动比率。

$$流动比率 = \frac{15\,004.26}{13\,920.31} = 1.08$$

2. 流动比率的分析。理论上认为,该指标一般维持在2:1比较合适,它表明了企业财务状况稳定可靠,除了能够满足企业日常生产经营活动的流动资金所需外,还有足够的财力支付企业的短期债务。人们长期以来的这种认识,因其未能从理论上证明,还不能成为一个统一标准。上例说明,该公司的每1元流动负债有1.08元流动资产作保障,理论上讲,该公司流动比率较低,短期债务支付能力较差。

此外,在分析流动比率时还应注意:流动比率只有和同行业平均流动比率、本企业历史流动比率进行比较,才能对其合适度进行判断。这种比较通常并不能说明流动比率为什么高或低,要找出过高或过低的原因还必须分析流动资产和流动负债所包含的内容以及经营上的因素。

最后,流动比率反映企业短期偿债能力,仅仅是一个粗略的估计,它没有考虑到流动资产各项目的流动性。而流动资产中各项目的流动性并不是一样的,主要是存货、预付账款、待摊费用不一定能立即变现,所以要更准确地计算企业偿还短期债务的能力,应扣除这些因素,即利用速动比率作进一步分析。

(二)速动比率

流动比率指标在一定程度上能够反映企业短期债务的支付能力,但是由于企业的流动资产中不仅包括变现速度较快的货币资金、交易性金融资产等流动资产项目，也包括容易产生损失的往来款（如应收账款等）和存货项目，这些项目虽然作为流动资产可以提升企业短期债务能力的评价，但由于受变现速度的影响，计算的流动比率可能会高估企业的短期债务支付能力。所以，为弥补不足，在分析企业短期债务支付能力时，用速动比率进行修正。

1. 速动比率的定义。速动比率是企业"速动资产"与流动负债之间的比率关系。因此，解决速动比率问题，关键在于确定速动资产的范围。企业的"速动资产"包括货币资金、交易性金融资产和各种应收、预付款等，可以在短时间变现。因此，其计算公式为：

$$速动比率 = \frac{速动资产}{流动负债} \qquad 式（9-2）$$

在实际工作中，由于非速动资产中存货所占的比重较大，因此有时简化计算，将速动资产简化为：

$$速动资产 = 流动资产合计数 - 存货$$

上述公式中的数据来源同流动比率，都是源于资产负债表的相关项目，只不过对分子进行了修正。实质上是对流动比率存在的不足的修正或者补充，表示企业1元钱的流动负债有多少钱的速动资产作为偿债的保障。

2. 速动比率分析。与流动比率一样，速动比率在理论上也有一个国际认可的标准，该标准为100%，我国目前较好的企业一般在90%左右。一般情况下，该指标越高，企业短期债务的压力越小，企业发生债务的风险也越低；反之，企业短期债务支付压力较大。

根据式（9-2）并结合表9-3数据，计算AB公司2007年末的速动比率。

$$AB公司速动比率 = \frac{15\,004.26 - 1\,162.79}{13\,920.31} = 0.99$$

和流动比率的分析一样，企业的速动比率计算结果也需要综合考虑本企业和行业的比较以及本企业不同期间该指标的变动情况，以得出相对准确的判断结果。要注意的是：

（1）该指标并不是越高越好。与流动比率指标一样，速动比率指标越高，企业短期债务支付的压力越小，企业资产的盈利能力也会降低，对企业的长远发展是不利的。

（2）理论上认为，该指标一般维持在1:1比较合适，但该指标在具体运用时应结合企业的实际情况，如企业的生产经营周期。一般情况下，企业的生产经营周期越长，该指标应高一些；如果企业的生产经营周期较短，则该比例可以低一些。另一方面，行业结构和业务性质也是在分析该指标时应该重点考虑的因素之一。

二、长期偿债能力比率分析

和短期债务不同的是，企业长期债务的规模一般较小，偿还的期限较长；企业承担的长期债务，虽然短期偿还压力不大，但是在长期债务到期前，容易形成集中支付的压力，即通常意义上的"还债高峰"。衡量企业长期债务偿还能力的常见指标包括资产负债率、产权比率、有形净值债务率和利息保障倍数等。

（一）资产负债率

1. 资产负债率的定义。根据"资产＝负债＋所有者权益"，企业报告期末的资产来源有两部分：一是出资人投入企业资本形成；二是企业根据生产经营需要举债形成。资产负债率指标就是反映这种比率关系的一种财务指标，计算公式为：

$$资产负债率 = \frac{负债总额}{资产总额} \times 100\% \qquad 式（9-3）$$

根据式（9-3），计算 AB 公司 2007 年末资产负债率［公式中的数据来源分别为资产负债表（见表 9-3）中的资产合计数和负债合计数］。

$$资产负债率 = \frac{14\,720.31}{19\,971.13} \times 100\% = 73.71\%$$

这说明，AB 公司 2007 年末资产负债率为 73.71%，表明每 1 元的资产有 0.7371 元是通过负债形成的，因此负债比率较高。

2. 资产负债率的分析。资产负债率是反映企业资本结构的重要财务指标，也是银行等金融机构对企业是否提供贷款等的重要标准。资产负债率的高低一般反映企业财务风险的大小程度。资产负债率越高，企业的财务风险越大。一般情况下，该指标的标准一般在 50% 左右。具体分析时，需要结合企业所在的行业、产业以及盈利能力等因素进行分析。

资产负债率指标在分析时应注意的问题。

（1）资产负债率指标的运用范围问题。与流动比率、速动比率不同的是，企业的资产负债率指标主要用于长期债务支付能力的判断，而流动比率等主要用于短期债务的判断。

（2）资产负债率的高低是否合理要与企业的实际情况相结合进行判断。企业的资产负债率较高，一方面说明企业的经营风险较大，但另一方面也说明企业也在充分运用"财务杠杆"的作用。特别是在企业的资本回报率高于债务资本利率时，企业更应该充分利用债务资本加快企业的发展。

（3）企业经营者对风险的偏好程度等因素也会影响企业的资产负债率。一般情况下，企业经营者对风险比较厌恶，则有可能采取降低财务风险的措施；如果企业的经营者对风险比较偏好并且能够较好的控制风险，企业可能增加债务资本的比重。

（二）产权比率

1. 产权比率的定义。产权比率是企业负债总额与所有者权益之间的比率，它反映投资者（出资人）对债权人的保障程度，计算公式为：

$$产权比率 = \frac{负债总额}{所有者权益总额（股东权益）} \times 100\% \qquad 式（9-4）$$

根据式（9-4），计算 AB 公司 2007 年末产权比率。

$$产权比率 = \frac{14\,720.31}{5\,160.81} \times 100\% = 285.23\%$$

2. 产权比率的分析。一般认为，该指标 1∶1 最理想。该指标越低，表明企业长期债务的支付能力越强，债权人承担的债务风险越小，债权人也就越愿意向企业提供长期借款；而产权比率高，是高风险、高报酬的财务结构。和其他指标一样，在具体分析的时候，应结合行业和企业的历史水平进行综合判断。

AB 公司 2007 年末产权比率为 285.23%，失调现象严重，债务资本已经超过权益资本近 3 倍，对企业的债权人而言，无疑不是什么好消息。

（三）有形净值债务率

1. 有形净值债务率的定义。该项指标是根据企业负债总额和有形净资产的比率关系判断企业长期债务支付能力的财务指标，有形净值是股东权益减去无形资产净值后的净值，即股东具有所有权的有形资产的净值。计算公式为：

$$有形净值债务率 = \frac{负债总额}{股东权益 - 无形资产净值} \times 100\% \qquad 式（9-5）$$

2. 有形净值债务率分析。有形净值债务率指标实质上是产权比率指标的延伸。从企业资产的形态上，可以将资产分为有形资产和无形资产。一般情况下，无形资产的收益不确定性较大，依赖无形资产变现能力来判断企业长期债务的支付能力具有较大的不确定性，所以为较为准确地判断企业长期债务的支付能力，将资产总额中属于无形资产形成的净资产部分予以剔除；在企业陷入财务危机、面临破产等情况下，该指标在衡量企业长期债务偿还能力方面更具有现实意义，一般情况下，该指标越低，说明企业长期债务能力越强。

（四）利息保障倍数

1. 利息保障倍数的定义。债权人提供给企业的资金，除了需要安全收回本金外，另一个收益就是需要收取约定的利息，利息保障倍数指标就是衡量债权人利息安全程度的重要指标。

利息保障倍数指标是指企业经营业务收益与利息费用的比率，用以衡量偿付借款利息的能力，也叫已获利息倍数。其计算公式为：

$$利息保障倍数 = \frac{息税前利润}{利息费用} \qquad 式（9-6）$$

其中：息税前利润 = 报告期间企业的利润总额 + 利息费用。

2. 企业利息保障倍数的分析。企业利息保障倍数越高，说明企业支付利息的能力越强，企业对到期债务偿还的保障程度也就越高，从长期来看，该指标至少应大于 1；如果企业已获利息倍数过小，说明企业将面临亏损，偿债的安全性和稳定性将面临下降的风险。

需要说明的是,利息保障倍数只能从一个侧面说明企业支付利息的保障程度。该指标较高,并不意味着企业有足够的资金支付利息,而且反映在企业利润表上的利息费用,也不一定都是需要在本期予以支付的费用。

三、营运能力比率分析

企业的营运能力是指企业充分利用现有资源创造价值的能力。企业营运能力分析的主要对象是企业的营运资产,特别是企业的流动资产和固定资产。从财务指标上看,企业营运能力的衡量主要是通过营运资产的周转速度体现。通过对企业营运能力的分析,不仅可以评价企业资产的流动性,挖掘企业资产利用的潜力,还可以综合评价企业的偿债能力和盈利能力。

反映营运能力比率的主要指标有:应收账款周转率、存货周转率、营业周期、总资产周转率等。

(一) 应收账款周转率

企业的应收账款与销售收入密切相关,并基于企业的赊销活动形成,所以应收账款周转率的计算公式为:

$$应收账款周转率(次数) = \frac{赊销收入净额}{应收账款平均余额} \qquad 式(9-7)$$

其中: $$应收账款平均余额 = \frac{期初应收账款 + 期末应收账款}{2}$$

赊销收入净额① = 主营业务收入 - (现金销售收入 + 销售折扣与折让 + 销售退回)

和流动资产周转率一样,应收账款周转率(次数)也可以用周转天数来计算,应收账款的周转天数也称"应收账款账龄",是指企业自商品销售开始到收回货款的天数,公式为:

$$应收账款周转天数 = \frac{计算期天数}{应收账款周转率(次数)} \qquad 式(9-8)$$

其中:"计算期天数"取决于计算期的长短,年度财务会计报告分析中,计算期天数一般用360天。

应收账款周转率是反映企业应收账款变现速度快慢与管理效率高低的指标。一般情况下,应收账款周转率越高,说明企业赊销收入资金回笼速度较快,发生坏账的可能性较小,短期债务的偿还能力较强;反之,较低的应收账款周转率,一方面说明企业应收账款变现的

---

① 从理论上看,采用"赊销净额"可以保持比率计算分子分母口径的一致性。但由于现金销售部分数据不易获得,实务中多采用"销售净额"来计算应收账款周转率。即销售收入扣除销售退回与折让后的净额。

速度较慢，管理效率较低，更为重要的是，应收账款周转率越低，发生坏账的可能性越大。所以，企业应根据实际情况，制定合理的赊销政策，加强客户的信用管理，确保应收账款尽早收回。

根据式（9-8），计算 AB 公司 2007 年应收账款周转率。

$$应收账款周转率 = \frac{13\,038.05}{(739.81 + 243.43) \div 2} = 26.52（次）$$

（二）存货周转率

一般情况下，流动资产中有相当一部分属于存货资产，因此其周转速度的快慢，直接影响到企业流动资产利用效率的评价。和应收账款周转率不同的是，存货周转是基于销售成本而发生的，计算公式为：

$$存货周转率（次数）= \frac{销售成本}{存货平均额} \qquad 式（9-9）$$

其中：

$$存货平均额 = \frac{期初存货 + 期末存货}{2}$$

存货周转率也可以用周转天数来表示，计算公式为：

$$存货周转天数 = \frac{计算期天数}{存货周转率} \qquad 式（9-10）$$

其中："计算期天数"取决于计算期的长短，年度财务会计报告分析中，计算期天数一般用 360 天。

企业存货周转率指标不仅可以考核企业存货周转情况，还与企业的盈利能力直接相关。一定期间内，企业存货周转率高，表明企业存货发生积压的可能性较低，企业经营效率较高，在有效经营的条件下（坏账可能性较小），企业的盈利能力越强；反之，表明企业存货管理的效率低下，存货周转较慢，占用资金较多，一方面影响企业流动资金的周转，同时企业的利润率也较小。

根据式（9-9）、式（9-10），计算 AB 公司 2007 年存货周转率与存货周转天数。

$$存货周转率 = \frac{12\,730.27}{(1\,395.77 + 1\,162.79) \div 2} = 9.95（次）$$

$$存货周转天数 = \frac{360}{9.95} = 36.18（天）$$

该比率说明，该公司存货周转比率较快，周转天数基本正常。

对企业存货周转率的分析应注意以下几个问题：

（1）存货一般为实物资产，所以对存货周转率分析时，要和企业的存货管理水平结合起来，充分考虑企业因季节性变化等因素对存货周转率的影响。

（2）存货周转率合理性的判断标准：一是要结合企业历年生产经营情况中存货周转率情况并考虑到行业因素的影响；二是过低的存货周转率，一般反映企业生产经营过程中可能存在"积压存货"或"残次冷背"存货,这说明存货存在减值的可能;三是过高的存货周转率既可能是存货利用效率较高的表现,但同时也可能是存货不足导致的高存货周转率。

(3) 为进一步分析存货周转率对企业流动资产周转率的影响,根据重要性程度,可以对存货周转率作进一步的分解,分解的指标包括原材料周转率、产成品(库存商品)周转率等。

(三) 营业周期

营业周期是指从取得存货开始到销售并收回货款为止的时间,也是企业的生产经营周期。营业周期的长短对企业的生产经营有重要的影响:营业周期短,说明企业的资产利用效率高、资产变现能力强、财务风险低、债务支付能力强,盈利水平高;反之,企业营业周期长,说明企业的资产利用的效率低,资产变现能力差,财务风险高,盈利能力低。因此,营业周期的分析有利于企业发现影响营业周期的因素,并采取相应措施,在有效经营的条件下,尽可能缩短企业的营业周期,提高资产的利用效率和效果。其计算公式为:

$$营业周期 = 应收账款周转天数 + 存货周转天数 \qquad 式(9-11)$$

(四) 流动资产周转率

流动资产周转率,是指企业年产品(或商品)销售收入净额与流动资产平均余额的比率。即企业的流动资产在一定时期内(通常为一年)的周转次数。流动资产周转率是反映企业流动资产周转速度的重要指标。计算公式如下:

$$流动资产周转率 = \frac{销售收入}{平均流动资产总额} \qquad 式(9-12)$$

其中:
$$平均流动资产总额 = \frac{期初流动资产 + 期末流动资产}{2}$$

一般情况下,企业流动资产周转率(次数)越高,流动资产周转的速度越快,周转天数越短,表明企业相同的流动资产完成的周转率越高,企业流动资产的利用效率越高,使企业的偿债能力和盈利能力得到增强;反之,则表明企业流动资产的利用效率较低,经营活动能力较差。

根据式(9-12),计算 AB 公司 2007 年流动资产周转率。

$$流动资产周转率 = \frac{13\ 038.05}{(14\ 646.42 + 15\ 004.26) \div 2} = 0.88(次)$$

在实际分析时,企业流动资产周转率究竟合不合适,应结合企业历年的流动资产周转率水平和行业资料进行综合判断;另外,仅仅依靠流动资产周转率来发现企业流动资产经营过程中存在的问题也不现实,需要进一步分析流动资产具体构成项目的周转情况,才能较为准确地发现企业流动资产经营中存在的问题。

（五）固定资产周转率

固定资产周率是指销售收入净额与固定资产平均净值的比率。它是衡量固定资产利用效率的一项指标。计算公式如下：

$$固定资产周转率 = \frac{销售净额}{固定资产平均净值} \quad\quad 式（9-13）$$

$$固定资产平均净值 = \frac{期初固定资产净值 + 期末固定资产净值}{2} \quad\quad 式（9-14）$$

一般地，固定资产周转率高，表明企业固定资产利用充分，同时也表明企业固定资产投资得当，固定资产结构合理，能够充分发挥效力；反之，如果固定资产周转率不高，则表明固定资产使用效率不高，提供的生产成果不多，企业的营运能力不强。

根据式（9-13）和式（9-14），计算 AB 公司 2007 年固定资产周转率。

$$固定资产周转率 = \frac{13\,038.05}{(197.46 + 220.20)/2} = 62.44（次）$$

根据该公司的数据，计算所得的固定资产周转率为 62.44。说明公司的固定资产利用相对充分，结构相对合理。

但需注意的是，固定资产周转率是由固定资产的特点所决定的，不宜简单地追求所谓的周转速度。进行固定资产周转率分析时，需要考虑固定资产净值因计提折旧而逐年减少，因更新重置而逐年增加的影响；在不同企业间进行分析比较时，还要考虑采用不同折旧方法对固定资产净值的影响。

（六）总资产周转率

总资产是企业报告期间所拥有的或控制的全部资产。总资产周转率是指企业产品或商品销售收入净额与资产总额的比率。计算公式为：

$$总资产周转率 = \frac{销售收入}{平均资产总额} \quad\quad 式（9-15）$$

其中：平均资产总额 = $\frac{期初资产总额 + 期末资产总额}{2}$；销售收入为销售收入净额，即扣除销售退回和折让之后的净额。

和其他资产周转速度一样，可以用天数来反映总资产周转速度，计算公式为：

$$总资产周转天数 = \frac{计算期天数}{总资产周转率} \quad\quad 式（9-16）$$

一般情况下，企业总资产周转速度越快，总资产利用越充分，全部资产经营利用的效果越好，企业的偿债能力和盈利能力越能得到提高；反之，企业利用全部资产的效率较低。如果企业的总资产周转率一直处于比较低迷的状态，这说明企业可能存在长期不用的闲置资产或者没有什么价值的资产（潜亏资产）。

根据式（9-15）、式（9-16），计算 AB 公司 2007 年总资产周转率和总资产周转天数。

$$总资产周转率 = \frac{13\,038.05}{(19\,314.45 + 19\,971.13) \div 2} = 0.66（次）$$

$$总资产周转天数 = \frac{360}{66\%} = 545.45（天）$$

这说明，AB 公司总体上的总资产周转速度较低，资产利用效果并不十分理想，结合资产的结构判断，该公司可能存在数额比较大的闲置资产（潜亏资产），需要企业加强管理，提高资产的使用效率。

四、企业盈利能力比率分析

企业因利润而生，追求利润最大化是企业的基本目标之一。企业盈利能力实际上就是指企业利用其所支配的资源，从事生产经营活动并赚取利润的能力。保持足够且持续的盈利能力，既是企业生存和发展的本意所在，同时也是企业为各种利益主体创造财富的过程。一个没有足够盈利能力的企业，不仅不能吸引企业的利益相关者，而且也难以在市场发展中生存和立足。

（一）一般企业盈利能力比率分析

企业的盈利能力分析主要是运用相关财务指标之间的比率关系进行综合评价。相关指标的数据来源包括资产负债表、利润表和现金流量表。根据企业是否公开发行股票可以将企业分为一般企业（非上市企业）和上市公司两类。就一般的企业而言，盈利能力比率涉及企业的投资回报率评价、销售业绩评价和资源利用能力的评价，主要比率指标有以下几个：

1. 所有者权益报酬率。所有者权益也叫企业的净资产，使企业的出资人（股东）享有的企业净权益。因此，所有者权益报酬率也叫净资产收益率，它是根据企业净利润与平均所有者权益之间的比率关系判断企业盈利能力的财务指标，计算公式为：

$$所有者权益报酬率 = \frac{净利润}{平均所有者权益} \times 100\% \qquad 式（9-17）$$

其中：
$$平均所有者权益 = \frac{期初所有者权益 + 期末所有者权益}{2}$$

所有者权益报酬率是从所有者总权益的角度考察企业盈利能力的财务指标，该指标越高，企业的盈利能力越强；反之，企业的盈利能力越低。

根据式（9-17），计算 AB 公司 2007 年所有者权益利润率。

$$所有者权益报酬率 = \frac{1\,744.41}{(2\,535.32 + 5\,160.81) \div 2} \times 100\% = 45.33\%$$

因此，从指标上看，该公司的所有者权益报酬率较高。

2. 销售净利率。销售净利率是衡量通过企业净利润和销售收入（主营业务收入）之间的比率关系综合评价企业销售盈利能力的财务指标。计算公式为：

$$销售净利率 = \frac{净利润}{主营业务收入} \times 100\% \qquad 式（9-18）$$

一般情况下，该比率越高，企业销售收入对净利润的贡献越大，盈利能力越强；反之，企业销售收入对利润贡献能力较低，在成本费用控制方面存在缺陷。

根据式（9-18），计算 AB 公司 2007 年销售净利率。

$$销售净利率 = \frac{1\,744.41}{13\,038.05} \times 100\% = 13.38\%$$

从销售净利率分析，AB 公司销售净利率能力较强，但是，如果结合该公司的毛利率、成本率以及营业利润率等指标分析，该公司销售净利率较高实际上是一个"虚假现象"，主要的原因在于该公司的利润来源是"投资收益"。

在具体分析的时候，需要注意以下几个问题：

（1）由于企业的净利润不仅包括销售活动的贡献，也包括企业投资活动或者营业外收支活动的影响，当企业利润的来源主要依靠销售以外的其他活动取得，该指标可能偏高，给销售业绩评价造成假象。

（2）对单个企业而言，该指标越大越好，但是不同行业、同一行业的不同企业面临的资本结构、竞争因素、经营基础也存在较大差异，所以横向比较的意义不是很大。但是通过同一企业若干年的该指标比较分析，可以判断该指标的基本趋势，能够对企业的销售业绩做出较为准确地评价。

（3）从公式中可以看出，企业的销售净利率和净利润成正比，和主营业务收入成反比。因此，企业要想提高该指标，必须在扩大主营业务收入的同时，加强对成本费用的控制。

3. 资产净利率。资产净利率是指企业一定期间净利润和该时期资产平均总额之间的比率关系，它是反映企业资产综合利用的效果的指标，也是企业利用自有资金和债务资金创造利润能力的重要指标。计算公式为：

$$资产净利率 = \frac{净利润}{平均资产总额} \times 100\% \qquad 式（9-19）$$

根据式（9-19），计算 AB 公司 2007 年末的资产净利率。

$$资产净利率 = \frac{1\,744.19}{(19\,391.45 + 19\,971.13) \div 2} \times 100\% = 8.86\%$$

一般情况下，资产净利率越高，说明企业总资产的综合利用能力强，盈利能力也较强；反之，资产净利率较低，说明企业总资产利用的效率较差，企业盈利能力不强，财务管理水平不高。在资产净利率分析的时候，需要注意以下问题：

（1）资产净利率的高低与资产的周转速度和利用效率密切相关。资产的周转速度越快，利用的效率越高，该指标越大，企业总资产的利润率水平也较高；相反，资产净利率较低。但需要注意的是：企业的总资产如果质量较差（存在"泡沫资产"），资产总额较大时,企业资产净利率也较低,所以在分析时要考虑企业资产的质量对资产净利率的负面影响。

(2)当企业的资产一定的时候,净利润的波动必然影响资产净利率的变化,所以通过该指标分析,可以判断企业盈利能力的稳定性和持久性,从而确定企业所面临的风险。

(3)资产净利率的高低能够反映企业经营管理的水平。一般情况下,企业经营管理水平高,资产利用的效率高,获取利润的能力也较强。

(4)保持分析的连续性。一般情况下,仅仅测算企业一年的资产净利率不足以发现生产经营中存在的问题,需要将企业若干期间的该指标结合起来分析并综合比较,才能比较准确地判断资产净利率的整体趋势和经营管理的基本情况。

(二)上市公司盈利能力比率分析

上市公司具有财务信息公开的特点,是公众关注度最高的一类经济主体。上市公司盈利能力比率指标主要包括股东权益报酬率、每股收益和市盈率等。

1. 股东权益报酬率。股东权益是公司股东享有的企业净资产所有权,类似于非上市公司的所有者权益或者净资产。股东权益报酬率是通过净利润和股东权益之间的比率关系来综合评价上市公司盈利能力的财务指标,计算公式为:

$$股东权益报酬率 = \frac{净利润}{股东权益平均值} \times 100\% \quad 式(9-20)$$

其中:
$$股东权益平均值 = \frac{股东权益期初余额 + 股东权益期末余额}{2}$$

根据式(9-20),计算 AB 公司 2007 年末的股东权益报酬率。

$$股东权益报酬率 = \frac{1\,744.19}{(5\,160.81 + 2\,535.32) \div 2} \times 100\% = 45.33\%$$

股东权益报酬率是站在股东的角度,综合评价上市公司对股东财富的贡献。就股东而言,关注的是属于他们的最终利益,也就是说,除了投入资本外,还有企业历年积累下来属于股东的财富的盈利情况。该指标越高,说明股东的投资收益水平越高。当然,这种收入仅仅体现在账面上,实际的投资收益需要上市公司通过分红等方式来实现。

股东权益报酬率是股东以及潜在投资者决定是否进行投资的一个重要标准。一般情况下,股东权益报酬率越大,获得投资者投资的机会越大,企业的价值也会增加;反之,企业的价值就会下降。

2. 普通股每股收益。普通股每股收益也叫每股盈余,是指公司净利润与流通在外普通股的比值。该比率反映普通股的盈利水平,是衡量上市公司盈利能力的重要财务指标,对公司股票市价、股利支付能力等都具有重要的影响。计算公式为:

$$普通股每股收益 = \frac{净利润}{普通股股数} \quad 式(9-21)$$

该指标越高，说明企业每股收益越高，企业的盈利能力越强；反之越弱。在确定分母"普通股股数"时需要注意以下几个问题：

（1）普通股股数不等于企业发行的所有股份。企业发行的所有股份可能包括优先股或已收回但尚未注销的"库藏股"，但是在计算的时候，不能包括这些股份。

（2）如果在分析期间企业普通股股数发生了变化，就不能简单地将企业期末的普通股股数作为分母，而应计算普通股股数的加权平均数，计算公式为：

$$普通股加权平均股数 = 期初普通股股数 + 年度新增加的普通股股数 \times 已增加月份 \div 12 - 年度减少的普通股股数 \times 已减少月份 \div 12$$

3. 市盈率。市盈率是反映普通股每股市价与普通股每股收益之间的比率关系的财务指标。计算公式为：

$$市盈率 = \frac{普通股每股市价}{普通股每股收益} \qquad 式（9-22）$$

该公式表示，投资者为每获得1元的收益需要支付的买价，买价越高，说明企业的成长性越好，盈利能力越强；但另一方面，过高的市盈率也是风险较高的一种标志。

追求较高的市盈率是公司管理层和股东需要的一种财务选择，它一方面可以衡量公司管理层的理财行为，同时也是股东衡量财富是否增值最直接的手段；同时，市盈率较高时，公司就可以以较高的价格发行新股或者配股，同样的股份可以筹集到更多的资金。如果企业向市场传递错误的信号时，过高的市盈率必然带来投资风险。

此外，在分析市盈率时应注意以下问题：①影响市盈率变动因素之一是股票市价，而股票市价变动的因素非常复杂，所以分析时要注意市盈率的长期变动趋势，而不应只看短期高低。②每股收益很少或亏损时，市价不会降至0，此时很高的市盈率不能说明任何问题，所以不能单纯地依赖这一指标。

五、发展能力比率分析

发展能力是企业在生存的基础上，扩大规模、壮大实力的潜在能力。发展能力比率主要有：营业收入增长率、总资产增长率、营业利润增长率等。

1. 销售增长率。销售增长率是企业本期营业收入增长额与基期营业收入总额的比率，反映企业营业收入的增减变动情况。其计算公式为：

$$销售增长率 = \frac{本期营业收入增加额}{基期营业收入总额} \times 100\% \qquad 式（9-23）$$

其中：　本期营业收入增长额 = 本期营业收入总额 - 基期营业收入总额

根据式（9-23），计算 AB 公司 2010 年末的销售增长率。

$$销售增长率 = \frac{13\ 038.05 - 12\ 630.42}{12\ 630.42} = 3.23\%$$

销售增长率大于0，表明企业本期营业收入有所增长。该指标值越高，表明企业营业收入的增长速度越快，企业市场前景越好。

但利用销售增长率来分析企业在营业收入方面的增长能力时，应该注意以下几个方面：

(1) 要判断企业在营业收入方面是否具有成长性，必须分析营业收入是否具有效益。如果营业收入的增长主要依赖于资产相应增加，也就是销售增长率低于资产增长率，说明营业收入不具有效益性，同时也反映企业在开拓市场和发展客户方面可持续增长能力不强。

(2) 要全面、正确地分析和判断一个企业的营业收入的增长趋势和增长水平，必须将一个企业不同时期的销售增长率加以比较和分析。因为销售增长率仅仅指某个年度的营业收入情况而言，某个年度的销售增长率可能受偶然的和非正常的因素影响，而无法反映企业实际的市场开拓和客户发展增长能力。

2. 资本积累率。资本积累率是企业本期所有者权益增长额与基期所有者权益的比率，反映企业当年资本的积累能力。也称为股东权益增长率。其计算公式为：

$$资本累积率 = \frac{本期所有者权益增长额}{基期所有者权益} \times 100\% \qquad 式(9-24)$$

根据式 (9-24)，计算 AB 公司 2007 年末的资本积累率。

$$资本积累率 = \frac{5\,160.81 - 2\,535.32}{2\,535.32} \times 100\% = 103.56\%$$

资本积累率越高，表明企业的资本积累越多，应对风险、持续发展的能力越强。

3. 总资产增长率。总资产增长率，是企业本期总资产增长额同基期资产总额的比率，反映企业本期资产规模的增长情况。其计算公式为：

$$总资产增长率 = \frac{本期资产增加额}{基期资产总额} \times 100\% \qquad 式(9-25)$$

其中： 本期总资产增长额 = 本期资产总额 - 基期资产总额

根据式 (9-25) 并结合表 9-3 数据，计算 AB 公司总资产增长率。

$$总资产增长率 = \frac{19\,971.13 - 19\,391.45}{19\,391.45} \times 100\% = 2.99\%$$

总资产增长率越高，表明企业一定时期内资产经营规模扩张的速度越快。但在分析时，需要关注资产规模扩张的质和量的关系，以及企业的后续发展能力，避免盲目扩张。若用3年平均资产增长率指标，就消除了资产短期波动的影响，反映了企业较长时期内的资产增长情况。

4. 营业利润增长率。营业利润增长率，是企业本期营业利润增长额与基期营业利润总额的比率，反映企业营业利润的增减变动情况。其计算公式为：

$$营业利润增长率 = \frac{本期营业利润增长额}{基期营业利润总额} \times 100\% \qquad 式(9-26)$$

其中：　　本期营业利润增长额 = 本期营业利润总额 - 基期营业利润总额

根据式（9-26）并结合表9-3数据，计算 AB 公司 2010 年末的营业利润增长率。

$$营业利润增长率 = \frac{1\,779.34 - 70.9}{70.9} \times 100\% = 2\,409.6\%$$

营业利润是企业净利润的主要来源，营业利润增长率反映企业经营活动盈利水平的增长速度。

5. 净利润增长率。净利润增长率，是企业本期净利润增长额与基期净利润总额的比率，反映企业净利润的增减变动情况。其计算公式为：

$$净利润增长率 = \frac{本期净利润增长额}{基期净利润总额} \times 100\% \qquad 式（9-27）$$

其中：　　本期净利润增长额 = 本期净利润总额 - 基期利润总额

根据式（9-27），计算 AB 公司净利润增长率。

$$净利润增长率 = \frac{1\,744.19 - 71.42}{71.42} \times 100\% = 2\,342.16\%$$

净利润是一个企业经营的最终成果，净利润多，企业的经营效益就好；净利润少，企业的经营效益就差，它是衡量一个企业经营效益的主要指标。净利润的多寡取决于两个因素：其一是利润总额；其二就是所得税税率。企业的所得税税率都是法定的，所得税税率越高，净利润就越少。

一般来说，净利润增长率指标反映的是企业获利能力的增长情况，反映了企业长期的盈利能力趋势，该指标通常越大越好。

六、现金流量分析

近代理财学的一个重要结论是：资产的内在价值是未来现金流量的现值。但是，传统会计不能提供历史的现金流量信息，更不能提供未来的现金流量信息，越来越不能满足投资者的信息需求。为了改变这种局面，从1987年起，美国率先规定现金流量表为必须编制的报表，此后其他国家纷纷效仿。1994年国际会计准则的《现金流量表准则》生效；1998年我国的《企业会计准则——现金流量表》生效，2001年1月修订，2006年再次修订。

现金流量表的主要作用：第一，提供本期现金流量的实际数据；第二，有助于评价企业的财务弹性；第三，提供评价本期收益质量的信息；第四，用于预测企业的未来现金流量。

现金流量分析是在现金流量表出现以后发展起来的，其方法体系并不完善，其分析不仅依靠现金流量表，还要结合资产负债表和利润表。

（一）现金流量的结构分析

现金流量的结构分析包括流入结构、流出结构和流入流出比分析，本节以 MN 公司为例展开。假定已知 MN 公司各项业务的现金流入量、流出量分别如表9-5的前三列所示，具体分析见表9-5的后5列。

表9-5　　　　　　　　　　　　　　现金流量结构分析　　　　　　　　　　　　　单位：万元

项　目	流入	流出	净流量	内部结构	流入结构	流出结构	流入流出比
一、经营活动							
销售产品和劳务	1 384 257.06			97%			
收到的税费返还	1 789.85			1%			
其他相关现金流入	39 128.69			2%			
流入小计	925 175.60			100%	64%		
购买商品和劳务		892 926.11		78%			
支付给职工		78 400.41		7%			
支付各项税费		137 677.92		12%			
其他相关现金流出		34 434.64		3%			
流出小计		1 143 439.06		100%		57%	1.25
经营流量净额			281 736.54				
二、投资活动							
投资收回	455 763.21			89%			
投资收益	52 066.21			10%			
处置各项资产	632.52			0.4%			
其他相关资金流入	989.06			0.6%			
流入小计	509 450.99			100%	23%		
购置各项资产		143 409.07		33%			
投资支出		288 452.19		66.7%			
其他相关资金流出		726.14		0.3%			
流出小计		432 587.4		100%		22%	1.18
投资流量净额			76 863.59				
三、筹资活动							
吸收投资收到现金	118 177.5			38.8%			
借款	186 119.86			61%			
其他相关资金流入	426.56			0.2%			
流入小计	304 723.92			100%	13%		
偿还债务		353 785.15		83%			
支付股利、利息		69 994.79		16%			

续表

项　　目	流入	流出	净流量	内部结构	流入结构	流出结构	流入流出比
其他相关资金流入		1 952.68		1%			
流出小计		425 732.62		100%		21%	0.72
筹资流量净额			－121 008.7				
合　　计	2 239 350.52	2 001 759.08	23 759.93		100%	100%	

1. 流入结构分析。流入结构分析分为总流入结构和三项（经营、投资和筹资）活动流入的内部结构分析。该公司的总流入中经营流入占64%，是主要来源；投资流入占23%；筹资流入占13%，也占有重要地位。经营活动流入中销售收入占97%，比较正常；投资活动的流入中，投资回收占89%，大部分是回收资金而非获利；筹资活动61%是属于借款，权益筹资所占比重较小。

2. 流出结构分析。流出结构分析分总流出结构和三项（经营、投资和筹资）活动流出的内部结构分析。该公司的总流出中经营活动流出占57%；投资活动流出占22%；筹资活动流出占21%。说明流出以经营活动流出为主，其中购买商品和劳务占了78%，是现金流出的主要去向。

3. 流入流出比分析。经营活动流入流出比为1.25，表示1元的流出可换回1.25元现金。此比值越大越好。

投资活动流入流出比为1.18，此值较大，说明公司正处于衰退阶段或缺少投资机会或处于投资回报期，而发展时期此比值较小。

筹资活动流入流出比为0.72，还款大于借款，表明公司现金充裕。

通过流入流出结构的历史比较和同业比较，可以得到更有意义的信息。

对于一个健康的正在成长的公司而言，经营活动的现金流量应是正数，投资活动的现金流量应是负数，筹资活动的现金流量应是正负相间。

（二）流动性分析

所谓流动性，是指将资产迅速转变为现金的能力。根据资产负债表确定的流动比率虽然也能反映流动性但有很大的局限性。其主要原因：作为流动资产主要成分的存货并不能很快转变为可偿债的现金；存货用成本计价不能反映变现净值；流动资产中的待摊费用也不能转变为现金。许多企业有大量的流动资产，但现金支付能力却差，甚至无力偿债而破产清算。

真正能用于偿还债务的是现金流量。现金流量和债务的比较可以更好地反映企业偿还债务的能力。

1. 现金到期债务比。现金到期债务比，是指经营活动现金净流量与本期到期债务的比率。其计算公式为：

$$现金到期债务比 = \frac{经营现金净流量}{本期到期债务} \qquad 式(9-28)$$

本期到期的债务,是指本期到期的长期债务和本期应付票据。通常,这两种债务是不能展期的,必须如数偿还。

假设 MN 公司的本期到期债务 680 831 841.97 元,本期应付票据为 5 000 000 元,则:

现金到期债务比 = 2 817 365 405.36 ÷ (680 831 841.97 + 5 000 000) = 4.11

若同行业平均现金到期债务比为 3,则说明 MN 公司偿还到期债务的能力较好。

2. 现金流动负债比。现金流动负债比,指经营活动现金净流量与流动负债的比率。其计算公式为:

$$现金流动负债比 = \frac{经营现金净流量}{流动负债} \qquad 式(9-29)$$

假设 MN 公司的本期流动负债为 7 159 726 888.79 元,则:

现金流动负债比 = 2 817 365 405.36 ÷ 7 159 726 888.79 = 0.39

若同行业平均现金流动负债比为 0.5,则说明 MN 公司偿还流动负债的能力一般。

3. 现金债务总额比。现金债务总额比,指经营活动现金净流量与债务总额的比率,其计算公式为:

$$现金债务总额比 = \frac{经营现金净流量}{债务总额} \qquad 式(9-30)$$

假设 MN 公司的本期债务总额为 10 132 447 249.26 元,则:

现金债务总额比 = 2 817 365 405.36 ÷ 10 132 447 249.26 = 28%

该比率越高,企业承担的债务能力越强。该公司最大的付息能力为 28%,即利息高达 28% 时企业仍能按时付息。只要能按时付息,就能借新债还旧债,维持债务规模。

(三) 获取现金能力分析

获取现金的能力,是指经营现金净流入和投入资源的比值。投入资源可以是销售收入、总资产、净营运资金、净资产或普通股股数。

1. 销售现金比率。销售现金比率,是指经营活动现金净流量与销售额的比率,其计算公式为:

$$销售现金比率 = \frac{经营现金净流量}{销售额} \qquad 式(9-31)$$

假设 MN 公司的本期销售额为 11 395 762 423.97 元,则:

销售现金比率 = 2 817 365 405.36 ÷ 11 395 762 423.97 = 0.2472

该比率反映每 1 元销售能够得到的现金,其数值越多越好。

2. 全部资产现金回收率。全部资产现金回收率,是经营现金流量与全部资产的比值,说明企业资产产生现金的能力。其计算公式为:

$$\text{全部资产现金回收率} = \frac{\text{经营现金净流量}}{\text{全部资产}} \quad \text{式}(9-32)$$

假设 MN 公司本期全部资产平均余额为 37 618 205 419.09 元，则：
全部资产现金回收率 = 2 817 365 405.36 ÷ 37 618 205 419.09 = 7.49%
若同行业平均全部资产现金回收率为 5%，则说明企业资产产生现金的能力较强。

（四）财务弹性分析

所谓财务弹性是指企业适应经济环境变化和利用投资机会的能力。这种能力来源于现金流量和支付现金需要的比较。若现金流量超过需要，有剩余的现金，适应性就强。因此，财务弹性是经营现金流量与支付要求的比较。支付要求可以是投资需求或承诺支付等。

1. 现金满足投资比率：

$$\text{现金满足投资比率} = \frac{\text{近 5 年经营活动现金流量}}{\text{近 5 年资本支出} + \text{存货增加} + \text{现金股利}} \quad \text{式}(9-33)$$

该比率越大，说明资金自给率越高。达到 1 时，说明企业可以用经营获取的现金满足扩充所需资金；若小于 1，则说明企业要靠外部融资来补充。

2. 现金股利保障倍数：

$$\text{现金股利保障倍数} = \frac{\text{每股营业现金流量}}{\text{每股现金股利}} \quad \text{式}(9-34)$$

该比率越大，说明企业支付现金股利能力越强。

（五）收益质量分析

收益质量分析，主要是分析会计收益和净现金流量的比例关系。评价收益质量的财务比率是营运指数。

$$\text{营运指数} = \frac{\text{经营现金净流量}}{\text{经营所得现金}} \quad \text{式}(9-35)$$

经营所得现金是经营活动净收益与非付现费用之和。
MN 公司有关收益质量的信息，列示在现金流量"补充资料"的第二部分，见表 9-6。
其中：经营活动净收益 = 净收益 - 非经营收益
　　　　　　　　　　= 125 585.94 - 75 376.27
　　　　　　　　　　= 50 209.67（万元）
经营所得现金 = 经营活动净收益 + 非付现费用
　　　　　　 = 50 209.67 + 188 308.34 = 238 518.00（万元）
所以：营运指数 = 经营现金净流量/经营所得现金
　　　　　　　= 281 736.54 ÷ 238 518 = 1.18

营运指数小于1,说明公司收益质量较差。

表9-6　　　　　　　　MN公司现金流量补充资料（2）　　　　　　单位：万元

补充资料	金　额	说　明
净利润（亏损以"-"号填列）	125 585.94	
加：计提的资产减值准备	32 357.21	没有支付现金的费用，共188 308.34万元。少提这些费用，增加收益却不增加现金流入，会使收益的质量下降
固定资产折旧	153 166.15	
无形资产摊销	506.06	
长期待摊费用摊销	2 278.92	
处理固定资产、无形资产和其他长期资产损失（收益以"-"号填列）	3 013.63	非经营收益75 376.27万元，不代表正常的收益能力
固定资产报废损失		
财务费用	7 310.22	
投资损失（收益以"-"号填列）	85 700.12	
存货的减少（增加以"-"号填列）	-65 937.67	经营性资产净增加4 284.97万元
经营性应收项目的减少（增加以"-"号填列）	23 096.21	
经营性应付项目的增加（减少以"-"号填列）	84 794.65	
其他（预计负债的增加）		
经营活动产生的现金流量净额	281 736.54	

第三节　财务综合分析

通过比率分析，可以对企业的偿债能力、营运能力和盈利能力等做出基本的判断。本节在比率分析的基础上，阐述包括杜邦分析在内的综合分析方法。

一、杜邦分析法

（一）杜邦分析法的概念

杜邦分析法是由美国杜邦公司的经理创造的，又称为杜邦财务报表分析体系（Dupont System）。它是利用几个主要的财务比率之间的内在联系来综合地分析企业的财务状况。杜邦分析法可以用杜邦系统来表示，如图9-1所示。

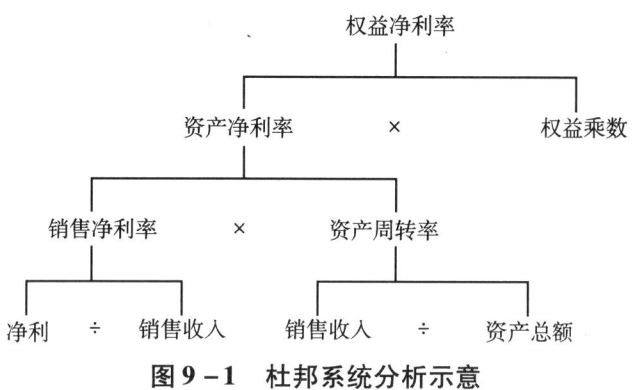

图9-1 杜邦系统分析示意

(二) 杜邦分析法核心指标的分解

图9-1表明,杜邦分析法实际上是一种层层分解财务比率的方法,其核心指标是权益净利率。具体分解过程如下:

$$权益净利率 = \frac{净利润}{股东权益} = \frac{净利润}{资产总额} \times \frac{资产总额}{股东权益} = 资产净利率 \times 权益乘数 \qquad 式(9-36)$$

$$资产净利率 = \frac{净利润}{资产总额} = \frac{净利润}{销售收入} \times \frac{销售收入}{资产总额} = 销售净利率 \times 资产周转率 \qquad 式(9-37)$$

所以:

$$权益净利率 = 销售净利率 \times 资产周转率 \times 权益乘数 \qquad 式(9-38)$$

分解后,可看出决定权益净利率高低的因素有销售净利率、资产周转率和权益乘数,通过分析这三个因素就可以把权益净利率发生升降的原因具体化,比只用一项综合性指标更能说明问题。

$$销售净利率 = \frac{净利润}{销售收入} = \frac{销售收入 - 全部成本 + 其他利润 - 所得税}{销售收入} \qquad 式(9-39)$$

所以,销售净利率的因素分析,需要考虑销售额和销售成本两个方面。

资产周转率高低的因素分析,需要对影响总资产周转的各个因素进行分析。除了对资产的各构成部分从占用量上是否合理进行分析外,还可以通过各资产组成部分使用效率的分析,判明影响总资产周转的主要问题。

$$权益乘数 = \frac{资产总额}{股东权益总额} = \frac{1}{1 - 资产负债率} = \frac{1}{1 - \frac{全年平均负债总额}{全年平均资产总额}} \qquad 式(9-40)$$

所以，权益乘数主要受资产负债率的影响。负债程度越高，权益乘数就越大，这样既能给企业带来较大的杠杆正效应，同时也给企业带来了较大的负效应。

(三) 杜邦分析法的应用

【例题 9-2】ABC 公司近两年的主要财务数据和财务比率如表 9-7 所示（假设该公司没有营业外收支和投资收益，所得税税率没有变化）。

表 9-7　　　　　　　ABC 公司 2006~2007 年主要财务数据

项　　目	2006	2007
销售额（万元）	4 000	3 800
总资产（万元）	930	1 695
所有者权益（万元）	600	650
主要财务比率		
流动比率	1.19	1.2
平均收现期（天）	18	27
存货周转率	8.0	5.5
权益乘数	2.38	2.5
销售毛利率（%）	20.0	9.2
销售净利率（%）	7.5	2.6
资产周转率	2.8	2.24

利用杜邦分析法，可对 ABC 公司的权益净利率指标进行分解，实现对该公司财务状况的全面评价。具体分析过程如表 9-8 所示。

表 9-8　　　　　　　ABC 公司权益净利率指标的分解

权益净利率	销售净利率	资产周转率	权益乘数
2006 年 = 49.98%	7.5%	2.8	2.38
2007 年 = 9.56%	2.6%	2.24	2.5

从表 9-8 可以看到，ABC 公司 2007 年的权益净利率较 2006 年有较大幅度的下降。主要原因是：

(1) 销售净利率大幅度下降。销售净利率从 2006 年的 7.5% 降到 2007 年的 2.6%。从表 9-8 所给资料得知，销售净利率大幅度下降的原因源自销售毛利率的下降。在销售没有提高，反而下降时，尽管在 2007 年该企业大力缩减了期间费用，但仍没有扭转局面。

(2) 资产周转率下降。利用表 9-7 所给的资料可以分析出资产周转率下降的原因是平均收现期延长了，说明该企业对应收账款的管理不善，存货周转也变慢了。

（3）权益乘数略有上升。2007年ABC公司运用债务筹资的比重较2006年略有上升，占2007年资产总额的61.65%。债务筹资在企业销售没有上升时没能给企业带来财务杠杆正效应。

综合以上分析，可以对ABC公司未来的财务管理工作提出如下建议：①扩大销售，发挥财务杠杆收益效应，否则就应该降低负债筹资的额度；②改善对存货和应收账款的管理，主要是提高存货的周转和应收账款的回收；③加强成本费用控制，降低耗费，增加利润，努力提高销售毛利率。

（四）杜邦分析法的评价

1. 杜邦分析法的优点。从形式上看，杜邦分析法能很好地体现它作为一个综合的财务报表分析系统的特点：它保持了财务报表所特有的那种平行的、有勾稽关系的系统特征。杜邦分析法可以看做是那些既在实践中广泛运用又能推动财务理论发展的财务理念或财务管理技术的典范。

2. 杜邦分析法的缺点。随着财务理论的发展，杜邦分析法的问题逐渐显现，即杜邦分析法中没有涉及短期偿债能力的分析，更没有分析短期偿债能力与获利能力、长期偿债能力、资金周转能力之间的联系。而这些也是财务综合分析中不可忽视的内容。

二、沃尔评分法

沃尔评分法是指对选定的财务比率进行评分，然后计算出综合得分，并据以评价企业的综合财务状况。亚历山大·沃尔是财务状况综合评价的先驱者之一。他选择了7个财务比率指标，分别给定其在总评价中所占的比重，总和为100分，然后确定出每项指标的标准比率，用实际比率与标准比率对比，计算出每项指标的得分，最后求出总评分。

运用沃尔评分法进行财务状况分析的程序为：①选定评价企业财务状况的比例；②确定重要性系数；③规定各项财务比例评分值的上、下限，即最高评分值和最低评分值；④确定各项财务比率的标准值；⑤计算企业一定时期的各项财务比率的值；⑥计算关系比率；⑦计算各项财务比率的实际得分并进行加总。表9-9是对L公司的财务状况用沃尔评分法的评分结果。

表9-9　　　L公司主要财务指标评价——沃尔评分法

财务比率	比重(%) (1)	标准比率(%) (2)	实际比率(%) (3)	相对比率 (4)=(3)÷(2)	实际得分（分） (5)=(1)×(4)
流动比率	25	1.00	1.17	1.17	29.25
净资产/负债	25	1.50	0.88	0.59	9.75
资产/固定资产	15	2.50	3.33	1.33	19.95
销售成本/存货	10	8	12	1.5	15.00
销售额/应收账款	10	6	10	1.7	17.00
销售额/固定资产	10	4	2.66	0.67	6.70

续表

财务比率	比重(%) (1)	标准比率(%) (2)	实际比率(%) (3)	相对比率 (4)=(3)÷(2)	实际得分（分） (5)=(1)×(4)
销售额/净资产	5	3	1.63	0.54	2.70
合　　计	100				105.35

说明：在表9-9中，(1)和(2)的数据是已知的，(3)的数据是根据企业的实际情况计算出来的。

从表9-9中可以看出，L公司的信用等级比标准要高，这说明企业的信用还是不错的。但是，通过构成信用等级的明细分析发现，对L公司信用等级贡献较大的指标是资产的流动比率，如果流动比率的比重下降到24%，则L公司的信用等级就会低于标准信用等级了。所以，沃尔分析法提供了一种企业财务报表的综合分析思路，就是将企业的实际指标与标准指标进行比较，并将比较的结果进行量化计分，以准确评价企业财务指标的质量，但是该种方法存在两点不足：

1. 在财务指标的选择上为什么是7个而不是更多或者更少的财务指标，以及确定这些财务指标的比重和标准比率的依据是什么，这些问题至今没有办法从理论上给予解决。

2. 个别例外因素对评分结果的影响。在沃尔评分法下，企业某项财务指标的实际得分是根据相对比率和标准比重之间的乘积算出来的。因此，如果某一项指标的实际得分很高，而其他指标的实际得分不高，也有可能导致对企业总体的评价很高，但这种做法有违综合评价的初衷。表9-10说明了这种例外。

表9-10中，Q公司的最后得分是183.01分，但是Q公司的财务指标是否就合理呢？通过仔细分析发现，得分高的主要原因在于流动比率指标太高所至。因此，沃尔评分法可能掩盖企业真实的财务状况，在实际工作中应该予以修正。对所有指标的最高得分给出一个限度，如规定为标准比重的110%等或许更为合理一些。

表9-10　　　　　Q公司主要财务指标评价——沃尔评分法

财务比率	比重(%) (1)	标准比率(%) (2)	实际比率(%) (3)	相对比率 (4)=(3)÷(2)	实际得分（分） (5)=(1)×(4)
流动比率	25	1.00	3.98	3.98	99.5
净资产/负债	25	1.50	0.88	0.59	9.75
资产/固定资产	15	2.50	4.56	1.824	27.36
销售成本/存货	10	8	12	1.5	15.00
销售额/应收账款	10	6	10	1.7	17.00
销售额/固定资产	10	4	2.66	0.67	6.70
销售额/净资产	5	3	1.63	0.54	2.70
合　　计	100				183.01

虽然沃尔的财务比率评价方法存在许多问题，但他提出的综合评价企业财务效益的方

法，为企业财务报表分析的发展开拓了新的思路。

【本章小结】

财务报表分析是财务预测、决策与计划的基础，是正确评价财务活动、考核财务业绩的依据，也是挖掘内部潜力、提高经济效益的手段。本章介绍了财务报表分析的目的、方法和步骤，主要阐述财务报表分析中比率指标的分析、现金流量分析和综合分析。

比率分析是利用指标间的相互关系，通过计算比率来评价企业经济活动效益的一种方法，借助比率分析可以有效地发现企业财务管理中的问题。一般情况下，用于财务报表分析的财务比率分为盈利能力财务比率指标、营运能力财务比率指标和偿债能力财务比率指标。企业偿债能力是企业生存和发展的基础，是评价企业持续经营能力的重要依据。对企业进行偿债能力分析，一方面有利于债权人关注债权的安全程度；另一方面，可以促使企业关注自身的债务结果，确保所有债务能够按期支付，避免企业陷入因债务危机而引发清算或破产的风险。营运能力分析主要是指对企业资产运用、循环效率进行的分析，资产运用效率高、循环快，企业就可以以较少的投入获取比较多的收益。盈利能力是指企业赚取利润的能力。根据企业是否公开发行股票将企业分为一般型企业（非上市企业）和上市公司两类，可结合企业的投资回报率、销售业绩和资源利用能力等几个方面，分析企业盈利能力。

现金流量分析，是指根据现金流量表提供的有关数据，对企业现金流量的结构分析、流动性分析、获取现金能力分析、财务弹性分析和收益质量分析。现金流量的结构分析包括流入结构、流出结构和流入流出比分析，提供本期现金流量的实际数据。流动性分析反映企业真正偿还债务的能力；获取现金能力分析是指经营现金净流入和投入资源的比值；财务弹性分析是用经营现金流量与支付要求进行比较，反映企业适应经济环境变化和利用投资机会的能力；收益质量分析是通过营运指数分析会计收益和净现金流量的比例关系，提供评价本期收益质量的信息。

常用的财务综合分析方法有：杜邦分析法和综合计分法。杜邦分析法是一种层层分解财务比率的方法，其核心指标是权益净利率。按照杜邦分析法，可将其分解为销售净利率、资产周转率和权益乘数三个指标的乘积，找出企业权益净利率上升或下降的具体原因，以便企业采取相应的措施；综合计分法则是指对选定的财务比率进行评分，然后计算出综合得分，并据以评价企业的综合财务状况。根据所选财务比率的范围不同和计算综合得分的方法不同，代表性方法主要有沃尔评分法等。

【中英文对照专业名词及术语】

财务报表分析	Financial Analysis
财务报告	Financial Statement
比较分析法	Comparison Analysis
因素分析法	Factor Analysis
偿债能力	Debt Paying Ability
营运能力	Working Ability
盈利能力	Profit-Making Ability

发展能力	Development Capability
资产负债表	Balance Sheet
利润表	Income Statement
财务综合分析	Financial Comprehensive Analysis
杜邦分析法	Dupont System
权益乘数	Equity Multiplier
股东权益报酬率	Return on Equity

复习思考题

1. 财务分析主要有哪些方法？请比较各种分析方法的异同。
2. 如果你是下面的几种人，你最可能查阅哪几个财务比率？为什么？
（1）富有的权益投资人；
（2）考虑购买公司债券的养老基金管理者；
（3）考虑为某公司季节性存货占用提供融资的银行家；
（4）企业材料供应商。
3. 为了判断某公司是否存在过多的负债，你会使用什么财务比率？达到什么目的？
4. 进行企业偿债能力分析时，需要注意的问题有哪些？
5. 可能会出现某公司的总资产报酬率为25%，却仍不能清偿债务的情况吗？解释原因。
6. 什么是存货周转率？什么是存货周转天数？
7. 什么是利息保障倍数，它有什么作用？
8. 影响企业盈利能力的指标主要有哪些？
9. 什么是杜邦分析法？其主要指标之间存在什么关系？如何运用该分析体系？

练习题

1. 某企业生产丙产品，其单位产品成本如表1所示。

表1　　　　　　　　　　2010年度丙产品单位成本

成本项目	上年度实际		本年实际	
直接材料	86		89	
直接人工	20		27	
制造费用	24		17	
产品单位成本	130		133	
补充明细项目	单位用量	金额	单位用量	金额
直接材料：A	12	36	11	44
B	10	50	10	45
直接人工工时	20		18	
产品销售量	200		250	

要求：

（1）用连环替代法分析单耗和单价变动对单位材料成本的影响；

（2）用差额分析法分析单位工时和工资率变动对单位直接人工的影响。

2. 兴海公司有关资料如下：

（1）2010年末公司资产负债表如表2所示。

表2　　　　　　　　　　　　兴海公司资产负债表

2010年12月31日　　　　　　　　　　　　单位：万元

资　　产	金额	负债及所有者权益	金额
货币资金	30	应付账款	25
应收账款	60	应付票据	55
存货	80	应付职工薪酬	10
其他流动资产	30	长期负债	100
固定资产净值	300	实收资本	250
		未分配利润	60
资产总计	500	负债及所有者权益总计	500

（2）该公司2010年度营业收入为1 500万元，营业利润为300万元，净利润为75万元。

要求：

① 计算销售净利润；

② 计算总资产周转率（用年末数计算）；

③ 计算权益乘数；

④ 计算净资产收益率；

⑤ 计算营业利润率。

（3）A公司资料如表3所示。

表3　　　　　　　　　　　　现金流量表

编制单位：A公司　　　　　　　　2010年度　　　　　　　　单位：万元

项　　目	金　　额
一、经营活动产生的现金流量净额	1 355
二、投资活动产生的资金流量净额	-8 115
三、筹资活动产生的现金流量净额	-1 690
四、现金及现金等价物净变动	-8 490

续表

项　目	金　额
补充资料：	
1. 将净利润调节为经营活动现金流量：	
净利润	4 000
加：计提的资产减值准备	5
固定资产折旧	1 000
无形资产摊销	80
长期待摊费用摊销	40
待摊费用减少（减：增加）	－10
预提费用增加（减：减少）	－10
处置固定资产、无形资产和其他长期资产的损失（减：收益）	－500
固定资产报废损失（减：收益）	100
财务费用	200
投资损失（减：收益）	－100
存货减少（增：增加）	－50
经营性应收项目减少（减：增加）	－2 400
经营性应付项目的增加（减：减少）	－1 000
其他	0
经营活动产生的现金流量净额	1 355
2. 现金净增加情况：	
现金的期末余额	4 580

2006年实现销售收入10 000万元，2005年该公司的资产总额是5 000万元，资产负债率为40%。

要求：

（1）计算该公司的销售现金比率与现金债务总额比率、净收益营运指数、现金营运指数。

（2）对公司的收益质量进行评价，并分析其原因。

（3）若该公司目前的贷款利率为8%，该公司理论上最大负债规模是多少？

第十章 资本运营

【本章学习目的】通过本章的学习，了解资本运营的内涵与作用、资本运营的特点；理解资本运营的内容，企业兼并与收购、剥离与分立、上市与回购的内涵、动机及分类；掌握企业反并购的策略，企业兼并与收购、剥离与分立、上市与回购的步骤。

【案例导引】

2010年7月15日和16日，中国农业银行正式在上海和香港两地上市，标志着我国原有四大国有商业银行全部实现上市。

国有独资商业银行的体制状况，直接关系到商业银行本身的运营效率，而且在宏观层面决定了我国金融系统资源配置效率的高低，直接关系到国民经济的持续发展。在经济金融全球化的背景下，国有大型商业银行的改革与发展事关我国的金融安全与国际竞争力的高低。截止到2002年，中、工、农、建四大国有商业银行的资本利润率均低于全国平均水平，且不良资产比例偏高。2003年底，银监会提出了国有商业银行改革的战略取向，即在2006年之前，按照"产权清晰，权责明确，政企分开，管理科学"的要求，将四家国有商业银行改造成为公司治理结构完善、运行机制健全、经营目标明确、财务状况良好，具有一定国际竞争力的现代金融企业。

中国银行是国务院确定的试点银行之一，2003年国家对其进行注资，其资本充足率提高到了7.69%，其中核心资本充足率提高到了7.11%。中国银行于2004年8月26日正式整体改制为中国银行股份有限公司。2006年6月和7月，先后在香港联交所和上海证券交易所成功挂牌上市，成为首家在内地和香港发行上市的中国商业银行。

原中国建设银行于2004年分立为建设银行和中国建投。建设银行于2005年10月和2007年9月先后在香港和上海上市。本行A股在上海证券交易所挂牌上市。

2005年，中国工商银行也完成了股份制改造，并于2006年，在上海、香港两地同步发行上市。

改制后的原国有银行在世界银行业的地位得以提升，截止到2011年10月，4家银行均在世界银行排名中居前30名，其中工商银行、建设银行与中国银行均排名前10之内。

资料来源：证券时报，2010-07-16。

第一节 资本运营概述

一、资本运营的内涵

资本运营（Capital Operation），又称资本运作，是以资本的最大限度增值为目的，将企业所拥有或控制的各类资本，包括有形和无形的，投入运作与经营活动中，实现生产要素的优化配置和生产结构的动态重组的活动。

资本运营的内涵主要包括以下两点：

1. 从宏观上讲，资本运营是一种社会资源优化配置的方式。在市场经济条件下，通过资本的运筹，将社会各种资源进行有效配置，从而达到优化社会资源结构的目的。

2. 从微观上讲，资本运营是一种利用企业资源、实现资本增值的经营方式。企业在充分利用市场交易规则的前提下，将各种资本投入到不同经营活动中，利用资本的使用价值，实现资本的增值效应。

资本运营在宏观、微观的双重环境中，通过不同的资本筹措方式将筹措的各种资本，在有效的市场机制下进行资源的优化配置，既有利于社会资源的流动，也有利于企业经营运作的开展。

资本运营与生产经营之间存在着联系和区别。

1. 两者之间的联系主要表现在两个方面：一是目的一致。企业进行资本运营的目的是实现资本的保值增值，而企业进行生产经营，是根据市场需要生产和销售商品或服务，目的是实现利润，从而达到资本增值，从这一方面来说，两者的目的是一致的。二是互为基础，资本运营以生产经营为基础，才能保障资本的增值，而生产经营则需以资本为基础，来进行经营活动，获取利润，为资本运营提供支持，两者的运作流程相互影响，共同为企业服务。

2. 两者的区别主要表现在四个方面：一是对象不同。资本运营的是企业的资本，其经营目的是为了实现资本增值，生产经营的是企业产品或服务，目的是通过销售，实现利润。二是环境不同。资本运营主要是在金融市场中进行交易，而生产经营需要通过原料采购、组织生产及销售等来进行，因此其主要经营环境包括生产资料市场、人力资源市场、技术市场和商品市场等。三是方式不同。资本运营的主要方式是通过直接筹资、间接筹资等方式来筹集资本，并有效地运用筹集的资本，合理地配置资源，提高资本的效益。生产经营主要通过市场调查，产销结合，运用产品开发、品牌创立、渠道开辟等方式实现销售利润。四是风险不同。企业面临的外部风险主要包括政治风险、市场风险、技术风险、法律法规风险等；内部风险主要包括经营风险、财务风险等，资本运营与生产经营所处的环境及运用的方式上的差异，决定了两者面临的风险也有所区别，需要注意规避风险。

二、资本运营的特点

(一) 资本的增值性

最大限度地实现企业资本的保值和增值,是资本运营的目标,也是资本运营的突出特点。实现这一目标,需要综合运用多种方式,优化资源配置,提高运营效率。一般以资本直接运作为主,通过资本的所有权、使用权等的转让运作,来获取较高的收益。

(二) 资本的流动性

企业进行资本运营,要以资本的流动为前提,资本不流动,无法实现运营的目标。为保证资本顺畅流动,首先是在可行性研究的基础上,制定企业战略规划,如扩张收购兼并战略、收缩剥离分立战略、多元化战略等;其次是寻求资本运营的机会,制订资本运作方案,确定有效配置资本的方式;最后是进行资本的运作,通过对资本的存量和增量调整,优化资产结构,来提高资本的保值增值能力。

(三) 运营的风险性

资本运营也要遵循风险与报酬的权衡原则,即企业在追求较高报酬的同时,需承担较大的风险,或者为规避风险而接受较低的报酬。根据企业对风险的态度可分为冒险型、保守型及中庸型。在进行资本运营时,对不同类型的企业需制订不同的方案,如对偏好风险类别的企业,以扩张式发展战略为主。

三、资本运营的方式

资本运营围绕着企业价值,进行资金运作。企业应审时度势,通过内外部环境分析,找准定位,采取不同的发展战略,实现经营目标。根据企业战略的不同要求,资本运营通常包括以下方面的内容:

(一) 企业兼并与收购

企业兼并与收购统称为企业并购(Mergers and Acquisitions,M&A)是企业采取成长型发展战略的体现。并购中产权的有偿转让,可以促进市场体系的发育与完善;产权的转移可以优化企业结构,提高生产效率;并购资金的融通,可以活跃资本市场;同时并购还将壮大企业规模,形成规模经济,起到节约生产经营管理费用、提高经济效益、降低经营风险、增强市场控制的作用。

(二) 企业剥离与分立

企业剥离与分立是企业采用收缩型发展战略的体现,是多元化企业改变公司战略、退出经营不善的业务、减少风险而通常采用的方式。通过企业的剥离与分立,可以降低企业多元化发展中,不同业务相互影响所带来的负面协同效应,提高公司治理的效力。

（三）企业上市与回购

企业上市与回购都是与股票发行紧密联系的资本运营方式。其中企业上市，将有助于企业做大做强，规范公司治理结构，广泛地吸收社会上的闲散资金，扩大企业规模，树立良好的企业形象，增强产品的竞争力，扩大市场份额。企业回购则是企业反并购的重要措施之一，通过回购股票，可以减少流通在外的股份，避免被并购，同时也能优化企业资本结构，稳定股票市价，改善企业形象，吸引更多的投资者，提升企业价值。

第二节 企业兼并与收购

一、企业并购的内涵

企业并购是市场经济发展到一定阶段的产物，最早出现在英国，而从19世纪60年代开始，以美国为代表的西方国家出现了企业并购的热潮。时至今日，我国企业并购行为也已逐渐成熟，成为企业寻求扩张和发展的主要途径之一，是企业资本运营的重要方式。

（一）企业兼并与收购的概念

企业并购包括企业兼并和收购两种方式，统称为并购，是指企业法人通过资本运作，获得其他法人产权的行为。

1. 企业兼并。企业兼并，又称企业合并，是指一个企业购买其他企业的产权或通过产权转让，使其他企业失去法人资格或改变法人实体的一种行为。根据2006年我国颁布的《公司法》规定，企业合并分为吸收合并或者新设合并。其中吸收合并是指一个企业吸收其他企业，被吸收企业解散；新设合并是指两个以上公司合并设立一个新的公司，合并各方解散。

根据我国《企业会计准则第20号——企业合并准则》，企业合并是指将两个或者两个以上单独的企业合并形成一个报告主体的交易或事项。在此概念基础下，企业合并分为同一控制下的企业合并和非同一控制下的企业合并。同一控制下的企业合并是指参与合并的企业在合并前后均受同一方或相同的多方最终控制且该控制并非暂时性的。在合并日取得对其他参与合并企业控制权的一方为合并方，参与合并的其他企业为被合并方。合并日，是指合并方实际取得对被合并方控制权的日期。非同一控制下的企业合并是指参与合并的各方在合并前后不受同一方或相同的多方最终控制的。在购买日取得对其他参与合并企业控制权的一方为购买方，参与合并的其他企业为被购买方。购买日，是指购买方实际取得对被购买方控制权的日期。

2010年我国2 129家上市公司中完成企业合并的有450家，占比为21.14%。年报显示，2010年完成企业合并的450家上市公司中，有45家上市公司同时完成了同一控制下的企业合并和非同一控制下的企业合并，占比为10.00%；165家上市公司完成了同一控制下的企业合并，占比为36.67%；330家上市公司完成了非同一控制下的企业合并，占比为73.33%。完成企业合并的450家上市公司中，属于控股合并的有431家，占比为95.78%；属于吸收合并的有15家，占比为3.33%[①]。

2. 企业收购。企业收购是指企业通过一定的程序和方式，运用某种或多种金融工具，购买特定企业部分或全部资产或股权，从而取得被收购企业实际控制权的经济行为。企业收购后，收购企业和被收购企业的法人地位不会发生改变。

按照购买对象的不同，企业收购可分为资产收购和股权收购。资产收购是指企业购买另一家企业的部分或全部资产以取得被收购企业实际控制权的产权交易行为，被收购企业的债权债务并不随资产的转移而转移，仍由被收购企业承担；股权收购是指企业购买被收购企业的部分或全部股票或股权，以取得被收购企业实际控制权的经济行为，被收购企业的债权债务由收购企业承担。

（二）企业兼并与收购的联系与区别

1. 企业兼并与收购的联系。

（1）两者的交易对象相同。企业兼并与企业收购都是企业资本运营的基本方式，均以企业产权作为交易对象，通过企业产权的有偿转让实现交易，且交易支付手段多样，包括现金、股票、债券及其他形式。

（2）两者的交易目的相同。进行兼并与收购的企业出于充分挖掘市场、扩大市场份额的考虑，采取了成长型发展战略，扩大生产规模和经营规模，通过规模经济来实现战略目标。

（3）两者的交易结果相同。企业兼并与收购其他企业后，将两个或两个以上的企业合并到一家企业中，规模得以扩张。

2. 企业兼并与收购的区别。

（1）企业法律地位改变的区别。企业兼并中兼并企业与被兼并企业在产权转让的同时，都有可能丧失其法人资格，吸收合并中被兼并企业丧失法人资格，而新设合并中双方均失去原有的法人资格，成为一家新的企业，重新获得法人资格。企业收购中，双方的法人地位均不受影响。被收购企业产权可以进行部分转让或全部转让，收购企业通过获得控股权，掌握被收购企业经营决策权。

（2）企业债权债务处理的区别。企业兼并中，被兼并企业的债权、债务均由兼并企业承担，与之相关的风险也一并转移到兼并企业。企业收购中，被收购企业的债权、债务并不随交易而转移，收购企业按出资份额占被收购企业比例，承担相关的部分债权、债务。

尽管企业兼并与收购存在着区别，但是由于两者的交易结果都是为了实现企业规模扩张，提高市场占有率，获取更高的投资报酬率，因此一般将企业兼并与收购统称为企业并购。

二、企业并购的动机

采取成长型发展战略的企业，其并购行为既受到外部环境的影响，又受制于企业内部条

---

① 财政部会计司课题组. 我国上市公司2010年执行企业会计准则情况分析报告［S］. 2011：27-28.

件(资源、能力等),因此进行并购的企业往往会权衡利弊,综合考虑各种因素,交易动机复杂。

(一)外部环境动机

1. 政治与法律环境动机。

(1)政治动机,是指企业进行并购的原因是其被所在国家或地区的方针政策的影响,政府的基本政策包括产业政策、税收政策、进出口限制政策等。企业受到产业政策的指向性、税收政策的调整、进出口配额制约等因素影响,使得企业出于调整战略发展方向、合理避税、维持或扩大原有生产及经营规模的考虑,而采取企业并购的方式,实现增加企业收益的经营目标。

(2)法律动机,是指企业在国家相关法律法规的规范下,采取合理的方式来实现自身规模扩大。与企业经营相关的法律法规,如《公司法》、《合同法》、《会计法》、《税法》等,都对企业并购行为做出了明确的规定。

2. 经济环境动机。企业发展直接受制于宏观经济环境,反映经济发展水平(见图10-1)的指标通常包括国内生产总值、国民收入、经济增长速度等。当外部经济环境向好时,企业趋向于吸收更多资金,扩大生产经济规模,此时企业并购会成为企业扩张的主要方式;而在外部经济环境出现下滑时,资金雄厚的企业往往会趁机进行低价收购。此外,国际经济环境的变化,也是促使企业并购的原因之一。如针对外币汇率的考虑,对涉及汇率的两国而言,处于汇率弱势一方的国家,企业经营成本较低,往往成为强势国家企业并购的对象。

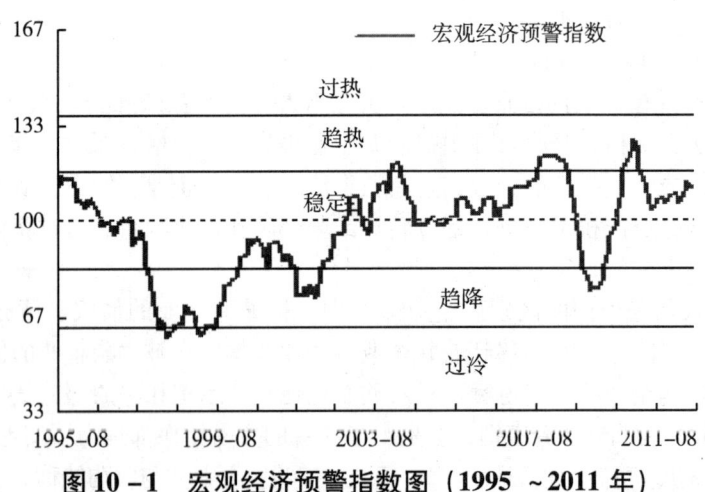

图10-1 宏观经济预警指数图(1995~2011年)

3. 技术环境因素动机。进入信息经济时代以来,技术开发的程度直接决定企业竞争地位的高低。因此,出于提高企业创新能力、培育核心竞争力的要求,企业并购会出现在技术水平不一致的企业之间,技术水平较低的企业通过收购具有技术优势的企业,提高自身技术开发水平,在市场竞争中赢得先机。

(二) 内部因素动机

1. 谋求协同效应。协同效应，是指"1+1>2"的效应，即两个企业的整体效益要大于单一企业的效益之和。企业并购的协同效应是指并购后的企业市场竞争力会增强，其业绩表现要优于合并前独立存在的企业业绩之和，包括管理协同效应、经营协同效应、财务协同效应和技术协同效应。

(1) 管理协同效应、又称为差别效率理论，是指企业并购后，企业管理活动效率的变化及由其带来的经营效益。主要表现为：①节约管理费用。企业并购后，多家企业管理活动统一于一家企业管理之下，重复发生的管理费用将大为减少。②提高管理效率。进行并购的多家企业之间管理效率有差别，当并购完成后，管理效率较低的企业在并购企业的效率影响下，其管理效率会得到提高。③充分利用管理资源。并购后，通过企业管理层的整合，将原有企业的人力资源充分利用起来，可节约因新聘人员带来的培训费用，同时会给企业发展带来新气象。

(2) 经营协同效应，是指企业并购后，企业生产经营活动效率的变化及其带来的效益。主要表现为：①规模经济效益。企业并购带来最显著的表现是企业的规模经济效益，并购后，可消除企业基础设施的重复建设带来的资金占用，提高生产力水平，并随着生产规模的扩大，降低单位产品上的固定成本，提高收益率水平。②减少生产经营环节。企业并购后，根据不同企业所处行业的特点，可减少相关的生产经营环节，节约各项成本，加强部门间合作，从而提高生产经营效率。③提高市场份额。获取更多的市场份额是企业并购的目的之一，通过并购，企业可减少市场竞争对手，提高企业讨价还价能力，从而获取更多的利润。④特殊资源互补。企业并购可以达到资源互补的目的，通过不同企业的资源整合，优化资源配置。这些特殊资源是企业发展的重要支持，如土地、人力资源、无形资产等这些不易从市场交易中轻易获取的资源。

(3) 财务协同效应，是指企业并购后，企业财务管理效率的变化及其带来的效益。主要表现为：①偿债能力增强。一般情况下，并购后的企业整体偿债能力比并购前各家企业的偿债能力强。②筹资成本降低。并购后，企业规模扩大，为企业在资本市场上带来更多筹资机会，筹资成本会进一步降低。③盈利能力提高。通过企业并购，可以扩大企业的规模，提高企业管理效率、减少企业财务风险、增加经营收益和现金流入量。

(4) 技术协同效应，是指企业并购后，企业通过技术资源的重新整合，通过取长补短，实现技术水平的提升，有利于企业核心竞争力的形成，并最终转化为企业效益。主要表现在：①技术吸收能力增强。并购后，企业对外部技术变化反应敏感性加强，能够充分利用现有技术资源，吸引外部环境中有利于技术进步的因素，并转化为企业自身的技术能力。②技术创新能力增强。企业并购后，整体技术能力加强，资源更加丰富，通过整合加强技术方面管理协作，能够帮助技术创新能力提升，开发新产品，运用新方法，保持成本领先或产品差异化，在市场竞争中取得先机。

2. 合理避税。根据税法规定，企业纳税年度发生的亏损，准予向以后年度结转，用以后年度的所得弥补，进行并购的企业中有一方为亏损企业时，并购后可利用法律条款规定，进行合理避税。国家对不同类别的收益采取的税率也各不相同,在并购中可通过财务处理,达到合理避税。此外,不同类别的企业税率也不尽相同,并购后的企业可通过不同税率之间的差额处理,实现合理避税的目的。

3. 分散风险。单一企业在激烈的市场竞争中承担着较大风险,通过并购,主要是不同行业的企业并购,可分散风险。非相关行业的企业并购,使得企业可进入新的市场,获取更多收益,同时各行业间的风险相关度降低,使并购后的企业加权平均后的风险下降,有利于企业持续稳定发展。

三、企业并购的分类

企业并购根据不同的角度,可分为多种类别。

(一)按并购双方所处的行业分类

1. 横向并购,是指并购双方处于同一行业,提供同类产品或服务。通过横向并购,可以消除竞争对手,集中企业资源,扩大经营规模,增加市场份额。

2. 纵向并购,是指与企业有密切经济联系,处于不同产销阶段的企业之间的并购,通过并购,实现产销结合、供需结合,因此纵向并购又可分为前向并购与后向并购。前向并购是指并购销售环节的企业,产品销售企业直接面对消费者群体,为企业带来直接收益,通过前向并购,可使企业减少销售环节成本费用,获取更多利润;后向并购是指并购原料供应商,节约原料采购成本,加强原料提供与生产环节的配合,优化经营管理。

3. 混合并购,是指处于不同行业,在生产经营中也无密切联系的企业之间的并购,其目的在于分散单一行业经营所带来的风险,实现经营多元化发展。如生产家用电器的企业,投资房地产行业,寻求新的发展机会,分散竞争激烈的家电行业所带来的风险。

(二)按并购双方所持的态度分类

1. 善意并购,是指并购双方通过友好协商的方式来确定并购条件,进行并购交易。此类并购往往是由并购中的一方首先与另一方接洽,并购企业与被并购企业在并购过程中,充分听取各方意见,协商并购事宜,经过多轮磋商,双方达成一致意见后,进入并购流程。

2. 敌意并购,是指在善意并购不能实现后,并购企业不顾被并购企业意愿,强行收购被并购企业的并购行为。并购企业在敌意收购时,通常会采取不与被并购企业进行磋商,而直接在股票市场上收购被并购企业的股票,从而实现对被并购企业控股或兼并的方式。

(三)按涉及被并购企业的范围分类

1. 部分并购,是指将被并购企业的资产或产权分割为若干部分,进行交易,而实现企业并购的行为。此类交易中,并购企业往往出于特定目的,如寻求技术创新、销售渠道扩展、人力资源整合等,而进行部分并购。

2. 整体并购,是指将被并购企业的资产或产权全部转移给并购企业的行为,其目的是通过企业资源的集中,增强并购后企业实力,扩大生产经营规模,提高市场竞争能力。

(四) 按并购资金的来源分类

1. 杠杆并购，是指并购企业资金主要来源于负债，通过向银行或金融市场借贷来实现并购的行为。杠杆并购主要是利用财务杠杆效应，并购企业不需要投入全部自有资金，可以较少的资金成本完成并购，通常并购企业的自有资金只需占并购所需资金总额的10%～15%。

2. 非杠杆并购，是指并购资金主要来源于并购企业自有资金，此类并购资金成本较高，但是偿债风险较低。

(五) 按并购的实现方式分类

1. 承担债务方式并购，是指并购企业以承担被并购企业的债务为条件接受其资产的行为，并购企业取得被并购企业资产后承担其债务。根据并购企业承担债务的程度不同，又可分为两种：①在资产和债务等值的情况下，并购企业承担被并购方全部债务，并接受其全部资产，被并购企业丧失法人资格；②并购企业承担被并购企业部分债务，并为被并购企业提供技术、管理服务，从而取得被收购企业的部分资产所有权和全部经营权，被收购企业原有性质不变。

2. 现金支付方式并购，是指并购企业以现金为支付工具，支付给被并购企业一定数额的现金来达到并购的目的，这是企业并购活动中最清楚、快捷的一种支付方式，在各种支付方式中占有很高的比例。现金支付方式并购简单明了，交易速度较快，但是由于所需现金量较大，会给并购企业带来较大负担，一般适用于较小规模公司的并购交易或敌意并购。

3. 股权交易方式并购，是指并购企业通过协议购买被并购企业的股权或增资到被并购企业，成为被并购企业股东，达到参与、控制被并购企业的目的。这种并购方式操作简单，可节省资产评估与过户的环节，绕过某些特殊行业的限制。

四、企业并购的步骤

企业并购的一般步骤如下：

(一) 并购调查阶段

1. 确定并购动机和目的。明确企业进行并购的动机和目的，有助于企业制订有效的并购方案。

2. 并购的可行性研究，包括市场调查，结合并购动机和目的对相关市场进行调查，了解产品的销售状况。

(二) 并购准备阶段

1. 确定被并购企业，深入了解并购目标的经营管理状况及并购动机，同时关注有可能参与并购的其他竞争企业状况。

2. 成立并购项目组，由公司高级管理层任项目组组长，项目组成员应包括各部门相关人员，确定各成员的权责范围，以保障并购的顺利开展。

3. 开展尽职调查，对列为并购目标的企业经营状况、财务状况、所处行业的外部经营环境等进行详细调查。

4. 初步制订并购方案，估算并购所需资金总额。

5. 确定并购方式，分析不同并购方式的利弊，明确并购资金的来源。

（三）并购实施阶段

1. 签订并购意向书，对并购方案进行谈判，谈判过程要进行严格保密。

2. 签署并购合同。并购双方进行多次谈判磋商后，就并购方案进行调整与修改，最终达成一致，签署具有法律效应的并购合同。

根据《公司法》规定，公司合并应当由合并各方签订合并协议，并编制资产负债表及财产清单。公司应当自做出合并决议之日起10日内通知债权人，并于30日内在报纸上公告。债权人自接到通知书之日起30日内，未接到通知书的自公告之日起45日内，可以要求公司清偿债务或者提供相应的担保。公司合并时，合并各方的债权、债务，应当由合并后存续的公司或者新设的公司承继。

3. 并购资金的交付。并购企业在合同规定的时间内，通过合法手续，按合同确定的金额，将并购资金支付给被并购企业，同时被并购企业将相关资产或产权转移到并购企业，完成并购。

（四）并购整合阶段

1. 并购企业名称及经营范围的调整。并购后，双方经营范围的变化、企业名称的变更等要及时向政府部门进行报备。

2. 并购企业经营管理工作的整合。并购后，企业的经营目标、经营内容、经营方式等都将进行调整。此外，企业文化的整合也是关系企业并购成功与否的关键要素。

五、企业反并购的策略

由于企业并购并不都是双方友好协商来进行的，因此为应对敌意并购，企业往往会采取一系列反并购策略。

1. "金色降落伞"策略，是指制定一种针对被并购企业高层管理人员补偿协议（即"金色降落伞"）的策略。该策略在并购合同中规定，当被并购企业高层管理人员离开企业时，可以获得一笔巨额的补偿金，因此采取这种策略会增加并购企业的并购成本，并且有可能诱导管理层低价出售企业。

2. "白衣骑士"策略，是指当发生敌意并购时，被并购企业主动寻求第三方（即"白衣骑士"）的帮助，来与敌意并购企业进行竞购。当并购企业竞购价格较低时，被并购企业反对敌意并购的成功性较高，反之则不然。

3. "皇冠上的珍珠"策略，是指当被并购企业遭受敌意收购时，将企业最有价值的资产（即"皇冠上的珍珠"），进行抵押或出售，从而达到反并购的目的。

4. "帕克曼"策略，是指被并购企业在遭到并购时主动出击，进行反并购，或者通过利益关系，鼓动企业关系紧密的伙伴企业来并购原来并购方的企业，以达到反并购的目的。

5. 股票回购策略，是指被并购企业在公开资本市场上，购回本企业一定数额发行在外的股票，该策略适用于股权融资比例较高的企业。

6. 诉讼策略，是指被并购企业通过提起诉讼，延缓收购时间，以争取到进行反并购其他策略的时间，以期达到反并购的目的。

7. "毒丸计划"策略，是指被并购企业在并购威胁下采取某些措施，降低企业被并购的吸引力，如大量增加企业负债、赋予股东在敌意并购时的优先权利等。

第三节 企业剥离与分立

一、企业剥离与分立的内涵

与采取并购方式扩大规模的企业相比，进行剥离与分立的企业，通过"瘦身行动"，轻装上阵，是为了集中能力与资源，重点开发优势业务，是企业从多元化发展到集中化战略的回归。然而要注意的是，这种回归只是企业暂时地休整，随着优势业务做强做大，企业会进入新一轮的扩张浪潮中。

（一）企业剥离与分立的概念

1. 企业剥离。企业剥离是企业重组的常用方式之一，是指企业按照有偿转让的原则，将部分现有资产（包括下属企业、所辖部门、产品生产线、固定资产等）出售给其他企业，以获取现金、股票或其他形式回报的一种经济行为。通常发生在企业无法通过其他策略改善经营状况或急需资金时，通过剥离摆脱缺乏竞争优势、亏损、占用资金过多或与企业发展不相适应的业务，可以优化资源配置，将精力集中于优势领域。

2. 企业分立。企业分立是与企业并购反向的操作，是指企业按照有关法律法规的规定，分为两个或两个以上企业的经济行为，通常表现为母公司将在子公司中所拥有的股份，按比率分配给母公司的股东，形成与母公司股东相同的新公司。分立后的企业与原企业是相互独立的法人关系，通过分立，可以解决组织机构臃肿、管理幅度过大带来的负面影响，从而达到精简机构，提高经营管理效率的目的。此外，企业分立也是一种有效的反并购策略，尤其是在面临敌意并购时，通过分立，分散对手目标，挫败其并购企图。

（二）企业剥离与分立的联系与区别

1. 企业剥离与分立的联系。

（1）企业发展战略相同。进行剥离或分立的企业，是着眼于经济形势，根据企业自身发展要求，运用收缩型发展战略，达到集中重点经营、提高竞争能力的目的。

（2）企业规模变化趋势相同。企业剥离与分立都是缩小企业当前规模的行为，企业组织架构得以简化，业务分类更精确，利于企业优势业务的成长。

2. 企业剥离与分立的区别。

（1）法人地位的区别。企业剥离的只是企业部分资产，其原有法人地位保持不变，而企业分立后的新企业与原有企业都具有独立的法人地位。

（2）资产所有权的区别。采用剥离方式的企业，放弃了其剥离资产的所有权，而企业分立时，原企业只是将资产按持股比例移交给股东，其对股份的所有权是否保留，需根据具体经营战略、财务状况来确定。

（3）企业控制权的区别。企业剥离是将资产出售给第三方，涉及的企业之间不存在控制权的问题。而分立后的新企业中，原有股东直接持有新企业的股票，可直接参与管理人员的选用，从而取得更大的控制权。

（4）交易补偿的区别。企业剥离时，会取得现金、股票或其他形式的回报，是一种有偿交易。而在企业分立中，一般不会发生各种利益主体之间的现金或证券支付。

二、企业剥离与分立的动机

（一）适应经营环境变化，调整经营战略

市场经营环境的好坏是企业选择发展战略的重要影响因素，当企业发展与市场经营环境不相适应时，需要调整经营战略，以适应环境变化，否则企业发展会滞后于经济形势，影响到企业收益的实现。当国际国内经济形势不佳时，企业往往会采取收缩型战略，通过剥离与分立，减少成本费用，重新规划发展战略，以渡过难关。

（二）提高管理效率

企业剥离与分立有利于解决企业规模过大、机构臃肿、管理人浮于事的问题，通过精简业务、规模，简化管理流程，缩小管理幅度，提高管理专业化水平，从而提高管理效率。

（三）获取税收收益

企业剥离与分立的相关收益，根据我国相关法律规定享有部分优惠。如对于纯粹的企业分立行为，不存在非股权支付，无需纳税；而对于非股权支付的金额，其中不高于支付股权票面价值20%的，经税务机关审核后，分立企业可不确认资产转让所得或损失，不计算所得税。

（四）提高市场价值

委托代理理论解释了企业所有者与经营者之间的联系，该理论研究结果显示，经营者出于业绩表现的考虑，往往采取不利于所有者权益的经济行为，以修饰财务数据，因此在并购时企业市价通常会出现下跌。而进行企业剥离与分立，则会给投资者带来较好的心理印象，即认为该种行为是经营者经过深思熟虑、谨慎选择的结果，有益于提高企业经营效率，获取更高收益。此时企业市场价值会随着剥离与分立行为的开展，而有所提高。

三、企业剥离与分立的分类

（一）企业剥离的分类

1. 按剥离是否符合公司的意愿分类。

（1）自愿剥离，是指企业管理层主动进行的剥离。进行自愿剥离的企业管理层认为，通过剥离和企业发展不相适应的资产，有利于提高企业竞争力和市场价值。

（2）非自愿剥离（又称为强迫剥离），是指政府主管部门或司法机构依据反垄断法等法律法规，迫使企业被动剥离其部分资产或业务，避免形成市场垄断，扰乱市场秩序，损害公平竞争。

2. 按剥离所出售资产的形式分类。

（1）单纯资产剥离方式，是指受经济宏观调控的影响，企业丧失规模经济，通过剥离资产，重新组合配置资源，可以提高资产的整体质量，充分发挥优势资产与业务，提升产品及服务质量。

（2）战略性资产剥离方式，是指企业对其掌握的资产质量进行评估后，将一部分不良资产进行剥离。这种剥离是上市公司资产重组的一种特殊形式。通过将不良资产和负债剥离出企业，改善企业财务状况，并且剥离后的资产，上市公司可以以相对低廉的价格进行回购，不影响企业整体资产规模。

3. 按交易方身份不同分类。

（1）出售给非关联方，是指企业将剥离的资产出售给予本企业不存在关联的第三方。

（2）管理层收购（Management Buy-out，简称MBO），也是一种杠杆收购，指企业管理层通过借贷融资，收购企业被剥离资产，引发企业所有权与控制权变化的行为，通过管理层收购，企业经营者成为企业所有者。

（3）职工收购，与管理层收购类似，是企业内部职工参与收购被剥离的资产的行为。其主要形式是职工持股计划（Employee Stock Ownership Plans，简称ESOPs），即通过企业建立一个壳公司，由壳公司发起组织ESOPs，在母公司的担保下以实行ESOPs为由申请贷款，用以购买欲剥离的股份并进行经营，经营收益偿清贷款后，由ESOPs将由其保管的股份转至企业职工个人账户。

（二）企业分立的分类

1. 按被分立公司是否存续分类。

（1）派生分立，又称存续分立，是指企业将用一部分资产成立两个或两个以上企业的行为。在存续分立中，原企业继续存在，保留法人资格。

（2）新设分立，又称解散分立，是指将企业全部财产分割为若干份，重新设立两个或两个以上的新公司，原企业完全解散。

2. 按股东对公司所有权结构变化形式分类。

（1）并股分立，是指母公司以其在子公司中占有的股份，向部分（而不是全部）股东交换其在母公司中的股份。

(2) 拆股分立,是指母公司将子公司的控制权移交给其股东。拆股后,母公司所有的子公司都分立出来,母公司解散。

四、企业剥离与分立的步骤

(一) 企业剥离的步骤

进行剥离的资产主要是企业的经营性资产。经营性资产是指企业用来进行日常生产经营活动的资产,包括货币资金、交易性金融资产、应收票据、应收账款、预付账款、其他应收款、存货、待摊费用、待处理流动资产净损失、一年内到期的长期负债等流动资产;车间、厂房、其他建筑物、机器、设备等固定资产;以及著作权、专利权、商标权、非专利技术以及其他技术等无形资产。

进行经营性资产剥离一般包括以下步骤:

1. 成立剥离业务小组,一般是从企业财务部、计划部等部门调用专门人员从事资产剥离工作。此外根据剥离程度不同,还需外聘专业机构人员参与整个流程,包括注册会计师、法律顾问等专业人士。

2. 制定剥离计划,通过分析企业信息,包括企业背景、经营状况、财务状况、发展趋势等,确定剥离方案、剥离方式。

3. 确定第三方购买者,由剥离小组通过市场调查,确定多个有购买意向的第三方企业,就剥离资产的实质性问题展开谈判。

4. 确定剥离方案,在完成谈判的基础上,确定具体的剥离方案,包括剥离资产的价格、交易时间等细节,完成剥离。

(二) 企业分立的步骤

企业分立必须经过严格的法定程序,根据我国《公司法》规定,企业分立的步骤如下:

1. 股东大会决议。由董事会拟订分立方案,报经股东大会决议,根据企业性质分为(1) 有限责任公司,股东会以出席会议股东代表全部表决权 2/3 以上的通过;(2) 股份有限公司,股东大会以出席会议的股东所持表决权的 2/3 以上通过;(3) 国有独资公司,国家授权投资的机构、部门决定。

2. 经有关部门的审批。依法到相关部门办理审批手续,如股份有限公司分立,必须经国务院授权的部门或者省级人民政府批准。

3. 分割财产。公司分立,其财产应作相应的分割。

4. 编制财产清单。公司分立,应当编制资产负债表及财产清单。

5. 发布公告。公司应当自做出分立决议之日起 10 日内通知债权人,并于 30 日内在报纸上公告。债权人自接到通知书之日起 30 日内、未接到通知书的自第一次公告起 90 日内,有权要求公司清偿债务或者提供相应的担保。不清偿债务或者不提供相应的担保的,公司不得分立。公司分立前的债务由分立后的公司承担连带责任。但是,公司在分立前与债权人就债务清偿达成的书面协议另有约定的除外。

6. 办理登记。公司分立，登记事项发生变更的，应当依法向公司登记机关办理变更登记；公司解散的，应当依法办理公司注销登记；设立新公司的，应当依法办理公司设立登记。公司应当自分立决议或者决定做出之日起 90 日后申请登记。

第四节 企业上市与回购

一、企业上市与回购的内涵

（一）企业上市与回购的概念

1. 企业上市。企业上市是指股份有限公司所发行的股票，得到证券管理部门批准，并在证券交易所进行公开交易的行为。截至 2011 年 4 月 30 日，沪深两市共计 2 129 家上市公司，其中沪市上市公司 902 家，深市主板上市公司 486 家，深市中小板上市公司 553 家，创业板上市公司 188 家；金融类上市公司 36 家，非金融类上市公司 2 093 家；同时发行 A 股和 H 股的上市公司（A 股 + H 股上市公司）66 家[①]。

2. 企业回购。企业回购是指上市公司利用现金等方式，从股票市场上购回本公司发行在外的一定数额的股票的行为。公司回购的股票可以予以注销，但一般情况下，公司将回购的股票作为"库藏股"（即公司收回已发行的且尚未注销的股票）保留，虽仍属于发行在外的股票，但不参与流通。

（二）企业上市与回购具备的条件

1. 企业上市的条件。根据我国《公司法》的规定，股份有限公司申请其股票上市必须符合下列条件：

（1）股票经国务院证券监管部门批准已向社会公众公开发行。

（2）公司股本总额不少于人民币 5 000 万元。

（3）公司开业时间在 3 年以上，并且最近 3 年持续保持盈利；原国有企业依法改建而设立的，其主要发起人为国有大中型企业的，可连续计算。

（4）持有股票面值达人民币 1 000 元以上的股东人数不少于 1 000 人，向社会公开发行的股份达公司股份总数的 25% 以上；公司股本总额超过人民币 4 亿元的，其向社会公开发行股份的比例为 15% 以上。

（5）公司在最近 3 年内无重大违法行为，财务会计报告无虚假记载。

（6）国务院规定的其他条件。

满足上述条件可向国务院证券监管部门及交易所申请上市。

---

① 财政部会计司课题组. 我国上市公司2010年执行企业会计准则情况分析报告 [S]. 2011：1.

根据《首次公开发行股票并在创业板上市管理暂行办法》，发行人申请首次公开发行股票并在创业板上市，应当符合《证券法》、《公司法》和《暂行办法》规定的发行条件。创业板上市条件为：

（1）发行人是依法设立且持续经营3年以上的股份有限公司。

有限责任公司按原账面净资产值折股整体变更为股份有限公司的，持续经营时间可以从有限责任公司成立之日起计算。

（2）最近两年连续盈利，最近两年净利润累计不少于1 000万元，且持续增长；或者最近1年盈利，且净利润不少于500万元，最近1年营业收入不少于5 000万元，最近2年营业收入增长率均不低于30%。净利润以扣除非经常性损益前后孰低者为计算依据。

（3）最近1期末净资产不少于2 000万元，且不存在未弥补亏损。

（4）发行后股本总额不少于3 000万元。

此外上市后公司还须需遵守以下规定：

上市公司在1年内购买、出售重大资产或者担保金额超过公司资产总额30%的，应当由股东大会做出决议，并经出席会议的股东所持表决权的2/3以上通过。

上市公司需设立独立董事，具体办法由国务院规定。

上市公司设董事会秘书，负责公司股东大会和董事会会议的筹备、文件保管以及公司股东资料的管理，办理信息披露事务等事宜。

上市公司董事与董事会会议决议事项所涉及的企业有关联关系的，不得对该项决议行使表决权，也不得代理其他董事行使表决权。该董事会会议由过半数的无关联关系董事出席即可举行，董事会会议所作决议须经无关联关系董事过半数通过。出席董事会的无关联关系董事人数不足3人的，应将该事项提交上市公司股东大会审议。

2. 企业回购的条件。根据《公司法》规定，企业回购的条件为：

一般情况下，公司不得收购本公司股份。但是，有下列情形之一的除外：

（1）减少公司注册资本；

（2）与持有本公司股份的其他公司合并；

（3）将股份奖励给本公司职工；

（4）股东因对股东大会做出的公司合并、分立决议持异议，要求公司收购其股份的。

公司因第（1）～（3）项的原因收购本公司股份的，应当经股东大会决议。公司依照前款规定收购本公司股份后，属于第（1）项情形的，应当自收购之日起10日内注销；属于第（2）项、第（4）项情形的，应当在6个月内转让或者注销。

公司依照第（3）项规定收购的本公司股份，不得超过本公司已发行股份总额的5%；用于收购的资金应当从公司的税后利润中支出；所收购的股份应当在1年内转让给职工。公司不得接受本公司的股票作为质押权的标的。

股份有限公司根据《公司法》规定回购股份，应当按照以下要求进行财务处理：

（1）公司回购的股份在注销或者转让之前，作为库存股管理，回购股份的全部支出转作库存股成本。但与持有本公司股份的其他公司合并而导致的股份回购，参与合并各方在合并前及合并后如均属于同一股东最终控制的，库存股成本按参与合并的其他公司持有本公司股份的相关投资账面价值确认；如不属于同一股东最终控制的，库存股成本按参与合并的其他公司持有本公司股份的相关投资公允价值确认。

（2）库存股注销时，按照注销的股份数量减少相应股本，库存股成本高于对应股本的部分，依次冲减资本公积金、盈余公积金、以前年度未分配利润；低于对应股本的部分，增加资本公积金。

（3）库存股转让时，转让收入高于库存股成本的部分，增加资本公积金；低于库存股成本的部分，依次冲减资本公积金、盈余公积金、以前年度未分配利润。

（4）因实行职工股权激励办法而回购股份的，回购股份不得超过本公司已发行股份总额的5%，所需资金应当控制在当期可供投资者分配的利润数额之内。

（5）股东大会通过职工股权激励办法之日与股份回购日不在同一年度的，公司应当于通过职工股权激励办法时，将预计的回购支出在当期可供投资者分配的利润中做出预留，对预留的利润不得进行分配。

（6）公司回购股份时，应当将回购股份的全部支出转作库存股成本，同时按回购支出数额将可供投资者分配的利润转入资本公积金。

（7）库存股不得参与公司利润分配，股份有限公司应当将其作为所有者权益的备抵项目反映。

二、企业上市与回购的动机

（一）企业上市的动机

1. 融通资金。股份公司上市后，可以在公开市场上更为便捷地融通到更多资金，为公司发展提供更多资源。此外，公司上市后，信誉的提高更有利于企业获得金融机构贷款。

2. 提高股份的流动性。股份流动性的提高，可以使股份公司的股东所持股份更容易地进行交易，从而吸引更多投资者目光。

3. 树立良好企业形象。股份公司上市需满足多项严格要求，因此上市公司往往意味着企业形象更为正面，信誉度得到提升。

4. 规范组织结构和管理。根据相关法律法规，上市公司需进一步规范公司治理结构，健全股东大会、董事会、监事会，规范董事、监事、高级管理人员的行为及选聘任免，履行信息披露义务，积极承担社会责任，采取有效措施保护投资者特别是中小投资者的合法权益。

（二）企业回购的动机

1. 反并购的动机。为了防止被敌意并购，企业可在一定条件下回购本公司股票，维持企业控制权。

2. 提供良好的财务数据。通过股票回购，可维持或提高企业每股收益水平，给股东以较高的回报，同时提高公司股票价格，财务数据表现良好有助于减少管理层经营压力。

3. 优化资本结构。企业利用财务杠杆回购股票，会提高长期负债比例，降低公司总体资本成本,增加公司价值,优化资本结构。

三、企业上市与回购的分类

(一)企业上市的分类

一般而言,企业上市分为两种。

1. 首次公开发行上市(Initial Public Offerings,简称 IPO),是指企业通过证券交易所审查,首次公开向投资者发行股票,募集企业发展资金的方式。采用这种方式,申请程序复杂,审核周期较长,一般在 1 年以上,且费用较高,结果不确定。

2. 买壳上市(Reverse Merger),是指意图上市、然而无法直接上市的企业,通过收购一个已经上市的壳公司,来实现间接上市的目的的方式。买壳上市与首次公开发行上市相比,其上市时间较短,费用较低,上市成功有保障。

(二)企业回购的分类

1. 按照股票回购的地点不同分类。

(1)场内公开收购是指上市公司把自己等同于投资者,委托在证券交易所有正式交易席位的证券公司,代表企业按照公司股票当前市场价格回购。采用这种方式进行回购,透明度较高,但易出现价格操纵和内幕交易。

(2)场外协议收购是指上市公司与投资者直接交易,通过在场外市场协商回购股票的一种方式。协商的内容包括价格和数量的确定,以及执行时间等。这一方式透明度较低,不利于监管。

2. 按照筹资方式不同分类。

(1)举债回购是指上市公司通过向银行等金融机构贷款,回购本公司股票。其目的主要是防御其他公司的敌意兼并与收购。

(2)现金回购是指上市公司利用企业剩余资金回购本公司的股票。

(3)混合回购是指上市公司既动用企业剩余资金,又向银行等金融机构借贷回购本公司股票。

3. 按照资产置换范围不同分类。

(1)出售资产回购股票是指上市公司将与股票等值的资产出售,将获得的资金用来回购企业股票。

(2)利用优先股回购普通股是指上市公司利用优先股来换回发行在外的普通股。我国上市公司尚未发行优先股。

(3)债务股权置换是指上市公司使用同等市场价值的债券来回购公司股票。

4. 按照回购价格的确定方式不同分类。

(1)固定价格要约回购是指上市公司在特定时间发出的以高出股票当前市价的价格,回购既定数量股票的回购方式。采用这一方式时,所有股东向公司出售其所持股票的机会均等,而且通常情况下公司享有在回购数量不足时取消回购计划或延长要约有效期的权力。

（2）荷兰式拍卖回购是指由上市公司指定回购价格的范围和计划回购的股票数量，经由股东投标，确定以特定价格水平出售股票的数量，并根据实际回购数量来确定最终的回购价格的方式。

四、企业上市与回购的步骤

（一）企业上市的步骤

根据证监会颁布的《首次公开发行股票并上市管理办法》，企业首次公开发行上市的步骤如下：

1. 董事会应当依法就本次股票发行的具体方案、本次募集资金使用的可行性及其他必须明确的事项做出决议，并提请股东大会批准。

2. 股东大会就本次发行股票做出决议。

3. 制作申请文件，由保荐人保荐并向中国证监会申报。中国证监会收到申请文件后，在5个工作日内做出是否受理的决定。

4. 初审。证监会受理申请文件后，由相关职能部门对发行人的申请文件进行初审，并由发行审核委员会审核。

5. 审核结果颁布。证监会依照法定条件对发行人的发行申请做出予以核准或者不予核准的决定，并出具相关文件。

6. 发行股票。自证监会核准发行之日起，发行人应在6个月内发行股票；超过6个月未发行的，核准文件失效，须重新经证监会核准后方可发行。发行申请核准后、股票发行结束前，发行人发生重大事项的，应当暂缓或者暂停发行，并及时报告中国证监会，同时履行信息披露义务。影响发行条件的，应当重新履行核准程序。

7. 重新申请。股票发行申请未获核准的，自中国证监会做出不予核准决定之日起6个月后，发行人可再次提出股票发行申请。

（二）企业回购的步骤

根据《上市公司回购试行办法》和《补充规定意见稿》，股票回购的步骤如下：

1. 制定回购股份预案。董事会应当在做出回购股份决议后的2个工作日内公告董事会决议、回购股份预案，并发布召开股东大会的通知。

2. 公布前股东名单。上市公司应当在股东大会召开前3日，将董事会公告回购股份决议的前一个交易日及股东大会的股权登记日登记在册的前10名社会公众股股东的名称及持股数量、比例，在证券交易所网站上予以公布。

3. 开展尽职调查。聘请独立财务顾问就上市公司回购股份事宜进行尽职调查，出具独立财务顾问报告，并在股东大会召开5日前在证监会指定报刊公告。

4. 股东大会表决。上市公司股东大会对回购股份做出决议，须经出席会议的股东所持表决权的2/3以上通过。做出回购股份决议后，应当依法通知债权人。

5. 报送回购方案。上市公司向证监会报送回购股份备案材料，同时抄报上市公司所在地的中国证监会派出机构。

6. 实施回购。证监会自受理上市公司回购股份备案材料之日起10个工作日内未提出异议的，上市公司可以实施回购方案。

【本章小结】

本章主要阐述资本运营的内涵、特点，企业兼并与收购、企业剥离与分立、企业上市与回购等。

资本运营是以资本的最大限度增值为目的，将企业所拥有或控制的各类资本，包括有形和无形的投入运作与经营活动中，实现生产要素的优化配置和生产结构的动态重组的活动。资本运营的方式主要有企业兼并与收购、企业剥离与分立、企业上市与回购等。

企业兼并指企业购买其他企业的产权或通过产权转让，使其他企业失去法人资格或改变法人实体的行为。企业收购是指企业购买特定企业部分或全部资产或股权，从而取得被收购企业实际控制权的经济行为。企业兼并与收购既存在联系也存在区别，但由于两者的交易结果都是为了实现企业规模扩张，提高市场占有率，获取更高的投资报酬率，因此一般将企业兼并与收购统称为企业并购。

企业剥离是企业重组的常用方式之一，是指企业将部分现有资产出售给其他企业获取现金、股票或其他形式回报的经济行为。企业分立是与企业并购反向的操作，是指企业分为两个或两个以上企业的经济行为，通常表现为母公司将在子公司中所拥有的股份，按比率分配给母公司的股东，形成与母公司股东相同的新公司。

企业上市是指股份有限公司所发行的股票，得到证券管理部门批准，并在证券交易所进行公开交易的行为。企业回购是指上市公司利用现金等方式，从股票市场上购回本公司发行在外的一定数额的股票的行为。我国《公司法》对股份有限公司申请其股票上市和股份回购均规定了相应的条件。

企业要做好资本运营，实现资本最大限度的增值，必须明确各种资本运营方式的类型、优缺点以及实施步骤。在实际应用中需根据企业的具体情况，选择其中一种、多种或几种方式的组合，实现企业的战略目标。

【中英文对照专业名词及术语】

资本运营	Capital Operation
企业并购	Mergers and Acquisitions
协同效应	Synergy Effects
横向兼并	Horizontal Integration
纵向兼并	Vertical Integration
混合兼并	Conglomerate Diversification
剥离	Stripping
分立	Division

企业上市	Be Listed
股票回购	Stock Repurchase

复习思考题

1. 资本运营的特点是什么？
2. 企业并购的动因是什么？
3. 企业并购的类型有哪些？
4. 企业为什么要反并购，有哪些主要方法？
5. 企业剥离有哪些类别？
6. 企业剥离与分立的联系与区别是什么？
7. 企业上市与回购的条件。
8. 结合当前经济形势，阐明我国制造业企业应采取哪种资本运营方式？

案例

惠普兼并康柏案

兼并对象：惠普（Hewlett-Packard）公司是计算和成像解决方案与服务提供商。惠普创立于20世纪40年代，由毕业于斯坦福大学的B. 惠利特和D. 帕卡德筹资创办，最早的产品是用于通讯、勘探、医学和防务领域的声波振荡器。该公司已经在世界十大信息产业中仅次于IBM公司和富士通公司而名列第三。1999年，《财富》杂志全球最大500家企业排行榜名列41，营业收入额470.61亿美元，利润29.45亿美元，资产额336.73亿美元，2000年的持续运营收入总值达488亿美元。

被兼并对象：康柏计算机公司是从事硬件、软件、解决方案和服务的企业，2000年销售额为400亿美元。康柏电脑公司是财富全球100强企业之一，同时也是世界最大的计算系统供应商。1999年，康柏全球营业额达385亿美元。康柏从事硬件、软件、解决方案和服务的设计、开发、制造和销售，其中包括业界领先的企业计算解决方案、容错关键业务解决方案、通信产品、商用台式机和便携式产品以及家用电脑。康柏的产品和服务畅销全球200多个国家，其销售方式包括：通过康柏授权营销伙伴网络向企业直销，以及通过康柏电子商务网站向企业和消费者直销。

兼并时间：2002年5月

资料来源：http://www.people.com.cn/GB/it/306/6379/6380/.

一、兼并的动因

惠普公司的董事会早在1999年就将康柏计算机公司当作了兼并的对象。同年，卡莉·菲奥里纳作为该公司第一个从外部引进的首席执行官加入了惠普公司。

在1999年，由于市场竞争日趋激烈，惠普公司董事会以及公司管理层的成员开始将注意力集中在公司的发展战略上，以确保公司的未来。作为这个过程的一部分，惠普评价了多种战略性选择和潜在的兼并候选人，包括康柏（由于有来自于惠普公司的董事理查德·海克波恩（Richard Hackborn）和乔治·基沃思（George Keyworth）在细节上提供的支持）。理查德·海克波恩是惠普公司的一位退休的行政副总裁，他开创了惠普公司的激光打印机事业。而乔治·基沃思则是一个公共政策研究机构——发展与自由基金的主席。

贝尔斯登（Bear Stearns）公司的证券分析师安德鲁·涅夫（Andrew Neff）曾发布一份引起广泛争论的研究报告（不管其引起了怎样的争议，看来其最终还是对兼并起了一定作用），在关于个人电脑产业的整合的建议中包括了这样一条：惠普公司应兼并康柏公司，从而使其打印机业务和品牌得到增值，成为个人电脑行业的领导者。

而在之前惠普公司曾一度是 Unix 服务器最大的销售商，但是在将大部分的注意力转向使用 Intel 芯片运行的 Windows 服务器后，该公司丧失了不少的市场份额。

对康柏来说，尽管康柏公司拥有它引以为傲的 Tru64 版本的 Unix 芯片和 Alpha 芯片，但是除了在电信行业和科学计算领域外，它的成功客户寥寥无几。该公司在 6 月的时候宣布放弃它的 Alpha 芯片的研究，决定将它的操作系统转向还很幼稚的由惠普公司和英特尔（Intel）公司共同开发的 Itanium 芯片。

2002 年初，惠普的股票价格就不断下跌，已下降了 27%，为 1996 年以来的最低水平，惠普公司开始陷入低谷。为弥补电脑及服务器等业务因销售疲软所带来的损失，并推动惠普向服务业发展，让惠普走出低谷，于是就有了 IT 业有史以来最大的兼并案。

当然其中外界的评价也间接促成了兼并的发生。业界认为，如果两家公司能够在各方面尽快地实现融合，其结果将不仅仅是两家公司的简单相加，而极有可能会带来"1+1>2"的效应，让受全球经济影响的两家公司迅速摆脱困境。

因此对比两个公司的现状可发现这起兼并的真正原因是：

1. 业绩下滑、股价不振，管理层压力大。

两家公司的销售收入及利润均不如 2000 年同期。惠普公司 2001 年第三财季盈余为 1.1 亿美元，2000 年同期盈余达到 10.4 亿美元；其营业收入较 2000 年同期下滑 14%。康柏公司第二财季收益下滑至 85 亿美元，比 2000 年同期的 101.3 亿美元下降了 26%。

宣布兼并前，康柏的股价收为每股 12.35 美元，比 1999 年初的最高价下跌了 76%。惠普收为每股 23.21 美元，比 2000 年夏季时的最高价下跌了 66%。两家公司的股价均收于 52 周来的最低位。

2. 确立及维持在 PC、服务器、打印机领域的第一位置，争取夺取 IT 咨询及外包服务、数据存储市场的冠军头衔。

兼并后的新公司将在 PC、服务器、中高端打印机领域称雄全球，在 IT 咨询及外包服务、数据存储领域也将具备挑战 IBM、EMC 霸主地位的实力。竞争激烈的 IT 业界信奉胜者通吃，只有 No.1 才能讨得合作伙伴、投资者等的欢心，并获取最大的竞争优势。这也是两家特大型 IT 公司之所以兼并的目的所在。它们拥有较为相近的业务领域，兼并的主要着眼点不在于互补有无，而在于简单叠加，争取成为现有领域的 No.1。

由上可见，兼并方惠普公司之所以选择康柏作为兼并对象，是因为其符合目标选择条件中的可利用价值大和行业相近两条。而康柏则是看重了惠普能扩展市场；有兼并能力；可能给其带来较好的经济效益。

启示：在经济快速发展时期，企业的兼并是为了迅速扩张、膨胀，是"大鱼吃小鱼"；而处于经济低迷时期的兼并则不同，现在的兼并主要是通过降低成本来提高竞争力，希望借助兼并双方或多方的整合力共渡难关。

二、兼并的原则

在这起 IT 业的兼并中，双方是本着稳妥原则、有偿原则、融合原则及效益原则的。

（一）稳妥原则

稳妥原则是要求在兼并中谨慎认真、稳健发展，绝不可草率行事，应避免感情用事或只按某个简单的评价来评价兼并的发展。而从该兼并案发生的过程一波三折，时间的跨越长度（1999~2002年），就可看出兼并方案的出台是经过了非常谨慎的研究才得出的。在做出最终决策之前，惠普还进行了股东投票表决，"美国商惠普公司周三（2002年8月18日）表示，以3%的微弱优势赢得了股东批准它与康柏电脑的兼并案。参与投票的惠普股东所持有的股票共有16.3亿股，支持、反对两方相差约4 500万股。惠普公司说，支持兼并案的股东持有8.379亿股，而反对的则持有7.926亿股。惠普指出，有少量投票的问题尚未得到解决。该公司还表示，如果持反对意见的董事会成员惠利特（Walter Hewlett）要求重新计算投票，那么两方都将参与对代理股东投票权的复核，而这需要大约一周时间"。

（二）有偿原则

惠普"吞并"康柏不是全无代价，甚至可以说是非常大的。收购价格方面惠普有让步。而以兼并前的股价计算，康柏在兼并案换股计划中溢价约19%。因此，惠普股东似乎对兼并不甚满意，惠普股价跌幅大于康柏。宣布兼并后的2002年9月5日，惠普的股票价格每股下跌18.7%，收于18.87美元，而康柏的股票价格每股则下跌10.28%，收于11.08美元。

（三）融合原则

两个公司文化之间存在很大差异，惠普行事作风稳健，而康柏是以创新著称。所以，就像前面业界所评价的，只有"两家公司能够在各方面尽快地实现融合"，才"极有可能会带来'1+1>2'的效应，让受全球经济影响的两家公司迅速摆脱困境"。

（四）效益原则

为了尽快从低谷中走出来，"简单叠加，争取成为现有领域的No.1"，而成为第一的目的无非就是为了取得良好的经济效益。

三、兼并的过程

（一）可行性研究

1. 机会研究阶段。前面在公司背景里已介绍过惠普公司是计算和成像解决方案与服务提供商。惠普创立于20世纪40年代，最早的产品是用于通讯、勘探、医学和防务领域的声波振荡器。该公司已经在世界十大信息产业中仅次于IBM公司和富士通而名列第三。1999年，《财富》杂志全球最大500家企业排行榜名列第41位，营业收入额470.61亿美元，利润29.45亿美元，资产额336.73亿美元，2000年的持续运营收入总值达488亿美元。而由于其在电脑及服务器等业务因销售疲软所带来的损失，并且由于股票价格不断下降，使得其陷入了低谷中。这就使得惠普于1999年就开始考虑兼并其他企业。

这一评估为惠普公司确定了发展方向，并确定其是否有能力兼并其他企业。

2. 初步可行性研究阶段。这一研究阶段要确定的主要是兼并方式的问题。康柏计算机公司是从事硬件、软件、解决方案和服务的企业，2000年销售额为400亿美元。康柏电脑公司是财富全球100强企业之一，同时也是世界最大的计算系统供应商。1999年，康柏全球营业额达385亿美元。康柏从事硬件、软件、解决方案和服务的设计、开发、制造和销售，其中包括业界领先的企业计算解决方案、容错关键业务解决方案、通信产品、商用台式机和便携式产品，以及家用电脑。康柏的产品和服务畅销全球200多个国家，其销售方式包括：通过康柏授权营销伙伴网络向企业直销，以及通过康柏电子商务网站向企业和消费者直销。

可见两家公司实力相当，双方均能为对方提供一定的技术、市场及管理，这就决定了兼并方式采取的是股票收购方式：惠普以 250 亿美元购买康柏 64% 的股票，康柏公司拥有 36% 的股权。惠普公司现任主席卡莉－费奥利娜（Carly Fiorina）将成为新公司的主席兼首席执行官，康柏公司的现任首席执行官迈克尔－卡佩拉斯（Michael Capellas）将成为新公司的总裁，兼并交易于 2002 年上半年完成。根据双方达成的交易条款，康柏公司的股票以 1：0.6325 的比例折算成惠普公司的股票。康柏公司的股票 2001 年 8 月 31 日收盘价为 12.35 美元，而此项兼并交易中该公司的折算价则为 14.68 美元，高出近 20%。

3. 详细可行性研究阶段。在这一阶段中首先看企业所处的外部环境：市场上竞争日趋激烈，全球的 IT 产业在经历了剧烈的起伏后，开始进入了价值回归的过程，高发展、高消耗、高支出、高重复投入的运行方式，已经在短短几年时间里，迅速地填充了空旷的市场。面对日益充实的市场，更高的管理效益，更加合理的资源组合，淘汰多余的竞争对手，缩减重复建设的投入，变成了企业生存的必要条件。因此，兼并是同类型行业能够考虑的主要解决方案之一，惠普与康柏就恰恰选择了这样一条路。这也是资本市场在成熟时期，在品牌和资本相对独立的情况下，资本所能够发挥的一种对资源进行优化作用的结果。所以，这种兼并并不是以消灭大竞争为目的，而是以优化资源为目的，想必这也是为什么欧盟和美国都能够容忍这种"巨无霸"的形成。因为毕竟兼并后，市场上的竞争仍然激烈地存在着。而且这种实际发源于市场规律的自发的主动调整，本身就是一种生存的蜕变和进化，为未来信息产业的发展主动营造出了更广阔的、有跨度的跳跃空间，前景会更加美好。

其次要研究企业的现状：

惠普：惠普公司的经济状况在背景资料中已介绍过了。

在 20 世纪 90 年代以前，惠普的企业宗旨是设计、制造、销售和支持高精密电子产品系统，以收集、计算、分析资料、提供信息、帮助决策、提高个人和企业的效能。而 90 年代以后，企业的宗旨是创造信息产品，以便加速人类知识的进步，并且从本质上改变个人和组织的效能，公司把它作为自己发展的"引擎"。

其经营宗旨：瞄准技术与工程技术市场，生产出高品质的创新性电子仪器。

而其最为吸引人的地方莫过于它强大的文化系统，其形成于核心价值观的基础上。惠普公司的核心价值观就是：企业发展资金以自筹为主，提倡改革与创新，强调集体协作精神。

被称为"惠普模式"的企业文化是一种更加注重顾客、股东、公司员工的利益要求，重视领导才能及其他各种惠普激发创造因素的文化系统。在这一文化系统中，惠普模式注重以真诚、公正的态度服务于消费者。在企业内部提倡人人平等与人人尊重。在实际工作中，提倡自我管理、自我控制与成果管理；提倡温和变革，不轻易解雇员工，也不盲目扩张规模；坚持宽松的、自由的办公环境，努力培育公开、透明、民主的工作作风。惠普的企业文化及其在此之上所采用的经营方式极大地刺激了公司的发展，有力促进了公司经营业绩增长。公司在 20 世纪 50~60 年代纯收入就增加了 107 倍，仅从 1957~1967 年公司股票市场价格就增加了 5.6 倍，投资回报率高达 15%。进入 90 年代，惠普公司重点发展计算机，时至今日，它已成为全球最大的电脑打印机制造商。随着公司规模的不断扩大，公司的企业文化培育出更为丰富的文化内涵。同时，随着社会经济的进步、市场环境的变化，惠普公司也在不断变革着自身的文化体系。90 年以来，企业新一代决策者们保留了原有文化体系那些被认为是惠普企业灵魂的核心价值观，并根据经济发展现状，废止了一些不合时宜的东西，加入新的内涵。约翰·科特认为，改革后形成的新型企业文化，其主流的确是对市场经营的新环境的合理反馈。这种与新的市场环境的适应性显然是一种充分合理的适应性。因此，它也是一种比原有企业文化更高、更好的适应市场经营环境的企业文化。

在这种"更高更好"的企业文化推动下，惠普在 90 年代又得到了空前发展。1992 年收入达 16 亿美元，1993 年达 20 亿美元，1994 年达到 25 亿美元；1995 年后，收入进一步加快，年收入从 31 亿美元增加到 1997 年的 428 亿美元。惠普的发展说明企业文化的强大推动力。公司提倡人人尊重与人人平等，注重业绩的肯定，对员工表示出信任和依赖，倡导顾客至上的经营观，以向顾客提供优质且技术含量高的产品，有效解决顾客的实际困难，极力为公司股东服务，这些准则和价值观为企业的发展奠定了坚实的基础。

（二）市场需求研究

市场需求研究的实质是研究和预测国内外市场对企业兼并后的产品需求状况。

1. 在企业服务器领域，将出现新惠普公司与 SUN 公司、IBM 公司共同竞争的局面。
2. 在 PC 领域，将是 Dell、Gateway 以及新惠普公司三者分庭抗争。
3. 在图像打印和接入设备（个人电脑、手持设备）两方面，市场将出现一边倒的趋势。根据估算，兼并后的新惠普公司两个部门营业额将会达到如下规模：图像与打印机部门为 200 亿美元、接入设备部门为 290 亿美元。此外，新惠普公司在服务器、PC 和便携式电脑的总体销售上将成为行业龙头老大，还将在咨询服务和存储与管理软件等方面占据领先地位。

然而，最受冲击的还将是个人电脑市场。按照惠普和康柏在个人电脑市场的份额，兼并后的新公司将控制美国零售市场 2/3 的销售额。即使是在全球市场上，兼并后的新公司的份额也将高达 19%。这样，受威胁最大的可能是 IBM、Dell（戴尔）和 Gateway（捷威）。原本排在美国 PC 市场第四位的直销厂家 Gateway 刚刚宣布全部撤出海外市场，回归美国本土，而惠普康柏兼并无疑是对其又一沉重打击。而 IBM，很多分析家预测它极有可能淡出这一市场。所以，新惠普在 PC 领域最主要的对手就是戴尔。而一旦新惠普公司向戴尔的直销方式靠拢，并且发挥自己的技术优势，大幅削减成本，无疑就会对处于 PC 霸主地位的戴尔公司造成毁灭性的打击。

（三）企业兼并的依据分析

分析两家公司优势及不足可知康柏最终被惠普"吞掉"的原因有三：

1. 惠普比康柏大。论销售收入前者是 470 亿美元，后者是 404 亿美元；论净资产前者是 324 亿美元，后者是 239 亿美元；论股票市值，前者是 451 亿美元，后者只有 209 亿美元。
2. 康柏的股价不如惠普理想，经营压力更大。康柏相对更依赖于竞争激烈、利润率薄的 PC、服务器产品，PC 业务季度亏损上亿美元；而惠普的打印机业务利润占最大比重，现状较佳。康柏的 PC 销售占整体营收比重过半，惠普的 PC 和服务器比重则为 25%。兼并后，以惠普打印及成像部门为主体组建的新事业部仍将是公司主要利润来源，预计人均利润率会最高。
3. 康柏的企业文化、公司形象、品牌价值、人力资源储备、管理水平及持续经营能力被市场认为不如惠普。康柏曾并购过一些企业，如 DEC 等，但鲜有成功的案例。它以 PC 制造业起家，成名历史较短，曾领头进行 PC 价格战，如今却在戴尔挑起的价格战面前败下阵来。就国内 IT 界人士的普遍感觉来讲，惠普的企业文化及管理理念无疑要胜出一筹。

并且由第二部分兼并动因分析中"两家特大型 IT 公司之所以兼并的目的是，它们拥有较为相近的业务领域，兼并的主要着眼点不是在于互补有无，而是在于简单叠加，争取成为现有领域的 No. 1"可知其兼并类型是：横向兼并，是为了谋求提高市场占有率的企业兼并。

（四）经济效益和社会效益的评价

1. 企业经济效益评价是最终决定企业兼并是否经济合算的最主要的依据。这两家公司的兼并，导致了一家年营业收入高达 870 亿美元的巨型公司出现，同时其资产攀升至 564 亿美元，管理成本则会节省 25 亿美元。
2. 社会收益评价是要考察项目对实现社会目标所做的贡献。经济增长速度、收入的公平分配、增加就业、出口等。

除了 IBM、戴尔、SUN 等大公司可能会出现兼并案例外，惠普、康柏的兼并案也有可能为一些规模较小的兼并项目带来机遇，例如惠普与康柏兼并后业务更大，这给一些中小型打印和成像企业提供了新的发展机会。新惠普公司的成立并标志着 IT 行业兼并时代已经到来。

四、兼并的成败分析

刚结束兼并后，惠普公司公布的财务报告显示"新惠普"全部完成季度目标，惠普、康柏兼并效益已经初步显现了。第三财季营业额为 165 亿美元，毛利率增长到 25.7%，除去兼并成本，平均每股收益 14 美分，全部完成季度兼并目标。

在截止于 2002 年 7 月 31 日的第三财季中，惠普公司营业额为 165 亿美元，而上一季度惠普和康柏两家公司分别计算后相加的总营业额为 182 亿美元。如果扣除兼并支出，毛利率从上一季度的 25.5% 增长到本季度的 25.7%，而运营成本与营业收入的比率从上一季度的 21.0% 增长到 22.5%。考虑到季度性销售变化、与兼并相关的销售培训与产品发布成本，这些数据在正常的范围之内。与去年同期成正比，运营成本下降了 10%，相当于节省 4 亿美元。

如果不考虑兼并支出，惠普公司第三季度的每股收益为 14 美分，而惠普和康柏在第二季度的每股收益为 19 美分，2001 年同期每股收益为 11 美分，纯利润同比增长 31%。

但以公认会计原则为基础的每股摊薄为 -0.67 美元，这主要是因为税后 24 亿美元的调整。税前费用包括 16 亿美元的重组费用、7.35 亿美元的前期研发费用、3.22 亿美元与兼并相关的保留款项和 3.4 亿美元的其他兼并费用。

（一）品牌

惠普中国区信息产品集团（PSG）是惠普中负责提供个人计算解决方案的集团，其产品涉及商用和消费类笔记本电脑、台式机、工作站、瘦客户机、手持设备和 Internet 设备。由于其产品线既广又深，涉及双方重合的产品也比较多，因此 PSG 的品牌策略一直为大家所关注。新的品牌策略是：惠普作为公司品牌出现，并在所有产品、服务和解决方案中使用，"Compaq"作为产品品牌，应用于台式机和笔记本产品中。对于品牌的安排，惠普公司还是十分慎重的。中国惠普是惠普公司的一部分，惠普公司在整个产品的设计、生产制造、产品采购、内部管理等诸多方面都有一个全球统一的战略，品牌也不例外。

在全球的范围内，客户对惠普和康柏两个品牌的忠实度和喜爱度是非常接近的。在美国、欧洲、亚太等地，康柏的业务都做得非常成功，其管理、产品乃至整个的运作都得到了很多用户的认可。单纯从全球的 PC 市场份额来说，在兼并前康柏在全球是第二位的，非常接近第一位戴尔公司。选用"Compaq"作为产品品牌，惠普作为公司品牌的做法就是为了可以尽量保持两家公司的优势。

但是，一分为二地讲，这种策略在中国市场还是存在其特殊性和执行风险的。惠普这个品牌是 20 世纪 80 年代末、90 年代初推向中国的，品牌推广是在 1995 年、1996 年间，到了 1998 年已经进入一个非常成熟的阶段了。惠普产品的品质、服务在中国客户中口碑极佳。然而，众所周知，康柏 PC 的份额在 2001 年已经下滑到前 10 位之外，尽管仍然存在很多对康柏非常忠诚的用户，但是更多的客户是对这个品牌表示怀疑的。或者更确切地说，大家对康柏公司先前在管理上的一些弊端是心存疑虑的，包括对管理渠道、售后维修体系、水货管理等。而这些势必会影响到用户对"Compaq"整个品牌的看法。

这一问题已经通过中国惠普增强服务、渠道和配送体系的控制力度得到了一定程度的改善。任何一种转换，无论是品牌或是其他，都会在客户端引起一段时间混乱，品牌转换客户端反应的延迟性可能还会更久一些，不稳定阶段过去后，我们相信可以看到一个调整后完全健康的品牌新形象。

（二）产品

最难的是做到两强互补，而我们从下面事例则可看出惠普公司的迅速反应，可以说已经基本做到了两强互补。

惠普商用 PC 一直以外观成熟、性能稳定著称，而原康柏产品却一直以其新颖的设计和创新的理念闻名于业界，双方整合催生出的新产品着实是令人期待的。两公司在美国休斯敦和法国的研发部门已经合并，未来的客户将会在一台机器上同时感受到两种设计思想"碰撞"的火花。

两公司兼并后，信息产品集团在中国区所销售的产品计划陆续转移到惠普设于上海金桥的生产基地统一进行生产，商用台式机已经从 8 月开始由上海工厂供货。对于完全在中国本土生产一事，据惠普中国区信息产品集团产品市场总经理、内地市场与销售总经理李国庆解释，最重要的是出于生产灵活性和对市场的反应速度的考虑，再有一点就是利于售后服务成本和速度上的改进。

新推出的"Compaq Evo"系列接触到了惠普研发人员的最新思路，既保持了原康柏产品的创新进取，又体现出惠普产品的成熟稳重，秉承了两家公司共有的稳定性、管理性、安全性、维护性等优秀品质，并以"惠普出品"的全新形象出现。由于在上海工厂统一生产，在产品质量、交货周期、定制生产、配送渠道等多方面新产品都得到来自惠普的品质保证，客户得到的是"惠普出品"的全新的"Compaq Evo"。

在笔记本产品线方面，新近出品的"Compaq Evo"商务人系列，具有扩展性、稳定性等优秀的特性，可以满足企业级用户以及商务人士的要求；"Compaq Presario"自由人多媒体系列则具备外观时尚、性能稳定和良好的多媒体特性，是追求时尚的商务人士以及个人消费者的首选。在继承中发扬，是惠普出品的"Compaq"系列笔记本的特色。

（三）渠道

焦点被放在整合与创新上，而在日前结束的对于惠普经销商的调查结果显示，大部分经销商对于惠普新品市场竞争力、渠道政策、双品牌策略、支持措施、直销模式等问卷问题的回答均趋于满意，并对惠普在整合渠道与创新销售模式方面的态度和能力抱有极大的信心。

在渠道调整方面，由于在中国市场上惠普与康柏的业务重叠较大，商用台式机、笔记本、服务器都是原来两家的主要业务，因此人员和渠道都会有所调整。原来两家公司在各地的分公司及办事处均进行了兼并，8 大分公司分别主管 8 大区域；经销渠道方面，原惠普和康柏在中国的 1300 多家经销商，将进行一定的调整。具体哪些分销商会涉及哪些业务，惠普中国区信息产品集团商用台式计算机产品部总经理桃歌励说："惠普的低端、中小型商业用户、高端等不同产品会选择不同的分销商，最后确定哪些分销商取决于市场的整个分销量、各分销商的分销能力。但最终会确定 4 家分销商。"惠普希望在渠道合作伙伴选择方面，可以提供一个公平、有序的环境，使无论是原惠普还是原康柏的合作伙伴，都能站在同一个起跑线上展开有序的竞争，共同开拓惠普商用产品更广阔的市场。

在销售模式上，惠普将采用分销为主、直销为辅的方式。新公司设立的企业用户直销部，将把金融、政府、教育等几个重点行业中的重点客户作为自己的工作对象。总的来讲，直销的客户将占到全部客户的 15%，此外 85% 的销售将以惠普销售精英与渠道结合的模式为主。惠普不会刻意地追求直销的比例，直销对于惠普来讲应该还只是为了满足超大型企业需求和寻求新的业务增长点的行为，不会冲击到现有渠道体系。而对于客户来说，这种方式无非提高了他们的选择范围，最终获得的将是更好的渠道服务。

（四）服务

金牌服务一直以来都是惠普响当当的一个品牌，在两家公司兼并之后，金牌服务无论在被重视程度或是资源分配上都得到了公司前所未有的关注。惠普公司的人称，"新"惠普的金牌服务是站在巨人的肩膀上向上迈进的。

服务网点方面，惠普金牌服务已经覆盖到了149个城市，原来两家公司的服务网整合之后共有230多个服务中心为惠普和原康柏的客户提供服务。同时，兼并也集中了两公司的服务精英，两家公司的工程师一起，极大地提高了技术支持的力度。另外，公司推出了很多新举措，包括"VIP服务"、"常客计划"和高于业界标准的3年主机上门保修服务。针对重点大客户的VIP服务，可以提供所有的机器工作日4小时响应、客户现场培训、一对一的回访和产品信息反馈四项服务，极大地提高了金牌服务的内涵和外延。在笔记本产品上，公司也全面提升了所有系列笔记本产品的售后支持与服务，建立了业界独一无二的"3年免费上门服务"：即对于基于英特尔P4笔记本电脑，惠普将提供3年免费备件更换、3年免费人工支持与服务和3年免费现场取送服务。

在一项世界级赛车比赛中，原康柏公司近年来一直是热心的跑车赞助商，这些被赞助的跑车车身一直喷着带有康柏字样的红色图案，而在最近的一次赛事上，红色图案已被一致地换成了惠普的蓝色标志。由此看来，惠普康柏似乎是真的统一了。一位业内人士分析，从业务角度出发，最关键的是商用台式机及笔记本，作为此次惠普整合中兼并成分最大的两项业务，如果成功的话，才能成为这红蓝融合中最美的交汇点。而从第二点的分析中，可以看到就兼并来说可算是成功的了。

五、兼并的启示

惠普公司的发展历程与骄人业绩从实践上证明了：强有力的企业文化是企业取得成功的新的"金科玉律"。惠普企业文化值得我们深思，我们在惠普公司案例的分析中可以发现这样一个问题，那就是惠普公司的企业文化系统何以能在长达半个多世纪的公司经营中持续地发挥着促进公司业绩增长的作用。而同样具有雄厚企业文化力量的许多其他著名公司，如花旗银行通用汽车公司等，其企业文化系统却没有像惠普这样持续有效地促进公司业绩增长呢？约翰·科特认为："惠普公司成功的根本原因在于建立了一整套强有力且策略适应的文化体系。这一体系使得公司长期经营业绩一直保持良好，它的短期经营业绩虽有波折也令人较为乐观。"可见，要使企业业绩持续增长，建立这样一种文化体系是必需的，即在这一体系中核心价值观必须是先进而有效的，这一体系应是一个开放而动态的体系，拥有能根据市场环境变化而适时调整的机制，这也许是惠普案例的最大启示。

附表 A　　复利终值系数表（F/P, i, n）

n\i	1%	2%	3%	4%	5%	6%	7%	8%	9%	10%
1	1.0100	1.0200	1.0300	1.0400	1.0500	1.0600	1.0700	1.0800	1.0900	1.1000
2	1.0201	1.0404	1.0609	1.0816	1.1025	1.1236	1.1449	1.1664	1.1881	1.2100
3	1.0303	1.0612	1.0927	1.1249	1.1576	1.1910	1.2250	1.2597	1.2950	1.3310
4	1.0406	1.0824	1.1255	1.1699	1.2155	1.2625	1.3108	1.3605	1.4116	1.4641
5	1.0510	1.1041	1.1593	1.2167	1.2763	1.3382	1.4026	1.4693	1.5386	1.6105
6	1.0615	1.1262	1.1941	1.2653	1.3401	1.4185	1.5007	1.5869	1.6771	1.7716
7	1.0721	1.1487	1.2299	1.3159	1.4071	1.5036	1.6058	1.7138	1.8280	1.9487
8	1.0829	1.1717	1.2668	1.3686	1.4775	1.5938	1.7182	1.8509	1.9926	2.1436
9	1.0937	1.1951	1.3048	1.4233	1.5513	1.6895	1.8385	1.9990	2.1719	2.3579
10	1.1046	1.2190	1.3439	1.4802	1.6289	1.7908	1.9672	2.1589	2.3674	2.5937
11	1.1157	1.2434	1.3842	1.5395	1.7103	1.8983	2.1049	2.3316	2.5804	2.8531
12	1.1268	1.2682	1.4258	1.6010	1.7959	2.0122	2.2522	2.5182	2.8127	3.1384
13	1.1381	1.2936	1.4685	1.6651	1.8856	2.1329	2.4098	2.7196	3.0658	3.4523
14	1.1495	1.3195	1.5126	1.7317	1.9799	2.2609	2.5785	2.9372	3.3417	3.7975
15	1.1610	1.3459	1.5580	1.8009	2.0789	2.3966	2.7590	3.1722	3.6425	4.1772
16	1.1726	1.3728	1.6047	1.8730	2.1829	2.5404	2.9522	3.4259	3.9703	4.5950
17	1.1843	1.4002	1.6528	1.9479	2.2920	2.6928	3.1588	3.7000	4.3276	5.0545
18	1.1961	1.4282	1.7024	2.0258	2.4066	2.8543	3.3799	3.9960	4.7171	5.5599
19	1.2081	1.4568	1.7535	2.1068	2.5270	3.0256	3.6165	4.3157	5.1417	6.1159
20	1.2202	1.4859	1.8061	2.1911	2.6533	3.2071	3.8697	4.6610	5.6044	6.7275
21	1.2324	1.5157	1.8603	2.2788	2.7860	3.3996	4.1406	5.0338	6.1088	7.4002
22	1.2447	1.5460	1.9161	2.3699	2.9253	3.6035	4.4304	5.4365	6.6586	8.1403
23	1.2572	1.5769	1.9736	2.4647	3.0715	3.8197	4.7405	5.8715	7.2579	8.9543
24	1.2697	1.6084	2.0328	2.5633	3.2251	4.0489	5.0724	6.3412	7.9111	9.8497
25	1.2824	1.6406	2.0938	2.6658	3.3864	4.2919	5.4274	6.8485	8.6231	10.8347
26	1.2953	1.6734	2.1566	2.7725	3.5557	4.5494	5.8074	7.3964	9.3992	11.9182
27	1.3082	1.7069	2.2213	2.8834	3.7335	4.8223	6.2139	7.9881	10.2451	13.1100
28	1.3213	1.7410	2.2879	2.9987	3.9201	5.1117	6.6488	8.6271	11.1671	14.4210
29	1.3345	1.7758	2.3566	3.1187	4.1161	5.4184	7.1143	9.3173	12.1722	15.8631
30	1.3478	1.8114	2.4273	3.2434	4.3219	5.7435	7.6123	10.0627	13.2677	17.4494
35	1.4166	1.9999	2.8139	3.9461	5.5160	7.6861	10.6766	14.7853	20.4140	28.1024
40	1.4889	2.2080	3.2620	4.8010	7.0400	10.2857	14.9745	21.7245	31.4094	45.2593
45	1.5648	2.4379	3.7816	5.8412	8.9850	13.7646	21.0025	31.9204	48.3273	72.8905
50	1.6446	2.6916	4.3839	7.1067	11.4674	18.4202	29.4570	46.9016	74.3575	117.3909
55	1.7285	2.9717	5.0821	8.6464	14.6356	24.6503	41.3150	68.9139	114.4083	189.0591
60	1.8167	3.2810	5.8916	10.5196	18.6792	32.9877	57.9464	101.2571	176.0313	304.4816
65	1.9094	3.6225	6.8300	12.7987	23.8399	44.1450	81.2729	148.7798	270.8460	490.3707
70	2.0068	3.9996	7.9178	15.5716	30.4264	59.0759	113.9894	218.6064	416.7301	789.7470
75	2.1091	4.4158	9.1789	18.9453	38.8327	79.0569	159.8760	321.2045	641.1909	1 271.8954
80	2.2167	4.8754	10.6409	23.0498	49.5614	105.7960	224.2344	471.9548	986.5517	2 048.4002
85	2.3298	5.3829	12.3357	28.0436	63.2544	141.5789	314.5003	693.4565	1 517.9320	3 298.9690
90	2.4486	5.9431	14.3005	34.1193	80.7304	189.4645	441.1030	1 018.9151	2 335.5266	5 313.0226
95	2.5735	6.5617	16.5782	41.5114	103.0347	253.5463	618.6697	1 497.1205	3 593.4971	8 556.6760
100	2.7048	7.2446	19.2186	50.5049	131.5013	339.3021	867.7163	2 199.7613	5 529.0408	13 780.6123

续表

12%	14%	16%	18%	20%	22%	24%	26%	28%	30%
1.1200	1.1400	1.1600	1.1800	1.2000	1.2200	1.2400	1.2600	1.2800	1.3000
1.2544	1.2996	1.3456	1.3924	1.4400	1.4884	1.5376	1.5876	1.6384	1.6900
1.4049	1.4815	1.5609	1.6430	1.7280	1.8158	1.9066	2.0004	2.0972	2.1970
1.5735	1.6890	1.8106	1.9388	2.0736	2.2153	2.3642	2.5205	2.6844	2.8561
1.7623	1.9254	2.1003	2.2878	2.4883	2.7027	2.9316	3.1758	3.4360	3.7129
1.9738	2.1950	2.4364	2.6996	2.9860	2.9973	3.6352	4.0015	4.3980	4.8268
2.2107	2.5023	2.8262	3.1855	3.5832	4.0227	4.5077	5.0419	5.6295	6.2749
2.4760	2.8526	3.2784	3.7589	4.2998	4.9077	5.5895	6.3528	7.2058	8.1573
2.7731	3.2519	3.8030	4.4355	5.1598	5.9874	6.9310	8.0045	9.2234	10.6045
3.1058	3.7072	4.4114	5.2338	6.1917	7.3046	8.5944	10.0857	11.8059	13.7858
3.4785	4.2262	5.1173	6.1759	7.4301	8.9117	10.6571	12.7080	15.1116	17.9216
3.8960	4.8179	5.9360	7.2876	8.9161	10.8722	13.2148	16.0120	19.3428	23.2981
4.3635	5.4924	6.8858	8.5994	10.6993	13.2641	16.3863	20.1752	24.7588	30.2875
4.8871	6.2613	7.9875	10.1472	12.8392	16.1822	20.3191	25.4207	31.6913	39.3738
5.4736	7.1379	9.2655	11.9737	15.4070	19.7423	25.1956	32.0301	40.5648	51.1859
6.1304	8.1372	10.7480	14.1290	18.4884	24.0856	31.2426	40.3579	51.9230	66.5417
6.8660	9.2765	12.4677	16.6722	22.1861	29.3844	38.7408	50.8510	66.4614	86.5042
7.6900	10.5752	14.4625	19.6733	26.6233	35.8490	48.0386	64.0722	85.0706	112.4554
8.6128	12.0557	16.7765	23.2144	31.9480	43.7358	59.5679	80.7310	108.8904	146.1920
9.6463	13.7435	19.4608	27.3930	38.3376	53.3576	73.8641	101.7211	139.3797	190.0496
10.8038	15.6676	22.5745	32.3238	46.0051	65.0963	91.5915	128.1685	178.4060	247.0645
12.1003	17.8610	26.1864	38.1421	55.2061	79.4175	113.5735	161.4924	228.3596	321.1839
13.5523	20.3616	30.3762	45.0076	66.2474	96.8894	140.8312	203.4804	292.3003	417.5391
15.1786	23.2122	35.2364	53.1090	79.4968	118.2050	174.6306	256.3853	374.1444	542.8008
17.0001	26.4619	40.8742	62.6686	95.3962	144.2101	216.5420	323.0454	478.9049	705.6410
19.0401	30.1666	47.4141	73.9490	114.4755	175.9364	268.5121	407.0373	612.9982	917.3333
21.3249	34.3899	55.0004	87.2598	137.3706	214.6424	332.9550	512.8670	784.6377	1 192.5333
23.8839	39.2045	63.8004	102.9666	164.8447	261.8637	412.8642	646.2124	1 004.3363	1 550.2933
26.7499	44.6931	74.0085	121.5005	197.8136	319.4737	511.9516	814.2276	1 285.5504	2 015.3813
29.9599	50.9502	85.8499	143.3706	237.3763	389.7579	634.8199	1 025.9267	1 645.5046	2 619.9956
52.7996	98.1002	180.3141	327.9973	590.6682	1 053.4018	1 861.0540	3 258.1350	5 653.9106	9 727.8604
93.0510	188.8835	378.7212	750.3783	1 469.7716	2 847.0378	5 455.9126	10 347.1752	19 426.6889	36 118.8648
163.9876	363.6791	795.4438	1 716.6839	3 657.2620	7 694.7122	15 994.6902	32 860.5275	66 749.5949	134 106.8167
289.0022	700.2330	1 670.7038	3 927.3569	9 100.4382	20 796.5615	46 890.4346	104 358.3625	229 349.8616	497 929.2230
509.3206	1 348.2388	3 509.0488	8 984.8411	22 644.8023	56 207.0364	137 465.1733	331 420.9680	788 040.1239	1 848 776.3499
897.5969	2 595.9187	7 370.2014	20 555.1400	56 347.5144	151 911.2161	402 996.3473	1 052 525.6953	2 707 685.2482	6 864 377.1727
1 581.8725	4 998.2196	15 479.9410	47 025.1809	140 210.6469	410 571.6839	1 181 434.1917	3 342 607.8798	9 303 535.6710	25 486 951.9360
2 787.7998	9 623.6450	32 513.1648	107 582.2224	348 888.9569	1 109 655.4416	3 463 522.0859	10 615 443.8683	31 966 705.1552	94 631 268.4517
4 913.0558	18 529.5064	68 288.7545	246 122.0637	868 147.3693	2 999 074.8205	10 153 748.1512	33 712 494.1281	109 836 762.5621	351 359 275.5725
8 658.4831	35 676.9818	143 429.7159	563 067.6604	2 160 228.4620	8 105 623.9993	29 766 982.5575	107 064 035.6108	377 396 242.4822	1 304 572 395.0513
15 259.2057	68 692.9810	301 251.4072	1 288 162.4077	5 375 339.6866	21 907 136.1507	87 265 632.0975	340 013 636.4200	1 296 723 615.2753	4 843 785 982.7579
26 891.9342	132 262.4674	632 730.8800	2 947 003.5401	13 375 565.2489	59 208 595.7068	255 830 114.1433	1 079 814 265.2849	4 455 508 415.6467	17 984 638 288.9613
47 392.7766	254 660.0834	1 328 951.0253	6 742 030.2082	33 282 686.5202	160 023 554.9485	749 997 974.3391	3 429 270 836.8685	15 309 010 345.8042	66 775 703 042.2330
83 522.2657	490 326.2381	2 791 251.1994	15 424 131.9055	82 817 974.5220	432 496 968.2636	2 198 712 858.3218	10 890 667 821.9281	52 601 359 015.4838	247 933 511 096.5980

附表 B   复利现值系数表（P/F, i, n）

n/i	1%	2%	3%	4%	5%	6%	7%	8%	9%	10%	12%	14%	16%	18%	20%	22%	24%	26%	28%	30%
1	0.9901	0.9804	0.9709	0.9615	0.9524	0.9434	0.9346	0.9259	0.9174	0.9091	0.8929	0.8772	0.8621	0.8475	0.8333	0.8197	0.8065	0.7937	0.7813	0.7692
2	0.9803	0.9612	0.9426	0.9246	0.9070	0.8900	0.8734	0.8573	0.8417	0.8264	0.7972	0.7695	0.7432	0.7182	0.6944	0.6719	0.6504	0.6299	0.6104	0.5917
3	0.9706	0.9423	0.9151	0.8890	0.8638	0.8396	0.8163	0.7938	0.7722	0.7513	0.7118	0.6750	0.6407	0.6086	0.5787	0.5507	0.5245	0.4999	0.4768	0.4552
4	0.9610	0.9238	0.8885	0.8548	0.8227	0.7921	0.7629	0.7350	0.7084	0.6830	0.6355	0.5921	0.5523	0.5158	0.4823	0.4514	0.4230	0.3968	0.3725	0.3501
5	0.9515	0.9057	0.8626	0.8219	0.7835	0.7473	0.7130	0.6806	0.6499	0.6209	0.5674	0.5194	0.4761	0.4371	0.4019	0.3700	0.3411	0.3149	0.2910	0.2693
6	0.9420	0.8880	0.8375	0.7903	0.7462	0.7050	0.6663	0.6302	0.5963	0.5645	0.5066	0.4556	0.4104	0.3704	0.3349	0.3033	0.2751	0.2499	0.2274	0.2072
7	0.9327	0.8706	0.8131	0.7599	0.7107	0.6651	0.6227	0.5835	0.5470	0.5132	0.4523	0.3996	0.3538	0.3139	0.2791	0.2486	0.2218	0.1983	0.1776	0.1594
8	0.9235	0.8535	0.7894	0.7307	0.6768	0.6274	0.5820	0.5403	0.5019	0.4665	0.4039	0.3506	0.3050	0.2660	0.2326	0.2038	0.1789	0.1574	0.1388	0.1226
9	0.9143	0.8368	0.7664	0.7026	0.6446	0.5919	0.5439	0.5002	0.4604	0.4241	0.3606	0.3075	0.2630	0.2255	0.1938	0.1670	0.1443	0.1249	0.1084	0.0943
10	0.9053	0.8203	0.7441	0.6756	0.6139	0.5584	0.5083	0.4632	0.4224	0.3855	0.3220	0.2697	0.2267	0.1911	0.1615	0.1369	0.1164	0.0992	0.0847	0.0725
11	0.8963	0.8043	0.7224	0.6496	0.5847	0.5268	0.4751	0.4289	0.3875	0.3505	0.2875	0.2366	0.1954	0.1619	0.1346	0.1122	0.0938	0.0787	0.0662	0.0558
12	0.8874	0.7885	0.7014	0.6246	0.5568	0.4970	0.4440	0.3971	0.3555	0.3186	0.2567	0.2076	0.1685	0.1372	0.1122	0.0920	0.0757	0.0625	0.0517	0.0429
13	0.8787	0.7730	0.6810	0.6006	0.5303	0.4688	0.4150	0.3677	0.3262	0.2897	0.2292	0.1821	0.1452	0.1163	0.0935	0.0754	0.0610	0.0496	0.0404	0.0330
14	0.8700	0.7579	0.6611	0.5775	0.5051	0.4423	0.3878	0.3405	0.2992	0.2633	0.2046	0.1597	0.1252	0.0985	0.0779	0.0618	0.0492	0.0393	0.0316	0.0254
15	0.8613	0.7430	0.6419	0.5553	0.4810	0.4173	0.3624	0.3152	0.2745	0.2394	0.1827	0.1401	0.1079	0.0835	0.0649	0.0507	0.0397	0.0312	0.0247	0.0195
16	0.8528	0.7284	0.6232	0.5339	0.4581	0.3936	0.3387	0.2919	0.2519	0.2176	0.1631	0.1229	0.0930	0.0708	0.0541	0.0415	0.0320	0.0248	0.0193	0.0150
17	0.8444	0.7142	0.6050	0.5134	0.4363	0.3714	0.3166	0.2703	0.2311	0.1978	0.1456	0.1078	0.0802	0.0600	0.0451	0.0340	0.0258	0.0197	0.0150	0.0116
18	0.8360	0.7002	0.5874	0.4936	0.4155	0.3503	0.2959	0.2502	0.2120	0.1799	0.1300	0.0946	0.0691	0.0508	0.0376	0.0279	0.0208	0.0156	0.0118	0.0089
19	0.8277	0.6864	0.5703	0.4746	0.3957	0.3305	0.2765	0.2317	0.1945	0.1635	0.1161	0.0829	0.0596	0.0431	0.0313	0.0229	0.0168	0.0124	0.0092	0.0068
20	0.8195	0.6730	0.5537	0.4564	0.3769	0.3118	0.2584	0.2145	0.1784	0.1486	0.1037	0.0728	0.0514	0.0365	0.0261	0.0187	0.0135	0.0098	0.0072	0.0053
21	0.8114	0.6598	0.5375	0.4388	0.3589	0.2942	0.2415	0.1987	0.1637	0.1351	0.0926	0.0638	0.0443	0.0309	0.0217	0.0154	0.0109	0.0078	0.0056	0.0040
22	0.8034	0.6468	0.5219	0.4220	0.3418	0.2775	0.2257	0.1839	0.1502	0.1228	0.0826	0.0560	0.0382	0.0262	0.0181	0.0126	0.0088	0.0062	0.0044	0.0031
23	0.7954	0.6342	0.5067	0.4057	0.3256	0.2618	0.2109	0.1703	0.1378	0.1117	0.0738	0.0491	0.0329	0.0222	0.0151	0.0103	0.0071	0.0049	0.0034	0.0024
24	0.7876	0.6217	0.4919	0.3901	0.3101	0.2470	0.1971	0.1577	0.1264	0.1015	0.0659	0.0431	0.0284	0.0188	0.0126	0.0085	0.0057	0.0039	0.0027	0.0018
25	0.7798	0.6095	0.4776	0.3751	0.2953	0.2330	0.1842	0.1460	0.1160	0.0923	0.0588	0.0378	0.0245	0.0160	0.0105	0.0069	0.0046	0.0031	0.0021	0.0014
26	0.7720	0.5976	0.4637	0.3607	0.2812	0.2198	0.1722	0.1352	0.1064	0.0839	0.0525	0.0331	0.0211	0.0135	0.0087	0.0057	0.0037	0.0025	0.0016	0.0011
27	0.7644	0.5859	0.4502	0.3468	0.2678	0.2074	0.1609	0.1252	0.0976	0.0763	0.0469	0.0291	0.0182	0.0115	0.0073	0.0047	0.0030	0.0019	0.0013	0.0008
28	0.7568	0.5744	0.4371	0.3335	0.2551	0.1956	0.1504	0.1159	0.0895	0.0693	0.0419	0.0255	0.0157	0.0097	0.0061	0.0038	0.0024	0.0015	0.0010	0.0006
29	0.7493	0.5631	0.4243	0.3207	0.2429	0.1846	0.1406	0.1073	0.0822	0.0630	0.0374	0.0224	0.0135	0.0082	0.0051	0.0031	0.0020	0.0012	0.0008	0.0005
30	0.7419	0.5521	0.4120	0.3083	0.2314	0.1741	0.1314	0.0994	0.0754	0.0573	0.0334	0.0196	0.0116	0.0070	0.0042	0.0026	0.0016	0.0010	0.0006	0.0004
35	0.7059	0.5000	0.3554	0.2534	0.1813	0.1301	0.0937	0.0676	0.0490	0.0356	0.0189	0.0102	0.0055	0.0030	0.0017	0.0009	0.0005	0.0003	0.0002	0.0001
40	0.6717	0.4529	0.3066	0.2083	0.1420	0.0972	0.0668	0.0460	0.0318	0.0221	0.0107	0.0053	0.0026	0.0013	0.0007	0.0004	0.0002	0.0001	0.0001	0.0000
45	0.6391	0.4102	0.2644	0.1712	0.1113	0.0727	0.0476	0.0313	0.0207	0.0137	0.0061	0.0027	0.0013	0.0006	0.0003	0.0001	0.0001	0.0000	0.0000	0.0000
50	0.6080	0.3715	0.2281	0.1407	0.0872	0.0543	0.0339	0.0213	0.0134	0.0085	0.0035	0.0014	0.0006	0.0003	0.0001	0.0000	0.0000	0.0000	0.0000	0.0000
55	0.5785	0.3365	0.1968	0.1157	0.0683	0.0406	0.0242	0.0145	0.0087	0.0053	0.0020	0.0007	0.0003	0.0001	0.0000	0.0000	0.0000	0.0000	0.0000	0.0000
60	0.5504	0.3048	0.1697	0.0951	0.0535	0.0303	0.0173	0.0099	0.0057	0.0033	0.0011	0.0004	0.0001	0.0001	0.0000	0.0000	0.0000	0.0000	0.0000	0.0000
65	0.5237	0.2761	0.1464	0.0781	0.0419	0.0227	0.0123	0.0067	0.0037	0.0020	0.0006	0.0002	0.0001	0.0000	0.0000	0.0000	0.0000	0.0000	0.0000	0.0000
70	0.4983	0.2500	0.1263	0.0642	0.0329	0.0169	0.0088	0.0046	0.0024	0.0013	0.0004	0.0001	0.0000	0.0000	0.0000	0.0000	0.0000	0.0000	0.0000	0.0000
75	0.4741	0.2265	0.1089	0.0528	0.0258	0.0126	0.0063	0.0031	0.0016	0.0008	0.0002	0.0001	0.0000	0.0000	0.0000	0.0000	0.0000	0.0000	0.0000	0.0000
80	0.4511	0.2051	0.0940	0.0434	0.0202	0.0095	0.0045	0.0021	0.0010	0.0005	0.0001	0.0000	0.0000	0.0000	0.0000	0.0000	0.0000	0.0000	0.0000	0.0000
85	0.4292	0.1858	0.0811	0.0357	0.0158	0.0071	0.0032	0.0014	0.0007	0.0003	0.0001	0.0000	0.0000	0.0000	0.0000	0.0000	0.0000	0.0000	0.0000	0.0000
90	0.4084	0.1683	0.0699	0.0293	0.0124	0.0053	0.0023	0.0010	0.0004	0.0002	0.0000	0.0000	0.0000	0.0000	0.0000	0.0000	0.0000	0.0000	0.0000	0.0000
95	0.3886	0.1524	0.0603	0.0241	0.0097	0.0039	0.0016	0.0007	0.0003	0.0001	0.0000	0.0000	0.0000	0.0000	0.0000	0.0000	0.0000	0.0000	0.0000	0.0000
100	0.3697	0.1380	0.0520	0.0198	0.0076	0.0029	0.0012	0.0005	0.0002	0.0001	0.0000	0.0000	0.0000	0.0000	0.0000	0.0000	0.0000	0.0000	0.0000	0.0000

附表 C 普通年金终值系数表（F/A, i, n）

n/i	1%	2%	3%	4%	5%	6%	7%	8%	9%	10%
1	1.0000	1.0000	1.0000	1.0000	1.0000	1.0000	1.0000	1.0000	1.0000	1.0000
2	2.0100	2.0200	2.0300	2.0400	2.0500	2.0600	2.0700	2.0800	2.0900	2.1000
3	3.0301	3.0604	3.0909	3.1216	3.1525	3.1836	3.2149	3.2464	3.2781	3.3100
4	4.0604	4.1216	4.1836	4.2465	4.3101	4.3746	4.4399	4.5061	4.5731	4.6410
5	5.1010	5.2040	5.3091	5.4163	5.5256	5.6371	5.7507	5.8666	5.9847	6.1051
6	6.1520	6.3081	6.4684	6.6330	6.8019	6.9753	7.1533	7.3359	7.5233	7.7156
7	7.2135	7.4343	7.6625	7.8983	8.1420	8.3938	8.6540	8.9228	9.2004	9.4872
8	8.2857	8.5830	8.8923	9.2142	9.5491	9.8975	10.2598	10.6366	11.0285	11.4359
9	9.3685	9.7546	10.1591	10.5828	11.0266	11.4913	11.9780	12.4876	13.0210	13.5795
10	10.4622	10.9497	11.4639	12.0061	12.5779	13.1808	13.8164	14.4866	15.1929	15.9374
11	11.5668	12.1687	12.8078	13.4864	14.2068	14.9716	15.7836	16.6455	17.5603	18.5312
12	12.6825	13.4121	14.1920	15.0258	15.9171	16.8699	17.8885	18.9771	20.1407	21.3843
13	13.8093	14.6803	15.6178	16.6268	17.7130	18.8821	20.1406	21.4953	22.9534	24.5227
14	14.9474	15.9739	17.0863	18.2919	19.5986	21.0151	22.5505	24.2149	26.0192	27.9750
15	16.0969	17.2934	18.5989	20.0236	21.5786	23.2760	25.1290	27.1521	29.3609	31.7725
16	17.2579	18.6393	20.1569	21.8245	23.6575	25.6725	27.8881	30.3243	33.0034	35.9497
17	18.4304	20.0121	21.7616	23.6975	25.8404	28.2129	30.8402	33.7502	36.9737	40.5447
18	19.6147	21.4123	23.4144	25.6454	28.1324	30.9057	33.9990	37.4502	41.3013	45.5992
19	20.8109	22.8406	25.1169	27.6712	30.5390	33.7600	37.3790	41.4463	46.0185	51.1591
20	22.0190	24.2974	26.8704	29.7781	33.0660	36.7856	40.9955	45.7620	51.1601	57.2750
21	23.2392	25.7833	28.6765	31.9692	35.7193	39.9927	44.8652	50.4229	56.7645	64.0025
22	24.4716	27.2990	30.5368	34.2480	38.5052	43.3923	49.0057	55.4568	62.8733	71.4027
23	25.7163	28.8450	32.4529	36.6179	41.4305	46.9958	53.4361	60.8933	69.5319	79.5430
24	26.9735	30.4219	34.4265	39.0826	44.5020	50.8156	58.1767	66.7648	76.7898	88.4973
25	28.2432	32.0303	36.4593	41.6459	47.7271	54.8645	63.2490	73.1059	84.7009	98.3471
26	29.5256	33.6709	38.5530	44.3117	51.1135	59.1564	68.6765	79.9544	93.3240	109.1818
27	30.8209	35.3443	40.7096	47.0842	54.6691	63.7058	74.4838	87.3508	102.7231	121.0999
28	32.1291	37.0512	42.9309	49.9676	58.4026	68.5281	80.6977	95.3388	112.9682	134.2099
29	33.4504	38.7922	45.2189	52.9663	62.3227	73.6398	87.3465	103.9659	124.1354	148.6309
30	34.7849	40.5681	47.5754	56.0849	66.4388	79.0582	94.4608	113.2832	136.3075	164.4940
35	41.6603	49.9945	60.4621	73.6522	90.3203	111.4348	138.2369	172.3168	215.7108	271.0244
40	48.8864	60.4020	75.4013	95.0255	120.7998	154.7620	199.6351	259.0565	337.8824	442.5926
45	56.4811	71.8927	92.7199	121.0294	159.7002	212.7435	285.7493	386.5056	525.8587	718.9048
50	64.4632	84.5794	112.7969	152.6671	209.3480	290.3359	406.5289	573.7702	815.0836	1 163.9085
55	72.8525	98.5865	136.0716	191.1592	272.7126	394.1720	575.9286	848.9232	1 260.0918	1 880.5914
60	81.6697	114.0515	163.0534	237.9907	353.5837	533.1282	813.5204	1 253.2133	1 944.7921	3 034.8164
65	90.9366	131.1262	194.3328	294.9684	456.7980	719.0829	1 146.7552	1 847.2481	2 998.2885	4 893.7073
70	100.6763	149.9779	230.5941	364.2905	588.5285	967.9322	1 614.1342	2 720.0801	4 619.2232	7 887.4696
75	110.9128	170.7918	272.6309	448.6314	756.6537	1 300.9487	2 269.6574	4 002.5566	7 113.2321	12 708.9537
80	121.6715	193.7720	321.3630	551.2450	971.2288	1 746.5999	3 189.0627	5 886.9354	10 950.5741	20 474.0021
85	132.9790	219.1439	377.8570	676.0901	1 245.0871	2 342.9817	4 478.5761	8 655.7061	16 854.8003	32 979.6903
90	144.8633	247.1567	443.3489	827.9833	1 594.6073	3 141.0752	6 287.1854	12 723.9386	25 939.1842	53 120.2261
95	157.3538	278.0850	519.2720	1 012.7846	2 040.6935	4 209.1042	8 823.8535	18 701.5069	39 916.6350	85 556.7605
100	170.4814	312.2323	607.2877	1 237.6237	2 610.0252	5 638.3681	12 381.6618	27 484.5157	61 422.6755	137 796.1234

续表

12%	14%	16%	18%	20%	22%	24%	26%	28%	30%
1.0000	1.0000	1.0000	1.0000	1.0000	1.0000	1.0000	1.0000	1.0000	1.0000
2.1200	2.1400	2.1600	2.1800	2.2000	2.2200	2.2400	2.2600	2.2800	2.3000
3.3744	3.4396	3.5056	3.5724	3.6400	3.7084	3.7776	3.8476	3.9184	3.9900
4.7793	4.9211	5.0665	5.2154	5.3680	5.5242	5.6842	5.8480	6.0156	6.1870
6.3528	6.6101	6.8771	7.1542	7.4416	7.7396	8.0484	8.3684	8.6999	9.0431
8.1152	8.5355	8.9775	9.4420	9.9299	10.4423	10.9801	11.5442	12.1359	12.7560
10.0890	10.7305	11.4139	12.1415	12.9159	13.7396	14.6153	15.5458	16.5339	17.5828
12.2997	13.2328	14.2401	15.3270	16.4991	17.7623	19.1229	20.5876	22.1634	23.8577
14.7757	16.0853	17.5185	19.0859	20.7989	22.6700	24.7125	26.9404	29.3692	32.0150
17.5487	19.3373	21.3215	23.5213	25.9587	28.6574	31.6434	34.9449	38.5926	42.6195
20.6546	23.0445	25.7329	28.7551	32.1504	35.9620	40.2379	45.0306	50.3985	56.4053
24.1331	27.2707	30.8502	34.9311	39.5805	44.8737	50.8950	57.7386	65.5100	74.3270
28.0291	32.0887	36.7862	42.2187	48.4966	55.7459	64.1097	73.7506	84.8529	97.6250
32.3926	37.5811	43.6720	50.8180	59.1959	69.0100	80.4961	93.9258	109.6117	127.9125
37.2797	43.8424	51.6595	60.9653	72.0351	85.1922	100.8151	119.3465	141.3029	167.2863
42.7533	50.9804	60.9250	72.9390	87.4421	104.9345	126.0108	151.3766	181.8677	218.4722
48.8837	59.1176	71.6730	87.0680	105.9306	129.0201	157.2534	191.7345	233.7907	285.0139
55.7497	68.3941	84.1407	103.7403	128.1167	158.4045	195.9942	242.5855	300.2521	371.5180
63.4397	78.9692	98.6032	123.4135	154.7400	194.2535	244.0328	306.6577	385.3227	483.9734
72.0524	91.0249	115.3797	146.6280	186.6880	237.9893	303.6006	387.3887	494.2131	630.1655
81.6987	104.7684	134.8405	174.0210	225.0256	291.3469	377.4648	489.1098	633.5927	820.2151
92.5026	120.4360	157.4150	206.3448	271.0307	356.4432	469.0563	617.2783	811.9987	1 067.2796
104.6029	138.2970	183.6014	244.4868	326.2369	435.8607	582.6298	778.7707	1 040.3583	1 388.4635
118.1552	158.6586	213.9776	289.4945	392.4842	532.7501	723.4610	982.2511	1 332.6586	1 806.0026
133.3339	181.8708	249.2140	342.6035	471.9811	650.9551	898.0916	1 238.6363	1 706.8031	2 348.8033
150.3339	208.3327	290.0883	405.2721	567.3773	795.1653	1 114.6336	1 561.6818	2 185.7079	3 054.4443
169.3740	238.4993	337.5024	479.2211	681.8528	971.1016	1 383.1457	1 968.7191	2 798.7061	3 971.7776
190.6989	272.8892	392.5028	566.4809	819.2233	1 185.7440	1 716.1007	2 481.5860	3 583.3438	5 164.3109
214.5828	312.0937	456.3032	669.4475	984.0680	1 447.6077	2 128.9648	3 127.7984	4 587.6801	6 714.6042
241.3327	356.7868	530.3117	790.9480	1 181.8816	1 767.0813	2 640.9164	3 942.0260	5 873.2306	8 729.9855
431.6635	693.5727	1 120.7130	1 816.6516	2 948.3411	4 783.6447	7 750.2251	12 527.4424	20 188.9665	32 422.8681
767.0914	1 342.0251	2 360.7572	4 163.2130	7 343.8578	12 936.5353	22 728.8026	39 792.9817	69 377.4604	120 392.8827
1 358.2300	2 590.5648	4 965.2739	9 531.5771	18 281.3099	34 971.4191	66 640.3758	126 382.7979	238 387.8388	447 019.3890
2 400.0182	4 994.5213	10 435.6488	21 813.0937	45 497.1908	94 525.2793	195 372.6442	401 374.4711	819 103.0771	1 659 760.7433
4 236.0050	9 623.1343	21 925.3050	49 910.2284	113 219.0113	255 481.9837	572 767.3888	1 274 692.1847	2 814 425.4426	6 162 584.4996
7 471.6411	18 535.1333	46 057.5085	114 189.6665	281 732.5718	690 500.9824	1 667 9147.2802	4 048 171.9049	9 670 300.8863	22 881 253.9091
13 173.9374	35 694.4260	96 743.3810	261 245.4494	701 048.2346	1 866 230.3813	4 922 638.2987	12 856 180.3069	33 226 909.5392	84 956 503.1200
23 223.3319	68 733.1785	203 201.0302	597 673.4576	1 744 439.7847	5 043 883.8256	14 431 337.8580	40 828 626.4164	114 166 800.5544	315 437 558.1724
40 933.7987	132 346.4742	426 798.4658	1 367 339.2429	4 340 731.8466	13 632 153.7293	42 307 279.7968	129 663 435.1080	392 274 148.4360	1 171 197 581.9083
72 145.6925	254 828.4415	896 429.4743	3 128 148.1133	10 801 137.3101	36 843 740.9059	124 029 089.8228	411 784 748.5032	1 347 843 719.5791	4 348 574 646.8377
127 151.7140	490 657.0073	1 882 815.0451	7 156 452.2647	26 876 693.4329	99 577 887.0487	363 606 796.2397	1 307 744 751.6154	4 631 155 765.2690	16 145 953 272.5263
224 091.1185	944 724.7670	3 954 561.7500	16 372 236.3340	66 877 821.2447	269 129 975.9402	1 065 958 804.7637	4 153 131 785.7111	15 912 530 052.3096	59 948 794 293.2043
394 931.4719	1 818 993.4528	8 305 937.6582	37 455 717.8235	166 413 427.6011	727 379 790.6750	3 124 991 555.5797	13 189 503 214.8789	54 675 036 945.7293	222 585 676 804.1100
696 010.5477	3 502 323.1295	17 445 313.7461	85 689 616.1414	414 089 867.6101	1 965 895 305.7437	9 161 303 572.1743	41 887 183 926.6464	187 861 996 480.2990	826 445 036 985.3280

附表 D 普通年金现值系数表 (P/A, i, n)

n\i	1%	2%	3%	4%	5%	6%	7%	8%	9%	10%	12%	14%	16%	18%	20%	22%	24%	26%	28%	30%
1	0.9901	0.9804	0.9709	0.9615	0.9524	0.9434	0.9346	0.9259	0.9174	0.9091	0.8929	0.8772	0.8621	0.8475	0.8333	0.8197	0.8065	0.7937	0.7813	0.7692
2	1.9704	1.9416	1.9135	1.8861	1.8594	1.8334	1.8080	1.7833	1.7591	1.7355	1.6901	1.6467	1.6052	1.5656	1.5278	1.4915	1.4568	1.4235	1.3916	1.3609
3	2.9410	2.8839	2.8286	2.7751	2.7232	2.6730	2.6243	2.5771	2.5313	2.4869	2.4018	2.3216	2.2459	2.1743	2.1065	2.0422	1.9813	1.9234	1.8684	1.8161
4	3.9020	3.8077	3.7171	3.6299	3.5460	3.4651	3.3872	3.3121	3.2397	3.1699	3.0373	2.9137	2.7982	2.6901	2.5887	2.4936	2.4043	2.3202	2.2410	2.1662
5	4.8534	4.7135	4.5797	4.4518	4.3295	4.2124	4.1002	3.9927	3.8897	3.7908	3.6048	3.4331	3.2743	3.1272	2.9906	2.8636	2.7454	2.6351	2.5320	2.4356
6	5.7955	5.6014	5.4172	5.2421	5.0757	4.9173	4.7665	4.6229	4.4859	4.3553	4.1114	3.8887	3.6847	3.4976	3.3255	3.1669	3.0205	2.8850	2.7594	2.6427
7	6.7282	6.4720	6.2303	6.0021	5.7864	5.5824	5.3893	5.2064	5.0330	4.8684	4.5638	4.2883	4.0386	3.8115	3.6046	3.4155	3.2423	3.0833	2.9370	2.8021
8	7.6517	7.3255	7.0197	6.7327	6.4632	6.2098	5.9713	5.7466	5.5348	5.3349	4.9676	4.6389	4.3436	4.0776	3.8372	3.6193	3.4212	3.2407	3.0758	2.9247
9	8.5660	8.1622	7.7861	7.4353	7.1078	6.8017	6.5152	6.2469	5.9952	5.7590	5.3282	4.9464	4.6065	4.3030	4.0310	3.7863	3.5655	3.3657	3.1842	3.0190
10	9.4713	8.9826	8.5302	8.1109	7.7217	7.3601	7.0236	6.7101	6.4177	6.1446	5.6502	5.2161	4.8332	4.4941	4.1925	3.9232	3.6819	3.4648	3.2689	3.0915
11	10.3676	9.7868	9.2526	8.7605	8.3064	7.8869	7.4987	7.1390	6.8052	6.4951	5.9377	5.4527	5.0286	4.6560	4.3271	4.0354	3.7757	3.5435	3.3351	3.1473
12	11.2551	10.5753	9.9540	9.3851	8.8633	8.3838	7.9427	7.5361	7.1607	6.8137	6.1944	5.6603	5.1971	4.7932	4.4392	4.1274	3.8514	3.6059	3.3868	3.1903
13	12.1337	11.3484	10.6350	9.9856	9.3936	8.8527	8.3577	7.9038	7.4869	7.1034	6.4235	5.8424	5.3423	4.9095	4.5327	4.2028	3.9124	3.6555	3.4272	3.2233
14	13.0037	12.1062	11.2961	10.5631	9.8986	9.2950	8.7455	8.2442	7.7862	7.3667	6.6282	6.0021	5.4675	5.0081	4.6106	4.2646	3.9616	3.6949	3.4587	3.2487
15	13.8651	12.8493	11.9379	11.1184	10.3797	9.7122	9.1079	8.5595	8.0607	7.6061	6.8109	6.1422	5.5755	5.0916	4.6755	4.3152	4.0013	3.7261	3.4834	3.2682
16	14.7179	13.5777	12.5611	11.6523	10.8378	10.1059	9.4466	8.8514	8.3126	7.8237	6.9740	6.2651	5.6685	5.1624	4.7296	4.3567	4.0333	3.7509	3.5026	3.2832
17	15.5623	14.2919	13.1661	12.1657	11.2741	10.4773	9.7632	9.1216	8.5436	7.9862	7.1196	6.3729	5.7487	5.2223	4.7746	4.3908	4.0591	3.7705	3.5177	3.2948
18	16.3983	14.9920	13.7535	12.6593	11.6896	10.8276	10.0591	9.3719	8.7556	8.2014	7.2497	6.4674	5.8178	5.2732	4.8122	4.4187	4.0799	3.7861	3.5294	3.3037
19	17.2260	15.6785	14.3238	13.1339	12.0853	11.1581	10.3356	9.6036	8.9501	8.3649	7.3658	6.5504	5.8775	5.3162	4.8435	4.4415	4.0967	3.7985	3.5386	3.3105
20	18.0456	16.3514	14.8775	13.5903	12.4622	11.4699	10.5940	9.8181	9.1285	8.5136	7.4694	6.6231	5.9288	5.3527	4.8696	4.4603	4.1103	3.8083	3.5458	3.3158
21	18.8570	17.0112	15.4150	14.0292	12.8212	11.7641	10.8355	10.0168	9.2922	8.6487	7.5620	6.6870	5.9731	5.3837	4.8913	4.4756	4.1212	3.8161	3.5514	3.3198
22	19.6604	17.6580	15.9369	14.4511	13.1630	12.0416	11.0612	10.2007	9.4424	8.7715	7.6446	6.7429	6.0113	5.4099	4.9094	4.4882	4.1300	3.8223	3.5558	3.3230
23	20.4558	18.2922	16.4436	14.8568	13.4886	12.3034	11.2722	10.3711	9.5802	8.8832	7.7184	6.7921	6.0442	5.4321	4.9245	4.4985	4.1371	3.8273	3.5592	3.3254
24	21.2434	18.9139	16.9355	15.2470	13.7986	12.5504	11.4693	10.5288	9.7066	8.9847	7.7843	6.8351	6.0726	5.4509	4.9371	4.5070	4.1428	3.8312	3.5619	3.3272
25	22.0232	19.5235	17.4131	15.6221	14.0939	12.7834	11.6536	10.6748	9.8226	9.0770	7.8431	6.8729	6.0971	5.4669	4.9476	4.5139	4.1474	3.8342	3.5640	3.3286
26	22.7952	20.1210	17.8768	15.9828	14.3752	13.0032	11.8258	10.8100	9.9290	9.1609	7.8957	6.9061	6.1182	5.4804	4.9563	4.5196	4.1511	3.8367	3.5656	3.3297
27	23.5596	20.7069	18.3270	16.3296	14.6430	13.2105	11.9867	10.9352	10.0266	9.2372	7.9426	6.9352	6.1364	5.4919	4.9636	4.5243	4.1542	3.8387	3.5669	3.3305
28	24.3164	21.2813	18.7641	16.6631	14.8981	13.4062	12.1371	11.0511	10.1161	9.3066	7.9844	6.9607	6.1520	5.5016	4.9697	4.5281	4.1566	3.8402	3.5679	3.3312
29	25.0658	21.8444	19.1885	16.9837	15.1411	13.5907	12.2777	11.1584	10.1983	9.3696	8.0218	6.9830	6.1656	5.5098	4.9747	4.5312	4.1585	3.8414	3.5687	3.3317
30	25.8077	22.3965	19.6004	17.2920	15.3725	13.7648	12.4090	11.2578	10.2737	9.4269	8.0552	7.0027	6.1772	5.5168	4.9789	4.5338	4.1601	3.8424	3.5693	3.3321
35	29.4086	24.9986	21.4872	18.6646	16.3742	14.4982	12.9477	11.6546	10.5668	9.6442	8.1755	7.0700	6.2153	5.5386	4.9915	4.5411	4.1644	3.8450	3.5708	3.3330
40	32.8347	27.3555	23.1148	19.7928	17.1591	15.0463	13.3317	11.9246	10.7574	9.7791	8.2438	7.1050	6.2335	5.5482	4.9966	4.5439	4.1659	3.8458	3.5712	3.3332
45	36.0945	29.4902	24.5187	20.7200	17.7741	15.4558	13.6055	12.1084	10.8812	9.8628	8.2825	7.1232	6.2421	5.5523	4.9986	4.5449	4.1664	3.8460	3.5714	3.3333
50	39.1961	31.4236	25.7298	21.4822	18.2559	15.7619	13.8007	12.2335	10.9617	9.9148	8.3045	7.1327	6.2463	5.5541	4.9995	4.5452	4.1666	3.8461	3.5714	3.3333
55	42.1472	33.1748	26.7744	22.1086	18.6335	15.9905	13.9399	12.3186	11.0140	9.9471	8.3170	7.1376	6.2482	5.5549	4.9998	4.5454	4.1666	3.8461	3.5714	3.3333
60	44.9550	34.7609	27.6756	22.6235	18.9293	16.1614	14.0392	12.3766	11.0480	9.9672	8.3240	7.1401	6.2492	5.5553	4.9999	4.5454	4.1667	3.8462	3.5714	3.3333
65	47.6266	36.1975	28.4529	23.0467	19.1611	16.2891	14.1099	12.4160	11.0701	9.9796	8.3281	7.1414	6.2496	5.5554	5.0000	4.5454	4.1667	3.8462	3.5714	3.3333
70	50.1685	37.4986	29.1234	23.3945	19.3427	16.3845	14.1604	12.4428	11.0844	9.9873	8.3303	7.1421	6.2498	5.5555	5.0000	4.5455	4.1667	3.8462	3.5714	3.3333
75	52.5871	38.6771	29.7018	23.6804	19.4850	16.4558	14.1964	12.4611	11.0938	9.9921	8.3316	7.1425	6.2499	5.5555	5.0000	4.5455	4.1667	3.8462	3.5714	3.3333
80	54.8882	39.7445	30.2008	23.9154	19.5965	16.5091	14.2220	12.4735	11.0998	9.9951	8.3324	7.1427	6.2500	5.5555	5.0000	4.5455	4.1667	3.8462	3.5714	3.3333
85	57.0777	40.7113	30.6312	24.1085	19.6838	16.5489	14.2403	12.4820	11.1038	9.9970	8.3328	7.1428	6.2500	5.5556	5.0000	4.5455	4.1667	3.8462	3.5714	3.3333
90	59.1609	41.5869	31.0024	24.2673	19.7523	16.5787	14.2533	12.4877	11.1064	9.9981	8.3330	7.1428	6.2500	5.5556	5.0000	4.5455	4.1667	3.8462	3.5714	3.3333
95	61.1430	42.3800	31.3227	24.3978	19.8059	16.6009	14.2626	12.4917	11.1080	9.9988	8.3332	7.1428	6.2500	5.5556	5.0000	4.5455	4.1667	3.8462	3.5714	3.3333
100	63.0289	43.0984	31.5989	24.5050	19.8479	16.6175	14.2693	12.4943	11.1091	9.9993	8.3332	7.1428	6.2500	5.5556	5.0000	4.5455	4.1667	3.8462	3.5714	3.3333

参 考 文 献

1. 财政部注册会计师考试委员会办公室. 财务成本管理（2011年度注册会计师全国统一考试指定辅导教材）[M]. 北京：经济科学出版社，2011.
2. 尤金·F·布里格姆，乔尔·F·休斯敦著.《财务管理基础》第9版[M]. 张志强，王春香译. 北京：中信出版社，2004.
3. 彼得·阿特勒尔. 财务管理基础[M]. 机械工业出版社，2004.
4. 韦德洪，邹武平. 财务预算学[M]. 国防工业出版社，2009.
5. 刘学华. 新编财务管理教程[M]. 立信会计出版社，2009.
6. 杨东龙. 最新财务管理精要词典[M]. 中国经济出版社，2002.
7. 詹姆斯·C·范霍恩著. 财务管理与政策第11版[M]. 刘志远译. 哈尔滨：东北财经大学出版社，2000.
8. 宋丽群著. 财务管理[M]. 北京：北京大学出版社，2011-08.
9. 温月振. 财务管理[M]. 北京：中国人民大学出版社，2010.
10. 斯蒂芬·A·罗斯等著. 公司理财第六版[M]. 吴世农等译. 北京：机械工业出版社，2003.
11. 财政部会计资格评价中心. 全国会计专业技术资格考试辅导教材——财务管理[M]. 北京：中国财政经济出版社，2011.
12. 潘飞. 管理会计[M]. 上海：上海财经大学出版社，2009.
13. 余艳琴. 物流成本管理[M]. 武汉：武汉大学出版社，2008.
14. 谢志华. 财务报表分析[M]. 北京：高等教育出版社，2003.
15. 胥朝阳，王静. 精编财务管理原理[M]. 武汉理工大学出版社，2010.
16. 赵德武. 财务管理[M]. 北京：高等教育出版社，2006.
17. 余绪缨. 企业理财学[M]. 沈阳：辽宁出版社，1995.
18. 郭浩，徐琳译. 现代企业财务管理[M]. 北京：经济科学出版社，1998.
19. 魏明海，谭劲松，林舒. 赢利管理研究[M]. 北京：中国财政经济出版社，2000.
20. [美] 斯瓦斯·达摩达兰. 应用公司理财[M]. 北京：机械工业出版社，2001.
21. 王斌. 企业财务学[M]. 北京：经济科学出版社，2002.
22. 沈艺峰，沈洪涛. 公司财务理论主流[M]. 大连：东北财经大学出版社，2004.
23. 荆新，刘兴云. 财务报表分析学[M]. 北京：经济科学出版社，2000.